国家卫生健康委员会"十四五"规划教材

全国高等中医药教育教材

供中药学、中医学、药学类等专业用

中药商品学

第4版

中藥

主　编　王晶娟　周小江

副主编　蒋桂华　万晓文　张　芳　王柳萍

人民卫生出版社

·北京·

图书在版编目（CIP）数据

中药商品学 / 王晶娟，周小江主编 . —4 版 . —北
京：人民卫生出版社，2021.6（2024.2 重印）
ISBN 978-7-117-31557-9

Ⅰ. ①中… Ⅱ. ①王…②周… Ⅲ. ①中药材 —商品
学 —医学院校 — 教材 Ⅳ. ①F762.2

中国版本图书馆 CIP 数据核字（2021）第 116429 号

人卫智网	www.ipmph.com	医学教育、学术、考试、健康， 购书智慧智能综合服务平台
人卫官网	www.pmph.com	人卫官方资讯发布平台

中药商品学
Zhongyao Shangpinxue
第 4 版

主　　编：王晶娟　　周小江
出版发行：人民卫生出版社（中继线 010-59780011）
地　　址：北京市朝阳区潘家园南里 19 号
邮　　编：100021
E - mail：pmph @ pmph.com
购书热线：010-59787592　010-59787584　010-65264830
印　　刷：北京华联印刷有限公司
经　　销：新华书店
开　　本：889×1194　1/16　印张：21
字　　数：550 千字
版　　次：2002 年 8 月第 1 版　　2021 年 6 月第 4 版
印　　次：2024 年 2 月第 3 次印刷
标准书号：ISBN 978-7-117-31557-9
定　　价：115.00 元

打击盗版举报电话：010-59787491　E-mail：WQ @ pmph.com
质量问题联系电话：010-59787234　E-mail：zhiliang @ pmph.com

编 委 （按姓氏笔画排序）

万晓文（江西中医药大学）	张　琳（陕西中医药大学）
马鸿雁（广东药科大学）	张红梅（上海中医药大学）
王柳萍（广西中医药大学）	罗　容（首都医科大学）
王添敏（辽宁中医药大学）	周　婧（南京中医药大学）
王晶娟（北京中医药大学）	周小江（湖南中医药大学）
曲中原（哈尔滨商业大学药学院）	胡　静（天津中医药大学）
杜　娟（佳木斯大学药学院）	姜　丹（北京中医药大学）
李　硕（甘肃中医药大学）	龚力民（湖南中医药大学）
杨红兵（湖北中医药大学）	蒋桂华（成都中医药大学）
杨晶凡（河南中医药大学）	景松松（河北中医学院）
肖井雷（长春中医药大学）	温秀萍（福建中医药大学）
吴　梅（云南中医药大学）	谢军丽（贵州中医药大学）
吴军凯（黑龙江中医药大学）	詹志来（中国中医科学院）
何文静（新疆医科大学）	裴香萍（山西中医药大学）
张　芳（山东中医药大学）	管家齐（浙江中医药大学）
张　虹（安徽中医药大学）	

数字增值服务编委会

修 订 说 明

为了更好地贯彻落实《中医药发展战略规划纲要(2016—2030年)》《中共中央国务院关于促进中医药传承创新发展的意见》《教育部 国家卫生健康委 国家中医药管理局关于深化医教协同进一步推动中医药教育改革与高质量发展的实施意见》《关于加快中医药特色发展的若干政策措施》和新时代全国高等学校本科教育工作会议精神,做好第四轮全国高等中医药教育教材建设工作,人民卫生出版社在教育部、国家卫生健康委员会、国家中医药管理局的领导下,在上一轮教材建设的基础上,组织和规划了全国高等中医药教育本科国家卫生健康委员会"十四五"规划教材的编写和修订工作。

为做好新一轮教材的出版工作,人民卫生出版社在教育部高等学校中医学类专业教学指导委员会、中药学类专业教学指导委员会和第三届全国高等中医药教育教材建设指导委员会的大力支持下,先后成立了第四届全国高等中医药教育教材建设指导委员会和相应的教材评审委员会,以指导和组织教材的遴选、评审和修订工作,确保教材编写质量。

根据"十四五"期间高等中医药教育教学改革和高等中医药人才培养目标,在上述工作的基础上,人民卫生出版社规划、确定了第一批中医学、针灸推拿学、中医骨伤科学、中药学、护理学5个专业100种国家卫生健康委员会"十四五"规划教材。教材主编、副主编和编委的遴选按照公开、公平、公正的原则进行。在全国50余所高等院校2 400余位专家和学者申报的基础上,2 000余位申报者经教材建设指导委员会、教材评审委员会审定批准,聘任为主编、副主编、编委。

本套教材的主要特色如下:

1. 立德树人,思政教育 坚持以文化人,以文载道,以德育人,以德为先。将立德树人深化到各学科、各领域,加强学生理想信念教育,厚植爱国主义情怀,把社会主义核心价值观融入教育教学全过程。根据不同专业人才培养特点和专业能力素质要求,科学合理地设计思政教育内容。教材中有机融入中医药文化元素和思想政治教育元素,形成专业课教学与思政理论教育、课程思政与专业思政紧密结合的教材建设格局。

2. 准确定位,联系实际 教材的深度和广度符合各专业教学大纲的要求和特定学制、特定对象、特定层次的培养目标,紧扣教学活动和知识结构。以解决目前各院校教材使用中的突出问题为出发点和落脚点,对人才培养体系、课程体系、教材体系进行充分调研和论证,使之更加符合教改实际、适应中医药人才培养要求和社会需求。

3. 夯实基础,整体优化 以科学严谨的治学态度,对教材体系进行科学设计、整体优化,体现中医药基本理论、基本知识、基本思维、基本技能;教材编写综合考虑学科的分化、交叉,既充分体现不同学科自身特点,又注意各学科之间有机衔接;确保理论体系完善,知识点结合完备,内容精练、完整,概念准确,切合教学实际。

4. 注重衔接,合理区分 严格界定本科教材与职业教育教材、研究生教材、毕业后教育教材的知识范畴,认真总结、详细讨论现阶段中医药本科各课程的知识和理论框架,使其在教材中得以凸显,既要相互联系,又要在编写思路、框架设计、内容取舍等方面有一定的区分度。

5. 体现传承,突出特色　本套教材是培养复合型、创新型中医药人才的重要工具,是中医药文明传承的重要载体。传统的中医药文化是国家软实力的重要体现。因此,教材必须遵循中医药传承发展规律,既要反映原汁原味的中医药知识,培养学生的中医思维,又要使学生中西医学融会贯通,既要传承经典,又要创新发挥,体现新版教材"传承精华、守正创新"的特点。

6. 与时俱进,纸数融合　本套教材新增中医抗疫知识,培养学生的探索精神、创新精神,强化中医药防疫人才培养。同时,教材编写充分体现与时代融合、与现代科技融合、与现代医学融合的特色和理念,将移动互联、网络增值、慕课、翻转课堂等新的教学理念和教学技术、学习方式融入教材建设之中。书中设有随文二维码,通过扫码,学生可对教材的数字增值服务内容进行自主学习。

7. 创新形式,提高效用　教材在形式上仍将传承上版模块化编写的设计思路,图文并茂、版式精美;内容方面注重提高效用,同时应用问题导入、案例教学、探究教学等教材编写理念,以提高学生的学习兴趣和学习效果。

8. 突出实用,注重技能　增设技能教材、实验实训内容及相关栏目,适当增加实践教学学时数,增强学生综合运用所学知识的能力和动手能力,体现医学生早临床、多临床、反复临床的特点,使学生好学、临床好用、教师好教。

9. 立足精品,树立标准　始终坚持具有中国特色的教材建设机制和模式,编委会精心编写,出版社精心审校,全程全员坚持质量控制体系,把打造精品教材作为崇高的历史使命,严把各个环节质量关,力保教材的精品属性,使精品和金课互相促进,通过教材建设推动和深化高等中医药教育教学改革,力争打造国内外高等中医药教育标准化教材。

10. 三点兼顾,有机结合　以基本知识点作为主体内容,适度增加新进展、新技术、新方法,并与相关部门制订的职业技能鉴定规范和国家执业医师(药师)资格考试有效衔接,使知识点、创新点、执业点三点结合;紧密联系临床和科研实际情况,避免理论与实践脱节、教学与临床脱节。

本轮教材的修订编写,教育部、国家卫生健康委员会、国家中医药管理局有关领导和教育部高等学校中医学类专业教学指导委员会、中药学类专业教学指导委员会等相关专家给予了大力支持和指导,得到了全国各医药卫生院校和部分医院、科研机构领导、专家和教师的积极支持和参与,在此,对有关单位和个人表示衷心的感谢!希望各院校在教学使用中,以及在探索课程体系、课程标准和教材建设与改革的进程中,及时提出宝贵意见或建议,以便不断修订和完善,为下一轮教材的修订工作奠定坚实的基础。

人民卫生出版社

2021 年 3 月

前　言

中药是规定使用的医疗用商品,早在两千年前就是成熟的药品。随着科学技术的发展和对中药理解、认识的深化,依据市场和管理现状,中药可分为中药材和药品两大类,中药材属于农副产品商品,饮片及其制剂(中成药)属于药品商品。中药商品学是一门以中药商品质量和经营管理为核心内容来研究其商品特征与使用价值的应用学科,是中医药高级人才培养的核心课程之一。

21世纪初,中药商品学开始进入我国高等中医药院校的课程体系,并成为中医药专业人员继续教育的必修课程。《中药商品学》于2002年出版,第2版于2011年被评为北京市高等教育精品教材。随着我国高等中医药教育教学的改革和发展,课程体系和教材内容的完善已经成为当务之急,为适应中医药人才培养的需要,特修订本教材。

与上版教材相比,本教材做了如下更新和调整:①凝炼基本概念,合并相关内容,加强方法学论述,使教材更具有可读性;②为与现代市场行情和经济发展相结合,增加中药商品编码、中药商标、物流等内容,细化中药养护的内容,更新中医药法规和中药资源特点方面的内容;③以市场流通的中药为重点,根据市场实际情况,对中药商品的规格等级做了大量更新,便于学生学习掌握和实际应用;④强化中医药理论,培养学生中医药思维,增加思政元素;⑤增加中药商品高清彩图。

本教材分上、中、下3篇,总计11章,收载中药商品154种,其中中药106种、中药提取物和中成药44种。上篇为总论,分为4章,概述了中药商品的基本概念,中药商品的经营管理,中药商品的包装、贮藏与养护,中药商品的质量管理。中篇为中药材与饮片商品,分为5章,重点论述了中药材资源、中药的炮制和代表性药材与饮片106种。中药材与饮片按照药用部位分类,其项下的内容包括基源、商品性状特征、规格等级、主要化学成分、质量要求、贮藏养护、性味功能、用法用量、注意、附注等。下篇分为2章,重点论述了中药材提取物与中成药商品,收载代表性中药材提取物5种,中成药39种。中成药按照剂型分类,每种药项下的内容包括处方、商品性状特征、规格、主要化学成分、质量要求、贮藏养护、功能主治、用法用量、附注等。本教材中所涉及的检测方法均依照《中华人民共和国药典》(2020年版)通则,正文不再赘述。

本教材体现了中药商品与使用价值、质量管理的有机结合,突出了现行药材、药品标准与传统中药辨状论质的相关性,在中药传承、基本方法和实用技术等方面均具有示范性和指导性意义。

本教材适合中药类、药学类、制药类和中医类5~7年制学生使用,计划授课54学时。各学校使用时,可根据专业实际情况适当调整授课时数。

本教材由全国29所高等院校的专家、教授组成了编写委员会,最后由主编王晶娟教授与周小江教授共同进行了修改、统稿和定稿。本教材的编写是全体编写人员智慧的结晶和辛勤劳动的结果。在编写过程中,得到了人民卫生出版社和各编委所在单位的大力支持与帮助,在此一并致以衷心的感谢。

中药商品学属于中药学专业必修课程,涉及中药材、药品、商品等多层面知识的有机结合,具有较深的传承底蕴和科学内涵,故在课程体系和内容构建等方面难度较大。编写中虽经编委们的辛勤努力,但仍难免存在某些问题,敬请使用本教材的读者不吝赐教,以便逐渐完善和提高,不胜感谢。

编者

2021 年 5 月

◇◇◇ 目　　录 ◇◇◇

上篇　总　　论

中篇　中药材与饮片商品

下篇　中药材提取物与中成药商品

上篇

总　论

◇◇◇ 第一章 ◇◇◇

概　论

1. 掌握中药商品与中药商品学的基本概念；中药商品的特点；与中药商品学相关的重要本草学著作。
2. 熟悉中药商品学的任务；中药商品的命名原则与分类。
3. 了解中药商业的起源与发展。

第一节　中药商品学的基本概念

一、中药商品

中药（Chinese medicine）是指在中医药理论指导下临床用于治疗疾病的药物。广义的中药包括药材、饮片、中成药（含传统民族用药）。药材（Chinese medicinal materials）是未经加工或仅经过简单加工的中药原料，亦称"中药材"，通常分为植物、动物和矿物三大类。根据治疗疾病的要求，将药材净制、切制或炮制后入药，药材的加工品称之为饮片（decoction pieces of Chinese materia medica）。饮片既可供调配中医临床处方，也可作为生产中药制剂的原料药（bulk drug），即饮片是中药的起点。中成药（Chinese patent medicine）是以饮片为原料，根据临床处方的要求，采用相应的制备工艺和加工方法制备成的随时可以应用的剂型。中成药具有固定的形式和特性，包括丸剂、片剂、注射剂等 40 余种剂型。

中药商品（commodity of Chinese medicine）是医药市场流通、交换和经营中的特殊商品。国家及有关药品标准中规定使用的中药均为中药商品。研究中药商品的学科称为"中药商品学"（commodity science of Chinese medicine）。

二、中药商品学

中药商品学是一门以中药商品质量（quality）和经营管理（management）为核心内容来研究其商品特征和使用价值的应用学科。它从商品学的角度研究临床使用的基本中药，阐述中药在流通领域中商品质量的变化规律，以及与保证中药商品质量有关的经营管理等基本理论与实践问题。换言之，中药商品学是研究在商品流通领域中如何保证中药商品质量和提高经营管理水平的应用学科。

中药商品学研究的范围包括：商品名称与基源（物种、生境、药用部位、产地、采制或生产工艺等）、商品特征、主要化学成分、鉴别与检查、质量要求、贮藏等。通过对上述内容的研究,分析和阐明中药商品的适用性,监测中药商品在流通和使用过程中质量的变化规律,制定中药商品的质量标准(quality standard)和检验方法(test method),以便于对中药商品的全面质量控制和管理。

三、中药商品的特点

商品价值由商品自身的属性决定,商品的属性构成了使用价值的物质基础。研究商品的使用价值要从与商品有用性相关的属性着手。商品的质量是指商品在一定的使用条件下,适合于用途所需要的多种特性的综合。也就是说,商品的用途、使用条件和使用方法等与其相关的属性,综合构成了这一商品的质量。中药是治疗疾病的物质,属于特殊商品,具有以下特点:

1. 中药质量的特殊性主要是其使用价值,集中体现为治疗疾病。中药作为特殊的商品,其质量涉及安全性、有效性和稳定性3个关键问题。质量合格的中药,可以用于治疗疾病;质量不合格的中药,不但耽误病情还对健康有害。也就是说,中药的质量不合格,说明其没有使用价值。因此,要严格实施中药商品的质量管理制度,以保障临床用药的安全与有效。

2. 中药商品的经营活动与医疗卫生工作密切相关。中药商品经营,社会效益重于经济效益。经营的品种和数量取决于临床的需要,要根据医疗和保健需求的信息组织货源、生产和储备。

3. 中药绝大多数是由自然界的植物、动物和矿物经炮制、配伍并制剂而成,其品种繁多,商业管理具有一定的复杂性。目前,市场上的中药饮片达1 200种左右,其中较常用的约占50%;中成药商品达10 000余种,其中较常用的基本药物(essential drug)约2 000种。

4. 药材的加工炮制和生产工艺独特,所含药效物质有自然属性,副作用较小,合理使用不易导致药源性疾病。

5. 传统的野生药材资源(resources)逐渐匮乏,人工栽培和养殖的药材品种逐渐增多,加之饮片炮制和中成药生产技术水平较低、质量标准不完善,导致了中药产品的质量不稳定,应逐渐实现标准化(standardization)生产和质量标准化管理。

四、中药商品学的任务

(一)研究和制定中药商品的质量管理标准

中药商品的质量管理标准是中药生产和商品流通(circulation of commodities)的技术依据,是评定中药可用性的准则。研究中药商品质量的检验方法和有关标准,以便科学地控制和提高中药质量,是中药商品学的主要任务。中药商品质量管理标准的制定必须在国家有关药品管理法规的指导下进行。

中药商品均有一定的规格标准,中药的商品规格标准是国家指定的专业性标准。如药材和饮片的商品规格标准就是在《中华人民共和国药典》(以下简称《中国药典》)指导原则的基础上,根据产品的质量优劣程度来划分规格(specification)、等级(grade);它是商品在生产和流通领域中,用来衡量和控制中药质量、贯彻执行"等价交换"和"按质论价"政策的重要依据。药材的商品规格标准,主要在药材的生产、加工、收购、调拨、批发等各环节中使用。至于供应出口的规格要求,有不适应的,可根据需求方的要求,在可能的条件下代理挑选加工。出口药材的规格等级较多,但均须注明传统商品名或冠以装运地名和包装名。

(二)鉴别中药商品的品质

中药在商品流通中,由于品种复杂和某些社会因素,常会出现伪品(counterfeit drug)、混淆品（adulterant）和代用品（substitute）。中药的正品是指中药法定的品种及其特定部位。中药的伪品是指非法定来源者。伪品的出现往往是由于药品紧缺或为贵重药、进口药等。伪造者常利用某些加工手段，使之在外形上与药品相似，以假充真，从而牟取暴利。混淆品是指名称和性状与正品相似，易引起混淆的品种。代用品指的是性味、归经、功能主治与被代用中药相似的品种。但在配方用药时，不能随意替代。

中药商品的质量是指商品使用价值的优劣程度。对中药质量的基本要求是"安全和有效"，即在常规用法用量时，应具有确实可预防和治疗疾病的作用；同时不应对人体正常组织或生理功能造成损害。中药质量的优劣取决于其临床疗效，而疗效是由中药属性决定的。在长期的实践中，人们逐渐认识到中药材（饮片）疗效与其形、色、气、味等属性有着密切的联系，并总结出了一套根据外观性状判断药材和饮片质量的基本方法。科学研究证实，中药的疗效与其所含有的药效物质密切相关，中药最合理的质量指标应是药效物质含量（药效组分）或其效价。我国法定的药品标准（drug standards）对一些中药的指标成分含量做了具体规定，如《中国药典》规定黄连中盐酸小檗碱含量不得少于 5.5%。目前大多数中药药效组分尚未明确，评价中药质量仍以传统的性状指标为主。药材和饮片的性状往往是药效物质的外在表现，如黄连味苦、色黄与其化学成分盐酸小檗碱的含量有关，因此以性状指标评价药材和饮片质量是有科学依据的。国家相关部门对大多数药材也是以性状为指标制定规格等级、判断药材优劣。

影响中药商品质量的因素是多方面的，如药材的产地、生境、采收时间、产地加工、药用部位、炮制、调剂、运输、贮藏和中成药的处方、生产工艺、原料、检验、包装等，其中任何一环节失控，都会导致中药质量下降，甚至丧失使用价值或威胁人民群众的生命安全。因此，保证和提高中药商品质量对促进中药商业发展、继承和弘扬中医药学、提高人类的健康水平都具有特殊意义。

此外，研究中药商品适宜的采制方法、必要的包装和贮藏条件，以保证中药的质量，降低商品损耗，实现科学化经营管理，为研制和开发新药奠定基础，也是中药商品学的重要任务之一。

课堂互动

中国传统文化是中华民族在长期的历史发展中沉淀下来的宝贵精神财富，中医药是中国传统科学技术的代表。中药作为一种特殊商品，其核心是安全、有效、稳定。根据所学知识，请你谈谈如何保证这一特殊商品造福于人类。

第二节　中药商业与中药商品学历史沿革

一、中药商业的起源与发展

中药作为商品的生产与交换，在我国已有几千年的历史。早在《周礼》就记载有作为中药商品的草、木、虫、石、谷，称为"五药"。《诗经》中记载了多种药用植物的名称，如葛、苓、芍药、蒿、芩等。《五十二病方》中记载了283首中药处方，并有饼、曲、酒、丸、散等中药剂型。杜佑撰《通典》记载:"秦有太医令丞主医药。"

西汉时期,在我国南北商品的交换中,中药商品已经占有较大比例,如有柑橘、荔枝、龙眼等商品药材的记载。汉武帝时期(公元前140—前88年),张骞出使西域带回了红花等药材,开始了中药的国际贸易活动。东汉建武元年(公元25年),朝廷设置了药丞、主药、主方等职务,分管皇帝的药品和配方,说明中药商品经营与管理已经有了明显的分工。《后汉书》中还记载了韦彪、张楷等著名的采药和卖药人。汉桓帝时期(公元146—167年),曾有霸陵人韩康(字伯林)常采药于名山,在长安市上卖药达30余年。东汉末年至三国时期,名医华佗既行医又售药、制药。据考,《华氏中藏经》中有成方152首,有丸、散等十余种剂型,安徽亳州至今保留着华佗诊病和售药的场所"益寿轩"和"存珍斋"。据《清江县志》记载,三国时期,樟树已设立了药圩,建立了药材当圩(集市)赶集制度,构成了小规模的中药交易场所。随后由圩设店,并扩展到行、庄、批发号等,还成立了"药业会馆",有"药不到樟树不齐,药不过樟树不灵"之谚语。中药商业已经形成了固定的行业。

两晋、隋唐是中医药学发展的鼎盛时期,唐代鉴真和尚曾将龙脑、乳香等中药带到日本。著名医家孙思邈和王焘分别在《备急千金要方》和《外台秘要》等著作中收载了大量的中药制剂,如著名的紫雪丹、苏合香丸等。在这些制剂中还含有部分进口药,说明当时的中药商业生产已经达到相当规模。

宋代,由于发明了印刷术,中药知识的传播和中药商业更见昌盛。政府在广州设立了"市舶司",统管中药的对外贸易,如将中药运往阿拉伯,再经阿拉伯输送到欧洲各国。在中药的经营体制方面,出现了官营和民营两种交易;在商品经营方式上有批发、零售之分;在生产经营方式上一般都是前店后作坊;在经营品种上有"生药"和"熟药"之别。国家设立了太医院熟药所,制售成药。公元1076年,北宋太医局在京城(开封)开设"卖药所",经营中药的配方和成药。至1103年又增加了7个局,分设在淮东、淮西、四川、陕西、襄阳等地,并在卖药所的基础上分建了专营成药制造的"修合药所"。之后,又将"卖药所"改为"惠民局","修合药所"改为"和剂局"。至公元1114年,北宋实行了政府统一管理的经营方式,中药的经营部门统称为"惠民和剂局"。朝廷还下令要求各地凡有集市都应设置卖药机构,并与十余个国家有药品贸易业务。公元1151年,政府颁布了中药制造的规范和准则,定名为《太平惠民和剂局方》。

南宋时期,杭州拥有正式牌号的民营药铺达20余家,并有生药铺、熟药铺及"川、广生药市"之分,有了经营道地药材(famous-region drug)的批发商业。

明清时期,中药商业的规模更加扩大,出现了区域性、垄断式的药品经营组织"十三帮",即:京通卫帮、关东帮、山东帮、山西帮、陕西帮、古北口帮、西北口帮、宁波帮、彰武帮、怀帮、川帮、江西帮、亳州帮。在此基础上,形成了一批全国性的中药集散地,规模较大的有河北祁州(安国)、河南百泉(辉县)、江西樟树(清江市)、安徽亳州等地。随着交通的发达,中药市场不断繁荣,中药商品的经营方式多样化。据《祁州中药志》记载,仅安国就有药行商号500余家,有主要经营帮货和道地药材的"生药行"、既销药材又售饮片的"拆货棚"、专营饮片的"片子棚"、经营炮制品和中成药的"熟药行"、专门生产和销售中成药的"成药业"等,流通渠道多样,信息网络广泛。随着海上航道的开通,我国与东南亚及欧美等国的中药贸易也日趋频繁。

中华人民共和国成立后,国家成立了专门的中药商业机构(commercial establishment)和医药行政管理部门,对中药的产、供、销实行统一管理。中药商业企业已遍布全国各大、中、小城市,并形成了一大批闻名遐迩的中药商贸中心,如亳州、安国、玉林、成都荷花池、樟树等,全国和国际性的中药商品交流大会定期召开,有力地推动了中药现代化和国际化的进程。

二、中药商品国际贸易历史

我国的中药商品贸易有悠久的历史。远在宋元时期,在与日本的物资交流中中药贸易便是重要的一项。当时,我国输出日本的中药主要是"香药",而日本输入的中药则以硫黄为大宗商品。日本人来中国学习中药者甚多,如宋代,著名的木下道正曾来我国学习制作解毒丸方法,对日本的药学发展影响很大。

宋代,在东西方通商交往中,我国相当一部分中药传入阿拉伯和欧洲各国。据《宋会要》记载,通过市舶司,由阿拉伯商人运往欧亚等国的中药有 60 多种,如朱砂、人参、牛黄、硫黄、茯苓、茯神、附子、常山、远志、甘草、川芎、雄黄、川椒(花椒)、白术、防风、黄芩等。其中牛黄深受外国医家的重视,阿拉伯名医阿文左阿在其笔记中记有"解毒石"(即牛黄)的功效。11 世纪初,阿拉伯著名医学家阿维森纳所著的《阿维森纳医典》中也记载有中药。

公元 1078 年,朝鲜曾遣使臣来我国请医,当时北宋政府派翰林医官邢慥前往,并带去中药 100 种。之后,北宋政府又派医官去朝鲜教学,朝鲜栽培的人参、白附子等药材亦输入中国。

公元 1132 年前后,中外进行贸易的中药品种逐渐增多,如犀角、龙脑、香药、玳瑁、乳香、丁香、豆蔻、茴香、沉香、檀香、麝香、安息香、鸡舌香、龙涎香、木香、荜澄茄、胡椒、胡黄连、紫草、苏木、白梅、阿魏、硼砂、白龙脑、温肭脐、龙盐、龙骨、五味子、琥珀、无名异、人参、硫黄、水银等。

元代出口的中药也很多,如《真腊风土记》(真腊即柬埔寨)中载有水银、银朱、硫黄、檀香、白芷等中药。

明成祖朱棣曾派郑和率领庞大船队 7 次下西洋,不仅带去了中药,还有医生偕同前往,与 30 多个国家建立了外交贸易关系,促进了经济、文化、医药的交流,外国药物的输入也丰富了明代本草学的内容。公元 1606 年,西方传教士熊三拔来到中国,其编著的《泰西水法》中有《药露说》一卷,结合西药的制造方法,记载了苏合油、丁香油、檀香油、桂花油、冰片油等的制作方法。

清代引进的外国药物仅在《本草纲目拾遗》中有记载,如刀创水、日精油、西洋参、东洋参、浮大海、洋虫等。但是,随着西方药物的输入,毒品鸦片亦随之进入我国,唐代的《新修本草》中就有"底野迦"(即鸦片)的记载。据文献记载,清康熙二十二年,鸦片列为西药允许纳税进口,乾隆时期起鸦片祸患愈演愈烈,给中国人民的健康造成了极大的危害。

三、中药商品学的发展简史

(一) 重要的本草著作

前人在从事中药的生产、经营、质量鉴别等诸多方面均积累了丰富的中药商品知识和实践经验,这些知识和经验大部分是在本草著作中记载并保存下来。我国古代的本草著作约有 400 种之多,其中对中药商品学发展贡献较大的主要有以下几种:

1.《神农本草经》(3 卷) 作者不详,成书于东汉末年,载药 365 种,按医疗作用分为上、中、下三品,其中植物药 252 种,动物药 67 种、矿物药 46 种。该书是我国已知最早的药学专著,总结了汉代以前有关中药性能及用药基本理论等方面的知识,为后世我国药学的发展奠定了基础。

2.《本草经集注》(7 卷) 梁代陶弘景著,成书于 502—536 年,载药 730 种,按药材自然属性分为 7 类,记述了各中药性能、产地、采收加工等内容,是南北朝以前我国中药知识的总结。

3.《新修本草》(《唐本草》)(54 卷) 唐代李勣、苏敬等撰,成书于 659 年,载药 850 种,按药材属性分为 11 部。该书由政府颁布,是我国也是世界上第一部由国家颁行的药典。首创了图文对照体例,出版不久即流传到国外,对世界医药的发展做出了重要贡献。

4.《经史证类备急本草》(31 卷) 宋代唐慎微著,成书于 1108 年以前,载药 1 746 种。该书收集了许多民间单方、验方,为《本草纲目》的编写奠定了良好基础,是现存最早的完整本草。

5.《本草纲目》(52 卷) 明代李时珍著,成书于 1596 年,载药 1 892 种、药方 11 096 首。药材按其基源的自然属性分为 16 部 60 类,附药图 1 109 幅。本书集明代以前中药学知识之大成,收载内容的广度、深度及编写质量都远远超过明代以前的本草,是我国药学发展史上的传世巨著。该书在 17 世纪就流传到国外,先后被译成多种文字,是当代研究中药的重要参考文献之一。

6.《本草纲目拾遗》(10 卷) 清代赵学敏著,成书于 1765 年,载药 921 种。该书补充了《本草纲目》的内容,书中有 716 种药材是《本草纲目》中未记载的,是清代新增药材品种最多的一部本草著作。

(二) 中药商品鉴别方法的发展

1. 中药商品鉴别的萌芽阶段 人类在长期与大自然的斗争中,逐渐产生了语言,学会了用火,发现了动、植物的某些治疗功能。为了治疗疾病,人们开始有意识地进行口尝、身受等实际体验,不断地积累了用药知识,开始了早期的医药活动。实际上在中药产生的同时,人们就懂得了运用感官来识别自然界中植物、动物和矿物的形、色、气、味等,从而区别出哪些有治疗作用,哪些没有治疗作用,以及有无毒性等,逐渐形成了早期的中药商品鉴别知识。在这个时期,仅有通过师承口传获得的中药鉴别经验,没有鉴别方法的直接记载,是中药商品知识的萌芽时期。在文字产生以后,就有了关于中药知识的记载,后经不断积累和发展,本草著作开始出现。

2. 中药商品鉴别的文字记述阶段 《诗经》是我国现存文献中最早记载有药物的书籍。该书叙述了 50 多种植物类药材的采集、性状、产地等,已有了初步的性状鉴别方法。据《淮南子》所载,相传有神农氏"尝百草之滋味",并记有秦皮"以水浸之正青"的鉴别方法。《山海经》中有十巫采用百药的记载。《周礼·天官》载有"医师掌医之政令,聚毒药以供医事"。《五十二病方》中有丸、散、膏、酒等剂型的记载。

《神农本草经》是最早记载中药商品鉴别知识的本草著作,它收载的药材中 88 种有性状鉴别相关内容,如人参、黄连、麝香、甘草等。《吴普本草》(公元 3 世纪初)是最早记载较完备性状鉴别内容的本草著作,该书记载了 40 余种药材的性状识别方法,如硫黄"烧令有紫烟"等描述。晋代嵇含撰《南方草木状》(公元 304 年),收载了我国广东、广西等省区的植物 80 余种,其中大多数为药材,如使君子、槟榔等,分别叙述了其形态及功能,反映了这一时期医药家已经十分注重药材的鉴别。

南北朝刘宋时期(公元 420—479 年),雷敩撰写了《雷公炮炙论》,该书对鉴别药材质量方面的内容记载较多。如对沉香的质量评价,"沉水者为上,半沉水者次之,不沉水者劣"。在这个时期出现了药图,目前认为最早的药材图谱是《芝草图》。这在中药商品鉴定的发展史上是一大进步。

梁代陶弘景在《本草经集注》一书中收载了鉴别中药真伪优劣的方法,指出了当时药材商品市场上有严重的药品混淆现象。如有"众医都不识药,惟听市人,市人又不辨究,皆委采送之家,采送之家,传习造作,真伪好恶,并皆莫测。所以有钟乳醋煮令白,细辛水渍使直……以矶床当蘼芜"等记载。

3. 中药商品鉴别的药图兴起阶段　唐代药材商品的鉴定发展很快，《新修本草》有药材图谱 25 卷、图经 7 卷，采用了图文鉴别法，对后世的影响颇大。唐代对中药商品学贡献较大的本草还有陈藏器的《本草拾遗》(公元 741 年)，该书对药材生境和性状的描述都很真实。

宋代，中药商品的品种日趋复杂，为了加强质量管理和普及中药商品的鉴别知识，苏颂等于 1061 年编撰了《本草图经》，该书中的药图名称大多冠以州县名，这反映了"道地药材"的概念已逐渐形成。

北宋后期，唐慎微将本草与图经合一，编撰了《证类本草》。该书是研究中药商品鉴别方法的重要文献。宋代著名的药物学家寇宗奭根据自己观察实物和医疗实践经验，著成《本草衍义》，侧重药材商品的鉴别，提出了中药产地与质量的关系。

4. 中药商品知识的条理化阶段　中药商品知识在明代得到了进一步总结。陈嘉谟在《本草蒙筌》中对药材的"生产择土地""收采按时月""贸易别真假"进行了专门论述。对中药市场掺伪作假现象进行了详细调查，指出了"当归酒洒取润、枸杞蜜拌为甜、螵蛸胶于桑枝、蜈蚣珠其足赤"等以劣充优的现象。李中立在《本草原始》中总结了明代以前中药商品的鉴别经验，全书载 379 幅药图，绝大多数是药材写生图，图旁注有其质量标准。李时珍在《本草纲目》中对中药商品特征的记载较为完善，如对樟脑的记载："状似龙脑，色白如雪，樟树脂膏也"。该书不仅继承了唐、宋本草图文并茂的优点，而且将所有中药鉴别的内容归入"集解"项下，使之条理化。

清代的中药商品知识已比较普及，很多本草著作中都或多或少地谈到中药的鉴别。但除在具体经验方面不断丰富，同时更多地将中药的形、色、气、味与其药理相结合之外，并没有特别值得称道的发明。

清末民国初年，郑奋扬编著的《伪药条辨》可谓是辨别药材伪劣的专著。全书列举了这一时期出现伪劣现象的药材 110 种，着重论述了其名称及形、色、气、味等鉴别特征和方法。

5. 中药商品学的形成　20 世纪初期，中药商品的科学管理工作得到了进一步推进。由于受到国外学术的影响，出现了一些用现代植物学、药物化学等理论和方法对传统本草学进行整理研究的实例，开始了专门的中药教学和研究工作。

中华人民共和国成立以后，中药事业得到了空前发展。我国许多药学工作者在中药商品研究方面做出了很大的贡献，他们运用近代科学技术对中药商品进行鉴别、调查、考证，使中药由传统的经验鉴别发展到了现代的质量管理，扩大了中药商品的经营品种和使用范围。20 世纪 50 年代以后，相继出现了众多的以中药商品为主要内容的学术著作，如《中药材手册》《中药志》《药材学》《药材资料汇编》等书籍，分别从中药商品的基源、鉴别特征、质量标志、商品流通等方面进行了研究和探讨，为中药商品学的形成奠定了基础。20 世纪 70 年代初期，全国中等医药专业和专科学校相继开设了药材商品学课程，并将其作为专业课。

随着中药商品市场的拓展和国际化的必然趋势，中药商品的质量评价、经营管理和教育滞后的矛盾日益突出，已经成为中药发展中亟待解决的关键性问题。20 世纪 80 年代后期，全国部分高等中医药院校相继开设了药材商品学和中成药商品学课程，并有部分现代中药商品知识方面的著作陆续出版。到了 20 世纪 90 年代中后期，一大批与中药商品学相关的学术著作相继出版，如《常用中药鉴定大全》《中药材及饮片原色图鉴》《中药材商品知识》《常用中药材品种整理与质量研究》《药材商品学》《现代中药材商品通鉴》等。国家还组织实施了"71 种药材质量标准规范化研究"的攻关项目，为中药的产业化和中药商业现代化带来了机遇及挑战。在此期间，各大专院校采用自编讲义授课。至 21 世纪，全国高等中医药院校和部分综合性大学的中药学专业、药学专业、制药工程专业、中医专业、工商管理专业等已经纷纷开设了中药商品学课程。为了适应中医药教育事业发展的需要,出版能够反映现代中药商品基础理论、基本知识、基本技能的高等医药院校教材已经成为当务之急。2002 年,由张贵君教授主编的规划教材《中药商品学》问世,该书的出版对于满足我国中医药院校的教学需要、培养实用型高层次中医药人才、发展中药产业、使中药走向世界,均具有十分重要的现实和战略意义。

第三节　中药商品的名称

由于中药的历史演变、地域分布、行业交叉、民族用药习惯、地区性方言、错别字的传抄、用字不规范等因素,导致中药商品的名称具有多样性和复杂性,同名异物、同物异名、一药多名现象严重。中药商品名称(trade name)的不规范,是造成中药市场品种混乱的主要因素之一,故应对中药商品的命名方法和名称进行必要的整理与研究。

一、中文名称

中药商品的中文名称必须含义确切,科学性强,体现中医药特色,有利于临床应用、商品贸易(merchandise trade)和经营管理。

1. 药材

(1)根据药材的产地或集散地命名:如党参主产于山西上党(今长治地区),故称"上党人参",后简称党参。又如巴豆主产于四川,秦艽主产于古代秦国(今陕西、甘肃)。中药因产地不同,其质量差异很大,为了强调临床用药佳品,常在药材名前冠以地名,以示优质品,如辽细辛、川贝母、怀地黄等。

(2)根据药材的形状命名:如钩藤是因为茎枝上有弯曲的钩,乌头形如乌鸦头等。

(3)根据药材的颜色命名:丹参因其根及根茎栓皮紫红,紫草因其色紫,黄柏因其色黄,玄参因色黑而得名。

(4)根据药材的气味命名:五味子因其果皮酸、甜,种子苦、辛又有咸味而取名。苦参因其味极苦,甘草因其味甜而得名。

(5)根据药用植物的生长特性命名:夏枯草因生长到夏至枯萎,款冬花因至冬才开花,半夏指立夏至夏至之间即完成生长周期等。

(6)根据药用部位命名:如桂枝是肉桂树的嫩枝,鹿角是鹿骨化的角。

(7)根据功效命名:如防风能防治诸风邪,泽泻能渗湿利水肿,远志能益智强志,伸筋草能舒筋通络。

(8)根据进口药材名的译音命名:如诃子原名"诃黎勒",产于印度、缅甸,音译而来。胡黄连、胡椒均原产于印度、尼泊尔等国,其"胡"字是印度梵语之意。

(9)根据人名命名:如刘寄奴、杜仲、徐长卿、使君子等都是以纪念最早发现此药的人而得名。

(10)根据传说故事命名:如女贞子、相思子、牵牛子等。

2. 饮片　临床上直接使用新鲜药材加工的饮片,常在药材名称前冠以"鲜"字,如鲜石斛。一般生用的饮片,使用药材名称。具有毒性或生熟品功效差异较大时,在生品的饮片名字前常加"生"字,以引起注意,如生川乌。炮制品常在饮片名字前冠以炮制方法、辅料名称或缀以炮制后的形态,如煅石膏、巴豆霜、川芎片、酒白芍等。

3. 中成药　中成药的名称一般均用药名加制剂名称组成,其命名的形式主要有以下2类:

(1)单味药制剂一般采用饮片或药材的名称,如三七片。

(2)复方(compound recipe)制剂常采用以下几种方式命名:①使用处方中主要饮片的缩写名,如香连丸。②用君药或在君药前冠以"复方"二字命名,如天麻丸、复方丹参片。③用君药名称、方剂中药味的数量或主要功能命名,如龙胆泻肝丸、六味地黄丸。④根据处方中饮片之间的剂量比例或剂量限度命名,如六一散、七厘散。⑤用君药和服用方法结合命名,如川芎茶调散。⑥用有效成分命名,如齐墩果酸片。⑦用成方的原始文献与主要功能结合命名,如金匮肾气丸、普济回春丸等。⑧用成方创始人名或与君药、主要功能结合命名,如李占标膏药、万氏牛黄清心丸、华佗再造丸等。⑨药名前冠以产地命名,如云南白药、广东蛇药片等。⑩用制剂的性状命名,如紫金锭、一捻金等。⑪用中医术语或主要功能、主治命名,如通宣理肺丸、利胆片等。⑫用假借或比喻的方法命名,如六神丸、二仙膏等。⑬用炮制方法命名,如九制大黄丸、十灰散等。⑭用古代哲理命名,如戊己丸、左金丸等。

4. 中文名称的类型

(1)正名:正名是各级药品标准记载的法定名称。一种中药只允许有一个正名,有些记载中药的书籍中采用的正名与药品标准中的名称不一致,使用时应以药品标准的名称为准。

(2)别名:别名是除正名以外的名称,又称为"副名"和"异名"。一种中药常常有多个别名。正名和别名不是固定不变的,如1985年版《中国药典》中以"龟板"为正名,而1990年版《中国药典》则改用"龟甲"作正名,这样,"龟板"就成了别名。中药别名可依其使用范围大致分为若干类型。

1)处方名:处方名是医生开中药方时经常使用的别名,它的主要特点是体现了医生对饮片的要求。如"炙甘草"是对炮制加工的要求;"霜桑叶""鲜茅根"是对采收、贮藏的要求;"川黄连""绿升麻"是对药材基源、产地、性状诸方面的要求等。处方别名常因地而异,如"山茱萸",北方医生习惯写成"萸肉",南方医生则习用"枣皮"。有的医生常把几个药名并成1个,如"乳没"(指乳香和没药)、"二冬"(指天冬和麦冬)、"三仙"(指神曲、麦芽和山楂)等。有时处方中还会出现一些很少见的古药名,如"安南子"(胖大海)、"红蓝花"(红花)等。

2)地方名:地方名是各地民间流传的药材别名,又称"土名"或"俗名"。它的特点是数量多、地方性强、使用范围小。有的流传于某一地区,如人参在东北地区有"棒槌"之名。目前出版的中药书籍虽收载了不少地方名,但流传于民间未见文字记载的仍有相当多。地方名称在中医处方中及中药商业单位内部一般不用,但从事药材收购工作的人员则必须了解当地的土名,因不少边远地区的群众只知某些地产药材的土名而不知其药名。

3)商品规格名:商品规格名是在中药商业行业内部使用的别名,是全国通用的"行话"。如"冬麻"(天麻商品的一种规格)、"二杠"(鹿茸商品的一种规格)、"蛋吉"(大黄商品的一种规格)等。它们的特点是能够体现同一中药在质量、价格等方面的差异。在中药营销工作中,常用规格名代替正品名,故可视为别名。

4)植物栽培品种名:是中药进入商品流通领域之前的别名,仅在药品生产者之间使用。如"大马牙"和"二马牙"(人参)、"金状元"(地黄)、"红叶臭头"(苏薄荷)等都是种植药材的栽培品种名。栽培品种名不同的中药在质量、商品鉴别特征等方面都存在着明显差异。因此,了解此类名称对从事中药经营管理、质量鉴定、物价等工作均有益处。

5)古名:指古代文献有记载而现在已经不使用的药名,如"地精"(人参)、"鬼督邮"(天麻)等。这些名称主要记载在古代本草中,可供中药本草考证之用。

二、拉丁文名称

为了使中药商品的名称统一化、标准化,有利于国际贸易和交流,可使用拉丁文名称。

1. 命名的基本规则　基本格式为:药名(名词属格)加药用部位或剂型名(名词单数主格)。即药用部位或剂型名用名词单数主格形式位于后,药名用名词单数属格形式置于前,当然也有例外;如有形容词,则列于最后。其中药名通常使用药用动、植物的学名(scientific name)、原矿物的拉丁名等,亦有使用汉语拼音和俗名的。现《中国药典》中的中成药不再使用拉丁名。

中药拉丁名(Latin name of traditional Chinese medicine)中的名词和形容词第一个字母均大写,连词和前置词第一个字母均小写。

2. 命名的方法

(1)植物类中药的命名:植物类中药命名的方法较多,主要有以下几种类型:

1)植物学名的属名加药用部位名:一个属中只有一种植物作中药用,例如:杜仲 Eucommiae Cortex。同属中有几种植物作为同一中药使用,例如:黄连 Coptidis Rhizoma。同属中有多种中药,其中某一药材首先采用属名作为中药命名的一部分[同属中的其他中药按下面3)法命名],例如:辛夷 Magnoliae Flos。

2)植物学名的种加词加药用部位名:此种方法多属于习惯用法。例如:人参 Ginseng Radix et Rhizoma。

3)植物学名加药用部位名:同属中有多种药用植物,分别作不同中药使用,例如:当归 Angelicae Sinensis Radix、白芷 Angelicae Dahuricae Radix。同属中有多种中药,其中已有一种中药的命名采用了该属的属名,那么同属中其他中药的命名可采用本法。若同属中其他几个种作同一中药基源,则选用该中药的主流品种的名称,例如:厚朴 Magnoliae Officinalis Cortex。

4)植物学名的属名或种名加药用部位名,再加形容词:形容词置于后,与所修饰的药用部位名保持性、数、格一致,例如:豆蔻 Amomi Fructus Rotundus(近圆形的)、附子 Aconiti Lateralis(侧生的)Radix Praeparata(制备的)。

5)植物学名的属名加药用部位名,再加前置词短语:此种方法也用来说明中药的特征、性质。其中前置词 in(在……内,呈……状)和 cum(含,带,同)所组成的前置词短语置于后。例如:竹茹 Bambusae Caulis in Taenias(呈带状),胆南星 Arisaema cum Bile(含胆汁)。

6)植物学名的属名加药用部位名,或植物学名的属名加植物学名的属名:此种方法用于中药的药用部分为同种植物的不同部位或中药来源于两个不同属的植物,例如:大黄 Rhei Radix et Rhizoma,马勃 Lasiosphaera Calvatia。

在中药拉丁名中,用连词连接药用部分的两个不同部位或用连词连接两个不同属,这样构成的中药拉丁名,有时会有更改。

7)仅用植物学名的属名或种加词、或药用部位名加俗名作为中药拉丁名:此种方法遵循的是习惯用法,有些是国际通用名称。例如:冬虫夏草 Cordyceps,牡丹皮 Moutan Cortex。

(2)动物类中药的命名:动物类中药命名的方法与植物类中药基本相同,主要有以下几种情况:

1)动物学名的属名加药用部位名:如牡蛎 Ostreae Concha、牛黄 Bovis Calculus。

2)动物学名加药用部位名:如羚羊角 Saigae Tataricae Cornu。

3)动物学名的属名或种加词、加工品名加药用部位名:其中加工品用名词主格,药用部位名、动物学名的属名或种加词都用名词属格,如阿胶 Asini Corii Colla。

4）动物学名的属名加药用部位名和形容词：如鹿茸 Cervi Cornu Pantotrichum（具茸毛的）。

5）动物学名的属名加形容词：如金钱白花蛇 Bungarus Parvus（幼小的）。

6）动物学名的属名、药用部位名加属名或属名加属名：如蛤壳 Meretricis Concha/Cyclinae Concha、土鳖虫 Eupolyphaga Steleophaga。

7）仅用动物学名的属名或种加词：如蕲蛇 Agkistrodon、蛤蚧 Gecko。

8）仅用动物的俗名：如蜂蜜 Mel，全蝎 Scorpio。

（3）矿物类中药的命名：矿物类中药的命名主要有 2 种形式。一是用矿物所含主要化学成分的拉丁名或化学成分拉丁名加形容词，如芒硝 Natrii Sulfas、玄明粉 Natrii Sulfas Exsiccatus（干燥的）。二是用原矿物的拉丁名，如炉甘石 Calamina。

第四节　中药商品的分类

中药商品的品种繁多，为了便于学习、研究、管理和应用，必须根据不同的使用目的对中药加以科学分类。中药商品分类方法随着时代的发展和新药的发现而不断改进。

一、中药材及饮片分类

（一）古代分类法

1. 按饮片的性能分类　如《神农本草经》即按此法分类，分为上、中、下三品。上品 120 种，多为无毒的滋补药；中品 120 种，有的有毒，有的无毒，对疾病的治疗作用较广泛；下品 125 种，多为有毒、药性猛烈的中药。

2. 按中药的基源和自然属性分类　如《本草经集注》按中药的自然属性分为玉石、草、木、果菜、米食、有名未用 6 类，每类又分上、中、下三品。《本草纲目》则将中药分为水、火、土、金石、草、谷、菜、果、木、器服、虫、鳞、介、禽、兽、人 16 部，部下又分 60 类，如草部又分为山草、芳草、隰草、毒草、蔓草、水草、石草、苔草、杂草 9 类。

（二）现代分类法

1. 按药用部位分类　这种分类方法便于对中药商品的鉴定、经营管理和贸易，一般归纳为植物药类、动物药类和矿物药类。植物药可分为根及根茎类、茎木类、皮类、叶类、花类、果实及种子类、全草类、藻菌和地衣类、树脂类等；动物药可分为骨骼类、昆虫类、贝壳类、分泌物类、角类、排泄物类等；矿物药一般不再分类。

2. 按药材基源（原植物、原动物或原矿物）的自然分类系统分类　采用这种分类方法，便于对中药进行品种鉴定，也利于根据植物、动物的亲缘关系去开发和研制新药。如生物药按照科属分类，矿物药按照晶系分类。

3. 按饮片的性味或功效分类　这种分类方法便于临床用药。如分为辛味药、酸味药，或寒性药、热性药，或解表药、清热药等。

4. 按所含的主要化学成分分类　这种分类方法便于研究中药的活性成分（active constituent）及其药理作用，便于通过对中药所含化学成分的研究去寻找生物合成的途径和理化分析方法。动、植物药可分为含生物碱类、苷类、蛋白质类中药等。矿物药可按所含的阳离子或阴离子类型分类。

5. 按药名汉字首字笔画或汉语拼音字母顺序分类　此种分类方法多在中药书籍中采用，便于学习和查阅。

此外,为了适应中药商品的储运工作,也可按照道地产区将药材分为川汉类、西怀类、山浙类等。有时按照管理要求分为贵细药、毒麻药、常规药。按照销售要求可分为大路货和备路货、长线商品和短线商品。按照加工的需要可分为个子货、切片;切片根据生产要求和形态特征常分为圆片(顶头片)、斜片、直片、肚片、丝条片、刨片、段子(节)、骨牌片、骰子(丁子)、粉末、劈块、剪片等。为了对中药商品进行数字化管理,也有使用商品分类代码的,如《全国工农业产品(商品、物资)分类与代码》(GB7635—87)。

二、中成药分类

中成药常用的分类方法有:按剂型分为丸剂、片剂、颗粒剂等,此种分类方法便于中成药商品的研究、生产、检验、贸易、运输和贮藏。按主要功能分类,如补益之剂、发表之剂等,此种分类方法便于调剂、零售和临床用药。在实际工作中,也可参照和借鉴药材及饮片的部分分类方法。

三、中药商品的编码

中药编码,是指在中药研制、生产、经营、使用和监督管理中由计算机使用的表示特定信息的编码标识。它是以数字或数字与字母组合的形式体系,可以说是中药的"身份证"。

(一) 商品编码的概念与意义

商品编码又称商品代码或商品代号、货号,是在商品分类的基础上赋予某种或某类商品的代表符号,符号可以是字母、数字和特殊标记及其组合。

(二) 商品编码的编制原则

为保证商品分类编码标准化,建立统一的商品分类编码系统,商品编码时应遵循以下基本原则:

1. 唯一性原则　每一个编码对象(商品)只能有唯一的代码。
2. 简明性原则　代码要简明、易记、易校验,不宜太长,既便于手工操作,又便于处理和储存。
3. 层次性原则　代码要层次清楚,能清晰地反映分类体系内部固有的逻辑关系,与其代表的类目有固定的对应关系。
4. 可扩性原则　编码结构应留有足够的后备码位(空号),当需要增加新类目时,无需破坏编码结构再重新编码。
5. 稳定性原则　代码确定后要在一定时期内保持稳定,不要轻易变更,以保证分类编码系统的稳定性。
6. 统一性和协调性　商品编码要与国家商品分类编码标准相一致,与国际通用商品分类编码制度相协调,以利于实现商品信息交流和信息共享。

(三) 中药商品编码

2015年5月29日,国家质量监督检验检疫总局、国家标准化管理委员会批准发布《中药方剂编码规则及编码》(GB/T 31773—2015)、《中药编码规则及编码》(GB/T 31774—2015)、《中药在供应链管理中的编码与表示》(GB/T 31775—2015)等系列国家标准,并于同年12月1日开始实施。这些标准的颁布和实施,将推动全国实现中药方剂、中药名称、品种及其规格"一名、一方、一物、一码",可有效避免"同方异名""异方同名"等混淆现象,防止中药材和中药饮片以假充真、以劣充优,净化中医药市场。

(四) 中药商品分类编码的原则

1. 唯一性原则　每一种中药只对应一个编码。

笔记栏

2. **科学性原则** 选择中药最稳定的本质属性或特征作为分类的基础和依据,分类与编码应体现中药的基本属性和主要应用属性。

3. **可扩展性原则** 留有充分的扩展空间。

4. **稳定性原则** 中药辨识代码一旦分配,只要中药的基本属性没有发生变化,就应保持不变。即使该中药停止生产和使用,其编码也应保留。

5. **分类方法** 中药分类编码规则应符合《信息分类和编码的基本原则与方法》(GB/T 7027—2002)的要求。按照药品的制作工艺,采用线分类法,从基源、中药种类、规格片型和炮制方法等进行逐层细化分类。

(五) 中药编码规则

1. **中药编码结构** 由中药编码规则和编码构成,分为国际代码、自然属性、药品标准、校验码等4个编码段,编码结构分为10层共17位数字编码(表1-1,图1-1)。如中药材麻黄的编码为:0 6 1 410 5 01 001 99 00(加校验码)。

表1-1 中药编码结构

分段	国际代码		自然属性					药品标准		校验码
数字	0	6	×	×××	×	××	×××	××	××	×
分层	1	2	3	4	5	6	7	8	9	10

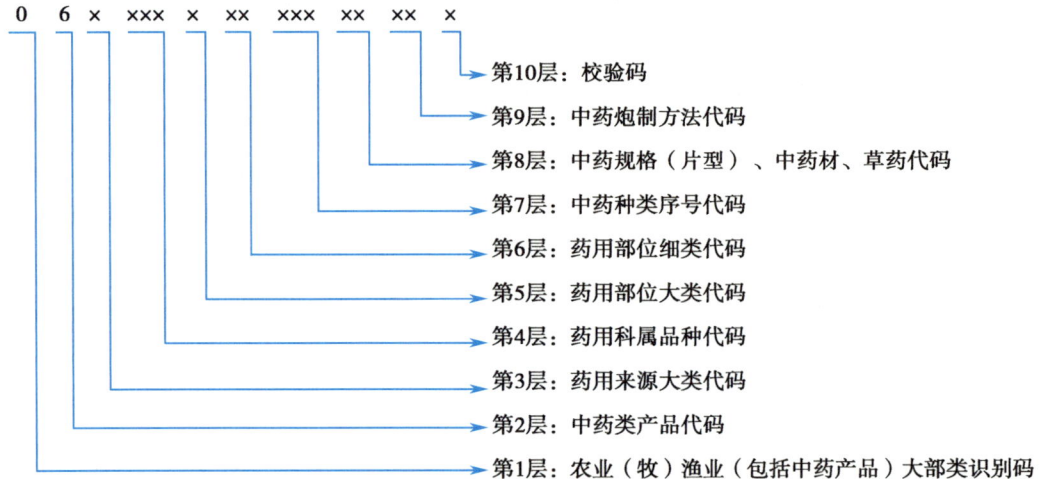

图1-1 中药编码结构图

2. **中药编码结构分层说明** 中药编码结构分层具体如下:

(1)第1层:农林(牧)渔业;中药产品大部类代码。1位数,固定值"0"。

(2)第2层:中药类代码。1位数。固定值"6"。

(3)第3层:药用来源大类代码。1位数。植物类为"1",动物类为"2",矿物类为"3",真菌类为"4",地衣类为"5",藻类为"6",混合类为"7"。

(4)第4层:药用科属品种代码(科、族代码)。3位数。

植物类药:按植物学分类规则从低等植物到高等植物进行细分。其中第1位数字表示植物所在的类,序号分配如下:1表示苔类植物,2表示藓类植物,3表示蕨类植物,4表示裸子植物,5和6表示双子叶植物离瓣花亚纲,7表示双子叶植物合瓣花亚纲,0和8作为将来进一步扩充使用,9表示单子叶植物。

动物类药：按照动物学分类规则，从低等动物到高等动物的门、纲、科等进行细分。

矿物类药：按照矿物学分类规则，从单一矿物材料到复合矿物材料，结合矿物化合物或阴离子类型等进行细分。

取值范围为001~999。

(5)第5层：药用部位大类代码。1位数。按《国家药品标准工作手册》规定，取值范围为1~9。"药用部位"类目按植物、动物和矿物等8个类别划分。例如植物类药材"药用部位"类目为"根及根茎类""茎木皮叶类""花类""果实种子类""全草类""植物类其他产品"6个。

(6)第6层：药用部位细类代码。2位数。按《国家药品标准工作手册》规定，取值范围为01~99。"药用部位"小类按药用部位类目分别进行二级划分。如植物类药材"药用部位"中"根及根茎类"的小类类目分别为"直根、须根……"等7个。花类的小类类目分别为"花序类、单花类……"等6个。

(7)第7层：药材种类序号代码。3位数。按药材在编码表中出现的顺序依次编码。取值范围为001~999。

(8)第8层：中药类别及其规格(片型)，配方颗粒、超微饮片、超微配方颗粒、中药材、草药代码。2位数。按《中国药典》一部及《国家药品标准工作手册》等规定，取值范围为00~99。按中药切制类型和外观形态分类，例如：09与12为配方颗粒代码，10为超微饮片代码，11为超微配方颗粒，13为药用植物，14为草药，99指中药材。如果同一种中药有2种切制规格，为做到一种中药一个代码，以常用的规格作为代码，例如大黄，《中国药典》规定为切片或块，统一以"块"的规格作为中药代码。

(9)第9层：中药炮制方法代码。2位数。按《中国药典》(一部)及《国家药品标准工作手册》(第四版)等规定，取值范围为00~99。按中药炮制的方法分类，如本层第1位数字的1代表清炒，其中11代表炒黄，12代表炒焦；本层第1位数字的2代表加固体辅料炒，其中21代表麸炒，22代表砂炒，23代表滑石粉炒，24代表蛤粉炒，25代表米炒，26代表土炒，27代表蒲黄炒；本层第1位数字的3代表炙法，其中31代表酒炙，32代表醋炙；本层第1位数字的4代表制炭，其中41代表炒炭，42代表煅炭等。99指其他中药炮制方法。

(10)第10层：校验码。按照《商品条码 零售商品编码与条码表示》(GB12904—2008)及《信息技术 安全技术 校验字符系统》(GB/T 17710—2008)校验码计算方法算出，取值范围为0~9。

(王晶娟)

复习思考题

中药作为一种特殊商品，有哪些特点？

第二章

中药商品的经营管理

> ### ▣ 学习目标
>
> 　1. 掌握中药商业的经营特点；中药市场调查与预测的方法；中药商标的分类与作用。
> 　2. 熟悉中药商品的流通环节与物流；中药商品的价格及其影响因素；中药市场的监督与管理。
> 　3. 了解中药商业机构和任务；中药商品市场。

第一节　中药商业机构和任务

　　中药商业机构是指在中药商品生产（commodity production）和流通（commodity circulation）基础上形成的一种专门从事中药商品经济（commodity economy）活动的组织,使中药商品的产、购、销、调、储有机结合起来,实现中药商品从生产领域向消费领域的转移。中药商业机构按工作性质可分为行政管理机构和中药商品经营企业两大类。

一、行政管理机构

　　我国中药商业的行政管理机构主要是中华人民共和国商务部、国家市场监督管理总局及其下属单位国家药品监督管理局、国家卫生健康委员会及其下属单位国家中医药管理局。其中心任务是根据国家方针、政策和保障人民健康的需要,加强中药经营和中医医疗事业的宏观管理,制定和颁布国家有关法规,监督中药的生产、流通和全面质量管理,推动中医药事业长期稳步向前发展。

　　国家市场监督管理总局及其下属单位国家药品监督管理局主管的药品审评中心、药品评价中心、食品药品审核查验中心、国家药典委员会和中国食品药品检定研究院等职能部门具体负责食品药品监督和管理工作,各省区、市、县均下设有相应的管理部门。由于中药的品种繁多,一般均实行分级管理。其中,对于产销量大、流通面广、价值较高、具有统一管理条件的中药材（饮片）,颁行国家标准,其余的中药材（饮片）由省、市、自治区自行制定标准。

　　中国食品药品检定研究院是国家对药品进行质量监督、检验和仲裁的法定专业技术机构。为了加强进出口药品的监督管理,在北京、上海、天津、广州和大连等多个城市设立了口岸药品检验所,专门检验进口药品。

二、中药商品经营企业

目前,我国中药商品的经营企业分为国有控股和民营两种类型,其中国有控股企业主要有中国医药集团有限公司、中国药材集团有限公司等,二者旗下还拥有国药控股股份有限公司、中国中药有限公司等多家企业,并下设有省、市等分公司,负责国内中药市场的购销、调配、展销等经营活动,保证中药商品符合质量标准,并协同中国医药保健品进出口商会进行中药商品的国际贸易业务。

1. 中药商业企业的种类　中药商品的经营与管理是通过中药商业企业的经营活动来实现和完成的。中药商业企业的基本职能是在中药商品的活动中起媒介作用。中药商业企业按照所有制、经营范围和经营方式可分为多种类型,每种类型的企业均有特殊的管理方式和经营特色。中药商业企业按照生产资料所有制的性质分为国有、集体和民营企业。国有控股企业在中药商品流通领域中占主体,在多种经营形式、经济方式和多种流通渠道并存的流通体系中,它担负着中药商品流通的主要任务并发挥着主导作用。按照经营方式可分为自营、代营、联营企业。联营中药商业企业是商业与商业之间、工商之间、农商之间在自愿互利基础上建立的经济联合体,其主要形式有中药集团公司和连锁经营店。按照商品流通过程中的地位和作用,通常将其分为批发、零售、批零兼营等。

(1)中药批发企业:中药批发企业(wholesale enterprise)是中药生产和销售的桥梁,它从生产单位或通过其他经营购进中药,批量供给零售企业、医疗单位或供应生产企业作为生产的原料,是基本业务的经济组织实体。中药批发企业的主要任务是:进行市场调查和预测;根据市场的需要,帮助生产者安排和落实生产任务,做好原材料的收购和供应,促进和引导中药商品生产的发展;根据国家的方针政策和市场需求,合理组织中药商品的供应;适应市场的需要,合理储存商品并做好养护工作。

(2)中药零售企业:中药零售企业(retail enterprise)是中药商品流通领域的终点,销售对象是消费者。中药零售企业有规模小、销售数量零星、交易次数频繁等特点。它的基本任务是:调研市场药品供应的情况,积极组织适销对路的药品,反馈消费者的意见;满足人们医疗保健的需要,为生产企业提供市场信息;严格遵守药品管理法规,保证用药安全;文明经营,不断提高服务质量。中药零售企业按照业务经营范围可分为综合性和专业性企业两大类,包括零售药店和连锁药店等。

2. 中药商业企业的责任和任务　中药商业企业的基本责任和任务如下:认真贯彻执行国家的有关政策和药政法规,坚持社会主义的经营方向;积极组织中药商品流通,寻求适合市场特点的经营方式,严格履行经济合同;正确处理商工、商农、商贸、商林、商学等各方面的关系,根据客观经济规律和中药商业企业的特点,提高中药商品的科学经营管理水平,促进中药经营管理的现代化和标准化;加强中药生产和消费的链接,做好中药市场的调查和供需预测,保证市场消费的需要;主动接受社会和卫生、药政和药检等部门的监督检查,确保中药商品的质量;与国际接轨,促进中药商品的国际贸易;严格遵守财经纪律,合理使用资金,降低成本,提高社会效益和经济效益;加强对企业职工的素质教育,经常开展企业文化和专业技术等方面的培训工作,提高服务质量。

第二节　中药商业的经营特点

中药商业不但具有商品的经营方式,还有医药市场的特殊属性。其经营特点主要有:

(1)必须获得国家药品监督管理部门的相关许可,如《药品经营许可证》等,按照《药品生产质量管理规范》(Good Manufacturing Practice,GMP)、《药品经营质量管理规范》(Good Supplying Practice,GSP)的要求组织生产和经营,实施全面的质量管理。

(2)中药商品为特殊的商品,必须保证安全有效、质量稳定和可控,才能立足于市场。

(3)销售模式具有特殊性,分为处方药和非处方药两种不同的销售渠道和市场。

(4)销售终端具有差异性,根据商业模式和客户性质,分为医疗销售终端(包括医院和基层医疗机构等)和非医疗销售终端(含分销、连锁药店、药店等)。

(5)具有较强的区域性特征。由于我国疾病谱具有一定的区域特征和临时季节性差异,同时,中药商业受配送的时效性、运输半径限制、终端市场覆盖率等因素影响,因此体现出较强的区域性特征。

(6)中药材经营具有农商的特点。

第三节 中药商品流通环节与物流

一、中药商品流通环节

中药的经营活动运行有一定规律性,研究和掌握这些规律是做好中药商品经营的前提和必要条件。中药市场流通一般经过采购、运输、储存和销售4个主要环节,其中,购与销在流通中起主导作用,运与储是购销的辅助条件。

1. 采购 采购是中药商品流通的起点,也是组织中药货源的手段。中药商品采购必须遵照国家的有关规定,在市场需要的前提下,坚持品种、规格、质量、数量、价格同时并重的原则,做到按需进货,择优选购。中药商品采购的基本程序为市场调研、库存分析、制订采购计划、签订采购合同。中药商品采购的方式如下:

(1)产地采购:对于企业长期经营,市场销售稳定的大宗中药品种,可以从药材主产地或生产厂家直接采购,以此种方式采购到的中药价格低、质量好、贮藏时间短。

(2)调剂采购:许多非大宗中药品种,可以在中药商业企业之间相互调剂,用这种方式采购到的中药品种全、到货及时,但价格高、商品贮藏时间较长。

(3)储备采购:对于一些季节性强、市场短缺或销售量大的中药品种,可以一次性大批量采购储存备用。这种采购方式占用仓储,风险也较大,但如果判断准确,则可以获得较好的社会效益和经济效益。

2. 运输 运输是商品流通环节之间必须经过的移动过程。采取正确的运转方式,合理减少中药运输的中间环节,可以加速中药商品流通、降低流通费用、节约运输力和劳动力,并能取得较好的社会效益和经济效益。中药商业企业要严格遵守药品运输的有关管理条例,按照"及时、准确、安全、经济"的运输原则,合理组织商品运输。

3. 储存 储存是指中药商品离开生产领域、尚未进入消费领域以前,在流通过程中的暂时停留。库存是药品流通中的必要条件和环节。中药商品在储存中必须遵循保证供应、分类储存、保证质量、以销定进的原则,实现药品在数量、时间、结构上库存的合理性,保证供应,并在经费上力求经济合理。中药商品储存的基本任务是安全储存、科学养护、降低损耗、保证质量、收发迅速、避免事故。

4. 销售 销售是商品流通的终点,药品只有售出后其价值才能实现,药品生产的基本作用是直接满足医疗、预防的消费需求,只有把药品商品直接送到消费者手上才能不断提高服务质量,并为药品生产推销更多的产品。销售中药的商业企业,必须是取得《药品经营许可证》及《营业执照》的合法企业。销售包括批发销售、零售2大类。近年来,医药行业密切配合,积极探索把流通体制改革作为软科学重点研究,一些地区已经形成了"全国总代理→地区分销商→零售连锁经营"等中药商品流通体制的格局。

二、中药商品物流管理

中药商品物流(logistics of Chinese medicine)是中药从供应地向消费地的实体流动过程中,根据实际需要,将运输、储存、采购、装卸搬运、包装、流通加工、配送、信息处理等基本功能有机结合起来满足临床用药要求的过程,属于一种经济活动。即以仓储为中心,促进生产与市场、消费保持同步。

中药物流管理(logistics management of Chinese medicine)是指在中药商品流通过程中,根据其药品实体流动的规律,应用管理的基本原理和科学方法,对中药商品从生产到消费活动进行计划、实施、协调、控制和监督,使各项物流活动实现最佳的协调与配合。

中药商品的物流与药材、饮片、中药提取物和中成药生产、中药商品经营企业、中药材专业市场、消费人群、物流设施及新技术应用等因素密切相关,也与交通运输条件和方式改善密不可分。

中药物流的功能主要有:

(1)运输功能:运输是物流的核心业务之一,也是物流系统的一个重要功能。选择何种运输手段对于提高物流效率具有十分重要的意义。在决定运输手段时,必须权衡运输系统要求的运输服务和运输成本,如运费、运输时间的准确性、频度、运输能力、货物的安全性、适用性、伸缩性、网络性和信息等。

(2)仓储功能:仓储功能包括对进入物流系统的货物进行堆存、管理、保管、保养、维护等一系列活动。其作用表现在2个方面:①完好地保证货物的使用价值和经济价值。②为将货物配送给用户,在物流中心进行必要的加工活动而进行的保存。随着经济的发展,仓储功能从重视保管效率逐渐转变为重视如何才能顺利地进行发货和配送作业。

(3)包装功能:包装分为工业包装和商品包装两种。工业包装的作用是按单位分开产品,便于运输并保护在途货物。商品包装的目的是便于最后的销售。因此,包装的功能体现在保护商品、单位化、便利化3个主要方面。

(4)装卸搬运功能:装卸搬运是随运输和保管而产生的必要物流活动,是对运输、保管、包装、流通加工等物流活动进行衔接的中间环节,以及在保管等活动中为进行检验、维护、保养所进行的装卸活动,如货物的装上卸下、移送、拣选、分类等。对装卸搬运的管理,主要是对装卸搬运方式、装卸搬运机械设备的选择和合理配置与使用以及装卸搬运合理化,尽可能减少装卸搬运次数,以节约物流费用,获得较好的经济效益。

(5)流通加工功能:流通加工功能是在物品从生产领域向消费领域流动的过程中,为了促进产品销售、维护产品质量和实现物流效率化,对物品进行加工处理,使物品发生物理变化的功能。其属于物流活动中的一项重要增值服务,也是现代物流发展的一个重要趋势。流通加工的内容包括:装袋、定量化小包装、挂牌子、贴标签、配货、挑选、混装、刷标记等。

(6)配送功能:配送是现代物流一个最重要的特征。可采取物流中心集中库存、共同配货的形式,使用户或服务对象实现零库存,依靠物流中心的准时配送,而无须保持自己的库存或只须保持少量的保险储备,减少物流成本的投入。

(7)信息服务功能:物流需要依靠信息技术来保证物流体系正常运作。物流系统的信息服务功能包括进行与上述各项功能有关的计划、预测、动态(运量、收、发、存数)的情报及有关的费用情报、生产情报、市场情报活动。对物流情报活动的管理,要求建立情报系统和情报渠道,正确选定情报科目和情报的收集、汇总、统计、使用方式,以保证其可靠性和及时性。从信息的载体及服务对象来看,该功能还可分为物流信息服务功能和商流信息服务功能。商流信息主要包括进行交易的有关信息,如货源信息、物价信息、市场信息、资金信息、合同信息、付款结算信息等。商流中交易、合同等信息,不仅提供了交易的结果,也提供了物流的依据,是两种信息流主要的交汇处;物流信息主要是物流数量、物流地区、物流费用等信息。

信息服务功能的主要作用表现为:缩短从接受订货到发货的时间;库存适量化;提高搬运作业效率;提高运输效率;使接受订货和发出订货更为省力;提高订单处理的精度;防止发货、配送出现差错;调整需求和供给;提供信息咨询等。

三、中药商品物流管理分类

1. 宏观物流与微观物流 宏观物流是指社会再生产总体的物流活动,是从社会再生产总体的角度来认识和研究物流活动。宏观物流主要研究社会再生产过程物流活动的运行规律以及物流活动的总体行为。微观物流是指消费者、生产者企业所从事的实际、具体的物流活动。在整个物流活动过程中,微观物流仅涉及系统中的一个局部、一个环节或一个地区。

2. 社会物流和企业物流 社会物流是指超越一家一户的、以整个社会为范畴、以面向社会为目的的物流。这种物流的社会性很强,经常是由专业的物流承担者来完成。企业物流是从企业角度研究与之有关的物流活动,是具体的、微观的物流活动的典型领域,它由企业生产物流、企业供应物流、企业销售物流、企业回收物流和企业废弃物物流组成。

3. 国际物流和区域物流 国际物流是不同国家之间的物流,这种物流是国际贸易的一个必然组成部分,各国之间的相互贸易最终通过国际物流来实现。国际物流是现代物流系统中重要的物流领域。区域物流是相对于国际物流而言,指一个国家范围之内的物流。

4. 一般物流和特殊物流 一般物流是指物流活动的共同点和一般性,物流活动的一个重要特点是涉及全社会的广泛性,因此物流系统的建立及物流活动的开展必须有普遍的适用性。特殊物流是指在遵循一般物流规律基础上,带有制约因素的特殊应用领域、特殊管理方式、特殊劳动对象、特殊机械装备特点的物流。

四、中药商品的物流建设

我国一直积极推动中药商品的物流建设。早在 2005 年,国家食品药品监督管理局就发布了《关于加强药品监督管理促进药品现代物流发展的意见》,对药品批发企业的现代物流准入条件及规范化与规模化、第三方药品现代物流企业的药品储存与配送服务、具有现代物流基础设施及技术的药品企业参与农村药品配送、药品监督管理信息化建设等方面做了规定。

商务部办公厅于 2015 年和 2016 年分别发布《关于加快推进中药材现代物流体系建设指导意见的通知》和《全国中药材物流基地规划建设指引》。文件要求到 2020 年,建设一批集仓储运输、质量检验、追溯管理、销售与融资服务等多功能于一体的中药材物流基地,流通环节中药材规范化集中仓储率达到 70%,初步形成中药材现代物流体系与流通网络。其中,物流基地分为主产地物流基地、市场配套的物流中心和区域仓储配送中心。

国家已建立中药材物流"5+1"标准体系,它是一个完整的体系,包括 1 个国家标准:《中药材生产质量管理规范》;5 个行业标准:《中药材仓库技术规范》《中药材仓储管理规范》《中药材气调养护技术规范》《中药材产地加工技术规范》《中药材包装技术规范》。标准化的仓库是提供标准化仓储管理、标准化养护的基础和依据,是标准化产地加工与包装的后续设施,是其他标准实施的条件;标准化产地加工为标准化养护提供了保障,也是标准化包装与标准化仓储管理实施的前提条件;标准化包装是中药材流通追溯的载体,是中药材标准化仓储管理的必要条件。此外,《中药材物流质量管理规范》(GWP)、《中药材流通追溯规范》2项标准正在制定之中。

第四节　中 药 价 格

中药商品和其他商品一样,具有使用价值和自身价值两重性,中药的价值可以通过价格得以体现。2015年6月1日起,我国实施药品价格以市场调节为主,政府只对极少数品种进行定价,政府采用市场手段进行调控,按照法律监管药品价格的违法行为,取得了较好的效果,药品价格逐渐趋于合理。

一、中药价格的定义

1. 中药材的价格　中药材的价格一般有产地收购价格和市场销售价格,其价格的变化由药材市场行情决定。

2. 中药饮片的价格　中药饮片的价格一般有生产价格、批发价格和零售价格。

(1)生产价格:一般由药材收购价、加工损耗、辅料费、包装费或包装折旧费、燃料费、工时费、扩大再生产费构成。其计算公式是:饮片生产价格=〔药材收购价/(1−加工损耗率)+辅料费+包装费或包装折旧费、燃料费+工时费〕×(1+扩大再生产费)。

(2)批发价格:又称供货价格,由批发企业在生产价格的基础上进行价格加成,自主定价。

(3)零售价格:分两种情况,对于公立医疗机构,由公立医疗机构根据《中华人民共和国价格法》规定,在批发价格基础上进行价格加成,自主定价,但价格加成不超过批发价格的30%;对于民营医疗机构和非医疗销售终端(含连锁药店、药店等),自主定价。

3. 中成药的价格　除进入医保等少数中成药由国家定价外,其余中成药全部由企业自主定价。一般有出厂价格、供货价格和零售价格。

(1)出厂价格:由生产企业自主定价。一般是按照正常的生产成本加税金和利润制定。为简化计算方法,可将工业利润和税率合并换算为税利率,其计算公式是:中成药出厂价格=产品成本 ×(1+税利率)。

(2)供货价格:由中药经营企业根据市场自主定价,其中进入公立医疗机构的中成药,中标价格即供货价格。

(3)零售价格:分两种情况。①公立医疗机构:中成药没有价格加成,是零利润销售。进入医疗机构的中成药必须招标,中标价格即供货价格,也即零售价格。②民营医疗机构和非医疗销售终端(含连锁药店、药店等):自主定价。

二、中药价格的影响因素

1. 市场因素

(1)中药本身的价值决定中药的价格,是中药价格的决定性因素。

(2)供需是影响中药价格的极重要因素。当供给大于需求时,中药商品价格下跌;当供给小于需求时,中药商品价格上涨。

(3)市场容量也是影响中药价格的重要因素。

2. 社会因素

(1)国家政策的导向。2016 年以来,国家出台了《中医药发展战略规划纲要(2016—2030 年)》等多项中医药发展政策,均提出要推动中医药振兴发展,从而促使中药价格上涨。

(2)中药质量标准的提升。近年来,国家对中药的质量控制越来越严格,质量控制标准的水平不断提高,也影响中药的价格。

(3)消费者心理。随着《中华人民共和国中医药法》的颁布实施,人们越来越接受中药,从而促使中药价格上涨。

(4)人为囤积、炒作。

(5)野生中药材资源的过度开发。

(6)时疫的发生也促使某些中药价格上涨。

3. 自然因素

(1)自然灾害。

(2)中药材种植生产的周期。

第五节 中 药 市 场

中药市场是中药商品集聚、交换的场所。从宏观角度来说,中药市场是指随着市场经济杠杆驱动出现的购买中药商品关系的总和。

一、中药市场的监督与管理

中药市场监督与管理是指国家政府部门根据有关的政策法规,运用科学的方法和手段对中药市场的商品流通活动进行行政监督与管理。具体地说,就是对从事中药商品交换活动的单位和个人,从中药商品品种、价格、质量、合同、税收、利润等各方面进行组织调控和监督。加强中药市场的管理,对于繁荣社会主义市场经济,合理组织中药商品流通,打击违法犯罪活动,维护消费者利益都具有重要意义。中药市场监督与管理的中心内容是贯彻实施国家中药市场监督与管理的有关法律法规、规章制度,监督管理中药商品的流通渠道、流通结构以及中药经营方向,调节中药商品需求与供给的相对平衡,保证中药市场活动与整个国民经济协调发展。

二、中药市场的调查与预测

中药市场调查是决策、预测的需要,要运用科学的方法和手段,有计划地搜集、整理、分析有关中药市场的活动信息。中药市场调查对于掌握中药市场的变化动态,了解中药市场的供求变化规律,制订中药市场营销战略和实施营销计划都有重要的作用。中药市场调查主要是对中药市场供给与需求、消费者心理、中药商品(品种、质量、价格等)、竞销、市场环境等内容进行调查。中药市场调查的步骤为:确定调查目标→制订调查方案→设计调查表→搜集调查资料→整理调查资料→编写调查报告。

预测就是对未来做出估计和判断,即根据过去和现在推测未来。中药商品市场预测是在中药商品市场调查的基础上,根据中药商品市场过去和现在的情报资料,运用科学的方法和手段对未来一定时期内中药商品市场发展变化的趋势进行分析、判断和测算,从而为中药营销决策提供依据。中药市场预测的内容包括市场需求预测、市场供给预测、价格预测、市场占有率预测等内容。中药市场预测的步骤为:确定预测目标及方案→收集和整理中药市场的信息资料→选择市场预测的方法→建立合适的市场预测模型→实施市场预测→编写市场预测报告。

三、中药商品市场

根据《2020—2026 年中国中药材及中成药批发行业市场分析预测及市场供需预测报告》的数据,2019 年我国中药市场规模为 7 153 亿元。其中,中药材市场规模为 685 亿元,中药饮片市场规模为 1 881 亿元,中成药市场规模为 4 587 亿元。

2019 年 11 月,国家药典委员会发布了《中药配方颗粒质量控制与标准制定技术要求(征求意见稿)》,对中药配方颗粒有了更细化的要求。此外,还发布了《关于中药配方颗粒品种试点统一标准的公示》,公布了 160 个品种试点统一标准。随着中药配方颗粒政策逐步放开,越来越多的企业开始布局这一领域,中药配方颗粒市场不断增长,2020 年中药配方颗粒市场销售规模近 160 亿元。

中药材专业市场是经国家检查、验收、批准,并在工商行政管理部门核准登记的专门经营中药材的集贸市场。目前,我国主要有 17 家中药材专业市场:安徽亳州、成都荷花池、广西玉林、河北安国、江西樟树、湖南邵东廉桥、西安万寿路、山东鄄城舜王城、湖北蕲州、广州清平、广东普宁、河南禹州、重庆解放路、昆明菊花园、湖南岳阳花板桥、兰州黄河、哈尔滨三棵树。其中,安徽亳州、河北安国、河南禹州和江西樟树这 4 家中药材市场年交易额合计超 200 亿元,被称为"四大药都"。

第六节　中药商标

商标是知识产权的重要组成部分,是用于区别一个经营者的品牌或服务和其他经营者的商品或服务的标记。中药商标是商标的一部分。

一、中药商标的分类

《中华人民共和国商标法》规定,经国家知识产权局商标局核准注册的商标,包括:

1. 商品商标　它是商标的最基本表现形式,是商品的标记,通常所称的商标主要是指商品商标。如"同仁堂""九芝堂""云南白药"等。

2. 服务商标　是指提供服务的经营者,为将自己提供的服务与他人提供的服务相区别而使用的标志,也称服务标记。如中药流通领域的"老百姓""一心堂"等。

3. 集体商标　是指以团体、协会或者其他组织名义注册,供该组织成员在商事活动中使用,以表明使用者在该组织中的成员资格的标志。如绿十字标识等。

4. 证明商标　是指由对某种中药商品或者服务具有监督能力的组织所控制,而由该组织以外的单位或者个人使用于其中药商品或者服务,用于证明该中药商品或者服务的原产地、原料、制造方法、质量或其他特定品质的标志。如"龙山百合""昭通天麻"等。

二、中药商标的作用

1. 识别中药商品身份　商标可用于区别不同生产者和经营者所生产经营的中药商品,便于消费者识别选购。

2. 保护中药商品质量　通过商标区别不同生产者所生产的中药商品,也区别不同生产者所生产中药商品的质量,是促进生产发展的一个重要方面。将保护商标专用同监督中药商品质量结合起来,能促使企业保证和提高产品质量,维护消费者权益。

3. 广告宣传　商标作为一种标记,代表中药商品的质量和企业的信誉,自然就成了一种广告手段,而且是一种非常有效的手段。消费者一般都会记住商标,根据商标判断中药商品的好坏,并据此选择购买。对潜在顾客,通过宣传使他们对商标产生良好印象,从而诱发其购买的愿望。对已购买的顾客,通过使用使其对中药商品功效、质量留下深刻的印象,就会把这种良好的口碑推广到其他消费者中去。

4. 创立品牌　商标对企业争优创名牌能起到推动作用。商标不仅能增强企业对产品质量的责任感,而且能增强企业树立名牌的荣誉感。

5. 保护中药商品特色　商标经注册后就获得了商标专用权,因此可以防止别人模仿、抄袭和假冒,有利于维护企业的正当利益。

三、中药商标保护

中药商品与商标是相互联系的,为了让消费者便于识别自己企业的产品,企业常融入以商标为标志的视觉识别系统,以区别于同类产品。药品的通用名称属于一个国家或世界范围内的非专有名称,不具有排他性,宣传通用名可能会帮别人的忙,因为其他企业可以搭便车,乘机推出自己的相同产品。为使中药商品区别于其他竞争对手的产品,企业必须重视中药商标的保护,如通过广告以商标为核心进行宣传,扩大商标知名度,增加商标的显著性。因此,商标对中药商品具有极重要的意义。

我国有很多历史悠久的中药老字号,如北京的"同仁堂",长沙的"九芝堂",广州的"潘高寿",重庆的"桐君阁",天津的"达仁堂"等,在海内外享有一定的声誉,是中药企业宝贵的无形资产。尤其是我国加入世界贸易组织(WTO)后,随着企业自我保护意识加强,也崛起了一批著名和驰名的中药品牌,彰显了商标品牌的独特魅力。而商标的知识产权与专利权、著作权具有同等的法律地位,因此,中药商标的保护对于企业创建和保护自身品牌具有非常重要的意义。

第七节　中药商业的竞争

竞争是一切商品经济的客观规律,市场竞争迫使生产者和经营者改善经营管理,提高生产率和推动技术进步。中药商业企业作为相对独立的经营者,在市场经济的营销中,必须在竞争中求发展、在发展中求生存。

一、中药商业竞争范围

市场竞争的形式多种多样,中药商业的市场竞争有其特殊性和复杂性,突出表现在市场营销方面的竞争。其竞争范围主要包括以下几方面:

1. 销售品种的竞争　中药具有品种繁多和产区广泛等特征,中药经营企业要取得销售上的有利地位,必须在市场需求的前提下,保证所经营的品种和规格齐全,研究产品的更新和多样化,以满足医疗和保健市场的需要。

2. 商品质量的竞争　中药作为特殊的商品,对其质量评价包括内在质量和外在质量两部分。外在质量主要是指产品本身的技术标准和包装等质量;内在标准则是中药的临床疗效。质量是增强企业竞争能力的关键因素,中药企业必须不断采用新技术,提高商品经营中质量的全面管理水平,创名牌和优质产品。

3. 商品价格的竞争　在中药产品的性能、用途、质量和包装等条件相同的情况下，只有提高工作效率和企业的管理水平，才能降低生产成本。在国家有关部门许可的范围内，以低于同类产品的价格销售，必然在市场上获得畅销，并能获得较多的利润以促进企业的发展。在商品的流通环节中，节省流通费用、减少购销渠道、在政策允许的范围内薄利多销，也会占领市场。

4. 时间竞争　时间是中药商业竞争中的重要因素之一。在购销过程中，遵守交货时间是保证商品畅销和企业信誉的重要环节。由于中药的特殊性，经营企业必须按季节及时组织货源，适时地满足市场的需要。

5. 服务竞争　药品的供应是满足临床医疗的需要，对医院和患者的服务质量，直接影响到药品在市场的竞争能力。对医疗单位的服务，包括售前、售时和售后 3 个方面。销售时要详细解释药物的性味功能、主治、用法用量、禁忌证、注意事项、保存方法等。可免费送药上门，实行售后质量跟踪服务，不断改进工作作风，从而赢得更多的用户。

此外，还有广告竞争、技术竞争等多种方式，在经营中根据具体情况分别采用。

二、中药商业竞争策略

中药商业竞争的策略是一家企业经营态度和思维方式的集中概括。其核心问题是以什么为中心来开展企业经营活动。现代营销出发点是以患者与医生需求为中心，以产品适销对路为轴心开展整体营销活动，在策略上通过寻找市场机制，药品通过适当的价格渠道、促销等方面达到成功经营，通过市场分析充分了解患者与医生需求、市场容量、竞争对手。在保证产品质量的前提下，成功的商业竞争在于营销。

1. 营销的基本原则　中医药企业进入医药市场，必须熟知营销理论、做好市场调查和分析预测，应具有较为科学和成熟的理论指导，如某些国际知名医药企业常以城镇享受医疗保险或高消费人群为目标市场。城镇医药市场的主要特点是用药水平高、市场广阔、消费者文化素质相对较高、保健意识强、营销难度低，目标市场明确，营销针对性强，营销效果一般较好。一些知名的产品都在相应的细分目标市场上拥有较高地位，甚至可支配市场占有率。如果没有明确的目标，乱碰乱撞，促销活动针对性差，失败的可能性大，营销业绩难以理想。市场调查和分析预测是分析市场机遇、确定营销目标和策略的基本条件，寻找市场的向导是产品销售等一系列市场活动中的主要工作。企业在经营中要立于不败之地，必须以不断创新、提高质量、降低成本、联合经营为基本策略。

2. 营销方法　营销方法必须注重科学性。药品消费分散，医药市场需要量分散，形成买方市场，非购货和非相关市场整体性不强。药品品种繁多，药品细分市场分类广，层次多，任何单家企业的精力和财力都有限，不可能满足各种各样的用药需要，更不可能垄断整个医药市场，只能在细分市场的基础上再结合品种、资源、地域、用药水平差异等特点。因此，在营销方法上要考虑目标市场各方面的竞争情况，采用适当的宣传和促销手段，结合企业本身的实力，根据消费者或用户对产品某种特征和属性的重视程度，树立起人们心目中与众不同的鲜明印象和个体化形象。使医药产品成为医生和患者的首选，是营销战略中的重要方法。

3. 有效公关　指动用信息沟通手段来加强组织机构与公众的联系，为企业提出各种传播媒介和手段，以强大的公共关系为公众传递信息，使医生、患者了解企业的目标，处理好企业与外部各方面的关系，树立企业在社会公众心中的形象和地位，保持合作关系。产品质量与品牌现代营销策略艺术相结合，靠产品质量来满足目标市场的需求，产品策略是市场营销组合中的首要策略，是整个营销策略的基础。

4. 品牌树立　品牌是企业的无形资产，将厂牌、企业标识等与广告密切配合，进行多方位、多层次的品牌宣传和大众性的传播,以此来提高企业与产品的知名度。品牌意识体现在企业经营活动中的各方面,如严格的药品质量管理体系,全力提高产品的质量,在产品营销与广告过程中给广大医生与患者的安全感、信赖感等。

第八节 中药商品的国际贸易

一、中药进出口

1. 中药的主要国际市场 中药是我国医药对外贸易的重要组成部分。目前,中药已被世界上越来越多的人所接受,国际市场日益拓宽。据 2019 年不完全统计,中药出口 190 多个国家和地区。主要国际市场有:东亚市场,包括日本、韩国、朝鲜;东南亚市场,包括越南、马来西亚、泰国、新加坡、印度尼西亚、菲律宾等国;北美市场,包括美国、加拿大、墨西哥;西欧市场,包括德国、法国、英国、比利时、丹麦、希腊、爱尔兰、意大利、卢森堡、荷兰、葡萄牙、西班牙等国家;此外,还有东欧、澳大利亚和非洲等市场。亚洲依旧是中药出口的主要市场,出口额达到 23.88 亿美元,占中药材及饮片出口总额的 85.75%。其中,日本、中国香港、韩国、中国台湾、越南、马来西亚、美国、德国、新加坡、泰国是中药材及饮片的前十大出口市场。2019 年,日本仍保持我国中药材及饮片第一大出口市场的位置。目前,全国可供出口的药材近 500 种,中成药 2 000 余种。我国对中药出口实行统一管理,统一计划,统一对外,严格执行出口许可证管理制度,由中国医药保健品进出口总公司统一协调管理。

2. 进出口的中药品种

(1)主要进口品种:我国进口中药的主要品种(主产地)有西洋参(美国、加拿大),高丽参(朝鲜),沉香(印度尼西亚、马来西亚、越南、柬埔寨),肉桂(越南、柬埔寨、斯里兰卡),海马(马来西亚、新加坡、日本),蛤蚧(越南、泰国),公丁香、母丁香(斯里兰卡、桑给巴尔地区),肉豆蔻(泰国、印度尼西亚、马来西亚、印度、缅甸),草果(越南),荜茇(印度、越南、菲律宾),胖大海(泰国、印度尼西亚、缅甸),番红花(西班牙、伊朗、希腊),番泻叶(印度),乳香、没药(索马里、埃塞俄比亚),阿魏(阿富汗、伊朗、印度),血竭(印度尼西亚、马来西亚),苏合香(土耳其、伊朗、索马里、印度),豆蔻(泰国、印度尼西亚),羚羊角(俄罗斯、蒙古),海狗肾(加拿大、墨西哥、俄罗斯、日本、朝鲜),玳瑁(印度尼西亚、菲律宾),牛黄(美国、澳大利亚、尼泊尔、印度尼西亚、加拿大、阿根廷),龙涎香(太平洋和南洋群岛),安息香(印度尼西亚、泰国、越南、伊朗),燕窝(泰国、马达加斯加、马来西亚、印度尼西亚),马钱子(泰国、印度尼西亚、越南),猴枣(印度、马来西亚、印度尼西亚),儿茶(马来西亚、印度尼西亚)等。

(2)主要出口品种:我国出口中药的主要品种有肉桂,枸杞子,人参,红枣,当归,黄芪,茯苓,甘草,甘草浸膏,党参,生地黄,鹿茸,鹿鞭,黄连,川芎,白芷,菊花,麦冬,木香,金银花,山药,延胡索,牡丹皮,泽泻,桔梗,贝母,牛膝,玄参,杜仲,山茱萸,三七,栀子,厚朴,黄柏,枳壳,酸枣仁,天麻,连翘,柴胡,猪苓,冬虫夏草,蜂蜜,云南白药,六神丸,至宝三鞭丸,片仔癀,银翘片(丸),蜂王浆制剂,清凉油,牛黄清心丸,乌鸡白凤丸,六味地黄丸,十全大补丸,健脑丸等。中药出口的品种逐年增多,呈持续上升趋势。

二、中药进出口中现存主要问题及对策

1. 中药进出口中现存的主要问题 中药是我国的传统药物,用量大,除了保证我国用量外,在出口的同时,也从国外进口一部分药物。在进口的药材品种中涉及了一部分野生动

物保护种类,如麝香、熊胆、豹骨、羚羊角、蛤蚧、哈蟆油等,这类药材均以确切的疗效而闻名,不但是中医临床调配常用的药物,而且是中成药中的重要组成药物。有的药材如羚羊角主产于俄罗斯,由于辗转出口,价格成倍增加,致使含这类药材的中成药生产受到一定影响。

有的进口品种如高丽参、燕窝、沉香、胖大海、海狗肾、蛤蚧、海马、玳瑁等药材尚缺乏专属性强的鉴别方法和先进的质量控制标准,大多停留在经验鉴别层面,所以常出现假冒现象。如胖大海的霉变问题,目前从外表很难判断其内在是否霉变,只有剖开子叶后才能识别,因此仅以抽样的检验结果很难代表检品的全貌。要解决这一类问题,必须建立完善的药材追溯体系。

我国出口的品种较多,但多数品种的检验标准还不完善,往往缺乏专属性的鉴别和有效成分含量测定项目,使得一些对中药进口质量要求较高的国家不能及时组织进口,妨碍了我国传统道地药材的出口。

2. 促进中药进出口发展的思路与方法　中药材是我国医药对外贸易的重要组成部分,进口药材的市场趋势极难预测,这与货币外汇汇率的变化、产地国的生产情况、国际上的经济和政治情况等都有密切关系。因此,应随时掌握口岸外贸和中药经营部门的业务动态,对中药市场行情进行科学的判断和预测。

目前,中药的发展面临着机遇和挑战,为了加速中药走向世界的步伐,促进中药进出口贸易的发展,主要应采取下列对策:

(1)从政策导向上鼓励中药出口,药材的贸易要体现先国内、后国外的原则,努力扩大中成药的出口份额。

(2)提高中药质量,以质取胜。质量是中药在国际市场竞争的关键,要提高现代化生产和管理水平。为了扩大出口量,对进出口的中药应加强质量标准的制定,指导生产和促进消费。

(3)加强新产品的研制与开发,提高中药在国际市场上的占有率。打造民族名牌,扶持明星企业。

(4)加强中药信息工作,促进消费,不断将产品优势转化为经济优势。

中药走向世界的任务既艰巨又紧迫,必须对中药的科研、技术和市场动态进行全方位的跟踪和检测,不断提高研究和管理水平,为创新现代中药、加快中药跨入国际市场的步伐而努力。

(周小江　王柳萍)

复习思考题

地理标志商标与地理标志产品标识有何异同点?

第三章

中药商品的包装、贮藏与养护

学习目标

1. 掌握中药商品的包装概念和包装要求;中药商品贮藏的概念和方法;中药变质的因素与主要防治方法。
2. 熟悉中药商品贮藏的基本原则。
3. 了解中药传统养护技术和现代养护技术。

第一节　中药商品的包装

中药商品的包装(package)主要是指盛装和保护商品的容器、材料及辅助物等,常分为运输包装和销售包装 2 类。运输包装也叫"大包装"或"外包装",是商品最外层的包装,由产地经营单位提供。销售包装也叫"小包装"或"内包装",是商品最内层的包装,一般由生产单位制作,大多数随着商品一同出售给消费者。

中药包装必须保证商品质量和数量的要求,便于储存、运输和医疗使用。中药有了适当的包装,可以提供醒目的标志,以防止因日晒、雨淋、受潮、污染等而变质,才能减少因挥发、破碎、渗漏、散失造成的数量损耗。对于剧毒、易燃、易爆中药来说,包装还有保护工作人员安全的作用。中药经过包装后便于装卸、运输、堆码,可充分利用运输工具和仓库的容积,同时也为储运和销售前的商品分装提供方便。长期固定的包装形式,尚有利于识别商品的种类。

一、包装材料

中药的包装材料(packaging material)主要有纸箱(盒)、玻璃瓶、塑料袋(瓶)、木制品、金属制品、纸袋、麻袋等。各种包装材料的选用因中药的性质而异:如麻袋、塑料编织袋适用于质地坚硬、受压不易变形、抗霉防蛀能力较强的药材;纸箱(盒)、玻璃瓶等适用于中成药;木制和金属的包装制品常用于少数养护要求较高的药材或供出口的贵重药材;硬塑料包装品具有牢固、轻便、美观、机械性能好、化学性质稳定、可周转使用等优点,用于多种中药的运输和贮藏;纸袋和塑料薄膜袋极易破损,只宜作销售包装或运输包装的内衬物。没有防潮、防蛀性能,贮藏和运输中易破损的材料不宜作为包装,以防中药散失和污染。中药的包装材料必须符合国家对包装材料的有关规定。

二、包装要求

对中药商品的包装一般均应符合下列 6 项基本要求:

1. 牢固安全　包装材料应有一定机械强度,不得在正常的装卸、运输、贮藏过程中发生松散、破损现象。要求干燥清洁,不得影响中药质量。

2. 大小和体积适度　如药材用麻袋、塑料编织袋包装的,每件重量应在 10~15kg;用麻布、粗平布、塑料编织布压缩打包的,每件重量应在 20~50kg;用纸箱包装的,每件重量宜在 5~20kg。包装的体积大小应以搬运、堆码方便为宜。

3. 外形合理　包装外形要求适合储运、堆码,每件最少应有 2 个平面,避免圆球形包装;缝合、捆扎时要注意留有抓提处,以方便搬运。

4. 用料经济　在保证包装质量的前提下,应尽量采用廉价包装材料;包装时装满填实,充分利用包装物的容积;在保证牢度的前提下,尽量将旧包装重复利用,以降低包装成本;装过危险品、农药或化肥的旧包装,不可再装中药。

5. 整齐美观　同一品种的包装,在用料、体积、外表颜色、捆扎方法及标志文字等方面必须一致,打包件要平整、外观对称、商品不得外露。

6. 标志齐全　每件包装外面应按国家有关规定粘贴发货标志和包装储运指示标志,注明品名、产地、日期、调出单位等;每件包装内均应附有中药质量检查合格证。

包装必须符合国家规定的有关标准,如《中药材压缩打包运输包装件》等。包装标准对包装材料的规格、包装技术要求、包件重量、体积标志等均做了明确规定,储运工作中必须遵照执行。

三、包装方法

国家包装标准中具体规定了 300 多种常用药材的包装方法,中药的包装方法必须严格执行这一规定。一般说来,贵重药材、易变质药材、易碎药材以及玻璃器皿作内包装的药材,宜装纸箱,箱内衬防潮纸或塑料薄膜,箱外涂防潮油或用麻布、麻袋等裹包,再用塑料带捆扎成十字形或井字形。质地轻泡、受压不易变形、破碎的药材宜用打包机压缩打包。一般在药材外面用符合运输标准要求的麻布、粗平布或塑料编织布裹包,必要时内衬防潮纸,按照运输标准规定的规格尺寸打成包件。质地较软的药材如花、叶、草类,还需在外面加竹片、荆条等制成的支撑物,然后用麻绳、棕绳或铁丝等捆扎。

第二节　中药商品的贮藏

贮藏(storage)是中药商品流通的重要环节,也是保证中药稳定性的关键技术,它贯穿于商品购、销、调、存的整个过程。中药生产部门、收购部门、批发部门、零售部门都必须根据贮药场所要求、药材的不同特性设置贮藏中药的仓库。运输过程中的中药也处于储存状态。

中药仓库根据储存的中药品种及其性质、承担的任务、储存量的大小等进行分类。按照职能分为采购供应仓库、批发仓库、零售仓库、加工仓库、储存仓库、中转仓库。按照商品的性质分为普通药品仓库和特殊药品仓库。中药仓库必须有防潮、隔热、避光、密闭的性能。在仓储的环节中,要严格管理制度,做到入库验收、在库检查、出库验发。库内药品的存放,要实行定置管理办法,药品的堆码与货垛必须牢固整齐、通风、散潮、便于养护、适合中药的特性。特殊药材如贵细药、毒麻药要专库、专人管理。

科学的贮藏是为了保证库中中药的质量。药材在贮藏保管中,因受周围环境和自然条件等因素的影响,容易发生变质现象而失去疗效,贮藏的条件和时间直接关系到中药质量和临床疗效,必须高度重视。

一、中药商品贮藏的原则与方法

1. 中药商品贮藏的原则 中药品种繁多,所含的成分不同,性质各异。因此,在贮藏中需要遵循分区、分类储存的基本原则。根据商品的质量特性及贮藏要求,结合中药商品的自然属性分类,按区、库、号科学储存。

(1)分区储存:按照安全、方便、节约的原则划分商品贮藏区域,要符合相关法规规定,保障产品质量。区域的划分应便于管理、便利业务,节省仓库容量,确保安全。

(2)分类储存:分类储存是把性质相似、变化相同的中药品种归为一类,选择合适的贮藏处所,采取针对性较强的保管措施,达到保护药品质量的目的。通常将中药分为中药材、饮片、中成药3类,分库存放,中药材可按根、茎、草、叶、花、果实、动物等分类;中药饮片可按药用部位,也可按切制类、加工类、炮炙类分类;中成药可按剂型进行划分,如水丸、蜜丸、散剂、片剂、注射剂、颗粒剂、胶囊剂等。

(3)按中药特性分类储存:中药可按保管难易要求如易生虫、易霉变、怕热、怕潮、怕风化等来安排储存场所,以便养护管理。

根据《药品经营质量管理规范》(GSP)规定:药品与非药品必须分库存放;内服药与外用药应分库或分区存放;性质相互影响、容易串味的品种应分库存放;麻醉药品、一类精神药品、毒性药品、放射性药品及其他毒性药品应实行双人双锁,专库、专柜、专账管理;危险品按其危险性质,严格分类存放于有专门设施的专用仓库;品名或外包装容易混淆的品种,应分区或隔垛存放;在库商品实行色标管理(待验商品挂黄色标志,合格商品挂绿色标志,不合格商品挂红色标志),不合格商品应放在不合格品库(区)内;长期贮存怕压商品,应定期翻码整垛。

2. 中药商品贮藏的方法 中药商品入库后采用"分区分类,货位编号"的管理方法进行管理,使商品有较固定的堆码地点,便于发货、检查和保管;能够加快商品出入库的速度,有利于提高工作效率,加快商品流转;货位的固定、品种的集中,可以使保管人员易于熟悉商品的性能,掌握质量变异发生的规律,提高科学储存水平。分区分类货位编号具体操作如下:

(1)分区:按中药商品类别、储存数量,结合仓库建筑面积和设备条件情况,将仓库划分为若干货区,并规定货区存放货物的类型。为了防止各货区间忙闲不均现象,可留出机动货区,或调整商品的存放货区,或重新划分货区。

(2)分类:将中药商品按其性质和储存要求条件划分成若干类,分类集中存放。根据分类,确定中药堆码的仓库类型,如普通库、保温库、冷藏库、危险品库等。库内药品的存放应实行定置管理办法,同一仓库内还应根据其包装重量和出入库数量的多少确定堆码位置,如笨重、出入频繁的品种应尽量存放在离出入口较近的地方。

(3)货位编号:将仓库的每一个货区又划分为若干排,将每排划分若干货位号,可用罗马数字、阿拉伯数字或拉丁字母等按顺序进行编号。在仓库梁上、墙上、货架上或地面标明库号、货区号、排号和货位号,以便于识别。为方便工作、节约时间、减少差错,还可以设置货位卡片,便于发货时凭卡片快速定位商品的存放地点。

由于各单位仓库条件不同,出入库量和商品品种数量不等,因此需结合实际情况,根据储存品种及其性质、承担的任务、储存量大小等,结合上述"分区分类,货位编号"的办法,采取适当的储存方式,确保药品质量。

二、中药变质的因素与防治

1. 中药变质的因素 中药在贮藏过程中常易产生霉变、虫蛀、变色、走油、气味散失、风化、潮解、腐烂等现象,导致其质量降低。其主要原因有 2 个方面,一是内在因素,二是外在因素。

(1)内在因素:又称遗传因素,是指中药本身所含的成分因受自然界的影响而引起变异,导致其质量变化。如:含淀粉的药材质地较疏松,易吸收外界水分,受霉菌感染,有利于害虫吸取养料赖以生存。含有挥发油的药材,一般气温在 20℃左右其油分就会挥发。含有糖类物质的药材,遇水或受潮后即会膨胀发热,引起发酵、霉变;糖类物质也是微生物、害虫的最好养料,有利于其繁殖。含有油脂的药材若保管不当,油脂就会发生水解和氧化,其成分受到破坏而产生分解和酸败现象。含有色素的药材,常会受到温度、湿度、日光、空气的影响,导致色素被破坏而引起药材色泽的变化。

此外,各类中药都含有一定的水分,水分对中药的重量和质量起着主导作用。水分过多会使中药腐烂或生霉;水分过少会使中药失润,出现干裂残损。有些中药易发生潮解、风化、软化,都与其本身含水量有关。

(2)外在因素:又称"环境因素",是导致中药变质的自然因素,直接或间接影响其质量。外在因素主要有以下几种:

1)日光:日光能引起或促进中药中许多无机物和有机物发生化学变化,如氧化、还原、分解、聚合等,从而影响中药质量。如含有生物碱类、维生素类、酚类、挥发油类、黄酮类、蒽醌类等成分的中药,受光照射后易发生光化反应,出现颜色变化。同时日光还有大量热能,对中药有加热作用,使暴晒的中药温度升高,导致某些中药出现气味散失、泛油、粘连、融化、干枯等现象。

2)空气:空气中的氧气易与中药中的某些成分发生化学变化,如绿矾(皂矾)的主要成分为硫酸亚铁,在湿空气中能迅速氧化,变成黄棕色的碱式硫酸铁。部分中药长期接触空气,会出现变色、质脆、气味散失等现象。

3)温度:温度过高对含挥发性成分的中药影响较大,可使其成分迅速流失。此外,温度还与某些中药成分的氧化、水解、升华、熔化及中药发霉、生虫、黏结、膨胀、皱缩、干枯、泛油、变色等有较大的关系。当温度在 20~35℃时,害虫、霉菌及其他腐生菌都容易孳生繁殖;当温度在 35℃以上时,含糖类与含油脂多的中药则会因受热而引起泛油或发生粘连,挥发性成分也易挥发。因此,在仓储过程中要根据中药的不同性质选择适宜的温度。

4)湿度:湿度引起药材的质量变异有潮解、熔化、酸败、干枯、风化、皱缩、霉烂等。多数中药质变现象的发生都与湿度有一定关系。如湿度控制得好,则害虫不会孳生,霉菌不能繁殖,也不会引起泛油、变色、变味、溶解、氧化、挥发、升华等变质现象,故仓储中要严格控制湿度。我国各地相对湿度的分布很不均匀,长江流域及其以南地区全年平均相对湿度在 70%以上;沿海、四川西部、贵州东部、湖南、湖北以及台湾等地可达 80%,是全年平均相对湿度最大的地区。全国各地区、各季节相对湿度变化较大,仓储时应根据季节的变化高度重视防潮问题。

5)微生物:大部分药材含有脂肪、蛋白质、碳水化合物、水分等,故在贮藏期间易受微生物的侵袭。由于各种类型的微生物在自然界中往往同时存在,相互作用,所以是贮藏中药的主要危害。导致药材霉变的微生物主要是霉菌和酵母菌。常见的霉菌有曲霉(灰绿曲霉菌群、棒曲霉菌群、黑曲霉菌群)、青霉、毛霉、根霉、木霉。微生物主要通过分解(异化作用)和吸收(同化作用)对药材产生质变作用。霉腐微生物给中药带来的危害主要有:①霉腐微生物对中药有机质的分解和进行的营养代谢活动,会使中药有效成分含量降低,以致腐烂失效。②霉腐微生物对药材表层物质的分解和消耗,破坏了药材的组织结构,使内部所含糖质和油脂容易溢出,进而造成药材的粘连、泛油、变质。③霉腐微生物的繁殖和分泌物造成对中药的污染,使其成分不洁,影响药用。④经霉腐微生物危害的中药,即使经加工处理后再作药用,也会使药材的气味变淡,色泽转暗,品质降低,影响疗效。

(3)时间因素:时间因素是指贮藏期限。药材因含有多种成分,尽管贮藏条件适宜,但时间过久也会或多或少受到外界环境影响,逐渐变质、失效。因此在仓储中应做到先进先出,对于贮藏期过长的中药可督促业务部门及时处理。

2. 中药变质的防治　在常用的 500 余种药材中,有 60% 以上的品种容易生霉,有 70% 以上的品种容易虫蛀,所以防霉、防蛀是贮藏中药的首要任务。引起发霉、虫蛀的主要因素是霉菌和仓虫。霉菌是一切能引起发霉真菌的总称,有 8 万种以上;仓虫指各种危害药材的仓库害虫,有 210 种以上,其中以甲虫类最多,其次是蛾类和螨类。防霉、防虫一般从控制温度、湿度和空气组成 3 个方面入手。

(1)控制温度:多数霉菌、仓虫最适宜生长和繁殖的温度是 18~35℃,所以中药在夏季最易被虫蛀和发霉。为了防止虫蛀和霉变,可将贮藏温度控制在 17℃ 以下或 36℃ 以上,也可以利用自然的低温和高温进行控制。

1)保持库内低温:将易生虫的中药放在有顶无墙的货棚中,并分批摊晾。实验证明:在 0℃ 以下,仓虫及虫卵会因体液冻结、原生质停止活动而死亡;霉菌虽不会完全冻死,但能够控制其繁殖。个别数量少或贵重的药材如麝香、牛黄等,可放入冰箱中保存。

2)利用自然高温:盛夏直射阳光有时可达 50℃ 以上,此温度维持 30min(或在 50~60℃ 烘烤 1h),各种仓虫、霉菌都可因体内水分大量减少和蛋白质凝固而死亡;日光中的紫外线对霉菌也有杀灭作用,所以可利用夏季摊晒药材。但有些因受热易走油、散失香气和日晒易变色的药材不宜采用此法。

控制温度的方法只有短期效果,且易受气候、环境的限制,故较适合零售部门中药的养护。大库养护则应重点控制湿度。

(2)控制湿度:这里所说的"湿度",包括中药含水量和空气相对湿度(relative humidity)。中药含水量是指中药中水分的重量,常以百分比表示。如"含水量为 15%",就是说在 100g 中药中含有 15g 水分。测定中药含水量,可按《中国药典》取样法取样或测定,亦可用快速水分测定仪测定。相对湿度是指在一定温度时空气中水蒸气饱和的程度,也用百分比表示。相对湿度可用各种湿度计测定。

霉菌需要的水分来自空气;仓虫体内的水分主要来自药材,但药材含水量的变动又受周围空气中湿度的影响。一般来说,当药材含水量在 13% 以下、空气相对湿度在 70% 以下时,各种霉菌、仓虫会因缺水而迅速死亡。这两个指标必须同时控制,若药材含水量低而空气相对湿度高,那么药材会吸收空气中水分而增加含水量。常用降低空气相对湿度的方法有 2 种:一是通风降潮,在库内安装排风扇,当库内相对湿度高于库外时,开扇排出潮气;阴雨天库外湿度常高于库内,不宜通风。二是吸湿干燥,在密闭的库内放置若干干燥剂,吸收空气中的水蒸气。一般常放置生石灰箱(吸水率为 20%~30%),箱内装入拳头大小的石灰块,当石灰块变成粉末状时要及时更换。

(3)控制空气组成:霉菌、仓虫的生长需要足够的氧气。人为创造一个密闭环境,降低其中的氧气浓度或增加有害气体的浓度,都可使霉菌、仓虫很快死亡。

在中药的贮藏过程中,温度、湿度、空气组成是 3 个主要的条件,只要有效控制其中之一,便可以达到有效贮藏。如药材已相当干燥而又能充分防止湿气侵入时,则可无需低温、气调;反之,如果药材已贮藏于低温或低氧处所,则干燥程度稍差亦无妨。当然,最好是能综合运用各种方法,同时控制各种条件。

(4)已发霉和虫蛀药材的处理:照《中国药典》药材取样法取样检查,轻微变质者除去受损部分,单独保管,尽早使用;严重变质者按假药处理,全部销毁,不得继续药用。

1)霉变药材的处理:表面只有少数白色霉点、质地较硬、霉味不大、内部无变化的药材,逐个刷(擦、洗)去霉点;夏季遇上数日阴雨,库内相对湿度迅速增高,对有些吸湿性强的药材如甘草、黄芪等,一昼夜间在垛的外缘便能长出风霉者,可用"吹霉器"及时处理。如药材表面霉斑达到1/4以上面积,斑色呈黄、绿、黑、灰等杂色,药材质软、霉味甚浓,内部色、质发生变化,则不可再用。某些药材如胖大海、白果等,内部生霉后外表可无明显变化,应注意检查。霉变严重的药材,有时用酒、醋洗后切成饮片,混入正常饮片中出售,检查时应特别注意。

2)虫蛀药材的处理:蛀孔少、内部正常者为轻,蛀孔多、内部虚空甚至一捏即碎者为重。部分药材如海马、甘草等品种虫蛀后外表可无明显蛀孔,必须检查内部。虫蛀药材可按下列标准分级。一级:1kg样品中螨类不超过20个,甲虫类、蛾类(包括成虫、幼虫)1~5个;允许处理后再供药用。二级:1kg样品中螨类超过20个,但粉螨可在表面上自由移动,尚未形成团块;甲虫类、蛾类(包括成虫、幼虫)6~10个;可用于制剂生产。三级:1kg样品中螨类很多,并已形成致密毡样的团块,移动困难;甲虫类、蛾类(包括成虫、幼虫)超过10个;仅可供提取有效成分之用,若无法利用时应全部销毁。受害药材必须经过筛选,然后进行整理、干燥,并用药剂、紫外线等进行彻底杀虫或消毒,根据上述感染级别采取不同的方法处理。

(5)其他变质现象的处理

1)鼠害:可以采用超声波驱鼠器、电击、药剂、器械、天敌等方法灭鼠。

2)泛油:泛油又称"走油"。药材的泛油并非单独是某些含油药材在贮藏不当时油分"溢出",某些药材在受潮、变色、变质后表面呈现油样物质的变化,也称为"泛油"。

引起泛油的主要原因有:温度过高、贮藏年久,药材某些成分会自然变质或由于长期接触而引起变色、变质。泛油主要取决于内在因素,但外因是促使其变化的条件,故在对其养护时要严格控制外在因素。根据一般规律,高温、高湿对其影响最大,所以在贮藏方法上必须采用低温、低湿环境和减少与空气的接触为基本措施。可选用气调法、密封法、吸潮法、低温法等。储存易泛油的药材,应选择阴凉干燥的库房,堆码不宜过高、过大。

3)变色:变色是指药材的颜色发生了变化。如果药材固有的颜色发生了变化,则表明其内在质量也发生了变化。引起中药变色的原因主要有以下几种:

A.药材中成分变化引起的变色:如含黄酮苷类、羟基蒽醌类、鞣质类等成分的药材,在酶的作用下经过氧化、聚合过程,形成有色化合物,从而使药材的颜色加深。含蛋白质类的药材,其蛋白质中的氨基酸与还原糖发生反应后,生成大分子棕色化合物而使药材变色。

B.日光与空气引起的变色:花类药材由于含有色素,在日光的直接照射下,色素会发生光化学反应而褪色。花类药材贮藏期较长时也会变色,这是因为空气中的氧气对花色素具有氧化作用,而使药材发生变色。

C.加工、养护引起的变色:有的药材在加工干燥时温度过高,或是为防药材生虫、发霉使用硫黄熏蒸,都会引起药材变色。除此之外,高温、高湿都会加剧药材的变色,故在贮藏时应注意到其产生颜色变化的各种因素,加以预防。对于在贮藏中易变色的药材,应选择干燥、阴凉、避光的库房。花类药材宜专库储存,以便于管理。库房的温度不宜超过30℃,相对湿度控制在65%~75%,并且贮藏期不宜过长。要按照"先进先出,易变先出"的原则进行发货。对易变色的药材可根据不同的品种和特性,采取气调法、冷藏法、密封法、吸潮法、烘干法、晾晒法等加以养护。

D.潮解、风化、熔化、挥发:有些矿石类中药易发生潮解、风化、熔化、挥发,对这些中药要针对其特性,采取相应的养护措施,进行质量控制。如芒硝、胆矾、硼砂、龙骨易潮解、风

笔记栏

化,应采用密封法,使之与外界空气隔绝,贮藏于阴凉干燥处,避光,避风,防潮保存。阿魏受热易熔化,应以铅皮箱或缸装密封,置阴凉干燥处,防止高温受热。冰片、儿茶、安息香、没药、乳香等易挥发或走失气味,应装入塑料袋内置于箱中或容器内,用密封法置阴凉干燥处,避光,避风,谨防走气。总之,对于各类药材要根据各自的不同特性,采用不同的方法进行贮藏,控制其质量,保证其药性、药效。

从市场中药的供需情况看,大部分药材是季节性生产,常年销售。有的品种是一地生产,全国使用。有的品种市场需求忽高忽低不稳定,并且中药是多味配方,缺一不可。因此,中药经营部门要有一定的合理库存,做到品种全,不脱销断档,以保证用药需求。做好中药的仓储和保管,对于沟通中药商品流通渠道,调剂余缺,稳定市场,保证灾情、疫情和急救用药,提高企业的经济效益和社会效益有重要的意义。

第三节　中药传统与现代养护技术

中药养护(preservation of Chinese materia medica)是运用现代科学方法研究中药保管和养护防患规律的一门综合性技术,是中药储存保管中的一项常规工作。在长期的中药保管工作中,我国广大医药工作者在继承前人的基础上积累了丰富的经验。目前,中药常用的养护技术主要有传统养护技术和现代养护技术。

一、中药传统养护技术

1. 干燥养护法　干燥养护法主要是通过干燥除去药材中过多的水分,同时杀死霉菌、害虫及虫卵,起到防治虫、霉,久贮不变质的效果。常用的干燥方法有晒、晾、烘、通风、吸湿等。

(1)暴晒法:又称阳干法,是利用日光的光热作用散发水分,使药材干燥,同时利用紫外线杀灭霉菌和虫卵,具有防霉、治虫双重作用。暴晒时应按药材的不同潮湿程度,进行整件或拆件暴晒,使药材本身的水分降至所需要求,避免过干引起药材碎裂,增加损耗。暴晒后根据药材的不同性质,采取趁热装箱(如麦冬、枸杞子等),或散热后打包装箱(如党参、牡丹皮、白术、怀牛膝等)。直射日光温度有时可达50℃,凡是暴晒不影响其质量的药材,可采用日光直晒。

(2)摊晾法:又称阴干法,是将药材置于室内或阴凉处,通过温热空气的流动带走水分,从而达到干燥的目的。摊晾法适用于芳香性叶类、花类、果皮类等药材(如艾叶、紫苏叶、红花、玫瑰花、陈皮、桃仁、苦杏仁等),因为暴晒法会使这些药材的挥发油散失,或引起脆裂、走油、变色等。

(3)加热烘干法:是采用火炕、烘箱、烘房等加热驱除水分的方法,具有效率高、省劳力、省费用,且不受天气限制等优点。对含水量过高而又不能暴晒的药材,或因为阴雨连绵,无法利用日光暴晒时,可以采用此方法。加热烘干不仅能驱除水分,而且有灭虫驱霉的效果,但要求掌握烘温、时间及操作法,根据药材的性质及加工炮制要求分别对待,以免影响质量。例如,昆虫类药材可用武火,而花类、果皮类宜用文火。

(4)石灰干燥法:是应用生石灰吸收药材水分的一种干燥方法。生石灰又名氧化钙,其吸潮率为20%~30%。石灰干燥法适用于容易变色、价值贵重、质量娇嫩、容易走油、溢糖的药材,以及回潮后不宜暴晒或烘干的品种,如人参、枸杞子、鹿茸等,可采用石灰箱、石灰缸或石灰吸潮袋进行干燥。具体使用方法是将石灰块放入缸或木箱底部,上放一块带孔的托板,衬以白纸,将药物平铺于上,密封,置干燥处。注意检查,每隔几天将药材上、下翻动一次,使吸湿均匀。

(5)木炭干燥法:是利用木炭吸潮达到干燥的一种方法。具体使用方法是将木炭烘干,然后用纸包好夹置于药材内,或放于药材的上面或下面层,吸去药材水分从而起到防霉虫之效。木炭吸潮的优点:①木炭是惰性物质,不会与任何药材发生作用,又无臭气,不致串味;②木炭吸湿能力不太强烈且吸湿速度缓慢,不会使药材干脆,特别对一些贵重细料药材(如参类),不会使药材失去过多水分而改变原有的颜色或是增加额外的损耗;③木炭用牛皮纸捆扎后质地坚固,使用方便,不仅可以从外部吸潮,而且可以防止药材包装的内潮发热现象;④木炭价格较低,各地均可购到。吸湿饱和后,对其进行烘干或暴晒后可继续使用,简便而经济。此方法不仅用于仓储保管,亦可在运输中采用。

(6)翻垛通风法:是指将垛底药材翻至垛面,或堆成通风垛(如井字垛、漩涡垛),使热气、水分散发的方法。一般在梅雨季节或药材含水量较高时使用。目前可利用电风扇、鼓风机、垛底驱潮机等机械装置加速通风。

(7)密封吸湿法:利用密闭的库房及隔潮性能较好或不通透性的缸、瓶、塑料袋或其他包装器材,对中药进行密封储存,使中药与外界空气隔离,减少湿气侵入中药的机会,保持中药原有的水分,防止霉变与虫蛀。加入生石灰、氯化钙等吸湿剂以吸潮,两者结合应用,可以增强干燥防虫霉的效果。贵重中药采用无菌真空密封最好。一般分整库密封、货架(柜、橱)密封、堆垛密封、小件密封、桶/箱/缸/窖密封等。

2. 冷藏养护法　利用机械制冷设备产生冷气,使药物储存在低温状态下,从而抑制害虫、霉菌的发生,达到安全养护的目的。低温养护是一种很好的养护方法,目前已被广泛使用,一般分为阴凉、冷贮两种。

夏季梅雨来临时,将药材储存于冷藏库(2~10℃)中,不仅能防霉、防虫,而且不影响药材品质,使药材安全度夏。此方法养护成本较高,适用于贵重药材,特别是受热易变质又无其他办法保管的中药。须注意低温养护的中药,在夏季温度较高时如直接从低温库内移至库外,表面容易凝结水珠。

3. 埋藏法　又称埋藏养护法,适用易发霉、生虫的根茎类药材。一般用石灰、沙子、谷糠、稻壳等进行埋藏,由于细沙等埋藏物的填充,使药材周围的空气很少,霉菌、仓虫不能生存,外面的霉菌、仓虫无法进入。药材在埋藏前须经干燥处理,摆放时尽量挤紧,减少空气,必要时埋藏后密封。

(1)石灰埋藏法:用双层纸将药物包好并注明名称,埋于石灰缸或箱中。适用于肉性或昆虫类药材,如水蛭、刺猬皮、蜈蚣、熊掌等。

(2)沙子埋藏法:用缸或木箱等容器,在底部先用充分干燥后的沙子铺平,再将药材分层存放,每层均撒盖沙子。适用于少数完整药材,如山药、党参、白芷、牛膝等。

(3)糠壳埋藏法:利用谷、麦糠的隔潮性能,用油纸将药物包好,埋于谷糠缸或箱中,使外界湿气不致侵入,保持药材干燥。适用于阿胶、鹿角胶、龟甲胶等胶类药材。

(4)地下室储存法:地下室气温恒定、冬暖夏凉、不直接受到日光照射,对怕光、怕热、怕风、怕潮、怕冻的药物有一定的养护作用。适于地下室储存的药材有:

1)含挥发油的药材:如当归、薄荷、川芎等,在地下室储存可避免阳光照射产生的变色、走油现象。

2)含芳香、油脂类成分多的药材:如苦杏仁、土鳖虫、玫瑰花等,在地下室储存可避免强光下照射或气温太高而氧化分解变色、油脂外溢的弊病。

3)盐炙药材:如知母、车前子、益智仁等,在地下室储存不会出现吸收空气中的水分而变潮,或因温度太高使盐分析出的情况。

4)易被虫、霉损害的药材:如枸杞子、龙眼肉、桃仁等,在地下室存放一般不易生虫。

5)蜜炙药材:如甘草、黄芪、款冬花等,经炮制后糖分较多,易受温度、湿度的影响,夏季从地下室提至地面库时,常常发生转软或黏结现象,在地下室存放一般可避免此种情况的发生。

4. 醇闷养护法 是利用害虫对乙醇的敏感,将乙醇或白酒与药材同贮,以防虫防霉的一种方法。将乙醇或白酒装于广口瓶内,用双层纱布封口,置于密闭容器内,然后放入药材,密封共贮。该方法简单易行,适宜面广,时效较长,药材中不会留有气味,不改变药材性味。

5. 药剂熏蒸法 是利用某些化学药剂产生的有毒气体驱杀仓虫的方法,可用于各种中药的贮藏。

(1)少量中药的熏蒸:将二硫化碳、乙醇等易挥发性液体药剂浸透药棉,放置于密闭的盛药容器中;或将药剂直接喷洒于药材表面,药剂挥发产生的蒸气慢慢充满药材中每一空隙,与空气混合而达到一定浓度,通过仓虫的呼吸系统进入虫体内部组织引起中毒,经过一定时间而死亡。

(2)大量中药的熏蒸:可用三氯硝基甲烷(氯化苦)、溴甲烷、环氧乙烷等液体药剂。如磷化铝增效法,常用磷化铝片剂(每片重 3g),它与空气接触后吸收水蒸气而分解,每片释放出 1g 磷化氢(PH_3)。磷化氢是无色的剧毒气体,带有大蒜臭味,比空气重,渗透力强,对各种药材仓虫和鼠类均有很强的毒杀作用,并能抑制霉菌生长,但对人体黏膜也有强烈刺激性。磷化铝遇水后剧烈分解,会发生爆炸或燃烧,使用时必须注意。磷化铝常用铝桶(内衬塑料袋)包装,使用后须将桶封严,置阴凉干燥处保存。单独使用磷化铝熏蒸杀虫所需的时间长,浓度低,用量大,可与醋酸(醋糟或食醋)或碳酸氢铵等增效剂同用,一般能提高毒效 7~10 倍。

药剂熏蒸杀虫要将库门封严,一般密闭 5d 后通风散毒。密闭期间需要经常用 10% 硝酸银试纸测试封闭处,发现有磷化氢泄漏(试纸变黑)及时封严;通风散毒后亦用此法测试,待试纸不再变色时方可接触被熏蒸的药材。熏蒸剂所余残渣应深埋地下,以防环境污染。磷化铝、三氯硝基甲烷等化学药剂对人体健康有损害,吸入过多可中毒死亡,故在熏蒸操作时要戴防毒面具或眼镜、口罩及防护手套,施药动作要快,施药后迅速离开熏蒸现场。患有心脏病、肺病、肝炎、高血压、皮肤病,以及妊娠期、哺乳期、月经期妇女都不宜参加施药。施药人员在施药前后禁止饮酒;磷化铝熏蒸后禁食牛奶、鸡蛋及含有油脂的食品。

6. 对抗同贮养护法 是利用不同品种的药材所散发的特殊气味、吸潮性能或特有驱虫去霉化学成分的性质来防止另一种药材发生虫、霉变质等现象的一种贮存养护方法。此法以药护药,简便经济,无污染,无公害,驱虫效果好。常用的对抗同贮养护法有:

(1)泽泻、山药与牡丹皮同贮防虫保色:泽泻、山药易生虫,牡丹皮易变色。将三者交互分层存放,或将泽泻、山药分别与牡丹皮储存在一起,既可防止泽泻、山药生虫,又可防止牡丹皮变色。

(2)木炭或石灰防冬虫夏草长霉生虫:装箱时在箱底铺放用纱布包好的木炭,然后在其上放冬虫夏草,密封,可防止生霉和虫蛀。在装箱前,若能先将冬虫夏草按每件 0.5kg 用纸装箱封包,再将包件层层堆叠装箱,并在每层加石灰粉,直至箱满,最顶一层同样覆撒石灰粉,盖严密封,其防虫、防霉效果更好。

(3)蜜拌龙眼肉可保味保色:龙眼肉富含糖类、蛋白质和脂肪,在高温梅雨季节极易发霉生虫和变色。将龙眼肉晒至干爽不粘手,用干净的容器将龙眼肉与适量蜂蜜拌匀,倒入洁净的陶瓷缸内,密封好后置阴凉干燥处储藏,可保持龙眼肉色、香、味不变。

(4)大蒜与某些中药材或饮片同贮防虫:芡实、薏苡仁加适量用纸包好的生大蒜瓣(按

20∶1比例匀放),并在纸包上扎一些小孔,使大蒜气味得以扩散,可起到良好的杀菌、防霉、防虫效果。此外,大蒜与土鳖虫、斑蝥、全蝎、僵蚕等虫类药材同贮,使这类药材不易生虫。

(5)姜可防蜂蜜"涌潮":中药蜂蜜在夏季易发酵上涌,俗称"涌潮"。生姜洗净、晾干后,切片撒于蜂蜜上(每100kg蜂蜜用姜2~3kg),盖严封紧,可防止蜂蜜发酵"涌潮"。

(6)酒、蒜养护土鳖虫:在贮藏土鳖虫的箱底四角和中间分别放上用纸包好的1~2枚大蒜,大蒜剥去外皮,用纸包好后在纸包上扎刺若干小孔,以利蒜味散发,再装10cm厚的土鳖虫,在其上喷洒适量白酒或乙醇,再放一层土鳖虫盖住,然后铺一层草纸,纸上照原法放大蒜、土鳖虫,喷洒白酒或乙醇。如此反复,层层装箱,直至箱满,最后将箱子盖严密封。如此包装储藏的土鳖虫不易发霉生虫。

(7)白酒防虫:对动物、昆虫类中药(白花蛇、乌梢蛇、地龙、蛤蚧、土鳖虫、九香虫等)、含油脂类中药(柏子仁、郁李仁、苦杏仁、桃仁、核桃仁、酸枣仁等)、含糖类中药(党参、熟地黄、枸杞子、龙眼肉、黄精、黄芪、大枣等)、贵重中药(人参、三七、冬虫夏草、鹿茸等)、含挥发油类中药(当归、川芎等),喷洒少量50%(V/V)左右的白酒或95%乙醇密封贮存,均可起到防蛀、防霉的作用。此外,也可在瓦缸或瓦坛的底部放适量白酒[50%(V/V)],上覆一有多个小孔的木板,然后将干燥好的中药铺放在木板上,再密封贮存,也可达到防治害虫的目的。

乙醇与大枣、枸杞子同贮可以使枸杞子、大枣在较长时间内不会受潮、生虫、发霉,可保持原有的药材色泽。具体操作方法是取一大小适宜的有盖且能密封的洁净铁皮桶(方、圆形均可),装入2/3的干燥无虫霉的枸杞子、大枣。另取一大罐头瓶洗净,装入2/3的95%乙醇,瓶口敞开,覆盖纱布,埋入枸杞子、大枣的下半部,盖上桶盖密封即可。此外,还有一些极易遭受谷象危害的药材,如土鳖虫、大黄、白芷、山药等,可以用乙醇诱杀谷象。方法是在盛有药物的容器中放小半碗95%乙醇,碗周围用药材塞平,然后将容器加盖密封。24h后谷象成虫就会闻气而来,落入乙醇中而被杀死。此法效果显著,以每年夏末秋初开始应用最为理想。

(8)伤湿止痛膏与蜈蚣、蛤蚧巧贮存:包装前将蛤蚧、蜈蚣晾晒1d,待余热凉散后装入有盖的瓷罐内,且在盛装过程中相隔放进适量除去外包装的伤湿止痛膏。若贮存过程中需取用,则每次启开拿取后即刻封好。按此方法养护可避免蜈蚣、蛤蚧生虫发霉,此法还适用于白花蛇、蕲蛇、乌梢蛇等中药材的贮存保管。

7. 轻微变异中药的处理方法　在中药养护过程中,常常会遇到一些中药在短暂不良环境下产生初始的轻微霉变迹象,如药材表面长有轻度霉点等,但其对整体中药的内在质量并无影响,这时候需要采取一些处理措施,挽回可能造成的潜在巨大损失。轻微变异中药的处理方法主要有干刷法、撞击法、淘洗法、沸水喷洗法、醋洗法、酒喷洗法、油擦法、吹霉法、热蒸法等。

二、中药现代养护技术

随着时代的发展,中药养护技术不断改进与发展,除仍使用的传统养护技术外,增加了诸如气调、干燥、密封、微波、生物农药等现代养护技术。

1. 气调养护　气调就是空气组成的调整管理,又称为"气调养护"(controlled atmosphere,CA)或"气调贮藏",是目前应用最广泛的方法之一。将中药置于密封的环境中,对空气中氧浓度进行有效控制,人为地造成低氧或高浓度二氧化碳(或氮气)状态,使害虫不能产生或侵入,原有的仓虫和霉菌因缺氧不能生长繁殖或窒息死亡。此法与药剂熏蒸比较,具有无毒、无污染、节约费用、防止走油和变色等优点,一般在药材二级站使用。由于三级站批发仓库及零售仓库中的药材进出频繁,不能整库、整垛地用气调法养护,可用自然降氧法。自然降氧法是将药材装入塑料袋后密封,利用药材中仓虫、霉菌的呼吸作用,使氧气自然消耗,造成缺氧环境;如果同时采取抽气或在袋中放吸氧剂等措施,效果更佳。

(1)气调密封技术:气调养护的基础是密封,良好的密封能保持密封时间内的特定气体成分。气调密封形式分为硬质结构密封和软质结构密封。软质结构密封的材料主要是由塑料薄膜制成的罩帐。

1)塑料薄膜罩帐密封:根据堆垛大小和形状设计罩帐,长、宽、高要比堆垛的长、宽、高大出 30~50cm,便于操作时扣罩。罩帐密封操作分为五面封和六面封,六面封气密性优于五面封,适用于养护近期不会调拨的中药商品,但需要倒垛、重新堆码。①五面封:对地面平整度要求较高,一般水泥地面、严格的"三合土"地面或一般"三合土"地面,经沥青处理可做五面密封的底。密封时先将地面打扫干净,将罩帐从上至下将堆垛扣住,用黏水胶或黏胶纸带将罩帐四边下端与地面胶黏,再用沙袋压于胶黏处。②六面封:在地面或垛底上分层铺苇席、油毡或清洁无虫的麻袋,盖上塑料帐底,将罩帐底面铺好后堆码包件。堆垛要求整齐、牢固,如有筐、箱等包装时,需在其表面衬垫隔离物料,防止罩帐扎破。然后罩上罩帐,罩帐四边下端与底面用热合机压合焊接牢固,并将抽(充)气嘴等用夹子夹紧或用胶塞堵住,防止异物进入,形成完全密封。

2)密封库:库房结构用钢筋混凝土,以承受气体置换中形成的库内外压差;密封材料需具有气密性和隔湿性;用沥青和塑料薄膜作为气调库密封材料,采用"沥青-塑料薄膜-沥青"在库房内壁上组成密封层(实施时须防燃),可以起到隔湿、隔气、防腐的作用。

(2)气调降氧技术:降氧是气调养护的中心环节。气调养护的关键步骤是堆垛后对密封垛内施行降氧。常用降氧方法有:充氮降氧、充二氧化碳降氧和自然降氧。

1)充氮降氧:氮气是一种无色、无味、无臭,化学性质稳定的气体。用它或以它为主进行气体置换,将氧浓度降至极限,可以保持药材品质不变。操作时通常采用"先抽后充"的方法,用真空泵或吸尘器连接罩帐抽(充)气嘴进行抽气,抽至罩帐紧贴堆垛,如无漏气则开机抽至 26.6kPa 为止。然后再充入氮气,充氮 2~3d,待垛内气体均衡后,测定氧含量。根据情况进行置换(再次抽充),直到符合气体指标为止。

2)充二氧化碳降氧:又称抽氧充二氧化碳。二氧化碳为无色、无臭气体,比空气重。二氧化碳灌注排氧是利用二氧化碳比空气重的原理,将二氧化碳由罩帐底部袖口充入,逐渐把空气由底部排至上部,从顶部袖口排出,密封垛内达到气体指标时,关闭上下袖口即成。操作时库内应空气流通,人员在上风口操作,逆风撤离,避免气调垛(库)启封的一瞬间因局部范围内的氧含量突然减少或二氧化碳含量突然增加而发生事故。

3)自然降氧:在密封条件下,利用药材自身、微生物、仓虫等的呼吸作用,消耗密封环境内的氧气,从而降低氧含量而升高二氧化碳含量,形成不利于仓虫、微生物生长繁殖的低氧环境,达到安全贮存中药的目的。氧浓度 8% 以下可起到防虫的作用,氧浓度为 2%~4% 可以起到杀虫作用。在密封缺氧状态下,仓虫会窒息死亡,微生物及药材呼吸作用受到抑制,从而达到安全储藏的目的。该方法可用于防蛀、防霉,也可用于杀虫、防止泛油等质变,主要用于植物类、新采集药材、种子果实类药材的养护。

(3)气调养护的管理技术:管理是气调养护的根本保证,有良好的密封基础和符合要求的气体指标以及严格的科学管理,可以提高气调养护的效果。管理工作应做好查漏补漏、定期测气、水分测定、测温测湿、预防结露。

2. 远红外干燥技术 远红外干燥技术是将电能转变为远红外线辐射中药,中药内在组织吸收后产生共振,引起分子、原子的振动和转动,导致物体变热,通过热扩散、蒸发或化学变化,最终达到干燥的目的,具有较强的杀虫、杀菌、灭卵的能力。红外线介于可见光和微波之间,波长 0.72~1 000nm,一般远红外线波长 5.6~1 000nm,产生高温可达 150℃。远红外干燥技术是 20 世纪 70 年代发展起来的一项新技术,具有干燥速度快、脱水率高、提高药材质量、设备简单造价低、节能省电成本低、便于自动化、降低劳动强度等特点,近年来得到了广泛应用。

3. 微波干燥技术 微波干燥杀虫是应用微波感应加热灭虫和介质加热灭虫的一种干燥方法,药材中的水和脂肪等能不同程度地吸收微波能量,并转化为热量。仓虫经微波加热处理,体内蛋白质遇热凝固,水分被汽化而排出体外,促使仓虫迅速死亡。微波是指频率为 300MHz~300 000MHz、波长为 1mm~1m 的高频电磁波,目前我国生产的微波加热成套设备只有 915MHz/s 和 2 450MHz/s 两个频率。微波干燥技术是从 20 世纪 60 年代迅速发展起来的一项新技术,其灭虫杀菌效果与中药的性质及其含水量有密切的关系,即含水量愈高,吸收的微波能愈多,产生的热能愈大,灭虫杀菌效果就愈佳。微波干燥技术具有加热灭虫速度快、时间短、加热均匀、提高产品质量、热效率高、反应灵敏等优点。

4. 气幕防潮养护 气幕又称气帘或气闸,是一种装在仓库房门上,配合自动门以防止库内冷空气排出库外、库外热空气侵入库内的装置。气幕可以阻止库内外空气对流,减少湿热空气对库内的影响,进而达到防潮的目的。库内外空气不能对流,减少了湿热空气遇库内较凉的墙、柱等形成的结露现象,从而保持药材的干燥,防止其霉变。气幕装置包括气幕和自动门两部分,安装气幕装置要求库房结构严密,外界空气无侵入的孔隙,否则影响效果,必要时需配合除湿机使用。

5. 除氧剂封存养护 除氧剂封存养护法是继真空包装、充气包装之后发展起来的一种商品包装的贮存新技术,使用范围广泛。该方法利用铁剂的氧化还原作用与氧发生化学反应,达到除氧的作用。除氧剂是由经过特殊处理的活性铁粉制得的化学物质,无臭、无味,不直接与药材接触时,具有防虫、防霉、防氧化变色等作用,可解决药剂熏蒸带来的诸多弊病,但对厌氧菌无明显作用。除氧剂一般由除氧剂和氧指示剂组成。

除氧剂封存操作前应先计算罩帐容积和堆垛体积。罩帐容积减去堆垛体积即为密封容器内剩余空气的体积。氧占空气体积比约为 21%,则剩余空气中的氧约占剩余体积的 21%。如使用型号 801-500 的除氧剂(500 指可除去 500ml 氧),则剩余空气体积的 21% 乘以 500(ml)即除氧剂用量。封存时一般把除氧剂置于包装袋内或按各施布点位置放好,然后密闭开口。也可用真空泵先将包装袋或密封垛内的空气抽出,然后按上法投入除氧剂。

6. 辐射防治 是应用 ^{60}Co 放射出具有很强穿透力和杀菌能力的 γ 射线,从而将霉菌等微生物杀死的一种方法。^{60}Co 放射的 γ 射线辐射药材时,附着在药材上的真菌、害虫吸收放射能和电荷,引起分子电离,产生自由基,自由基经由分子内或分子间的反应过程诱发射线化学的各种过程,使机体内的水、蛋白质、核酸、脂肪、碳水化合物等发生不可逆变化,导致生物酶失活,生理生化反应延缓或停止,新陈代谢中断,真菌和害虫死亡,进而保护药材。

卫生部 1997 年发布了《^{60}Co 辐照中药灭菌剂量标准(内部试行)》。但因辐射的两个安全性问题未能解决,一是对人体有直接作用,二是经过辐射的食品、药品的安全性问题,因此仍有待考察。目前不提倡用辐射的方法对中药材进行灭菌。

7. 生物农药防治 生物农药是指直接利用生物活体或其代谢产物对害虫、病菌、杂草、鼠类等有害生物进行防治的一类农药制剂,或者是通过仿生合成具有特异作用的农药制剂,包括植物农药、动物农药、微生物农药,被称为 21 世纪的绿色杀虫剂。

许多植物具有无毒害、无污染,又能防治虫霉的作用,如除虫菊、天名精、灵香草、大蒜、黑胡椒、柚皮、山苍子(油)、苦楝皮、臭椿等。如常用的杀虫剂除虫菊素由除虫菊植物中提取而来,是国际公认的高效、无毒、无污染的天然广谱高效杀虫剂,是目前防治虫害最理想的一种药用植物,普遍用于杀灭农作物害虫、粮药仓库害虫及苍蝇、蚊子等,对人畜无毒、无害,对昆虫有驱杀作用。制成煤油浸剂可喷杀蚊、蝇和虱子;制成烟熏剂可驱蚊和驱杀多种仓虫;作为药材防虫养护剂,可用于喷洒或熏蒸法防虫、霉。

8. 机械吸潮法 是利用空气去湿机、电热去湿干燥器等机械设备除去仓库环境中的水汽,以降低相对湿度的一种除湿方法,适用于各种潮湿仓库的吸湿降潮,特别是地下仓库、半地下仓库、洞库等。

(1)空气去湿机:使用空气去湿机是一种降湿的新方法,特点是降湿快、不污染商品、省劳力。其工作原理是:室内潮湿空气经过滤器(吸尘泡沫塑料或金属网)到蒸发器,由于蒸发器的表面温度低于露点温度,空气中的水分遇蒸发器凝结成水滴,流入接水盆中,经水管排出,从而降低空气中的含水量。被冷却的干燥空气经加热后,再由离心机送入室内,室内空气相对湿度下降达到库内相对湿度要求,即可停机。空气去湿机吸潮能力较强,按不同机型每小时可吸水 6~28kg。目前国产的空气去湿机有多种型号,工作原理基本相同。去湿机在密闭环境中工作,需要专人看守操作。吸潮时要注意观察湿度变化,以免中药合理的水分被吸走,影响药材质量。

(2)电热去湿干燥器:是去湿和热风干燥的结合体。有电热、鼓风干燥系统,也有压缩、冷凝器和蒸发器组成的冷冻去湿系统。按用途分为环境空气壁柜干燥器、去湿干燥器等,用于库内去湿和物质的干燥。

(3)垛底通风驱潮机:是一种简易鼓风机,用于驱散货垛底部湿气,使垛底空气流通,解决垛底潮湿问题。

(万晓文)

复习思考题

1. 中药商品的包装不仅可以保护商品、便于储运流通,而且可以促进商品的销售。请简述中药商品包装的基本要求。

2. 中药在贮存过程中容易发生霉变、泛油等变质现象,进而影响中药的质量和临床疗效。结合所学知识,简述造成中药变质的主要因素。

3. 科学有效的养护技术是保证中药商品质量的关键。请简要概括气调养护技术的类型及在现代养护中的意义。

第四章

中药商品的质量管理

中药作为一种特殊的商品,其质量的好坏直接关系到人民群众的生命安全和健康,也直接影响着企业的经济效益。因此,必须严格执行中药商品的质量标准,切实加强对其质量的管理。

第一节　中药经营管理法规

一、《中华人民共和国药品管理法》

2019 年 8 月 26 日,第十三届全国人民代表大会常务委员会第十二次会议修订通过了《中华人民共和国药品管理法》(简称《药品管理法》)。《药品管理法》的颁布,为加强药品管理,保证药品质量,保障公众用药安全和合法权益,保护和促进公众健康提供了法律依据和保障。

《药品管理法》是国家强制执行、具有普遍效力的行为规范,是制定药品监督管理法规和行政规章的"基本法"。

二、《中华人民共和国中医药法》

2016 年 12 月 25 日,第十二届全国人民代表大会常务委员会第二十五次会议审议通过了《中华人民共和国中医药法》,自 2017 年 7 月 1 日起施行。《中华人民共和国中医药法》对中药保护、发展和中医药传承等方面做了详细规定,从法律层面明确了中医药的重要地位、发展方针和扶持措施,为中医药事业发展提供了法律保障。

三、中药经营质量管理

从事药品经营活动,必须取得《药品经营许可证》,必须有保证药品质量的规章制度,遵守国家药品监督管理部门所制定的《药品经营质量管理规范》(GSP),建立健全药品经营质量管理体系,保证药品经营全过程持续符合法定要求。为保证药品在流通全过程中始终符合质量标准,GSP 对药品采购、购进验收、储存运输、销售及售后服务等环节建立质量管理规范,要求企业通过严格的质量管理制度来约束自身经营相关行为,对药品流通全过程进行质量控制。

自 2019 年 12 月 1 日起,取消药品 GSP 的强制认证和发放 GSP 证书,将药品 GSP 并入开办药品经营企业的技术指标,同时明确药品经营企业在经营活动中要持续符合药品 GSP 的要求,大幅提高违反药品 GSP 的处罚,降低了对违反药品 GSP 的经营行为的容忍度。

中药经营企业一般应设置质量管理机构。质量管理机构一般由质量管理组、质量验收组、检验室等组成,负责本企业经营商品的质量管理、验收和检测工作。药品质量管理机构负责人必须是执业药师或药学技术人员,并有较丰富的实践经验,能独立解决中药经营过程中的质量问题。

四、中药生产质量管理

从事药品生产活动,必须取得《药品生产许可证》,有保证药品质量的规章制度,并符合国家药品监督管理部门制定的《药品生产质量管理规范》(GMP)要求,建立健全药品生产质量管理体系,保证药品生产全过程持续符合法定要求。《药品管理法》明确取消药品 GMP 认证,实现《药品生产许可证》和 GMP 认证证书两证合一,要求 GMP 作为《药品生产许可证》核发和日常监管工作中的标准内容。

《中药材生产质量管理规范》(good agricultural practice,GAP)是国家对中药材生产的基地选定、品种、栽培技术、采收加工、质量标准等做出的规定,规范药材各生产环节乃至全过程,控制影响药材质量的各种因素,使药材生产“真实、优质、稳定、可控”。药材生产全过程,以植物药为例,是从种子经过不同阶段的生长发育到形成商品药材为止,一般不包括饮片炮制。自 2016 年 3 月 17 日起,不再开展中药材生产的 GAP 认证工作,对中药材 GAP 实施备案制管理。已认证的中药材生产企业应继续按照中药材 GAP 规定,切实加强全过程质量管理,保证持续合规。

五、中药品种保护

《中药品种保护条例》是有关中药品种保护的行政法规。本法规规定,国家鼓励研制开发临床有效的中药品种,对质量稳定、疗效确切的中药品种实行分级保护制度。本法规为保护中药名优产品、保护中药生产的知识产权、保护中药生产企业的合法权益、提高中药的质量和信誉提供了保障。

六、医疗用毒性药品的管理

1988 年 12 月 27 日,国务院发布并实施《医疗用毒性药品管理办法》,对医疗用毒性药品的生产、加工、收购、经营、配方使用等方面提出相关管理规定,以及相应的法律责任。毒性中药品种主要有 27 种,具体如下:砒石(红砒、白砒)、砒霜、水银、生马钱子、生川乌、生草乌、生白附子、生附子、生半夏、生南星、生巴豆、斑蝥、青娘虫、红娘虫、生甘遂、生狼毒、生藤黄、生千金子、生天仙子、闹羊花、雪上一枝蒿、白降丹、蟾酥、洋金花、红粉、轻粉、雄黄。

第二节　中药商品的质量标准

《药品管理法》规定,药品必须符合国家药品标准或省、自治区、直辖市药品标准。制定和颁发药品标准对加强药品质量管理,保证临床用药安全有效,促进药品文明生产、经营、使用均有重要的意义。

一、中药商品质量标准的类型与内容

1. 中药商品质量标准的类型　我国现行的中药质量标准分为 3 级,即国家标准、地方标准和企业标准。国家标准是由国家食品药品监督管理部门颁布的中药质量标准,包括《中国药典》和局(部)颁标准。地方标准是省、直辖市、自治区制定的中药材标准及中药饮片炮制规范,主要收载国家标准尚未收载的,本地区经营、使用的药品;或者国家标准虽有收载,但规格有所不同的本地区生产的药品;地方标准是国家标准的重要补充,也属于法定标准,具有地区性的约束力。企业标准是药品生产企业为保证产品质量而制定的内部质量标准,其要求往往高于国家标准;企业标准在产品创优、市场竞争、严防假冒等方面可以起到重要作用,故一般对外保密。

2. 中药商品质量标准的内容

(1)中药材和中药饮片质量标准的内容:中药材质量标准的内容,一般包括名称、基源、性状、鉴别、检查、浸出物、特征图谱或指纹图谱、含量测定、炮制、性味与归经、功能与主治、用法与用量、注意、贮藏等项目。

列在药材"炮制"项下的饮片,不同于原药材的项目应逐项列出,如"制法""性状""含量测定"等,并须明确规定饮片相应项目的限度。单列饮片标准的内容,基本同药材标准,但来源简化为"本品为 ×× (指原药材)的炮制加工品",并增加"制法"项,收载相应的炮制工艺;饮片的"性味与归经""功能与主治"如有改变,应收载炮制品的性能。

具体内容如下:

1)名称:包括中文名、汉语拼音与拉丁名。

2)基源:包括原植(动)物的科名、植(动)物名、拉丁学名、药用部位、采收季节和产地加工;矿物药注明类、族、矿石名或岩石名、主要成分及产地加工。

3)性状:是对该品种的外观、质地、横断面、气味等的描述。

4)鉴别:包括经验鉴别、显微鉴别和理化鉴别。显微鉴别包括横切面、表面观及粉末鉴别;理化鉴别包括化学鉴别、色谱鉴别等。色谱鉴别应设对照品或对照药材。

5)检查:该项下规定的各检查项目是针对药材和饮片在生产、加工和贮藏过程中可能含有并需要控制的物质而设定。包括杂质、水分、总灰分、酸不溶性灰分、重金属、砷盐、农药残留量、有关的毒性成分及其他必要的检查项目。

6)浸出物:是指用水、乙醇或其他适宜溶剂,有针对性地对药材、饮片中相应的有效物质群进行测定,根据采用溶剂不同分为水溶性浸出物、醇溶性浸出物及挥发性醚浸出物等。

7)特征图谱或指纹图谱:指能表征中药的某类或数类化学成分特征性的色谱或光谱图谱。特征图谱或指纹图谱具有整体质量控制的特点。

8)含量测定:指用物理、化学或生物学的方法,对药材含有的有效成分、指标成分、类别成分或生物效应进行测定,以评价其内在质量的项目和方法。

9)炮制:对需要进行炮制的品种,应制定合理的炮制工艺。未注明炮制要求的品种,应按《中国药典》附录药材炮制通则净制项的规定进行处理。

10)性味与归经:是按中医理论对该品种的性能做出的概括。

11)功能与主治:是以中医理论和临床用药经验对该品种功效所做的概括性描述,作为对临床用药的指导。

12)用法与用量:药材和饮片的用法一般采用水煎内服,特殊用法另行规定;用量系指成人一日常用剂量,必要时可酌情增减。

13)注意:注明主要的禁忌和不良反应。

14)贮藏:注明对该品种贮藏与保管条件的基本要求。

(2)中药提取物质量标准的内容:中药提取物是指从中药材或饮片及其他药用植物中制得的挥发油和油脂、粗提物、有效部位、组分提取物和有效成分。其组成形式包括:①挥发油和油脂,指压榨或提取制成的油状提取物;②粗提物,指以水或醇为溶剂经提取制成的流浸膏、浸膏或浸膏粉;③有效部位、组分提取物,指含有一类或数类成分的有效部位或组分,其含量应达到 50% 以上;④有效成分提取物,指标志性成分含量达到 90% 以上。

与中药材标准收载内容相比,植物油脂和提取物标准的内容变化在于:①名称上不设拉丁名,但增设了英文名;②增加了"制法"项;③无"性味与归经""功能与主治""用法与用量"等项。

(3)中药制剂质量标准的内容:与中药材标准收载内容相比,中药制剂标准的内容变化在于:①名称上不设拉丁名;②增加了"处方""制法""规格"项;③无"性味与归经"等项。

二、中药材商品规格与等级

药材既有药用性,又有商品性。为了适应商品性的要求和临床用药,必须按照质量的优劣划分规格与等级,以制定相应的销售价格,在市场上进行商品交换。药材的规格、等级是将传统习惯和现代标准相结合制定的品质外观标志,但由于绝大多数药材有效成分和化学等现代的质量控制方法尚未确定,因此,在制定药材商品规格、等级标准时,仍以传统的外观质量和性状特征为主。药材商品规格与等级制定的基本原则为:以国家标准和地方标准为依据制定,要体现按质论价的特点,有利于促进优质药材的生产,不断改进加工技术和提高生产效益,在质量稳定的条件下力求简化标准,标准要便于量化,新标准要有试用期并不断修订。

药材商品规格标准通常按下列方法制定:即根据产地、基源、生长期及采收时间、加工方法、外部形态、老嫩程度、药用部位等的不同来划分。一般包括下列内容:品名、基源(学名)、干鲜品、药用部位、商品特征、品质要求、非药用部位的去留程度等。

药材的等级,是指同种规格或同一品名的药材按照色泽、饱满程度、单个药材的重量、个体大小、个体厚度、纯净程度的不同或单位重量所含药材的个数等,制定出的若干标准。每一个标准即为一个等级。通常以质量最优者为一等品,最次者(符合药用标准的)为末等,一律按一、二、三、四⋯⋯的顺序排列。药材的等级标准较规格标准更为具体。

统货是对既无规格也无等级的药材通称。在商品药材中,对品质基本一致或部分经济价值低、优劣差异不明显、不影响生产加工者,均列为"统货"。

三、我国现行的中药质量标准

1. 国家药品标准 我国现行的中药质量标准主要依据国家药品标准。常用的中药商品质量标准有以下几种:

(1)《中国药典》:是国家监督管理药品质量的法定技术标准,是我国最高的全国性药品标准。《中国药典》至今已颁布了 11 版,即 1953 年版、1963 年版、1977 年版、1985 年版、1990 年版、1995 年版、2000 年版、2005 年版、2010 年版、2015 年版和 2020 年版。

2020 年版《中国药典》分为四部。一部收载药材和饮片、植物油脂、提取物、制剂等;二部收载化学药品、抗生素、生化药品、放射性药品等;三部收载生物制品;四部收载了通则,包括药用辅料、检定方法、标准物质、试剂试药、指导原则等。

(2)《中华人民共和国卫生部药品标准:中药材》(第一册):本标准由卫生部于 1991 年

12 月颁布,作为药品生产、经营、使用以及监督等部门检验质量的法定依据。采用《中国药典》1990 年版一部的凡例和附录,正文体例与《中国药典》相同,收载 101 种药材。

(3)《中华人民共和国卫生部进口药材标准》:由卫生部颁布,1987 年 5 月 1 日起执行。体例与《中国药典》相同,收载了 31 种进口药材,它是对外签订进口药材合同及检验的法定依据。所收载的品种包括:丁香、大腹皮、马钱子、石决明、天竺黄、血竭、苏合香、沉香、胖大海、槟榔、熊胆、儿茶、牛黄、西青果、西洋参、肉豆蔻、芦荟、诃子、胡黄连、穿山甲、海马、羚羊角、蛤蚧、番泻叶、檀香、麝香等。

(4)《七十六种药材商品规格标准》:由国家医药管理局与卫生部制定,1984 年 3 月试行。本标准选用产销量大、流通面广、价值较高、具有统一管理条件的 76 种中药商品,作为全国统一的中药商品规格标准,是中药商品流通领域中用于限定中药商品规格等级的使用标准。每一种药材分别记载其名称、来源、品别、规格、等级,以及各规格等级的性状指标和质量要求。

(5)《国家中成药标准汇编:中成药地方标准上升国家标准部分》:由国家药品监督管理局于 2002 年制定,共 13 分册,包括内科心系分册、内科肝胆分册、内科脾胃分册、内科气血津液分册、内科肺系(一)分册、内科肺系(二)分册、内科肾系分册、外科妇科分册、骨伤科分册、口腔肿瘤儿科分册、眼科耳鼻喉科皮肤科分册、经络肢体脑系分册、索引分册。该标准实施后,中成药不再有地方标准。

此外,《中药材袋运输包装件》《中药压缩打包运输装件》《中药材瓦楞纸箱运输包装件》等亦属于国家标准。

2. 省、自治区、直辖市药品标准　省、自治区、直辖市药品标准是地方药品标准,收载的品种均为地区范围内使用的中药,只能在省内使用。调往外省(自治区、直辖市)销售使用的中药必须经调入省药品监督管理部门批准,否则外省可按假药处理。

此外,还有企业药品标准,它是企业药品生产的质量标准,仅供企业内部使用。

第三节　中药商品检验

为了保证中药商品符合临床使用的要求,促进药品的流通和经济发展,提高人类的健康水平,必须对中药的有效性、安全性和稳定性以及商品流通中使用的规格、等级等进行科学鉴定,以确定其是否符合规定的药用和商品标准。

在中药商品鉴定工作中,应首先进行品种鉴别,其次进行纯度、质量等项目的检查。

中药商品鉴定的工作十分复杂,即使符合药品标准的中药,商品质量仍然有差异。一种中药商品可能来自多种动、植物,这种现象被药学界称之为"多来源现象"。不同来源的中药所含的药效成分不同,其质量也是有差异的。例如黄连来源于黄连、三角叶黄连和云连的根茎,但黄连的根茎质量较佳,三角叶黄连和云连的质量次之。不同规格、等级的商品,其质量亦不相同。因此,必须严格执行国家颁布的有关药品标准和药品管理法规。

《中国药典》2020 年版收载的中药标准包括以下项目:

1. 药材和饮片项目　包括名称(中文名、汉语拼音、中药拉丁名)、来源范畴(原动植物科名、动植物名、学名、药用部位或矿物类、族、矿物名或岩石名,矿物的主要成分、采收及产地加工)、性状、鉴别、检查、含量测定、炮制、性味与归经、功能与主治、用法与用量、注意、贮藏。

2. 中成药项目　包括处方、制法、性状、鉴别、检查、含量测定、功能与主治、用法与用量、注意、规格、贮藏等。对于保密方剂,处方和制法只简单介绍,不列入专栏。

一、中药材检验与鉴定

中药材的鉴定内容主要包括来源、产地与采制、商品特征、规格等级、鉴别、常规检查、质量要求等项目,国家标准中规定的常用鉴定方法归纳起来主要有形态和理化鉴定两种方法,在实际工作中经常配合使用,以综合控制中药商品的质量。此外,中药"生物鉴定法"和"药效组分鉴定法"作为中药鉴别新方法,可配合解决中药质量管理中的某些技术难题以及某些与临床相脱离的问题。

1. **基源** 基源是药材鉴别的最关键信息。药材的各种鉴别方法都是建立在基源(原植物、原动物、原矿物)鉴定的基础之上。当一种药材没有任何已知的鉴定信息时,必须首先确定其基源。基源鉴定是其他鉴定方法的基础。

2. **产地与采制** 产地影响中药材商品的质量,同一种药材,若产地不同,其性状和质量均有差异。采收时间和加工技术也是影响中药材商品质量的重要因素。以特定的产地和独特的栽培养殖、采收加工技术为基础形成的道地药材,是优质药材的代名词,也是我国中药原料商品的重要品牌和优先发展方向。

3. **商品特征** 药材商品特征描述的内容包括:形状、大小、色泽、表面特征、质地、断面特征、气、味、水试、火试等方面。

(1)形状:形状指药材的外形,一般比较固定。药材的形状与药用部位有关,如根类药材呈圆柱形、圆锥形、纺锤形等;皮类药材呈卷筒状、板片状等;种子类药材呈圆球形、扁圆形等。一些经验鉴别术语可用于药材的形状描述,具有生动形象、好记易懂的特点,如将防风根茎部分描述为"蚯蚓头";海马的外形为"马头、蛇尾、瓦楞身"等。有些药材的外部形态是其商品规格或等级的重要依据。

(2)大小:大小指药材的长短、粗细、厚薄。药材的大小一般有一定的幅度,应观察较多样品,才能得到比较正确的大小数值。

(3)色泽:色泽指药材的颜色和光泽。颜色因物体表面对光的吸收而产生,光泽因物体表面对光的反射而产生。色泽是药材的固有属性之一,也是判断药材质量的重要指标之一,如丹参色红,黄连色黄。如果药材的色泽发生了变化,也就意味着药材的质量可能发生了变化。

(4)表面:表面指药材的表面特征,如药材表面是光滑还是粗糙,有无皱纹、鳞叶、皮孔或毛茸等。种子植物的根茎有的具膜质鳞叶,蕨类植物的根茎常带有叶柄残基和鳞片,叶表面的脉纹和毛茸等,是鉴别的重要特征。

(5)质地:质地指药材的软硬、坚韧、疏松、致密、油性、黏性或粉性等特征。药材因加工方法不同,质地也不一样。在鉴别中,用于描述药材质地的术语很多,如质轻而松、断面多裂隙,谓之"松泡",如南沙参;富含淀粉,折断时有粉尘散落,谓"粉性",如山药;质地柔软,含油而润泽,谓之"油润",如当归;质地坚硬,断面半透明状或有光泽,谓"角质",如郁金等。

(6)断面:断面指药材断面的特征和药材在折断时所观察到的现象。药材折断时可观察其折断的难易程度,有无粉尘散落,断面是否平坦,是否显纤维性、颗粒性或裂片状,是否可以层层剥离等。切断面可观察皮部与木部的比例,维管束和射线的形状,有无内皮层或形成层环,有无分泌组织,有无"起霜"现象,有无橡胶丝等。对于横切面特征的描述,也有很多经验鉴别术语,如"菊花心""车轮纹""朱砂点"等。

(7)气:气指药材具有的特殊香气、臭气等。如阿魏具有强烈的蒜臭气,檀香、麝香有特异芳香气,白鲜皮有似羊膻气等。药材的气是由于药材含有挥发性物质,对气味不明显的药材,可切碎后或用热水浸泡一下再闻。

(8)味:味指药材的味感,即药材口尝时所感知到的特征。药材商品的味感是由于其所含化学成分决定的,因此,药材的味感一般都比较固定,是衡量药材商品品质的标准之一,如乌梅、木瓜以味酸者为好,黄连、黄柏以味苦者为好等。如果药材的味感发生了改变,就要考虑中药商品的品种和质量是否有问题。尝药时要注意取样的代表性,因为药材各部分味感可能不同。对有强烈刺激性和剧毒的药材,口尝时要特别小心,取样要少,尝后应立即吐出并漱口,洗手,以免中毒,如川乌、半夏等。

通过观察商品特征,能较为直观、快速地鉴别大部分常用药材,但部分药材的品质难以单纯凭观察性状特征达到鉴定目的,必须结合其他方法进行鉴别。但是商品特征所提供的信息可以有效、正确地指导对药材的进一步鉴别。

4. 规格等级　在药材商品流通领域中,规格等级的鉴别要根据国家或地方颁布的有关标准进行检验,以确定是否货真价实。如黄连根据基源有味连、雅连、云连等商品规格;泽泻的商品规格根据产地有建泽泻和川泽泻之分;厚朴根据形状和药用部位分为筒朴、蔸朴、耳朴、根朴等规格,蔸朴、耳朴和根朴均为统货,筒朴分为温朴和川朴。温朴根据大小和重量又分为一至三等:如一等品筒长 40cm,重 800g 以上;二等品筒长 40cm,重 500g 以上;三等品筒长 40cm,重 200g 以上。一些常用商品药材的规格等级正在逐渐减少,而代之的是不分等级的统货。

5. 鉴别　鉴别主要是采用显微、物理或化学方法对药材进行品种鉴别和纯度检查。传统的一些经验鉴别法,如"火试"和"水试"也常采用。

6. 检查　采用通用的检测方法对药材的纯度、有害物质等进行检测。

(1)有害物质检测:包括有机氯农药残留量、有机磷农药残留量、拟除虫菊酯类农药残留量、黄曲霉毒素、砷盐和重金属检查等。

(2)纯度检测:包括杂质、灰屑、水分、总灰分、酸不溶性灰分、色度、酸败度等项目。

1)杂质检查法:即用手工分离并检测药材中常混有的外来物、非药用部位或泥、沙等肉眼可见杂质的检查方法。国家标准对部分药材规定了可见杂质的限度,如桃仁(中的核壳等)不得过 1%,酸枣仁(中的核壳等)不得过 5%。有些杂质可分离后检查,如检查蒲黄、海金沙时,将其放入水中振摇,灰沙类杂质会沉在水底,将其分离后可测定其比例。

2)灰屑检查法:即用 3 号筛筛除药材中的灰屑后计算灰屑的含量。

3)水分测定:药材和饮片中含有一定比例的水分。植物类药材的安全含水量一般为10%~13%,少数可以达到 15%。《中国药典》对个别药材规定了具体的水分含量限度,如牛黄不得过 9%,红花不得过 13%,阿胶不得过 15%。

《中国药典》规定测定中药水分的方法有烘干法、甲苯法、减压干燥法和气相色谱法。①烘干法:在烘箱中于 100~105℃ 干燥至恒重后进行测定,适用于不含或少含挥发性成分的中药。②甲苯法:将甲苯和药材一起蒸馏、对蒸馏出的水分进行测定和计算,适用于含挥发性成分的中药。③减压干燥法:将药材置于放有新鲜 P_2O_5 的干燥器中,减压至 2.67kPa(20mmHg)、持续 30min、室温放置 24h 进行测定,适用于含有挥发性成分的贵重中药,如麝香。④气相色谱法:用无水乙醇吸收药材中的水分,用气相色谱外标法分析测定药材中水分,该方法具有迅速、灵敏度高的优点。水分测定尚可用红外线干燥器测定。

4)灰分测定:灰分是中药的粉末先炭化后,经高温(500~600℃)灰化至恒重的残渣重量,又称总灰分。它包括中药灰化后由本身含有的草酸钙、碳酸钙等遗留的不挥发性无机盐类(生理灰分),以及中药表面附着的不挥发性无机盐类。各种中药在无外来掺杂物时,总灰分应在一定范围以内。当所测灰分数值高于正常范围时,表示有可能在加工或运输储存等环节中有泥沙等其他无机物污染或掺杂,测定灰分的目的是限制药材中的泥沙等杂质。有些中药的总灰分本身差异较大,特别是组织中含草酸钙较多的中药,如大黄等。将总灰分用10%盐酸处理,得到不溶于盐酸的酸不溶性灰分,使总灰分中的碳酸盐、草酸盐等溶去,而泥沙等硅酸盐类因不溶解而残留,这样就能较精确地反映中药的质量。《中国药典》规定了部分中药总灰分的最高限量,如阿胶中总灰分不得过1%。一些中药商品,如金银花、红花、西红花、冬虫夏草等表面有时附有泥沙或其他无机盐类,灰分测定对保证其纯度具有重要意义。

5)色度检查:含挥发油类成分的中药,常易在贮藏过程中氧化、聚合而致变质,经验鉴别称为"走油"。《中国药典》规定检查白术的色度,就是利用比色鉴定法检查有色杂质的限量,以了解和控制药材走油变质的程度。

6)酸败度:酸败指油脂或含油脂的种子类药材在贮藏过程中发生复杂的化学变化,产生游离脂肪酸、过氧化物和低分子醛类、酮类等分解产物,因而出现异臭味的变质现象。酸败度直接影响药材的感观性质和内在质量。本检查通过酸值、羰基值或过氧化值的测定,以确定油脂种子类药材的酸败程度。酸败度限度制定要与种子药材外观性状或经验鉴别结合起来,以确定上述各值与种子泛油程度有无明显的相关性,具明显相关性的才能制定限度。如《中国药典》规定苦杏仁的过氧化值不得超过0.11,郁李仁的酸值不得超过10.0、羰基值不得过3.0、过氧化值不得过0.05。

7. 质量要求 药材主要是通过有效成分的含量测定来进行质量评价,对某些药物的质量控制,也用特定药用部位检测、浸出物测定及某一类化合物总量的测定如挥发油的测定、总黄酮含量测定等方法。

(1)特定药用部位检测:是对某些特定药用部位在总药材中所占比例的检测。有的中药如穿心莲、薄荷等药用部位为全草,但有效成分主要集中在叶片中,因此《中国药典》规定穿心莲药材的叶含量不得少于30%,薄荷药材的叶含量不得少于30%。再如稻芽、谷芽、麦芽分别为稻、粟、大麦发芽的干燥品,但实际生产中很难达到100%的发芽率,故《中国药典》规定出芽粒数占总粒数的百分比不得少于85%。

(2)浸出物测定:中药中的成分在水或不同浓度乙醇等溶剂中,在一定的条件下其浸出物的含量大致有一定的范围。因此目前对某些有效成分尚未清楚或有效成分尚无精确定量方法的中药,可根据已知成分的溶解性质,进行浸出物的测定而控制中药的质量。浸出溶剂有水或不同浓度的乙醇,少数用乙醚、三氯甲烷等。如《中国药典》规定了沉香的乙醇浸出物不得少于10%;枇杷叶的水溶性浸出物不得少于10%;独活的醚溶性浸出物不得少于3%;党参的45%乙醇热浸出物不得少于55.0%。用浸出物测定含量来评价质量,目前也用于少数中成药制剂中,如七厘散的乙醇浸出物不得少于60%。

(3)含量测定:含量测定是针对不同中药商品设计的个性化检测方法。中药商品不同,其药效组分不同,因此对其所含成分尤其是药效组分的分析是目前对中药内在质量控制最有效的检测方法。含量测定的方法很多,其中高效液相色谱法是最常用的方法。

二、饮片和中成药的检验与鉴定

1. 饮片 中药饮片,是指将药材通过净制、切制或炮炙加工制成的一定规格的药材块片。中药饮片的商品特征不同于完整的药材,它们通常改变了形状、大小、颜色,甚至气味。它们的特征与炮制方法有关,在中药饮片的鉴定中,需要重点注意断面、边缘、气、味等特征。在观察中应结合完整药材的特征,特别是横切面、表面和气味的特征来对比识别。有的饮片特征十分突出,如大血藤、鸡血藤、槟榔等,但大部分饮片的鉴别难度比药材大,尤其是那些经过炮制改变了颜色和气味的饮片,如法半夏、制何首乌、制草乌等。饮片不仅要鉴别真伪,还要区别其是规范炮制还是粗制滥造,检查其使用的辅料、杂质含量和有效成分流失情况,因此可采用各种理化方法鉴别炮制品的内在质量。

2. 中成药　分为浸提制剂和原生药粉末制剂两种类型。

(1)鉴别:中成药的定性鉴别是对成方制剂中全部或部分组成药物的存在情况进行检查。通常应首选处方中的君药、贵重药和毒剧药,所选择的药物数不应少于总数的30%。

1)显微鉴别:中成药的显微鉴别,适用于含生药粉末的制剂。显微鉴别时,一般需根据处方对组成生药粉末的特征进行分析比较,排除某些类似的组织特征及后含物等的干扰和影响,选取各药在该成药中较具专属性的显微特征作为鉴别依据。因此,单一粉末生药的主要特征在成方制剂中有时并不一定作为鉴别依据,而某些次要特征可能作为鉴别的重要标志。

显微鉴别的方法与观察药材粉末的方法相同。制片取样时,如为散剂,用刀尖或牙签挑取少量粉末;如为蜜丸,可将药丸切开,从切面中央挑取少量制作粉末片;如为水泛丸或片、锭,可刮取全切面取样,或用乳钵将整个丸、片研碎取样;如为朱砂包衣的丸丹,可将丸衣和丸心分别制片观察。

《中国药典》中绝大多数含生药粉末的传统制剂仍然采用了显微鉴别方法,显微鉴别对中成药的鉴别仍然是一种常规且专属性较强的方法。

2)理化鉴别:理化鉴别主要是根据组成中成药的各种中药的化学成分的性质进行鉴别。由于薄层色谱法操作简便,并能同时对一些化学成分进行分离和鉴别,所以被广泛地用于中成药的鉴别。

鉴别时常将样品、化学对照品和/或对照药材分别点样于同一块薄层板进行色谱分离,以确定该组分的存在。由于中成药多为复方,所含成分众多,为避免其他非特征成分的干扰,在实验设计时常设阴性对照实验,即按原处方减去待检中药后、其他条件不变配制阴性样品,在相同条件下进行色谱分析。如果阴性样品在与化学对照品和对照药材的特征斑点相同的位置处没有相应的色谱斑点,则检出结果是可信的。其中,样品处理常常是薄层色谱鉴别成功的关键,鉴别时必须严格按规定操作。

(2)含量测定:保证中成药质量的关键是具有合格、稳定质量的原料药材和严格的制剂工艺。每批药材投料前均需检查药材质量,测定药材中有效成分和主成分的含量。暂时没有制定含量测定方法的则用各种方法检查其内在和外在的质量,尤其要用理化方法检测其成分。

中成药通常首选处方中的君药、贵重药、毒性药制定含量测定的项目,如有困难的则选处方中其他药味的已知成分、或具备能反映内在质量的指标成分进行含量测定。含量测定目前都采取测定其中一种或几种主要药物的有效成分或主成分的方法。含量测定的方法主要有高效液相色谱法等。中成药中成分众多,单纯测定一种中药不能作为其质量评价的全面指标,还必须用多种方法进行鉴别。

(张　芳)

复习思考题

1. 中药质量合格是实现中药商品价值与使用价值的基础。根据所学知识,请思考中药商品质量检验依据的标准有哪些? 以中药材为例,简述可采用的检验方法。

2. 中药商品在市场流通过程中,规格与等级划分的方法有哪些?

中篇

中药材与饮片商品

◇◇◇ **第五章** ◇◇◇

中药材资源

✎ **学习目标**

1. 掌握道地药材的含义；各产区主要道地药材商品品种；中药采收原则；常用中药材的加工方法。

2. 熟悉国内主要中药市场的特点；产地加工的目的。

3. 了解国内天然药物资源分布情况；我国中药材生产情况。

第一节　中药材资源分布

中药材资源分为两类，一类为天然资源，即来源于野生植物、动物和天然矿物的药材；另一类为生产资源，即来源于人工种植或驯养的植物、动物类药材和合成的矿物加工品。

我国天然药材资源的品种较为丰富。根据中国药材公司和全国中药资源普查办公室组织、历时近 10 年(1983—1993 年)进行的全国中药资源普查工作的调查结果，我国目前有可用的药用植、动、矿物 12 807 种，其中药用植物 11 146 种，药用动物 1 581 种，药用矿物 80 种。调查了 362 种常用药材，包括 320 种大宗植物药材、29 种动物药材和 13 种矿物药材。320 种植物类药材中，以野生为主的 170~200 种，其资源蕴藏量约为 850 万吨。按蕴藏量大小排列为：40 万吨以上的有甘草、麻黄、罗布麻、刺五加 4 种，10 万 ~40 万吨的有苍术、黄芩、地榆、苦参、狼毒、赤芍、贯众、仙鹤草 8 种；5 万 ~10 万吨的有山豆根、木贼、益母草、茵陈、葛根、升麻、苍耳子、萹蓄、艾叶、柴胡、防风、黄柏、秦皮、玉竹、续断、五味子、威灵仙、桔梗、老鹳草、拳参等 23 种；1 万 ~5 万吨的有 42 种；1 万吨以下的有 243 种。一些重要的药材如松贝、赤芍等来自野生植物；蟾酥、斑蝥、蝉蜕等来自野生动物；石膏、芒硝、自然铜等来自天然矿物。常用药材商品中以野生资源为主的有 80 余种，约占药材总数的 40%。在调查中发现了很多以往依赖进口的野生药材资源，如胡黄连、安息香、阿魏、降香等。目前，我国的药材生产资源呈逐年增加趋势，种植规模较大的药材有黄芩、黄芪、甘草、西洋参、三七、人参、党参等。

2018 年，国家中医药管理局全面启动第四次全国中药资源普查工作。截至 2019 年 10 月，汇总到全国有近 1.3 万种野生药用资源、736 种栽培药材、1 888 种市场流通药材的种类与分布信息。基于 100 多万个样方的调查数据，可估算《中国药典》收载的 600 余种药材的蕴藏量；收集到药材样品、腊叶标本、种质资源 36 万余份；已发现 79 个新物种，初步分析近六成有潜在药用价值。同时，还初步建成了由 1 个国家级中心平台、28 个省级中心、66 个监测站组成的中药资源动态监测和技术服务体系，28 个中药材种子、种苗繁育基地和 2 个中药材种质库。

一、中药材天然资源

1. 我国天然药材资源的分布　我国幅员辽阔,自然环境复杂、条件优越,药材的分布呈现不均衡性。药材种类分布规律是从东北至西南逐渐增多,由 1 000 多种增加到 5 000 多种;常用药材的蕴藏量则是从北方至南方逐渐减少。

根据中药材的分布、数量和品质,从区域层面将中药资源划分为东北区、华北区、华东区、西南区、华南区、内蒙古区、西北区、青藏区及海洋区 9 个一级区和 28 个二级区。

(1)东北寒温带、温带区:包括黑龙江、吉林、辽宁三省和内蒙古自治区东北部。本区大部分属于寒温带和温带的湿润与半湿润地区。年降水量 400~700mm,长白山东南地区可达 1 000mm。区内森林茂密、气候冷凉湿润,分布的品种虽较少,但珍贵和稀有的药用动、植物种类多。本区药用植物达 1 600 多种,药用动物 300 多种,矿物类 50 多种。

本区内的长白山地区大部分为山岭与丘陵,北段为大、小兴安岭,东北角为低陷的三江平原,是我国北方重要的药材产区,有"世界生物资源金库"之称,野生药用植物 900 多种,有北五味子、人参、北细辛、天麻、党参、芍药、升麻、防风、黄芪、龙胆、甘草、地榆、柴胡、黄芩等。本区内产的动物类药材有鹿茸、刺猬皮、麝香、蟾酥、哈蟆油等。

(2)华北暖温带区:包括辽东、山东、黄淮海平原、辽河下游平原、西部的黄土高原和北部的冀北山地。本地区夏季炎热多雨,冬季晴朗干燥;春季多风沙。降水量一般在 400~700mm,沿海个别地区达 1 000mm,黄土高原则较干燥。区内有药用植物 1 500 多种,药用动物 500 多种,药用矿物 30 多种。

本区的华北平原包括海河、黄河、淮河等河流共同堆积成的大平原和辽河平原,是我国主要栽培药材的主产地,大面积栽培的药用植物有地黄、金银花、牛膝、连翘、薯蓣、芍药等。

本区产的植物类药材有昆布、海带、金银花、蔓荆子、栝楼、香附、北沙参、黄芪、麻黄、防风、黄芩、淫羊藿、仙鹤草、玉竹、黄精、柴胡、地榆、党参、远志等。动物类药材有阿胶、牛黄、全蝎、刺猬皮、土鳖虫、斑蝥、五灵脂、牡蛎、海马等。

(3)华中亚热带区:包括华东、华中的广大亚热带东部地区,位于我国三大阶梯中的最低一级,以低山丘陵为主。平均海拔 500m 左右,部分低山可达 800~1 000m,长江中下游平原海拔在 50m 以下。本地区气候温暖而湿润,冬温夏热,四季分明。平均年降水量 800~1 600mm,由东南沿海向西北递减。本地区湖泊密集,分布大量水生、湿生药用植物和药用动物。本区野生药材面广量大,栽培药材质优量多,是我国"浙药"和部分"南药"的产区,有药用植物 2 500 多种,药用动物 300 多种,矿物类 50 种左右。

本区的长江中下游平原地区包括江汉平原、洞庭湖平原、鄱阳湖平原、苏皖沿江平原、长江三角洲和里下河平原。湖泊星罗棋布,水生植物丰富,有莲、芡实、石菖蒲等。丘陵地区的野生药用植物有丹参、玄参、牛膝、百部、海金沙、何首乌等。本区主要是冲积平原的耕作区,气候适宜、土质好,适用于多种药用植物的栽种,仅沪、宁、杭及黄山等地栽培的药用植物就达 1 000 种左右,主要有地黄、薯蓣、白附子、郁金、白芍、牡丹、白术、薄荷、延胡索、百合、天冬、菊花、红花、白芷、广藿香等。本区产的动物类药材有珍珠、蟾酥、地龙、鳖甲、龟甲、僵蚕、蜈蚣、水蛭、蝉蜕等。

(4)西南亚热带区:包括云、贵、川、渝四省市,陕西、甘肃南部及湖北西部。本地区地形复杂,多为山地;海拔多为 1 500~2 000m,气候具有亚热带高原盆地的特点,多数地区春温高于秋温,春旱而夏秋多雨。年平均降水量为 1 000mm 左右。土壤为红壤、黄壤、棕壤。是我国"川药""云药""贵药"的产区。由于本区内地形复杂,形成不少垂直气候带,植被也垂直发生变化,有药用植物约 4 500 种,药用动物约 300 种,药用矿物约 200 种。

本区的秦巴山地区包括秦岭、大巴山、龙门山、邛崃山南段、鄂西北武当山等地,以及汉水谷地。秦岭山脉平均海拔在 2 000m 以上,南部为大巴山、海拔 1 500~2 000mm。本区北有秦岭屏障,南有大巴山和神农架,植物区系丰富多彩,素有"秦巴药乡"之称。秦岭一带药用植物有 241 科 994 属,主要有黄芪、天麻、杜仲、远志、山茱萸、党参等。神农架素有"植物宝库"之称,有药用植物 1 800 多种,如黄连、天麻、杜仲、厚朴、八角莲、重齿毛当归等。

本区的四川盆地土地肥沃,是药用植物栽培的重要基地,如汉源的花椒;石柱的黄连;江油的附子;合川的使君子;都江堰、彭州的川芎;绵阳三台的麦冬;遂宁的川白芷等。

本地区产的动物类药材有麝香、熊胆、乌梢蛇、蕲蛇等。

(5)华南亚热带、热带区:位于我国最南部,包括广东、广西、福建沿海及台湾、海南省,位于世界热带的最北段。本区气候温暖,雨量充沛,年降水量 1 200~2 000mm。典型植被是常绿热带雨林、季雨林和亚热带季风常绿阔叶林。土壤是砖红壤与赤红壤。本地区药用植物约 5 000 种,药用动物近 300 种。

本区的东部地区位于我国东南沿海,是我国"南药""广药"的产区。主产的药材有槟榔、儿茶、广防己、巴戟天、山豆根、益智、砂仁、鸦胆子、广藿香、广金钱草、鸡血藤、肉桂、八角茴香等。

本区的西部包括云南南部的西双版纳、思茅地区的西南部、西藏南部的东喜马拉雅山南翼河谷山地。其中西双版纳被誉为"植物王国",有种子植物和蕨类植物约 5 000 种,占全国的 1/6,药用植物约 715 种,药用动物约 47 种,是我国南药的生产基地,并已引种成功国内外药材 100 余种。本地区药用植物有胡椒、云南马钱子、安息香、槟榔、龙脑香、肉桂、草果、萝芙木、三七、白木香、大雪莲、红景天等。本区产的动物类药材有海龙、海马、蛤蚧、金钱白花蛇、蕲蛇、蜈蚣等。

(6)内蒙古温带区:包括内蒙古自治区大部分、陕西北部、宁夏银川平原和冀北的坝上地区。属温带草原区,半干旱气候。冬季严寒而漫长,夏季温暖而短,日温差较大,降水量少(年平均降水量 200~400mm),且分配不均,日照充足,多风沙。植物区系以多年生、旱生、草本植物占优势,植物种类比较贫乏。药材品种量少,但每种分布广、产量大,如龙胆、知母、肉苁蓉、麻黄、升麻、银柴胡、漏芦等。本区产的动物类药材有羚羊角、马鹿茸、全蝎、刺猬皮、麝香等。

(7)西北温带区:包括黄土高原、内蒙古高原西部、河西走廊和新疆。本区是我国降水最少、相对湿度最低、蒸发量最大的干旱地区。年降水量除天山、祁连山等少数高寒地区外,80% 以上地区降水量少于 100mm,有的地区少于 25mm。

本区的西北荒漠草原和荒漠地区包括内蒙古西部、宁夏和甘肃北部,新疆的准噶尔盆地、塔里木盆地,青海的柴达木盆地等,周围被高山围绕,降水很少,是世界上著名的干燥区之一。药用植物有新疆阿魏、新疆贝母、宁夏枸杞、锁阳、肉苁蓉、甘草、麻黄、新疆紫草等。

西北山地包括天山、阿尔泰山、祁连山等,位于草原和荒漠地区内。天山主峰高达 5 000m,北坡由于受西来的湿气流影响,气候较湿润,植物垂直分布明显,植物种类比较丰富,主要有药用植物 200 多种,有黄芪、新疆紫草、天山党参、雪莲、新疆缬草、黑种草子、红景天、大黄、甘肃贝母、冬虫夏草等。本区产的动物类药材有羚羊角、马鹿茸、全蝎、刺猬皮、麝香、五灵脂等。

(8)青藏高原高寒区:包括西藏、青海南部、新疆南缘、甘肃西南缘、四川西部及云南西北边缘,平均海拔 4 000~5 000m,并有许多耸立于雪线之上的山峰,号称"世界屋脊"。本区地貌复杂,有多条长 1 000km 以上的高大山脉,山脉之间分布有高原、盆地和谷地。高原空气稀薄,光照充足,气温高寒而干燥。干湿季分明,干旱季多大风,大部分地区降水量50~900mm。土壤为高山草甸土、高山寒漠土。自然植物一般都比较矮小稀疏,属耐寒耐旱的特有高原种类,植物区系较为复杂,特别是东部和东南部,据调查有种子植物4 000余种。

本区产的植物类药材有冬虫夏草、大黄、珠子参、龙胆、秦艽、瑞香狼毒、天麻、川贝母、重楼、胡黄连、软紫草等,动物类药材有马鹿茸、蝉蜕、麝香、五灵脂等。

(9)海洋区:包括我国渤海、黄海、东海及南海等海洋区域。本区中药资源丰富,药用历史悠久,如渤海、黄海、东海有昆布、海藻、石决明、海螵蛸、牡蛎等;南海有海马、珍珠母、浮海石、贝齿、玳瑁等。

2. 野生药材资源的保护 丰富的天然中药资源既是提供药材商品的重要保证,也为中药生产和品种改良提供了种质资源(germplasm resource)。某些来自野生状态下生长的药用动、植物的中药,其显著的疗效和药用价值是栽培品难以比拟的,例如人参、白木耳、天麻和麝香等。野生的动、植物经过长期的自然选择,具有良好的抗病性和环境适应性,因而能为人工培育品种提供种质资源。动、植物的生长除了较适宜的自然地理气候条件外,还需要独特的生态条件,动物的生长发育还需要一定的自主活动空间。因此,保护野生药材资源品种及其赖以生存的生态环境,是保证我国药材生产可持续发展的一项长期的重要任务。

由于生态环境破坏和掠夺式捕采,我国的一些天然中药资源如野山参、雪莲花、石斛类、贝母类和一些药用蛇类品种处于濒危状态。为保护中药野生资源,国务院于1987年颁布了《野生药材资源保护管理条例》。条例规定,国家重点保护的野生药材物种分为三级。一级为濒临灭绝状态的稀有珍贵野生药材物种;二级为分布区域缩小,资源处于衰竭状态的重要野生药材物种;三级为资源严重减少的主要常用野生药材物种。一级保护野生药材物种禁止采猎,二级和三级保护野生药材物种的采猎,必须按照县以上医药管理部门会同同级野生动物、植物管理部门规定的计划,报上一级医药管理部门批准后执行。本条例共26条,自1987年12月1日起施行。其中76种重点保护的野生药材物种如下:

一级保护物种(4种):虎、豹、赛加羚羊、梅花鹿。

二级保护物种(27种):马鹿、林麝、马麝、原麝、黑熊、棕熊、穿山甲、中华大蟾蜍、黑眶蟾蜍、中国林蛙、银环蛇、乌梢蛇、五步蛇、蛤蚧、甘草、胀果甘草、光果甘草、黄连、三角叶黄连、云连、人参、杜仲、厚朴、凹叶厚朴、黄皮树、黄檗、剑叶龙血树。

三级保护物种(45种):川贝母、暗紫贝母、甘肃贝母、梭砂贝母、新疆贝母、伊犁贝母、刺五加、黄芩、天冬、猪苓、条叶龙胆、龙胆、三花龙胆、坚龙胆、防风、远志、卵叶远志、胡黄连、肉苁蓉、秦艽、麻花秦艽、粗茎秦艽、兴安龙胆(小秦艽)、北细辛、汉城细辛、华细辛、新疆紫草、紫草、五味子、华中五味子、蔓荆、单叶蔓荆、诃子、绒毛诃子、山茱萸、环草石斛、马鞭石斛、黄草石斛、铁皮石斛、金钗石斛、新疆阿魏、阜康阿魏、连翘、羌活、宽叶羌活。

对任何野生药用动、植物,都必须适度采猎,不能超越生态系统的负荷能力,以免资源增长失调,破坏生态平衡。植物类药材一般应在种子成熟后采挖,动物类药材应在繁殖期后收猎;注意轮采、轮育、采育结合,大力提倡和发展封山育药工程,给野生动、植物以恢复和再生之机;矿物药属于不能再生的资源,更应该计划采掘,避免浪费;以保证传统中药的延续和发展。

中药资源是自然资源的一部分,资源教育是重要的国情教育。对于中药资源的研究,一要考虑到保护生态环境和物种,达到合理利用;二要考虑到中药的传承和发展,古代本草中记载的疗效显著的中药多来自野生资源,所以没有经过长期临床验证的栽培品资源不可盲目地替代野生资源使用。中药野生资源的研究与开发任重而道远。

二、中药材生产

1. 药用动、植物的养殖与栽培　随着中医药事业的发展,中药的用量成倍增长。目前,全国经营的商品药材 1 200 多种,中药和中药保健食品企业 10 000 余家,对中药原料的需求不断增加。因此,延续和发展传统中药的栽培品种,在疗效确定的前提下逐步变野生药用物种为人工种植和养殖,是保护野生资源和保证中药发展的一条最重要途径。

当前,我国栽培的药材有 200 余种,种植面积达 4 000 万亩,正常年产量 280 万~350 万吨。其中万吨以上的有枸杞子、黄芪、薏苡仁、艾叶、甘草、肉桂、陈皮、干姜、党参、当归、地黄、山药、茯苓、芡实、板蓝根、三七、川芎、白芍、丹参、白芷、鸡血藤、金银花、栀子、益母草、何首乌、麦冬、大黄、黄芩、大青叶、枳壳、桔梗等。在生产中形成了一些规模化的药材产区,例如东北的人参,宁夏的枸杞子,四川的附子、川芎等,产量均为全国之冠。有些地区,如吉林抚松、辽宁桓仁(产人参),甘肃岷县(产当归),四川都江堰、彭州(产川芎),云南文山(产三七)等几乎成为药材生产专业县。过去依靠进口的药材,有些已在国内引种成功。如西洋参在山东、河北及东北多地引种成功,种植面积达 6 万亩以上,有大量商品药材投放市场。野生动物的驯化养殖也获得了可喜的成果,如中国林蛙、银环蛇、梅花鹿、马鹿、三角帆蚌、蛤蚧等。

2. 中药材生产的质量管理　中药是我国传统的重要出口产品之一。20 世纪 80 年代以后,出口势头受阻,不仅出口量少,而且在国际市场上的占有比例亦较小。随着人们对化学药物毒副作用的认识和企盼回归自然,国际植物药市场正以年 10% 的速度增长。我国虽是中药的发源地,是植物药使用的大国,但在国际植物药市场所占比例还不到 5%。究其原因主要有 4 点:一是中药的质量标准不完善;二是日、韩等国家和地区对国际中药市场的竞争力较强;三是我国中药业界对国际贸易的进一步开拓缺少经验和有力措施;四是我国中药产品质量和商品化水平与国际市场的要求差距较大。国际市场对植物药(含中药)的进口管理大致有 3 个方面:①要求进口的中药或原料(药材)每批之间的质量要稳定、均一;②要求对原料(药材)、中药的生产过程控制要严格,要提供包括植物学名、药材外部和内部特征、化学成分、产地、栽培、采收加工、运输、贮藏等一系列背景资料;③对出口产品的安全性指标控制严格,特别是重金属和农药残留量不得超标。

为确保中药质量并进入国际市场,必须加快中药质量标准制定的进程,在传承经方基础上研究中药的标准物质(药效组分),建立与临床疗效对应的药效组分质量标准评价体系。中药的质量标准包括药材(原料)标准、药品标准和商品标准。药材的标准要依赖于药材生产的规范化,由于药材是通过一定的生产(栽培)过程而形成的,因此控制药材生产质量是控制中药质量的第一关;药材、饮片、复方及其制剂的标准要有机联系在一起,要与临床疗效相对应,要阐明其标准物质;在标准物质不明确的情况下,可采用生物效应的评价方法建立其质量标准。

我国在借鉴国外先进经验的基础上,已经制定出《中药材生产质量管理规范》(GAP)。其主要目的是规范药材生产的全过程,确保药材质量符合药用的规定。GAP 是药材生产和质量管理的基本准则,适用于药材生产的全过程,以及流通、质量管理的关键环节,在实施中将不断完善。应当指出的是,GAP 不是药材的标准,而是药材生产的管理规范,适用于传统栽培和养殖的药材生产,将对中药标准化、现代化和国际化起促进作用。

为了把住药材质量关,国家有关部门曾确定了部分药用植物的种植要求,其中与中药传统使用的栽培品对应的有三七、杜仲、玄参、白芍、桔梗、板蓝根、菊花、枳壳、金银花、北沙参、牡丹皮、延胡索、浙贝母、阳春砂等。

第二节　中药材的采收与加工

一、中药材的采收

中药材的采收是否合理,直接影响其产量与质量。药材采收的合理性主要体现在采收的时间性与技术性。时间性主要是指采收期和采收年限;技术性主要是指采收方法和药用部位的成熟程度等。两者相辅相成,不可孤立看待。由于其直接决定了药材商品的性状、组织构造、药效成分、性味功能等,因此,为了获得药材的优质丰产,应当根据药用植(动)物的生长发育状况和药效成分的变化规律,以及产地差异等因素,决定适宜的采收期和采收方法。

1. 中药材的现代采收原则　现代科学认为,中药的有效性和安全性取决于其药效成分,在药效成分存在的状态下便可得到优质药材。由于药效成分受药材品种、药用部位、物候期、地理环境、栽培条件以及其他因素的制约,所以采收中药材时,应对诸因素加以综合考虑。一般而言,在自然条件相对稳定的条件下,要确定适宜的采收期,必须把药效成分、药材产量、毒性成分含量这3个指标结合起来考虑。每个指标的确定应根据具体情况加以分析研究,以找出适宜的采收期。

2. 传统的中药材采收原则　中药材的采收,原则上应该在药效成分存在、药材产量最高、毒性成分低于限量的情况下进行。目前,绝大多数常用中药药效成分还不甚清楚,因此通常利用传统经验,结合各种药材的生物学特性、不同药用部位的生长特点、成熟程度以及采收难易程度和能收获的产量等不同因素,决定每种药材的采收时间和采收方法。各类药材传统的采收原则如下:

(1)植物类药材

1)根及根茎类药材:一般在秋、冬季节植物地上部分将枯萎时及初春发芽前或刚露芽时采收最为适宜。此时是植物生长停止或花叶萎谢的休眠期,根或根茎中贮藏的营养物质最为丰富,通常药效成分含量也较高,如牛膝、党参、黄连、大黄、防风等。有些药材由于植株枯萎时间较早,则可在夏季采收,如川贝母、延胡索、半夏、太子参等。但也有例外,如明党参在春天采收较好。

2)茎木类药材:一般在秋、冬季落叶后初春萌芽前采收,如大血藤、鸡血藤等。若与叶同用的如槲寄生、忍冬藤等茎木类药材,则宜在植物生长旺盛的花前期或盛花期采收。有些木类药材全年可采,如苏木、降香、沉香等。

3)皮类药材:多数皮类一般在清明至夏至之间采收。因为此时皮类养料丰富,浆汁充足,皮部和木部容易剥离,剥离后的伤口较易愈合,有利于药材的再生长,如杜仲、黄柏、厚朴、秦皮等。根皮则以秋末冬初采收为宜,并趁鲜抽去木心,如牡丹皮、地骨皮等。但肉桂宜在秋分前后采收,此时药材质量好,味甜气香。

4)叶类药材:通常在开花前盛叶期或花盛期至刚结果时采收,此时植物枝叶生长茂盛,养料丰富,分批采叶对植物影响不大,且可增加产量,如荷叶、艾叶、大青叶等。某些药材在秋、冬二季采收,如功劳叶于8—10月采收,桑叶初霜后采收。有的与主产品同时采收,如人参叶、三七叶、紫苏叶等。

5)花类药材:一般在花含苞待放时或花初开放时采收,这时花中水分少、香气足。开放过久接近凋谢的花朵,不仅药材的颜色和气味差,而且有效成分含量也显著减少。通常选择在晴天、上午露水初干时采摘。在花蕾时采摘的有金银花、辛夷、丁香、槐米等;在花盛开时采摘的有洋金花、菊花等;红花则是在花冠由黄色变为橙红色时采收。花朵陆续开放的植物应分批采摘,以保证质量。有些药材如蒲黄、松花粉等不宜迟收,过期则花粉会自然脱落,影响产量。

6)果实类药材:除少数药材如青皮、枳实须在未成熟时采收外,一般果实多在近成熟或成熟时采收,如乌梅、吴茱萸、栀子等。果实的成熟期不一致,要随熟随采,过早则肉薄、产量低,过迟则肉松泡,影响质量,如木瓜。

7)种子类药材:种子类药材必须在果实完全成熟后方可采收。此时种子内物质积累已停止,达到一定硬度,并且呈现固有色泽。

8)全草类药材:多在植物充分生长,茎叶茂盛的花前期或在花盛期采收。如青蒿、穿心莲在花前期采收,薄荷、香薷在花开时采收。有的割取地上部分,如薄荷、益母草等;有的则以全株入药,如紫花地丁等;亦有在初春采其嫩苗的,如茵陈等。

9)藻、菌、地衣及孢子类药材:采收情况不一,如茯苓在立秋后采收质量较好;马勃宜在子实体刚成熟时采收;冬虫夏草在夏初子座出土、孢子未发散时采挖;海藻在夏、秋二季采捞;松萝全年均能采收。孢子必须在成熟期及时采收,过迟则飞散难寻。

10)树脂或以植物液汁入药的其他类药材:根据植物的不同采收时间和不同药用部位决定采收期和采收方式,如松香多在秋冬季采收;安息香采香多在4月至秋末,于树干上割成"▽"形切口,其汁顺切口里流出凝固成香后采收;新疆的阿魏是割取根头的皮层部分,榨取汁液,收集分泌出的白色胶状乳液。

(2)动物类药材:动物类药材除了要根据其种类的不同选择适宜的采收期外,还需要根据各种药用动物的生长习性和活动规律而采取不同的捕获和采收方法,如诱捕、网捕、活体收取药用部分等。

1)哺乳动物类药材:由于品种不一而采收季节也有所不同,但既要注意季节,又要采取适当方法。如鹿茸每年须在清明节后采收,过时则骨化。

2)两栖动物类药材:应根据季节的变化适时采收。如蟾酥为采集中华大蟾蜍或黑眶蟾蜍耳后腺或皮肤腺的分泌物经干燥而成,宜在春、秋二季捕捉,因为此时蟾蜍集结,容易捕获,而且腺液充足,药材品质好,得率高。哈蟆油是雌性林蛙的输卵管,应在白露节前后捕捉,这时林蛙体壮肉肥,输卵管发育成熟。

3)贝壳动物类药材:一般是以该动物的贝壳入药。采集多在夏、秋二季,因为此时是动物发育最旺盛的时节,如石决明、牡蛎等。

4)蜕化皮壳类药材:一般在春末夏初之际拾取,该类动物在每年此季节反复蜕化皮壳,以利其生长发育。该类药材必须及时拾取,过期则遭风袭雨淋,药材受损、药力下降,如蝉蜕、蛇蜕等。

5)昆虫类药材:必须随季节变化采收,因为虫的孵化发育都有定时。以卵鞘或窠巢入药的,多在秋季虫卵形成后或窠巢造成后摘取。采后必须立即采取加热、水烫、气蒸等方法杀死虫卵,以免虫卵孵化成虫,卵鞘遭损而影响其药效,如桑螵蛸、露蜂房等。以成虫入药的,均应在活动期捕捉,如土鳖虫等;有翅昆虫,在清晨露水未干时捕捉,因此时不易起飞,如斑蝥等。

6)生理产物和病理产物类药材:在捕捉后或在屠宰厂采收,如麝香、熊胆、牛黄、马宝、猴枣等。有的动物其产物可以在合适的时间内进行人工采集和精制加工,如虫白蜡、蜂蜜等。

(3)矿物类药材:矿物类药材一般没有季节性限制,可全年采挖,大多是与矿藏的采掘相结合进行收集和选取,如石膏、滑石、雄黄、自然铜等。矿物类药材质量的优劣在于选矿,一般应选择杂质少的矿石作药用。如来自盐湖中的大青盐多系天然结晶而成,不需要加工,质量最佳。有些矿物类药材在开山、掘地中获得,如龙骨、龙齿等;有些系经人工冶炼或升华方法制得,如密陀僧、轻粉、红粉等。

二、中药材的产地加工

1. 产地加工的目的 药材采收后,除少数要求鲜用,如生姜、鲜石斛、鲜芦根等外,绝大多数均需进行产地加工。其主要目的在于:

(1)除去杂质和非药用部分,保持药材的纯净。

(2)初步处理如蒸煮和熏晒等,使药材干燥,防止发生虫蛀、霉烂、变质等现象,保证药材质量。

(3)通过整形和分等,筛选出不同等级,便于药材商品按质论价。

(4)形成一定的商品性状,利于药材商品包装、运输和贮藏。

由于中药品种繁多,来源不一,其形、色、气、味、质地及含有物质不完全相同,因而在产地进行加工的要求也不一样。一般都应达到形体完整、含水分适度、色泽好、香气散失少、不改变气味(必须经加工改变的玄参、生地黄、黄精等例外)、有效成分破坏少等要求。由此可见,产地加工对于中药材商品的形成、中药饮片和中成药等产品的深加工,以及市场流通和临床使用等方面都具有重要意义。

2. 常用的加工方法

(1)洗涤与挑选:洗涤主要是洗除药材表面的泥沙与污垢,多用于根及根茎类药材。直接晒干或阴干的药材多不洗,如人参、北沙参、明党参、天冬、桔梗、山药等;具有芳香气味的药材一般不用水淘洗,如薄荷、细辛、川芎等。挑选主要是清除药材中的杂质或非药用部分,同时初步分级,利于分别加工和干燥。如牛膝去芦头、须根,远志去木心等。

(2)修整切制:是运用修剪、切削、整形等方法,去除非药用部位等不合规格的部分,使药材整齐,利于捆扎、包装,如剪去芦头、须根,进行切片、切瓣,截段等。修整工艺要根据药材的规格、质量要求来制定,有的应在干燥前完成,有的则在干燥后完成。较大的根及根茎类、坚硬的藤木类和肉质的果实类药材大多趁鲜切片,以利干燥,如大黄、鸡血藤、山楂等;而所含挥发性成分或有效成分易氧化变质的药材,过早切片会加速有效成分损失,影响药材质量,如当归、槟榔等。

(3)去皮、壳:是对种子类药材、根及根茎类药材以及皮类药材去除外壳或表皮,以使药材表面光洁,符合药材的商品特征,有利于干燥和贮藏。如车前子、菟丝子等一般在果实采收后晒干去壳,取出种子;白果、苦杏仁、桃仁等则先去壳、取出种子后晒干。桔梗、山药、白芍、杜仲、黄柏、肉桂等药材通常需要手工去皮使其表面光洁,以符合其性状要求。

(4)蒸、煮、烫:是对某些药材经蒸、煮或烫后再进行干燥。含黏液质、淀粉或糖类较多的药材不易干燥,经蒸、煮或烫处理后则易干燥。加热时间的长短及采取何种加热方法,视药材的性质而定。如白芍、明党参煮至透心,天麻、红参蒸透,红大戟、太子参置沸水中略烫等。药材经加热处理后,除容易干燥外,有的便于刮皮抽心,如明党参、北沙参等;有的能杀死虫卵,防止孵化,保持药效,如桑螵蛸、五倍子等;有的熟制后能起滋润作用,如黄精、玉竹等;有的不易散瓣,如菊花。同时一些药材中的酶类失去活力,不致分解药材的有效成分。

(5)熏硫:指在干燥前后用硫黄熏制某些药材。为使药材色泽洁白,防止霉烂,常用硫黄熏制,如山药、白芷等。但硫黄熏后的药材会有二氧化硫残留,目前多不提倡。《中国药典》(2020年版)规定了二氧化硫残留量检测方法,并规定了部分药材及饮片的二氧化硫残留量,如毛山药和光山药不得过400mg/kg;山药片不得过10mg/kg。

(6)发汗:将药材在晒或用微火烘至半干或微煮(蒸)后,堆置起来发热,使其内部水分析出的方法,习称"发汗"。可使药材变软,变色,增加香味或减少刺激性,有利于干燥,如厚朴、茯苓等。

(7)干燥:即除去药材中的大量水分,避免发霉、虫蛀以及有效成分分解和破坏,利于贮藏,保证药材质量。常用的干燥方法有:

1)晒干:利用阳光直接晒干,是一种最简便、经济的方法。多数药材用此方法干燥。需注意:含挥发油的药材不宜采用此法,以避免挥发油散失,如薄荷、金银花等;有些药材的色泽和有效成分不稳定,受日光照射后易变色、变质,不宜用此法,如白芍、黄连、大黄、红花及一些花类药材;有些药材在烈日下晒后易爆裂,如郁金、白芍、厚朴等。药材晒干后要放凉才可包装,否则将因内部温度过高而发酵,或因部分水分未散尽而造成局部水分过多而发霉等。

2)烘干:指利用加温的方法使药材干燥。一般以50~60℃为宜,此温度对一般药材的成分没有大的破坏作用,同时抑制了酶的活性,因酶生存的最合适温度一般为20~45℃。对含维生素C的多汁果实类药材可在70~90℃迅速干燥。含挥发油或需保留酶活性的药材不宜用此法,如苦杏仁、薄荷、白芥子等。富含淀粉的药材如需保持粉性,烘干温度应缓缓升高,以免新鲜药材遇高热后淀粉粒发生糊化。

3)阴干:将药材放置或悬挂在通风的室内或荫棚下,避免阳光直射,利用水分在空气中的自然蒸发而干燥。主要适用于含挥发性成分的花类、叶类及草类药材,如薄荷、荆芥、紫苏叶等。有的药材在干燥过程中易与皮肉分离或空枯,因此必须进行揉搓,如党参、麦冬等。有的药材在干燥过程中要进行打光,如光山药等。

4)焙干:与烘干方法相似,只是温度稍高,且置于瓦、陶器上加热。多用于某些动物药,如蛤蚧等。

5)远红外加热干燥:利用波长为0.76~1 000μm的远红外波穿透药材,使药材内部组织吸收电磁波的能量后,产生自发的热效应,快速有效地除去药材中的过多水分。此法具有干燥快速、加热均匀、热效率高、不影响药材品质、对细菌虫卵有杀灭作用等优点。

6)微波干燥:是用波长为1~1 000mm的高频电磁波加热药材,使药材中的水分吸收微波的能量后转化成热能,使水分析出的干燥方法。此法比常规干燥时间缩短几倍至几百倍以上,且能杀灭微生物及霉菌,并有消毒作用。经试验,微波干燥对首乌藤、山药、生地黄、草乌及中成药六神丸等效果较好。

(8)挑选分等:是对加工后的药材按药材商品划分规格等级的方法进行挑选划分,是产地加工的最后一道工序。药材的规格等级是药材商品的标准,注重实用而合理。由于各地传统划分方法不一,目前仅有部分药材商品有全国统一的规格等级标准。

1)规格的划分:药材规格划分的依据各有不同,目前常用的方法有:按加工方法不同划分,如山药,带表皮的称为"毛山药",除去表皮、搓光揉直等加工后为"光山药";如附子,分为"盐附子"和"附片"2类,其中附片又按加工时放入的辅料不同而划分为"白附片""黄附片""黑顺片"等多种规格。按入药部位划分,如当归分为"全当归""归头""归尾"等。按分布和产地划分,如产于浙江的称为"杭白芍",产于安徽的称为"亳白芍",产于四川的称为"川白芍";又如甘草,主产于内蒙古西部等地的称为"西草",主产于内蒙古东部等地的称为"东草"等。按成熟程度划分,如连翘分为"青翘"和"老翘";又如鹿茸分为"初生茸"和"再生

笔记栏

茸"等。按采收季节划分,如三七分为"春三七"和"冬三七"。按药材基源划分,如麻黄分为"草麻黄""中麻黄"和"木贼麻黄"。

2)等级的划分:等级是指同种规格或同一品名的药材,按加工后部位、形态、色泽、大小等性状要点制定出若干标准,每一标准即为一个等级。通常以品质最佳者为一等,较佳者为二等,最次者为末等,不分等级的称为统货。分等级的依据各有不同,主要有以下几种:以单个药材的大小和重量分等,如"筒朴"等;以单个药材的重量分等,如"雅黄"等;以单位重量所含的药材个数分等,如"西大黄""春三七"等;以表面色泽和饱满程度分等,如五味子等;以纯净程度分等,如金银花等。也有的药材综合以上各种指标进行分等。

目前的规格、等级标准是在传统习惯的基础上,结合产地现状制定的,其中也有不甚合理之处,有待以后逐步修订。药材收购的原则是"以质论价",收购人员必须熟知商品规格、等级标准,把住药材进入流通领域的第一道质量关。

3. 中药材产地加工通则

(1)植物药类:植物药类除少数如鲜生地黄、鲜芦根等鲜用外,大多数药材在采收后需要根据不同药用部位进行适当加工。

1)根及根茎类药材:一般采挖后应去尽地上茎叶、泥土、须毛等,迅速晒干、烘干或阴干;有的须先刮去或撞去外皮使色泽洁白,如沙参、桔梗、山药等;有些质地坚硬或较粗,须趁鲜切片或剖开而后干燥的,如天花粉、苦参、地榆、狼毒、商陆、乌药等;有的需要抽去木心,如远志等;有些富含黏液质和淀粉类药材,晒前须用开水烧烫或蒸后再干燥,如天麻等。

2)皮类:皮类药材一般在采收后须切成一定大小而后干燥;或加工成单卷筒、双卷筒,如厚朴等;或先刮去栓皮,如关黄柏等。

3)叶类及全草类药材:这类药材含挥发性成分的较多,故采后置通风处阴干;有的则须先行捆扎使成一定重量或体积,而后干燥,如薄荷等。

4)花类药材:花类药材在加工时要注意花朵的完整和保持色泽鲜艳,一般是直接晒干或烘干,并应注意控制烘晒时间。

5)果实类药材:果实类药材一般采后直接干燥;有的经烘烤、烟熏等加工过程,如乌梅等;或经切割加工使成一定形态,如枳实、枳壳、化橘红等;有的为了加速干燥,事先在沸水中微烫后再捞出晒干,如五味子等。

6)种子类药材:种子类药材通常采收成熟果实,干燥后去果皮取种子,或直接采收种子干燥;也有将果实干燥贮存,使有效成分不致散失,用时取种子入药,如豆蔻、砂仁。

(2)动物药类:药用动物捕获后进行产地加工的方法多种多样,往往因动物种类不同或相同动物因产地、时间的不同,其产地加工方法也有差异。但就药用动物的特性而言,一般要求加工处理必须及时得当,常用的方法有洗涤、清选、干燥、冷冻或加入适宜防腐剂等,特别是干燥处理很重要。如蜈蚣在捕后烫死,及时选用与虫体长宽相近的竹签将虫体撑直,然后暴晒使干燥。若遇阴雨天,可用无烟炭火烘干,温度一般不宜超过 80℃。全蝎的产地加工通常是用盐水浸泡、加热煮沸至全蝎脊背抽沟,全身僵挺,色泽光亮时取出,置通风干燥处晾干即得。一般动物鳞甲、骨骼等必须在干燥前去筋肉,如鳖甲、龟甲等;对于药用虫卵或虫瘿者,则需经过蒸煮后杀死内部虫体,以免来年开春时孵化成虫而破坏药材、影响疗效,如桑螵蛸、五倍子等。

(3)矿物药类:矿物药类的产地加工主要是清除泥土和非药用部位,以保持药材的纯净度。

第三节 中药材的集散地与道地药材

道地药材广义上是指产地、产季、产作、产收均符合临床用药要求和疗效确切的中药。狭义地讲是指某些地区生产的中药优质原料(中药材),而优质原料的产地称为道地产区。道地药材是指经过中医临床长期应用优选出来的,产在特定地域,与其他地区所产同种中药材相比品质和疗效更好,且质量稳定,具有较高知名度的中药材。"道"是古代行政区划名,如唐代将全国分为关南道、河东道等 10 余道。道地本指各地特产,后演变为货真价实、质优可靠的代名词。道地药材之所以质量优良,主要是因为这些地区有适宜的地理气候条件和生态环境,经长期的自然选择或栽培,形成了优良品种、先进的生产技术、独特的加工方法、稳定的商品特征和鉴别方法。道地药材在国内外享有很高信誉,在经营中具有很强竞争力,因而形成了较大的商品规模。一些药材为了表明其产地和品质可靠的特征,常在药材名称前加上道地产区,例如川泽泻、建泽泻分别表示四川和福建的商品。

一、中药材集散地

在道地药材形成的同时也逐渐形成了各地区药材的集散地,并发展成各地区的药材交易市场,简称药市。传统集散地的形成与道地药材的产地、名医和药王的影响、便利的交通和集市庙会的群众基础有关。药市是我国道地药材交易最集中、成交额最大的地方。历史上传统的四大药市有安徽亳州、河北安国、江西樟树、河南禹州。1996 年,经卫生部和国家工商行政管理局等四部门批准通过了 17 家中药材专业市场,分别是安徽亳州、河北安国、河南禹州、江西樟树、重庆解放路、山东鄄城舜王城、广州清平、哈尔滨三棵树、广西玉林、湖北蕲州、湖南岳阳花板桥、湖南邵东廉桥、广东普宁、昆明菊花园、成都荷花池、西安万寿路、兰州黄河中药材专业市场。

目前,全国在传统药市的基础上形成了一批有影响的中药材专业市场,其中有的已经建立了现代化的交易管理电子信息系统。国家各级药品监督主管部门依法对中药材专业市场实行质量监督管理。各级工商行政管理部门依法对药材专业市场实行市场监督管理。现将我国部分主要药材专业市场介绍如下:

1. 安徽亳州中药材专业市场 位于安徽西北部亳州市。1994 年,亳州建成一个大型的药材交易中心,是目前全球规模最大的中药材专业交易市场和价格形成中心。该中心占地 26.7 万 m²,建筑面积 35 万 m²,交易大厅面积为 3.2 万 m²,拥有 1 000 余家中药材经营店面,6 000 多个摊位。中药材日上市量高达 6 000 吨,上市品种 2 600 余种,中药材年成交额达 100 多亿元。2013 年,该中心搬迁到中国亳州康美中药城,占地面积 106 万 m²,建筑面积 120 万 m²,是目前国内最大的一站式中药材交易中心。

2. 河南禹州中药材专业市场 禹州被人们公认为我国亘古中药发祥地,是历史上有名的古药都之一,有"药不经禹州不香,医不见药王不妙"之说。自唐朝起,禹州始有药市,到明朝初期已成为全国四大药材集散地之一。乾隆年间达到鼎盛时期,居民十之七八以药材经营为生,可谓"无街不药行,处处闻药香"。1990 年 10 月 1 日,"禹州中药材批发市场"建成并投入使用;1996 年,禹州市中药材专业市场成为全国 17 家定点药材市场之一。1999 年底,禹州药市"中华药城"建成并正式投入使用,占地 2 万 m²,可容纳商户 5 000 多家,是一个多功能、现代化的大型药材专业市场,年交易额达 10 亿元。禹州中药材专业市场门店固定,常年经营,商户稳定;药材商品品种较为齐全,且注重经营道地药材,其中冠以"禹"字头的道地品种有禹南星、禹白附、禹白芷、禹余粮等。

3. 成都荷花池中药材专业市场　建立于 20 世纪 70 年代，历经 50 多年风雨，经过 4 次产业升级，现整体搬迁到位于成都市北新干道旁的成都国际商贸城，是西部地区最大的中药材专业市场。市场占地 9.5 万 m²，建筑面积 20 万 m²(含地下)，拥有 4 000 多个商位，年交易额达到 15 亿元人民币，是目前全国体量最大、硬件设施最优秀的中药材专业市场之一。成都荷花池以经营川产道地药材为主。常见药材约 2 000 种，其中川产药材 1 300 余种，如道地药材川贝母、冬虫夏草、黄连、川芎、川乌、附子、麦冬等。也有许多四川草药医生习用的地方药，如大菟丝子、理塘黄芪等。

4. 河北安国中药材专业市场　河北安国市素有"天下第一药市""药都"之称，中药材交易始于北宋，盛于明清，已有千年历史。安国中药材市场是全国最大的中药材集散地之一，有"草到安国方成药、药经祁州始生香"的美誉。1993 年，安国投资建成了现代化的药材专业市场——东方药城。药城建筑面积 60 万 m²，占地 33 万 m²，日吞吐量超 300 吨，经营品种 2 800 多种，年交易额超 60 亿元。安国的中药材在种植、加工和销售方面同步发展，薏苡仁、白芷和天花粉等的种植量居全国第一。有地产的八大祁药，包括祁菊花、祁山药、祁紫菀、祁沙参、祁薏苡仁、祁芥穗、祁白芷和祁花粉。

5. 江西樟树中药材专业市场　江西省樟树市樟树镇相传以盛产樟树而得名。樟树药材集市始于三国时期，药材炮制"遵肘后，辨道地"，质量考究，素以"药都"著称，享有"药不到樟树不齐，药不过樟树不灵"的美誉，迄今已有 1 700 多年历史，并以其精湛的饮片切制技术，形成全国闻名的"樟帮"。2001 年竣工的樟树中药材专业市场，占地 33 万 m²，建筑总面积达 25 万 m²，拥有一流的现代网络设施和电子报价系统、物流储运设施。现有 2 000 余户药商在场内经营，年成交量 100 万吨，交易额超 50 亿元，辐射全国 30 个省区(市)，以及东南亚地区。

6. 广州清平中药材专业市场　创办于 1979 年，是我国南方重要的药材交易市场之一。经营户来自五湖四海，商品交易活跃，销往全国、东南亚及世界各地，是华南地区最大的中药材特别是贵细滋补性中药材和广药的集散地和进出口贸易重地。2006 年完成升级改造，新药市坐落于广州清平路和六二三路，是唯一建立在大都市中心区域的中药材市场。市场面积达 1.1 万 m²，有商铺 1 500 多家，年交易额超 10 亿元。该市场还是全国第一个准许经营范围达 5 大类别(中药材、中药饮片、中西成药、医疗器械、保健品)的医药展贸平台。9 层楼的清平医药中心是其标志性建筑。

7. 湖南邵东廉桥中药材专业市场　坐落于湖南省邵东县廉桥镇。廉桥药市源于隋唐，相传三国时期蜀国名将关云长的刀伤药即采于此地。廉桥药市是全国十七大药材市场之一，有"南国药都"之称。廉桥属典型的江南丘陵地形，土地肥沃，雨量充沛，老百姓自古习种药材，自产品种达 200 余种。其中牡丹皮、玉竹、百合、桔梗，味正气厚，产量、质量均居全国之首。药市现拥有国有、集体、个体药材货栈 1 000 多家，从业人员 5 000 余人，经营场地 13 340m²，经营品种 1 000 多种，集全国各地名优药材之大成，市场成交活跃。近几年，年交易额在 10 亿元以上。

8. 山东鄄城舜王城中药材专业市场　位于山东鄄城县。舜王城即为舜的出生地，市场因此而得名。该市场自 20 世纪 60 年代自发形成，至今已有 60 余年的历史，为全国十七家大型药材市场之一和山东省唯一的药材专业市场。市场占地面积 6.6 万 m²，交易大棚面积 4 000m²，营业门市面积 4 100m²，库房面积 1 600m²，可同时容纳固定摊位 2 000 多个。目前，该市场日上市药材 1 000 多个品种，20 余万千克，年经销各类药材 5 万吨，年成交额 3 亿多元。目前，全县拥有大规模的药材生产基地 7 处，生产品种 100 多个，年产各类药材 2.5

万吨,主要经营品种有牡丹皮、白芍、白芷、板蓝根、草红花、黄芪、半夏、生地黄、天花粉、桔梗等。

9. 重庆解放路中药材专业市场　地处重庆市主城区渝中区,由原渝中区储奇门羊子坝中药市场和朝天门综合交易市场药材厅合并而来。原场地狭小、规模不大,1993年底,市场迁入现址,建筑面积1万㎡,以经营滋补类中药材为主。

10. 广东普宁中药材专业市场　位于广东省普宁市,于1996年7月6日由国家批准而创建,是首批被国家批准的8个国家定点中药专业市场之一。主要商品冬虫夏草、人参、鹿产品等采取产地特销,质优价廉,销售量居全国前列。新市场于1998年10月1日建成并投入使用,占地面积4.7万㎡,建筑面积4.5万㎡,拥有铺位410间,经营户405户,经营全国道地中药材共1 000多个品种,年成交额可达18亿元。普宁中药材专业市场在国内外特别是在港澳地区和东南亚都具有较大的影响力和吸引力,中药材销售已辐射到全国18个省区(市),且远销国际市场。市场还配备有电脑信息、电视监控、药物检验、中药标本等综合服务机构和现代化设施。

11. 广西玉林中药材专业市场　位于玉林市中秀路,市场占地2万㎡,建筑面积1.75万㎡。目前,市场内有经营户1 000多户,从业人员3 000多人,经营品种达900多种,市场年成交额5亿元。玉林中药材专业市场是我国西南地区传统的药材集散地,药材购销辐射全国,并与东南亚地区药材市场连结购销网络。

12. 湖北蕲州中药材专业市场　位于湖北蕲州县。1991年,设立了李时珍中药材专业市场。该市场占地6.8万㎡,建筑面积1.2万㎡。年销售额近3亿元,上市中药材达1 000多个品种,年销售牡丹皮、杜仲、桔梗等地产药材近800吨。著名的"四大蕲药"为蕲龟、蕲竹、蕲蛇、蕲艾。

13. 哈尔滨三棵树中药材专业市场　哈尔滨三棵树药材市场建成于1991年,是我国东北地区唯一的中药材专业市场。经多年的建设发展,已成为我国北方中药材的集散地。1996年完成搬迁,占地6 000㎡,建筑面积2.3万㎡,市场内设有1~3层各式营业用房300套,可容纳经营户1 000余个,内设中草药种植科研中心、质检中心、仓储中心。该市场现中药材交易品种已达到580余种,其中107种量大质优,充分体现东北高寒地区药材交易市场的特色。东北是关药的道地药材主产区,销量居全国之首,如人参、鹿茸、哈蟆油、关防风、关龙胆、关黄柏、北五味子、刺五加等名贵药材。

二、道地药材

我国地域辽阔,不同地区环境条件变化大,经过长期的生产实践,各地区都形成了一批适合本地条件的道地药材。

1. 关药　关药通常指山海关以北的东三省以及内蒙古东部所出产的优质药材。著名的关药有人参、关马茸、花鹿茸、关防风、关黄柏、辽细辛、关龙胆等。

2. 北药　北药通常指华北、西北地区和内蒙古中部等地区所出产的优质药材,亦有将东北地区产的药材也划分到北药范围。常用北药有金银花、板蓝根、连翘、酸枣仁、远志、黄芩、赤芍、知母、枸杞子、阿胶、全蝎、五灵脂等;其中山西潞党参皮细嫩、紧密、质坚韧;河北酸枣仁粒大、饱满、油润、外皮色红棕;河北连翘身干、纯净、色黄壳厚;河北易县、涞源县的知母肥大、柔润、质坚、色白、嚼之发黏,称"西陵知母""易县知母";山东东阿所产的阿胶驰名中外。

3. 怀药　怀药泛指河南所产的优质药材。河南地处中原,河南的怀药分南、北两大产区,产常用药材300余种。著名的四大怀药为怀地黄、怀山药、怀牛膝、怀菊花,此外,尚有密银花、怀红花、南全蝎等。

4. 浙药 浙药亦称杭药、温药,包括浙江及沿海大陆架所出产的优质药材。浙江地处亚热带,产常用药材400余种。著名的浙八味为白术、白芍、玄参、延胡索、杭白菊、麦冬、郁金、浙贝母,此外还有山茱萸、温朴、天台乌药、杭白芷等。

5. 江南药 江南药包括湘、鄂、苏、皖、闽、赣等淮河以南省区所产优质药材。如安徽亳州的亳菊、滁州的滁菊、歙县的贡菊、铜陵的凤丹皮、霍山石斛、宣州木瓜;江苏的苏薄荷、茅苍术、太子参、蟾酥等;福建的建泽泻、闽西建乌梅、蕲蛇、建神曲;江西的江枳壳、宜春江香薷、丰城鸡血藤、泰和乌鸡;湖北大别山的茯苓,鄂北蜈蚣,江汉平原的龟甲、鳖甲,襄阳山麦冬,板桥党参,鄂西味连和紫油厚朴,长阳资丘木瓜、独活、半夏;湖南平江白术,沅江枳壳,湘乡木瓜,邵东湘玉竹,零陵薄荷、零陵香、湘红莲、升麻等。

6. 川药 川药指四川、重庆所产的优质药材。川渝是我国著名药材产区,所产药材近千种,居全国第1位。川产珍稀名贵药材有麝香、冬虫夏草、川黄连、川贝母、石斛、熊胆、川天麻等;川产大宗商品药材有川芎、附子、川麦冬、川泽泻、川白芍、川白芷、川牛膝、川郁金、川黄柏、川木香、川大黄、川枳壳、川杜仲、川朴、巴豆、使君子、明党参等。川药呈明显的区域性或地带性分布,如高原地带的冬虫夏草、川贝母、麝香;岷江流域的干姜和郁金;江油的附子;绵阳的麦冬;都江堰的川芎;石柱的黄连;遂宁的白芷;中江的丹参、白芍;合川的使君子、补骨脂;汉源的花椒、川牛膝等。川附子加工成的附片,片大均匀,油润光泽;黄丝郁金个大、皮细、体重、色鲜黄;川芎饱满坚实、油性足、香气浓烈;白芍肥壮、质坚、粉性足、内心色白,称"银心白芍";川麦冬皮细、色白、油润;川红花色泽鲜艳,味香油润;川枳壳青皮白肉;川白芷富粉性,断面有菊花心。

7. 云药 云药包括滇南和滇北所出产的优质药材。滇南出产诃子、槟榔、儿茶等,滇北出产云茯苓、云木香、冬虫夏草等;处于滇南和滇北之间的文山、思茅地区以盛产三七闻名于世。此外,尚有云黄连、云当归、坚龙胆、云天麻等。云苓体重坚实,个大圆滑、不破裂;天麻体重、质坚、色黄色、半透明;半夏个圆、色白似珠,称"地珠半夏"。云药中的特产野生药材有穿山甲、蛤蚧、金钱白花蛇、红豆蔻、广防己、木鳖子、鸡血藤、巴豆、骨碎补等。

8. 贵药 贵药指以贵州为主产地的优质药材。著名贵药有贵天麻、杜仲、天冬、吴茱萸、雄黄、朱砂等。

9. 广药 广药系指广东、广西南部及海南、台湾等地出产的优质药材。桂南一带出产的药材有鸡血藤、广豆根、肉桂、石斛、广金钱草、桂莪术、三七、穿山甲等;珠江流域出产的药材有广藿香、高良姜、广防己、化橘红等。广东的砂仁产量较大,其中阳春砂仁质量最佳;广藿香年产量占全国的92%,其中石牌广藿香主茎矮,叶大柔软,气清香;化州橘红历史上曾被列为贡品,加工品分为正毛橘红片(成熟果皮)、橘红花(花)、橘红胎(幼果);广东新会的广陈皮,德庆的巴戟天,广西防城的肉桂、三七和蛤蚧都是著名道地药材;台湾的樟脑曾垄断世界市场。

10. 西药 西药是指"丝绸之路"的起点西安以西的广大地区,包括陕、甘、宁、青、新及内蒙古西部所产的优质药材。著名的西药有秦皮、秦归、秦艽。此外,还有新疆甘草、伊贝母、软紫草、阿魏、麻黄、肉苁蓉、锁阳、多伦赤芍、西牛黄、西马茸等。甘草、麻黄、新疆紫草、伊贝母等为本地区大宗商品药材,其中甘草产量占全国90%,麻黄产量占全国第2位。

11. 藏药 藏药指青藏高原所产的优质药材。著名的藏药有西藏和青海的冬虫夏草、麝香等,还有胡黄连、羌活、雪上一枝蒿、甘松、红景天,高原特有的民族药品种有雪灵芝、藏茵陈、洪连、翼首草、小叶莲、绵参、绿绒蒿等。

课堂互动

我国地域辽阔,不同地区环境条件变化大,经过长期的生产实践,各地区都形成了一批适合本地条件的道地药材。结合道地药材的在历代中发挥的作用,请你谈谈道地药材对中医药发展的重要性。

（蒋桂华）

复习思考题

1. 道地药材的含义是什么?

2. 按照历史习惯形成的分类方法,中药材商品的道地产区可以分为 11 大产区,请写出这些产区及产区内具有代表性的中药材。

第六章

中药的炮制

学习目标

1. 熟悉中药炮制的目的。
2. 了解中药炮制的方法。

第一节　中药炮制的目的

药材炮制是根据中医药理论,按照医疗、调剂、制剂,以及药材自身性质所采取的一项制药技术。炮制后的药材称之为饮片。炮制又称"修事"或"修治",是我国一项传统的制药技术。一般来说,药材经过特定的炮制处理后,才能符合临床要求,具有药效。因此,按照不同的药性和治疗要求而有多种炮制方法。药材在炮制中通常要加入辅料,并且要注意炮制火候,正如前人所说"不及则功效难求,太过则气味反失"。炮制是否得当,直接影响到临床用药安全性和有效性。

药材炮制的目的是多方面的,往往一种炮制方法或者炮制一种药材同时具有几方面的目的,这些虽有主次之分,但彼此之间又有密切联系。炮制的主要目的如下:

1. 洁净药物,利于贮藏保管　除去杂质和非药用部分,使药物纯净,以使用量准确或利于服用。如根类药物去芦头,皮类药材去栓皮;昆虫类药物去头、足、翅等。

2. 降低或消除药物的毒性或副作用　某些含有毒性物质的药材,炮制后才符合药物安全性和有效性的基本要求。如砂炒马钱子、制草乌、巴豆霜等。

3. 改变或缓和药性,使之适合病情需要　药材经过炮制,可以改变或缓和药物的偏胜性味,以达到改变或缓和药物作用的目的。如生地黄性寒,具有清热、凉血、生津之功,经蒸制成熟地黄后其药性变温,能补血滋阴、养肝益肾;麻黄生用辛散解表作用较强,蜜制后辛散作用缓和,止咳平喘作用增强。

4. 增强药物疗效　中药除了通过配伍提高疗效外,还可通过炮制、制剂等手段提高疗效。如槐米炒炭后鞣质含量增加,从而增强了止血作用;蜂蜜有甘缓益脾、润肺止咳之功,款冬花、紫菀等经蜜炙后,润肺止咳作用增强。

5. 改变药物作用的部位或增强对某部位的作用　中药的作用部位常以归经表示,所谓归经,是指药物对某些脏腑和经络有明显的选择性。通过炮制可改变作用部位和趋向,有引药入经的作用。如柴胡、香附等经醋制后有助于引药入肝,更有效地治疗肝经疾病;小茴香、橘核等经盐制后有助于引药入肾,能更好地发挥治疗肾经疾病的作用。

6. 便于调剂和制剂　某些药材经过加工后切成段、丝、片、块等饮片,便于制剂和调配。

质地坚硬的矿物、甲壳类及动物化石类,不易粉碎和煎出成分,不便制剂和调剂,因此必须经过炮制,使其质地酥脆而便于粉碎,也可增加成分的溶出,有利于药物在体内的吸收,如煅淬自然铜,蛤粉烫阿胶等。

7. 矫臭矫味,利于服用　一些动物类药或其他有特殊臭味的药物,在服用时易引起呕恶等反应,为了利于服用,常将此类药物采用酒炙、蜜炙、醋炙、麦麸炒、水漂、炒黄等处理,以达到矫臭矫味的效果。

8. 产生新的药物,扩大了药用品种　炮制可以产生新的药物,满足中医临床的需要。通过发芽、发酵、制霜等炮制方法,可以将某些原来不入药的物质转变为药物,或者使药物通过炮制加工产生新的功用。如红曲是以大米为原料,经发酵而制成的曲,发酵后使其具有活血化瘀、消食健胃的功效。

第二节　中药炮制的方法

明缪希雍的《炮炙大法》(1622 年)中曾把古代的炮炙方法归纳为十七法:炮、爁、煿、炙、煨、炒、煅、炼、制、度、飞、伏、镑、摋、㷟、曝及露,后人称此"雷公炮炙十七法"。现代的炮制方法是在古代炮制方法的基础上,经过不断实践逐渐充实发展起来的,常用的有以下几种类型:

1. 净制　即净选加工。经净制后的药材称为"净药材"。净制药材时可根据具体情况,分别选用挑选、风选、水选、筛选、剪、切、刮削、剔除、刷、擦、碾、串、泡洗等方法达到药品的质量要求。

2. 切制　即将药材切制成一定形状的片、段、块、丝等。切制时,除鲜切、干切外,须经浸润使其柔软,少泡多润,防止药效成分流失;应按药材的大小、粗细、软硬程度等分别处理,应注意掌握气温、水量、时间等条件。不宜切制的药材,一般应捣碎用。

3. 炮炙

(1)清炒:又称"净炒",是将净药材置热锅中,用文火炒至规定程度,取出,放凉。根据炒制程度不同,分为炒黄、炒焦、炒炭 3 种。

(2)加辅料炒:根据加辅料不同,可分为如麸炒、米炒、土炒、砂炒、蛤粉炒、滑石粉炒等。

1)麸炒:取麸皮撒在热锅中,加热至冒烟时放入净药材,迅速翻动,炒至药材表面呈黄色或色变深时,取出,筛去麸皮,放凉。

2)米炒:将锅烧热,撒上浸湿的米,用中火加热炒至米冒烟时投入药物,轻轻翻动米上的药物,至所需程度时取出,筛去米,放凉。

3)土炒:将灶心土(伏龙肝)研成细粉,置于锅内,用中火加热,炒至土呈灵活状态时投入药物,翻炒至药物表面均匀挂一层土粉并透出香气时,取出,筛去土粉,放凉。

4)砂炒:将制过的砂置于锅内,用武火加热至灵活状态,容易翻动时,投入药物,不断用砂掩埋,翻动,至质地酥脆或鼓起,外表呈黄色或较原色加深时,取出,筛去砂,放凉。

5)蛤粉炒:将研细过筛后的蛤粉置热锅内,中火加热至蛤粉滑利易翻动时,投入药物,不断沿锅底轻翻烫炒至膨胀鼓起,内部疏松时取出,筛去蛤粉,放凉。

6)滑石粉炒:将滑石粉置于锅内,用中火加热至灵活状态时,投入经加工处理后的药物,不断翻动,至药物质酥或鼓起或颜色加深时取出,筛去滑石粉,放凉。

(3)炙法:根据所用辅料不同,分为酒炙、醋炙、盐炙、姜汁炙、蜜炙、油炙等。

1)酒炙:是将净选或切制后的药物,加入一定量的酒拌炒的方法。所用的酒一般为黄酒,分为先拌酒后炒药及先炒药后加酒两种方法。

2)醋炙:是将净选或切制后的药物,加入一定量的米醋拌炒至规定程度的方法。分为先拌醋后炒药及先炒药后喷醋两种方法。

3)盐炙:是将净选或切制后的药物,加入一定量的食盐水拌炒的方法。分为先拌盐水后炒和先炒药后加盐水两种方法。

4)姜汁炙:是将净选或切制后的药物,加入一定量的姜汁拌炒的方法。操作方法为:取净药材,加姜汁拌匀,放置闷润,置于锅内,用文火炒至姜汁被吸尽,或至规定的程度时,取出,晾干。

5)蜜炙:是将净选或切制后的药物,加入一定量的炼蜜拌炒的方法。分为先拌蜜后炒药和先炒药后加蜜两种方法。

6)油炙:是将净选或切制后的药物,与一定量的食用油脂共同加热处理的方法。油炙通常分为3种方法,即油炒、油炸和油脂涂酥烘烤。

(4)煅制

1)明煅:取净药材,砸成小块,置于无烟的炉火上或置适宜容器内,煅至酥脆或红透时取出,放凉,碾碎。如煅石膏、煅寒水石等。

2)煅淬:将净药材煅至红透时,立即投入规定的液体辅料中,淬酥,取出,干燥。如煅自然铜、煅磁石等。

3)扣锅煅法:适用于煅至质地疏松、炒炭易灰化及某些中成药在制备过程中需要综合制炭的药物。

(5)蒸煮燀法

1)蒸制:取净药材,加入水或其他液体辅料拌匀,置于适宜的容器内,隔水加热至透或至规定的程度时,取出,干燥。

2)煮制:取净药材加水或液体辅料共煮,至液体完全被吸尽或切开内无白心时,取出,干燥。

3)燀法:是将药物置于沸水中浸煮短暂时间,取出,分离种皮的方法。

(6)复制法:是将净选后的药物加入一种或数种辅料,按规定操作程序,反复炮制的方法。

(7)发酵法:是经净制或处理后的药物,在一定的温度和湿度条件下,由于菌和酶的催化分解作用,使药物发泡、生衣的方法。

(8)发芽法:是将净选后的新鲜成熟的果实或种子,在一定的温度和湿度条件下,促使萌发幼芽的方法。

(9)制霜法:是药物经过去油制成松散粉末或析出细小结晶或升华、煎熬成粉渣的方法。分为去油制霜、渗析制霜、升华制霜、煎煮制霜等。

(10)水飞法:是将不溶于水的矿物、贝壳类药物经反复研磨,后加水混悬,利用粗细粉末在水中悬浮性不同,而分离制备极细腻粉末的方法。经水飞法后药物质地细腻,便于内服和外用。

此外,还有干馏法、煨法等。

(张 芳)

复习思考题

中药炮制是我国一项传统制药技术,请简述中药炮制的目的。

◆◆◆ **第七章** ◆◆◆

植物类中药

在常用中药商品中,植物类约占 80%。通常根据其可药用的部位分为根及根茎类、茎木类、皮类、叶类、花类、果实及种子类、全草类、藻菌地衣类、树脂及其他类等。

根及根茎类中药是以植物的根或地下茎为药用部位的中药,商品上习称"根类中药"。根和根茎属于植物体的不同器官,为了便于学习和鉴别,将该类中药分为根类、根茎类、根及根茎类 3 部分。

第一节 根 类 中 药

学习目标

1. 掌握附子、白芍、葛根、黄芪、三七、白芷、当归、防风、柴胡、黄芩、玄参、地黄、党参和麦冬的基源、道地产地、商品性状特征、规格等级和质量要求。

2. 熟悉牛膝、赤芍、防己、板蓝根、远志、北沙参、秦艽、天花粉、桔梗、木香、天冬、郁金的来源、道地产地、商品性状特征、规格等级和质量要求。

3. 了解根类中药的贮藏、性味功能与用法用量。

根类(radicis)中药是以根(radix)或以根为主带有少部分根茎的中药。

商品性状特征:注意形状、大小、颜色、表面特征、质地、横切(折断)面、气、味等。双子叶植物的根多为直根系,一般主根明显,常有分枝,少数根部细长,集生于根茎上;药材通常为圆柱形或圆锥形,平直或稍弯曲,少数肥大的块根呈短圆锥形、纺锤形或不规则形;根类药材顶端常带有短缩的根茎(芦头)或茎基;表面较粗糙,常有皱缩的纹理、支根痕或皮孔;横断面有放射状纹理,有的形成"菊花心"或"车轮纹",常可见形成层环纹,木部较大,中心常无髓,有的可见不同的花纹(异型维管束)。单子叶植物的根多为须根系,有的先端或中部膨大成块根,呈纺锤形;表面较光滑,无皮孔;断面无放射状纹理,常见内皮层环纹,中央常有小木心及髓部。根与根茎相比较,无节和节间之分,一般无芽和叶。

商品规格等级:根类中药常依据采收时间、产地、加工方法等划分不同的规格,再依据长度、直径或规定重量中的个数等划分等级。有的药材性状差异不大的,则为"统货"。

检查:根类中药属于植物的地下部分,常附有泥土、杂质或其他污染物;有的个体较大不易干燥,水分含量较高容易发生霉变;有的可能带有非药用的茎基;不同的生境或生长年限可能有害物质的含量不同。通常要进行灰分测定、水分测定和杂质检查,有的要进行农药残留、重金属以及有害元素的检查等,以保证药材的纯度和安全性,便于贮藏管理。

贮藏养护：根类中药通常用袋装、箱装或篓装。由于药材中含有大量的淀粉和糖类，易吸潮、发霉或虫蛀，贮藏中要特别注意控制温度和湿度。含有挥发性成分的药材，应防止高热，不宜久贮。

牛膝　Niuxi

Achyranthis Bidentatae Radix

【基源】苋科（Amaranthaceae）植物牛膝 *Achyranthes bidentata* Bl. 的干燥根。

主产于河南武陟、沁阳等地。为"四大怀药"之一。

冬季茎叶枯萎时采挖，栽培者一般于播种当年的 11 月采收。采挖时从畦的一端开深沟依次进行，保持根部完整。除去须根及泥沙，根据粗细分档，扎成直径 10cm 小把（株茎部分）挂在室外晒架上，根条下垂，晒至干皱后，切去顶端茎枝，扎把，再晒干。干燥时严防受冻或雨雪淋。

【商品性状特征】细长圆柱形，挺直或稍弯曲，长 15~70cm，直径 0.4~1cm。表面灰黄色或浅棕色，有微扭曲的细纵皱纹、排列稀疏的侧根和横长皮孔样的突起。质硬脆，易折断，受潮后变软，断面平坦，淡棕色，略呈角质样而油润，中心维管束木质部较大，黄白色，其外周散有多数黄白色点状维管束，断续排成 2~4 轮。气微，味微甜而稍苦涩（图 7-1）。

【规格等级】

1. 药材　常分为 3 等。

一等品（头肥）：呈长条圆柱形。内外黄白色或浅棕色。中部直径 0.6cm 以上，长 50cm 以上。根条均匀。无冻条、油条、破条。

二等品（二肥）：中部直径 0.4cm 以上，长 35cm 以上。无冻条、油条、破条。

三等品（平条）：中部直径 0.4cm 以下，但不小于 0.2cm，长短不分，间有冻条、油条、破条。

2. 饮片

（1）牛膝段：呈圆柱形的段，外表皮灰黄色或淡棕色，有微细的纵皱纹及横长皮孔。质硬脆，受潮变软。断面平坦，淡棕色，略呈角质样而油润，中心维管束木质部较大，黄白色，其外周散有多数黄白色点状维管束，断续排成 2~4 轮。气微，味微甜而稍苦涩（图 7-2）。

图 7-1　牛膝

（2）酒牛膝：形如牛膝段，表面色略深，偶见焦斑。微有酒香气。

【主要化学成分】含多种三萜皂苷类化合物，苷元均为齐墩果烷型五环三萜。另含有甾酮类化合物，包括羟基促脱皮甾酮（ecdysterone）、牛膝甾酮（inokosterone）等。

【质量要求】

1. 性状评价　以根长、粗壮、皮细肉肥、色黄白者为佳。

2. 检查　水分不得过 15.0%。总灰分不得过 9.0%。二氧化硫残留不得过 400mg/kg。

3. 浸出物　以水饱和正丁醇作溶剂，用热浸法测定，不得少于 6.5%。

4. β-蜕皮甾酮（$C_{27}H_{44}O_7$）含量　用高效液相色谱法测定，不得少于 0.030%。

图 7-2　牛膝段

【贮藏养护】本品易受潮变软,高温易走油变黑,应贮藏于 30℃ 以下的阴凉、干燥处,密封保存。

【性味功能】苦、甘、酸,平。逐瘀通经,补肝肾,强筋骨,利尿通淋,引血下行。用于经闭,痛经,腰膝酸痛,筋骨无力,淋证,水肿,头痛,眩晕,牙痛,口疮,吐血,衄血。

【用法用量】5~12g。

【附注】牛膝商品全部来源于栽培资源,属于可以满足市场需求的品种。河南焦作市(古怀庆府)已有 2000 余年的牛膝栽培历史。随着时代变迁和中药材产区迁移,怀牛膝产区逐步外延。目前在国内形成三大牛膝产区:内蒙古赤峰牛营子镇;河北安国市周边;河南武陟大虹桥、大封镇和温县赵堡镇。2017 年内蒙古怀牛膝种植面积在 100 万 m^2 左右,较上年有所增加;河北安国市周边种植规模也在不断扩大。2016 年,全国对怀牛膝需求量为 6 000 吨左右。因土质、气候、收益低下等原因,从 2018 年起,怀牛膝种植面积开始缩减。

附子　Fuzi

Aconiti Lateralis Radix Praeparata

【基源】毛茛科(Ranunculaceae)乌头 *Aconitum carmichaelii* Debx. 栽培品子根的加工品。主产于四川江油、陕西汉中等地。其中四川江油附子是著名道地药材,品质最佳。

6 月下旬至 8 月上旬采挖乌头根部,除去母根、须根及泥沙,习称"泥附子"。

选较大的泥附子,洗净,浸入食用胆巴的水溶液中过夜,加入食盐后继续浸泡,每日捞出晒晾,再浸泡,并逐渐延长晒晾时间,直至附子表面出现大量结晶盐粒(盐霜)、体质变硬,习称"盐附子"。

取个大的泥附子洗净,浸入食用胆巴的水溶液中数日,连同浸液煮至透心,捞出,水漂,纵切成厚约 0.5cm 的片,再用水浸漂,用调色剂将附片染成浓茶色,取出后蒸至出现油样光泽,烘至半干后再晒干,习称"黑顺片"。

选择大小均匀的泥附子,同黑顺片加工步骤,然后捞出,剥去外皮,纵切成厚约 0.3cm 的片,用水浸漂后取出,蒸透,晒干,习称"白附片"。

【商品性状特征】

1. 盐附子　呈圆锥形,表面灰黑被盐霜。周围有瘤状突起的支根或支根痕。体重,横切面灰褐色,可见充满盐霜的小空隙和多角形的形成层环纹,环纹内侧导管束排列不整齐。气微,味咸而麻,刺舌(图 7-3)。

图 7-3　盐附子

2. 附片　按照颜色和性状分为黑顺片、白附片(图 7-4)。

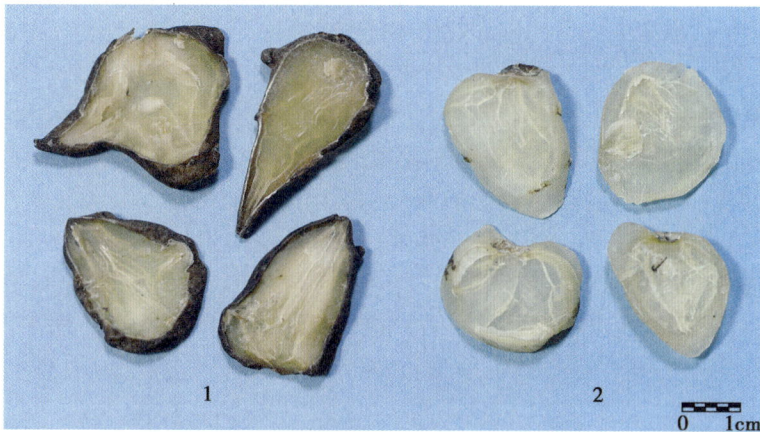

图 7-4　附片
1. 黑顺片;2. 白附片。

(1)黑顺片:为纵切片,上宽下窄。外皮黑褐色。切面暗黄色,油润具光泽,半透明状,并有纵向导管束。质硬而脆,断面角质样。气微,味淡。

(2)白附片:无外皮,片面黄白色,半透明,厚约 0.3cm。

【规格等级】

1. 药材　目前主要有盐附子、白附片、黑顺片等商品规格,前两种规格均分 1~3 等,分别以每 1kg 的个数划分等级。

(1)盐附子

一等品:肥大,体质沉重,附有盐粒,味咸而麻、刺舌。每 1kg 16 个以内,无空心、腐烂。

二等品:每 1kg 24 个以内,余同一等品。

三等品:每 1kg 80 个以内,间有小药扒耳,但直径不小于 2.5cm,余同一等品。

(2)白附片

一等品:为一等附子去净外皮,纵切成厚 0.2~0.3cm 的薄片。片面白色,半透明,片大而均匀。

二等品:为二等附子去净外皮,纵切成厚 0.2~0.3cm 的薄片。片张较小。余同一等品。

三等品:为三等附子去净外皮,纵切成厚 0.2~0.3cm 的薄片。片张小。余同一等品。

（3）黑顺片：统货。一般纵切成 0.2~0.3cm 的薄片。

2. 饮片

（1）淡附片：呈纵切片，上宽下窄，长 1.7~5cm，宽 0.9~3cm，厚 0.2~0.5cm。外皮褐色。切面褐色，半透明，有纵向导管束。质硬，断面角质样。气微，味淡，口尝无麻舌感。

（2）炮附片：形如黑顺片或白附片，表面鼓起黄棕色，质松脆。气微，味淡。

【主要化学成分】乌头碱（aconitine）、苯甲酰乌头胺（benzoylaconine）、苯甲酰中乌头胺（benzoylmesaconine）、苯甲酰次乌头胺（benzoyl hypacomne）及毒性更小的乌头胺（acomne）、中乌头胺（mesacomne）、次乌头胺（hypacomne），有强心作用的氯化棍掌碱（coryneine chloride）及去甲猪毛菜碱（salsolinol）等。

【质量要求】

1. 性状评价　盐附子以个大饱满、体重、色灰黑、表面光滑起盐霜者为佳；黑顺片以片大、厚薄均匀、切面色棕黄、油润有光泽者为佳；白附片以片大、厚薄均匀、色黄白、半透明者为佳。

2. 检查　水分不得过 15.0%；总灰分不得过 6.0%；酸不溶性灰分不得过 1.0%。

3. 双酯类生物碱的限量　用高效液相色谱法测定，含双酯类生物碱以新乌头碱（$C_{33}H_{45}NO_{11}$）、次乌头碱（$C_{33}H_{45}NO_{10}$）和乌头碱（$C_{34}H_{47}NO_{11}$）的总量计，药材不得过 0.020%，饮片不得过 0.010%。

4. 苯甲酰新乌头原碱（$C_{31}H_{43}NO_{10}$）、苯甲酰乌头原碱（$C_{32}H_{45}NO_{10}$）和苯甲酰次乌头原碱（$C_{31}H_{43}NO_9$）的总量，用高效液相色谱法测定，不得少于 0.010%。

【贮藏养护】盐附子密闭，置阴凉干燥处；黑顺片及白附片置干燥处，防潮。加工干燥时温度不宜超过 70℃，以免裂片。

【性味功能】辛、甘，大热；有毒。回阳救逆，补火助阳，散寒止痛。用于亡阳虚脱，肢冷脉微，阳虚外感，胸痹心痛，虚寒吐泻，脘腹冷痛，肾阳虚衰，阳痿宫冷，阴寒水肿，心阳不足，寒湿痹痛。

【用法用量】3~15g。先煎，久煎。

【注意】孕妇慎用；不宜与半夏、瓜蒌、瓜蒌子、瓜蒌皮、天花粉、川贝母、浙贝母、平贝母、伊贝母、湖北贝母、白蔹、白及同用。

【附注】附子至今已有 2000 余年的药用历史。商品全部来源于栽培，以四川江油为道地。历史上附子的产销较为平稳，商品可以满足市场的需求。年需求量约为 2 500 吨。

白芍　Baishao

Paeoniae Radix Alba

【基源】毛茛科（Ranunculaceae）植物芍药 *Paeonia lactiflora* Pall. 的干燥根。

主产于浙江东阳，四川中江，安徽亳州，山东菏泽。产于浙江者称"杭白芍"或"东白芍"，为著名的"浙八味"之一；产于安徽者称"亳白芍"；产于四川者称"川白芍"。其中亳白芍产量最大。

一般于夏、秋二季采挖种植 3~4 年植株的根，浙江于栽培 6~7 年后采收。各地采收时间：浙江 6 月下旬，四川 7 月中旬，安徽 8 月下旬，山东 9 月上旬。将采收的根剪去细根、须根，按大小分档，置沸水中煮至透心，有香气时，捞出，浸入冷水中，用竹片（勿用铁器）刮去外皮，晒干；或先刮去外皮再煮，晒干。

【商品性状特征】呈圆柱形，平直或稍弯曲，两端平截，长 5~18cm，直径 1~2.5cm。表面类白色或淡棕红色，光洁或有纵皱纹及细根痕，偶有残存的棕褐色外皮。质坚实，不易折断，断面角质样且较平坦,类白色或微带棕红色,形成层环明显,木部有放射状纹理。气微,味微苦、酸(图7-5)。

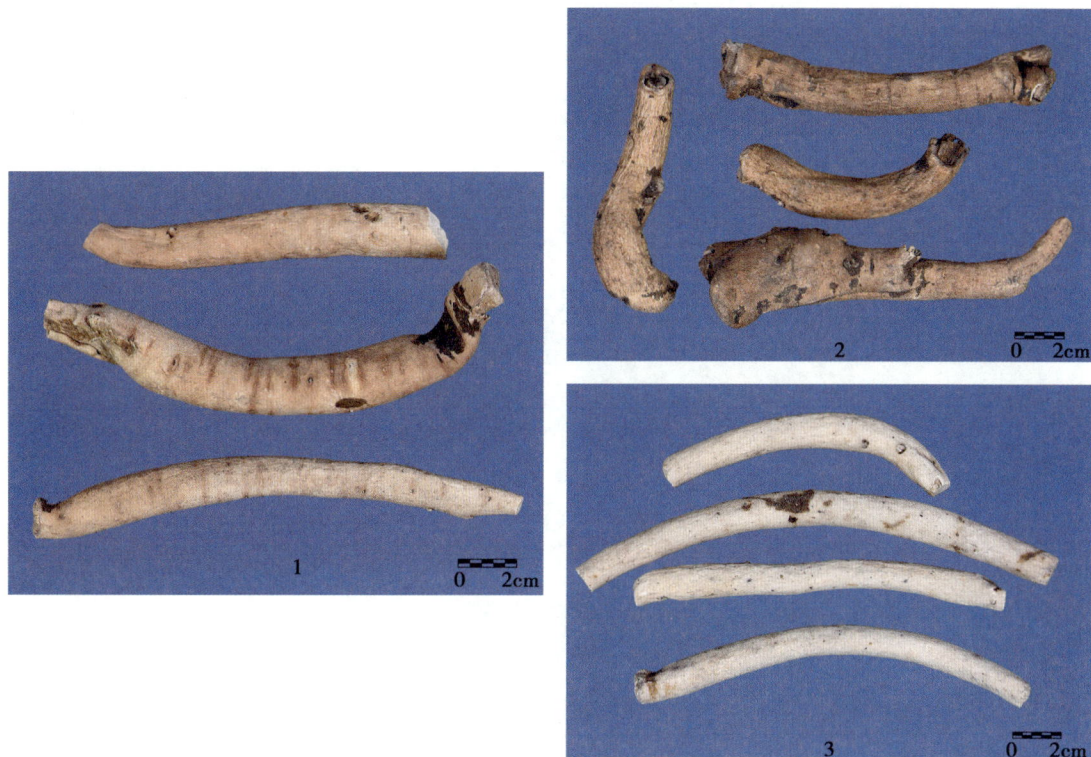

图 7-5　白芍
1. 亳白芍;2. 杭白芍;3. 川白芍。

【规格等级】

1. 药材　商品分白芍、杭白芍、出口白芍 3 个规格。

(1)白芍

一等品:圆柱形,直或稍弯,去净栓皮,两端整齐。表面类白色或淡红棕色。质坚实体重,断面类白色。味微苦、酸。长 8cm 以上,中部直径 1.7cm 以上,无芦头、花麻点、破皮、裂口、夹生。

二等品:长 6cm 以上,中部直径 1.3cm 以上,间有花麻点。余同一等品。

三等品:长 4cm 以上,中部直径 0.8cm 以上。余同一等品。

四等品:长短粗细不分,兼有夹生、破皮、花麻点、头尾、碎节或未去净栓皮。无枯芍、芦头(图7-6)。

(2)杭白芍

一等品:圆柱形,条直,两端切平。表面棕红色或微黄色。质坚体重,断面米白色。味微苦、酸。长 8cm 以上,中部直径 2.2cm 以上。无枯芍、芦头、栓皮、空心。

二等品:长 8cm 以上,中部直径 1.8cm 以上。余同一等品。

三等品:长 8cm 以上,中部直径 1.5cm 以上。余同一等品。

四等品:长 7cm 以上,中部直径 1.2cm 以上。余同一等品。

五等品:长 7cm 以上,中部直径 0.9cm 以上。余同一等品。

六等品:长短不分,中部直径 0.8cm 以上。余同一等品。

七等品:长短不分,中部直径 0.5cm 以上,间有夹生、伤疤,无梢尾。余同一等品。

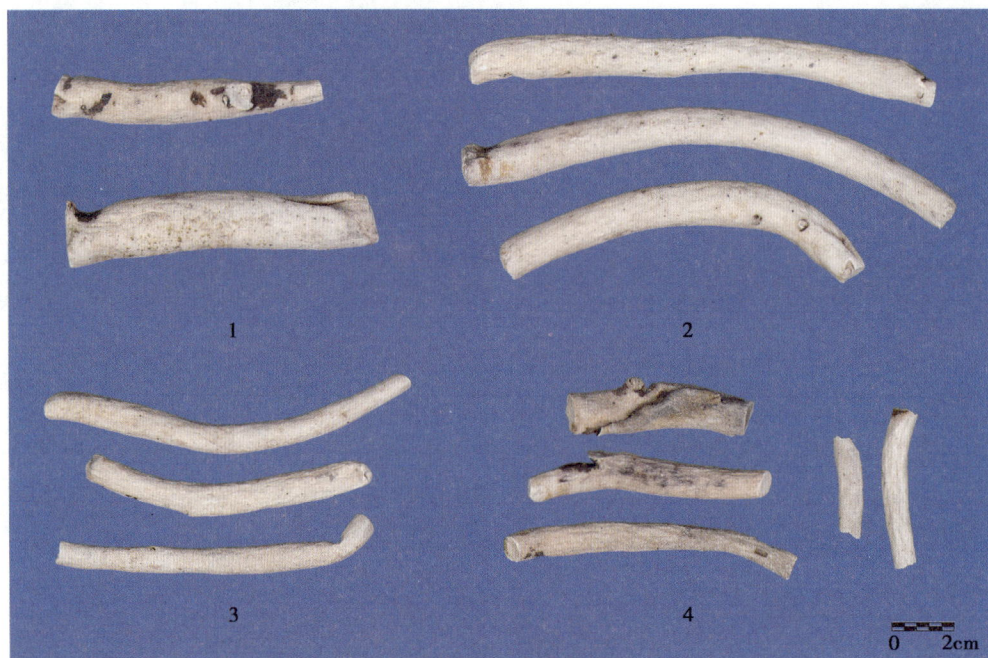

图 7-6　白芍等级
1. 一等品；2. 二等品；3. 三等品；4. 四等品。

（3）出口白芍：条直，长 5.5~13cm，粗细均匀，两端切平，内外色泽洁白、光亮。体重，无空心、断裂痕。按直径分等。

2. 饮片

（1）白芍片：呈类圆形的薄片。表面类白色或淡棕红色。切面类白色或微带棕红色，形成层环明显，有明显的放射纹理。质细腻坚实。气微，味微苦、酸（图 7-7）。

（2）炒白芍：形如白芍片，表面淡棕黄色或微黄色，有的可见焦斑。气微香（图 7-7）。

图 7-7　白芍饮片
1. 白芍片；2. 炒白芍。

（3）酒白芍：形如白芍片，表面微黄色或淡棕黄色，有的可见焦斑。微有酒香气。

【主要化学成分】芍药苷（paeoniflorin）、羟基芍药苷（oxypaeoniflorin）、丹皮酚（paeonol）等。

【质量要求】

1. 性状评价 以根粗长、皮色光洁、质坚实者为佳。

2. 检查 水分不得过 14.0%；总灰分不得过 4.0%。

3. 重金属及有害元素 铅不得过 5mg/kg；镉不得过 1mg/kg；砷不得过 2mg/kg；汞不得过 0.2mg/kg；铜不得过 20mg/kg。

4. 芍药苷（$C_{23}H_{28}O_{11}$）含量 用高效液相色谱法测定，不得少于 1.6%。

【贮藏养护】应置于阴凉、干燥处贮存。

【性味功能】苦、酸，微寒。养血调经，敛阴止汗，柔肝止痛，平抑肝阳。用于血虚萎黄，月经不调，自汗，盗汗，胁痛，腹痛，四肢挛痛，头痛眩晕。

【用法用量】6~15g。

【注意】不宜与藜芦同用。

【附注】白芍药用历史悠久。历史上的产销量均出现过大的变动。白芍商品全部来源于栽培，属于可以满足市场需求的品种。白芍广泛用于临床、保健食品和饮料、中成药原料和出口，具有广阔的开发应用前景。国内外年需要量约 1 000 万吨。

赤芍 Chishao

Paeoniae Radix Rubra

【基源】毛茛科（Ranunculaceae）植物芍药 *Paeonia lactiflora* Pall. 或川赤芍 *P. veitchii* Lynch 的干燥根。

主产于内蒙古自治区锡林郭勒盟、昭乌达盟、通辽市和东北等地，川赤芍主产于四川西昌、甘孜、凉山、阿坝等地。

春、秋二季采收。以秋季产者皮部宽、干后粉性足质优。将根挖出后，除去根茎、须根及泥土，理直，晾晒至半干，扎成小捆，反复晾晒至足干。

【商品性状特征】呈圆柱形，稍弯曲，长 5~40cm，直径 0.5~3cm。表面棕褐色，粗糙，有纵沟和皱纹，并有须根痕和横长的皮孔样突起，有的外皮易脱落。质硬脆，易折断，断面粉白色或粉红色，木部放射状纹理明显。气微香，味微苦、酸涩（图 7-8）。

图 7-8 赤芍

【规格等级】

1. 药材 商品分赤芍和出口品 2 个规格。

（1）赤芍

一等品：粉性足。长 16cm 以上，两端粗细均匀，中部直径 1.2cm 以上。无疙瘩头、空心、须根、杂质、虫蛀、霉变。

二等品:长 15.9cm 以下,中部直径 0.5cm 以上,余同一等品。

(2)出口品

一等品:长度 30cm 以上,中部直径 1.2cm 以上,允许有直径够、长度不够,但不低于 15cm 者不超过 6%。

二等品:长度 20cm 以上,中部直径 1~1.2cm,允许有直径够、长度不够,但不低于 15cm 者不超过 6%。

三等品:长度 30cm 以上,中部直径 0.7~1cm,允许有直径够、长度不够,但不低于 15cm 者不超过 6%。

2. 饮片

(1)赤芍片:为类圆形切片,外表皮棕褐色。切面粉白色或粉红色,皮部窄,木部放射状纹理明显,有的具裂隙。气微香,味微苦、酸涩(图 7-9)。

图 7-9　赤芍片

(2)炒赤芍:形同赤芍片,色泽加深,切面呈淡黄色,偶见焦斑。

(3)酒赤芍:形同赤芍片,呈微黄色,微有酒气。

【主要化学成分】芍药苷(3.5%~8%),赤芍甲素、赤芍乙素等。

【质量要求】

1. 性状评价　以根粗长、外皮易脱落、断面色白、粉性强者为佳。

2. 芍药苷($C_{23}H_{28}O_{11}$)含量　用高效液相色谱法测定,不得少于 1.8%,饮片不得少于 1.5%。

【贮藏养护】本品富含淀粉及香气成分,应置于阴凉、干燥处。

【性味功能】苦,微寒。清热凉血,散瘀止痛。用于热入营血,温毒发斑,吐血衄血,目赤肿痛,肝郁胁痛,经闭痛经,癥瘕腹痛,跌扑损伤,痈肿疮疡。

赤芍片:生品以清热凉血力胜。

炒赤芍:药性缓和,偏于活血散瘀止痛。

酒赤芍:以活血散瘀见长,清热凉血作用甚弱。

【用法用量】6~12g。

【注意】不宜与藜芦同用。

【附注】赤芍药用历史悠久,《神农本草经》将其列为中品。目前市场上流通的赤芍,野生赤芍占比较大,野生赤芍常年的采挖量维持在 5 000 吨左右,国内及出口需求量在 4 500 吨左右。家种赤芍在市场上也有流通,人工种植需 3~5 年才可收获。川赤芍在多数地区为野生品种,目前甘肃有部分家种赤芍。近年来由于野生资源保护不利和过度采挖,现在无论是赤芍还是川赤芍的野生资源已非常稀少。

（杨晶凡 蒋桂华 张红梅）

防己 Fangji

Stephaniae Tetrandrae Radix

【基源】防己科（Menispermaceae）植物粉防己 *Stephania tetrandra* S.Moore 的干燥根。主产于浙江、安徽、江西、湖北、湖南等地。

秋季采挖，洗净，除去粗皮，晒至半干，切段，个大者再纵切，干燥。

【商品性状特征】不规则圆柱形、半圆柱形或块状，多弯曲，长 5~10cm，直径 1~5cm。表面淡灰黄色，在弯曲处常有深陷横沟而成结节状的瘤块样。体重，质坚实，断面平坦，灰白色，富粉性，有排列较稀疏的放射状纹理，习称"车轮纹"。气微，味苦（图 7-10）。

图 7-10 防己

【规格等级】

1. 药材 商品常不分等级。

2. 饮片 呈类圆形或半圆形的厚片。外表皮淡灰黄色。切面灰白色，粉性，有稀疏的放射状纹理。气微，味苦。

【主要化学成分】含粉防己碱（tetrandrine）和防己诺林碱（fangchinoline）等异喹啉生物碱类化合物，并含黄酮、酚类、有机酸、挥发油和糖类等。

【质量要求】

1. 性状评价 以质坚实、粉性足、去净外皮者为佳。

2. 检查 水分不得过 12.0%，总灰分不得过 4.0%。

3. 醇溶性浸出物 以甲醇作溶剂，用热浸法测定，不得少于 5.0%。

4. 粉防己碱（$C_{38}H_{42}N_2O_6$）和防己诺林碱（$C_{37}H_{40}N_2O_6$）总量 用高效液相色谱法测定，药材不得少于 1.6%；饮片不得少于 1.4%。

【贮藏养护】置干燥处，防霉，防蛀。

【性味功能】苦，寒。祛风止痛，利水消肿。用于风湿痹痛，水肿脚气，小便不利，湿疹疮毒。

【用法用量】5~10g。

【附注】防己为常用中药材，药用历史悠久。目前防己种植仍处在起步阶段，市场上仍以野生资源为主。作为多年生野生中药材品种,其产量受野生资源蕴藏量、采挖积极性和采挖难度影响较大。该药每年市场需求量约 450 吨,供求基本平衡。

板蓝根　Banlangen

Isatidis Radix

【基源】十字花科(Cruciferae)植物菘蓝 *Isatis indigotica* Fort. 的干燥根。

主产于河北、黑龙江、甘肃、内蒙古等地。

秋季采挖根部,切去茎叶,抖净泥土,用手顺直,晾晒至七八成干,再次抖净表面泥土,扎成小捆,反复晾晒至干燥。根据临床用药要求,须将药材炮制成板蓝根片使用。

【商品性状特征】呈圆柱形,稍扭曲,长 10~20cm,直径 0.5~1cm。表面淡灰黄色或淡棕黄色,有纵皱纹、横长皮孔样突起及支根痕。根头略膨大,可见暗绿色或暗棕色轮状排列的叶柄残基和密集的疣状突起。体实,质略软,断面皮部黄白色,木部黄色。气微,味微甜后苦、涩。

【规格等级】

1. 药材　目前分为 2 个等级(图 7-11)。

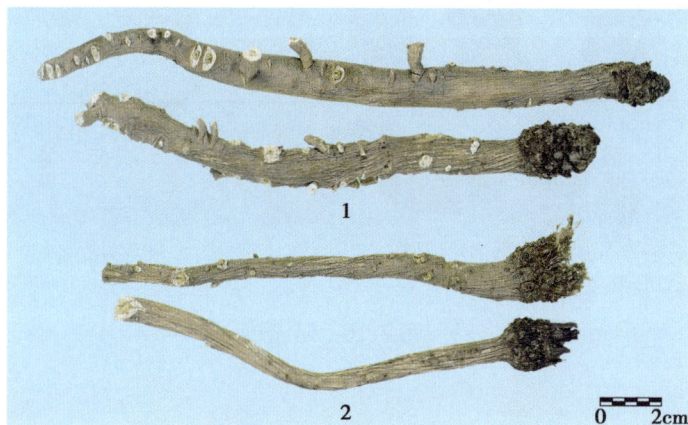

图 7-11　板蓝根等级
1. 一等品;2. 二等品。

一等品:长 17cm 以上,芦下 2cm 处直径 1cm 以上。无苗茎、须根、杂质、虫蛀、霉变。

二等品:芦下直径 0.5cm 以上。余同一等品。

2. 饮片　呈圆形的厚片。外表皮淡灰黄色至淡棕黄色,有纵皱纹。切面皮部黄白色,木部黄色。气微,味微甜后苦涩。

【主要化学成分】芥子苷(sinigrin)、靛蓝(indigo,indigotin)、靛玉红(indirubin)、(R,S)-告依春(C_5H_7NOS)等。

【质量要求】

1. 性状评价　以条粗长、表面色灰黄、断面皮部黄白、粉性足者为佳。

2. 检查　药材水分不得过 15.0%;总灰分不得过 9.0%,酸不溶性灰分不得过 2.0%。饮片水分不得过 13.0%;总灰分不得过 8.0%。

3. 醇溶性浸出物　以 45% 乙醇作溶剂,用热浸法测定,不得少于 25.0%。

4. (R,S)-告依春(C_5H_7NOS)含量　用高效液相色谱法测定,药材不得少于 0.020%;饮片不得少于 0.030%。

【贮藏养护】置干燥处,防霉,防蛀。

【性味功能】苦,寒。清热解毒,凉血利咽。用于温疫时毒,发热咽痛,温毒发斑,痄腮,烂喉丹痧,大头瘟疫,丹毒,痈肿。

【用法用量】9~15g。

【附注】板蓝根是常用的大宗中药材之一,商品主要来源于栽培,全国大部分地区均有栽培。主产于河北安国、黑龙江大庆、甘肃民乐等地。属于能够满足市场需求的品种。板蓝根药用价值较高,全国使用板蓝根为原料的药企有1 500多家,以板蓝根为主要原料的中成药、中药饮片、兽用药等近2 500种,包括板蓝根颗粒、利咽解毒颗粒、抗病毒颗粒、感冒退热颗粒等常见中成药产品。板蓝根每年的药用量在4万吨左右。

南板蓝根　本品为爵床科植物马蓝 *Baphicacanthus cusia* (Nees) Bremek. 的干燥根茎和根。板蓝根植物来源的记载比较混乱,十字花科的欧洲菘蓝和菘蓝、爵床科马蓝等植物均曾作为板蓝根的植物来源。1985年版《中国药典》明确规定板蓝根为十字花科植物菘蓝的干燥根,1995年版《中国药典》新增药材南板蓝根,为爵床科植物马蓝的根茎和根。

葛根　Gegen

Puerariae Lobatae Radix

【基源】豆科(Leguminosae)植物野葛 *Pueraria lobata* (Willd.) Ohwi 的干燥根。

主产于陕西、安徽、湖北、河南、湖南、广东等地。

秋、冬二季采挖,趁鲜切成厚片或小块,干燥。

【商品性状特征】呈纵切的长方形厚片或小方块,长5~35cm,厚0.5~1cm。外皮淡棕色至棕色,有纵皱纹,粗糙。切面黄白色至淡黄棕色,有的纹理明显。质韧,纤维性强。气微,味微甜。

【规格等级】

1. 药材　商品分葛根丁和葛根片2个规格。

(1)葛根丁:统货。鲜时纵、横切成边长约1cm的立方体小块。外皮淡棕色至棕色,切面浅黄棕色至棕黄色。质坚实,纤维性强,微具粉性。气微,味微甜(图7-12)。

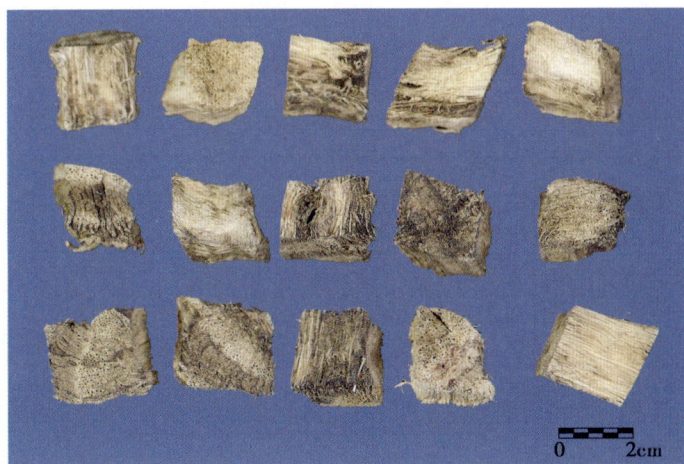

图7-12　葛根丁

(2)葛根片:统货。鲜时切成0.6~0.8cm的厚片,呈不规则厚片状。外皮淡棕色至棕色,切面浅黄棕色至棕黄色,可见同心性或纵向排列的纹理。质坚实,纤维性强,微具粉性。气微,味微甜。间有破碎及小片者。

2. 饮片 呈不规则的厚片、粗丝或边长为 0.5~1.2cm 的方块。切面浅黄棕色至棕黄色。质韧,纤维性强。气微,味微甜。

【主要化学成分】主含大豆苷元(daidzein)、大豆苷(daidzin)、葛根素(puerarin)、葛根素木糖苷(puerarin-xyloside)等黄酮类化合物。

【质量要求】

1. 性状评价 以块大均匀、切面整齐、质坚实、具粉性、味微甜者为佳。

2. 检查 药材水分不得过 14.0%,总灰分不得过 7.0%。饮片水分不得过 13.0%,总灰分不得过 6.0%。

3. 醇溶性浸出物 以稀乙醇作溶剂,用热浸法测定,不得少于 24.0%。

4. 葛根素($C_{21}H_{20}O_9$)含量 用高效液相色谱法测定,不得少于 2.4%。

【贮藏养护】置通风干燥处,防蛀。

【性味功能】甘、辛,凉。解肌退热,生津止渴,透疹,升阳止泻,通经活络,解酒毒。用于外感发热头痛,项背强痛,口渴,消渴,麻疹不透,热痢,泄泻,眩晕头痛,中风偏瘫,胸痹心痛,酒毒伤中。

【用法用量】10~15g。

【附注】粉葛(Puerariae Thomsonii Radix)是豆科植物甘葛藤 *Pueraria thomsonii* Benth. 的干燥根。主产于广西、广东,多为栽培。产地加工时除去外皮。药材呈圆柱形、类纺锤形或半圆柱形。饮片有的为纵切或斜切的厚片,大小不一;有的为立方体小块,边长约 1cm。表面黄白色或淡棕色,未去外皮的呈灰棕色。切面黄白色,横切面有时可见由纤维形成的浅棕色同心性环纹,纵切面可见由纤维形成的数条纵纹。体重,质硬,富粉性。气微,味微甜。以块大、质坚实、色白、粉性足、纤维少者为佳。含总黄酮量较葛根低。

粉葛药材通常分为 2 个等级。一等品:鲜时刮去皮切去两端后,纵剖两瓣。全体粉白色,断面显环纹,粉性足、纤维少。剖瓣长 13~17cm,中部直径 5cm 以上。二等品:鲜时刮去外皮,不剖瓣。外皮黄白色,断面色白、有环纹,纤维较多、有粉性。中部直径 1.5cm 以上,间有断根及碎破小块者。

黄芪 Huangqi

Astragali Radix

【基源】豆科(Leguminosae)植物蒙古黄芪 *Astragalus membranaceus* (Fisch.) Bge. var. *mongholicus* (Bge.) Hsiao 或膜荚黄芪 *A. membranaceus* (Fisch.) Bge. 的干燥根。

蒙古黄芪主产于山西、甘肃、内蒙古、陕西等地。栽培或野生,以产于山西大同、忻州等恒山山脉者为道地药材,习称"北芪"或"绵芪"。目前商品多为栽培品,不同地区栽培模式不同。山西大同、忻州及陕西子洲等地多采用仿野生直播方式,播种 5~6 年后秋季茎叶枯萎后或春季萌芽前采挖;甘肃、内蒙古等地多采用育苗移栽,移栽种植 1 年即采收。采挖后除去须根、泥土、晒干即可。

膜荚黄芪主产于黑龙江、吉林、辽宁等地。目前多为野生品,于春、秋二季采挖,以秋季采挖者质较佳。目前商品中较少。

【商品性状特征】

1. 野生或仿野生品 长圆柱形,多单枝(习称"鞭杆芪"),长 40~80cm,芦头下 10cm 处直径 1.5~3cm。根头中央枯空较深,老根深达 15cm 以上。表面灰黄色或黄白色,较光滑。质较柔软而韧,断面纤维性,略显疏松,皮部松软,淡黄白色,木部黄色,"菊花心"明显,传统总结为"肉白心黄"。气香特异,味甜,生品豆腥味浓。

2. 移栽品 圆柱形,主根长短不一,少分枝或多分枝,直径 1~3.5cm。表面黄白色,有细皱纹,外皮较细紧。质坚较绵软,断面纤维性,皮部和木部均较紧密,裂隙少。

【规格等级】

1. 药材 根据栽培方式不同,将黄芪药材分为栽培黄芪与仿野生黄芪两个规格;在规格项下,根据长度、斩口下 3.5cm 处直径不同进行等级划分。

(1)仿野生黄芪:通常分为 4 个等级(图 7-13)。

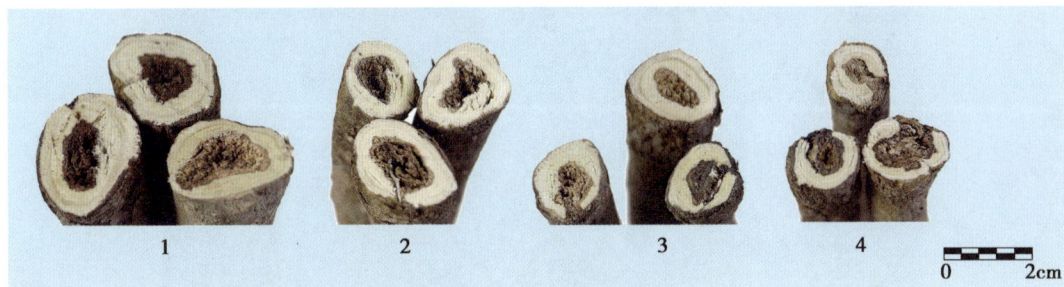

图 7-13 仿野生黄芪等级

1. 特等品;2. 一等品;3. 二等品;4. 三等品。

特等品:外皮粗糙、绵韧,断面皮部有裂隙,木心黄,质地松泡,老根中心有的呈枯朽状,黑褐色或呈空洞。长 40cm,头部斩口下 3.5cm 处直径 ≥ 1.8cm。

一等品:性状同特等品。长 ≥ 45cm,头部斩口下 3.5cm 处直径 1.4~1.7cm。

二等品:性状同特等品。长 ≥ 45cm,头部斩口下 3.5cm 处直径 1.2~1.4cm。

三等品:性状同特等品。长 ≥ 30cm,头部斩口下 3.5cm 处直径 1.0~1.2cm。

(2)移栽黄芪:通常分为 3 个等级(图 7-14)。

大选:外皮平滑、较柔韧,断面致密,木心中央黄白色,质地坚实。长 ≥ 30cm,头部斩口下 3.5cm 处直径 ≥ 1.4cm。

小选:性状同大选。长 ≥ 30cm,头部斩口下 3.5cm 处直径 ≥ 1.1cm。

统货:性状同大选。长短不分,粗细不均匀,头部斩口下 3.5cm 处直径 ≥ 1.0cm。

图 7-14 移栽黄芪等级
1. 大选；2. 小选；3. 统货。

2. 饮片

（1）黄芪片：根据切制的片型不同，分为圆片、斜片，斜片又可分为瓜子片、柳叶片等；部分经过压制处理，呈扁平状（图 7-15）。

（2）炙黄芪：本品为圆形或椭圆形的片，直径 0.8~3.5cm，厚 0.1~0.4cm。外表皮浅棕黄或棕褐色，略有光泽，可见纵皱纹或纵沟。切面皮部浅黄色，木质部黄色，有放射状纹理及裂隙，有的中心偶有枯朽状，黑褐色或呈空洞。具蜜香气，味甜，略带黏性，嚼之微有豆腥味。

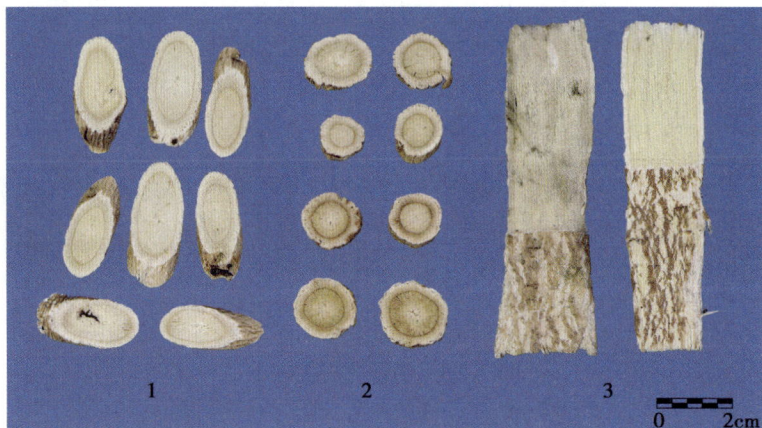

图 7-15 黄芪片
1. 斜切片；2. 横切片；3. 纵切片。

【主要化学成分】主要为黄芪皂苷（astragaloside）、黄酮类、黄芪多糖（astragalin）三大类成分，此外尚有甜菜碱（betaine）等其他成分。

【质量要求】

1. 性状评价 以单枝粗长、质坚而绵、断面"肉白心黄"即韧皮部裂隙明显，木质部亮黄，韧皮部与木质部颜色白黄对比明显，粉性足、味甜、豆腥味浓者为佳。

2. 检查 水分不得过 10.0%；总灰分不得过 5.0%。

3. 重金属及有害元素 铅不得过 5mg/kg，镉不得过 1mg/kg，砷不得过 2mg/kg，汞不得过 0.2mg/kg，铜不得过 20mg/kg。

4. 有机氯类农药残留量 五氯硝基苯不得过 0.1mg/kg。

5. 水溶性浸出物　采用冷浸法测定,不得少于 17.0%。

6. 黄芪甲苷($C_{41}H_{68}O_{14}$)和毛蕊异黄酮葡萄糖苷($C_{22}H_{22}O_{10}$)的含量　用高效液相色谱法测定,药材及黄芪片中黄芪甲苷含量不得少于 0.080%,毛蕊异黄酮葡萄糖苷含量不得少于 0.020%。蜜炙黄芪中黄芪甲苷含量不得少于 0.060%,毛蕊异黄酮葡萄糖苷含量不得少于 0.020%。

【贮藏养护】置通风干燥处,防潮,防蛀。

【性味功能】甘,微温。补气升阳,固表止汗,利水消肿,生津养血,行滞通痹,托毒排脓,敛疮生肌。用于气虚乏力,食少便溏,中气下陷,久泻脱肛,便血崩漏,表虚自汗,气虚水肿,内热消渴,血虚萎黄,半身不遂,痹痛麻木,痈疽难溃,久溃不敛。

【用法用量】9~30g。

【附注】黄芪为最常用的大宗药材之一,已有 2000 余年的药用历史记载,素有"补气固表之圣药"之称。黄芪野生资源日益减少,各地栽培黄芪发展较快,山西浑源栽培黄芪已有 400 余年的历史。目前,黄芪商品主流以家种为主,根据不同栽培模式可分为仿野生直播与育苗移栽两类,少量来自野生。黄芪广泛用于临床配方、补益美容和中成药投料,又是传统大宗出口商品,远销世界各国。年需求量约 8 万吨。

(王添敏　景松松　詹志来)

远志　Yuanzhi

Polygalae Radix

【基源】远志科(Polygalaceae)植物远志 *Polygala tenuifolia* Willd. 或卵叶远志 *P. sibirica* L. 的干燥根。

主产于山西、陕西、河北等地。

春、秋二季采挖,除去须根及泥沙,晒干或抽取木心晒干。

【商品性状特征】呈圆柱形,略弯曲,长 2~30cm,直径 0.2~1cm。表面灰黄色至灰棕色,有较密并深陷的横皱纹、纵皱纹及裂纹,老根的横皱纹较密更深陷,略呈结节状。质硬而脆,易折断,断面皮部棕黄色,木部黄白色,皮部易与木部剥离。气微,味苦、微辛,嚼之有刺喉感。

【规格等级】

1. 药材　商品分为远志筒、远志肉 2 种规格。

(1)远志筒(图 7-16)

一等品:呈筒状,中空。表面浅棕色或灰黄色,全体有较深的横皱纹,皮细肉厚。质脆易断。断面黄白色。气特殊,味苦、微辛。长 7cm,中部直径 0.5cm 以上;无木心、杂质、虫蛀、霉变。

二等品:长 5cm,中部直径 0.3cm 以上。余同一等品。

(2)远志肉:统货。多为破碎断裂的肉质根皮。表面棕黄色或灰黄色,全体有横皱纹,皮粗细厚薄不等。质脆易断。断面黄白色。气特殊,味苦、微辛。无芦茎、木心、须根、杂质、虫蛀、霉变。

2. 饮片

(1)远志:呈圆筒形的段。外表皮灰黄色至灰棕色,有横皱纹。切面棕黄色。气微,味苦、微辛,嚼之有刺喉感。

(2)制远志:呈圆柱形的段。外表皮表面黄棕色,有横皱纹。切面黄棕色中空。气微,味微甜(图 7-16)。

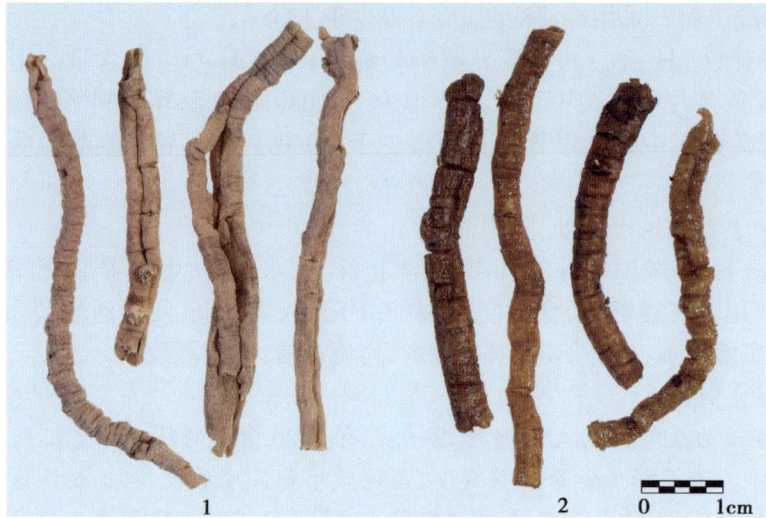

图 7-16 远志
1. 远志筒；2. 制远志。

【主要化学成分】远志皂苷（onjisaponin）A、B、C、D、E、F、G，细叶远志定碱（tenuidine），远志叫酮Ⅲ，3，6′- 二芥子酰基蔗糖等。

【质量要求】

1. 性状评价 以条粗，皮厚，去净木心者为佳。

2. 检查 水分不得过 12.0%；总灰分不得过 6.0%。

3. 黄曲霉毒素 本品每 1 000g 含黄曲霉毒素 B_1 不得过 5μg，黄曲霉毒素 G_2、G_1、B_2、B_1 总量不得过 10μg。

4. 醇溶性浸出物 用 70% 乙醇作溶剂，热浸法测定，不得少于 30.0%。

5. 含远志叫酮 Ⅲ（$C_{25}H_{28}O_{15}$）、3，6′- 二芥子酰基蔗糖（$C_{36}H_{46}O_{17}$）与细叶远志皂苷（$C_{36}H_{56}O_{12}$）含量 用高效液相色谱法测定，药材含远志叫酮Ⅲ不得少于 0.15%，含 3，6′- 二芥子酰基蔗糖不得少于 0.50%，含细叶远志皂苷不得少于 2.0%。饮片含远志叫酮Ⅲ不得少于 0.10%，含 3，6′- 二芥子酰基蔗糖不得少于 0.30%，含细叶远志皂苷不得少于 2.0%。

【贮藏养护】置通风干燥处。

【性味功能】苦、辛，温。安神益智，交通心肾，祛痰，消肿。用于心肾不交引起的失眠多梦、健忘惊悸、神志恍惚，咳痰不爽，疮疡肿毒，乳房肿痛。

【用法用量】3~10g。

三七 Sanqi

Notoginseng Radix et Rhizoma

【基源】五加科（Araliaceae）植物三七 *Panax notoginseng*（Burk.）F.H.Chen 的干燥根及根茎。主根习称"头子"，根茎习称"剪口"，支根习称"筋条"，须根习称"绒根"。

主产于云南及广西。云南文山州栽培历史悠久，产量大，质量好，习称"文三七"，为著名的道地药材。

采挖栽培 3 年以上的三七。摘除花茎后，在 10—11 月前后采挖的三七，习称"春三七"；留种后在 12 月至翌年 1 月（摘除果实后 20~30d）采挖的三七，习称"冬三七"。将三七挖出，称"鲜三七"，分开主根、根茎、支根及须根，直接干燥或洗净后再干燥。传统干燥方式多为露天晒场晒干，将主根（头子）晒至半干，用手搓揉，用力宜轻而匀，以防破皮、变黑或变形;再经暴晒、搓揉 3~5 次,增加光滑度,直至全干,称为"毛货",将毛货置麻袋中加粗糠或稻谷往返冲撞使表面呈棕黑色、光亮,即为成品。现代干燥方式多将三七置太阳能大棚中晒干,或是烘干,烘干温度不超过 50℃,烘干时间 24~48h。

【商品性状特征】主根呈类圆锥形或圆柱形,长 1~6cm,直径 1~4cm。表面灰褐色或灰黄色,有断续的纵皱纹和支根痕。顶端有茎痕,周围有瘤状突起。体重,质坚实,断面灰绿色、黄绿色或灰白色,木部微呈放射状排列。气微,味苦回甜(图 7-17)。

剪口呈不规则的皱缩块状或条状,表面有数个明显的茎痕及环纹,断面中心灰绿色或白色,边缘深绿色或灰色(图 7-17)。

筋条呈圆柱形或圆锥形,长 2~6cm,上端直径约 0.8cm,下端直径约 0.3cm(图 7-17)。

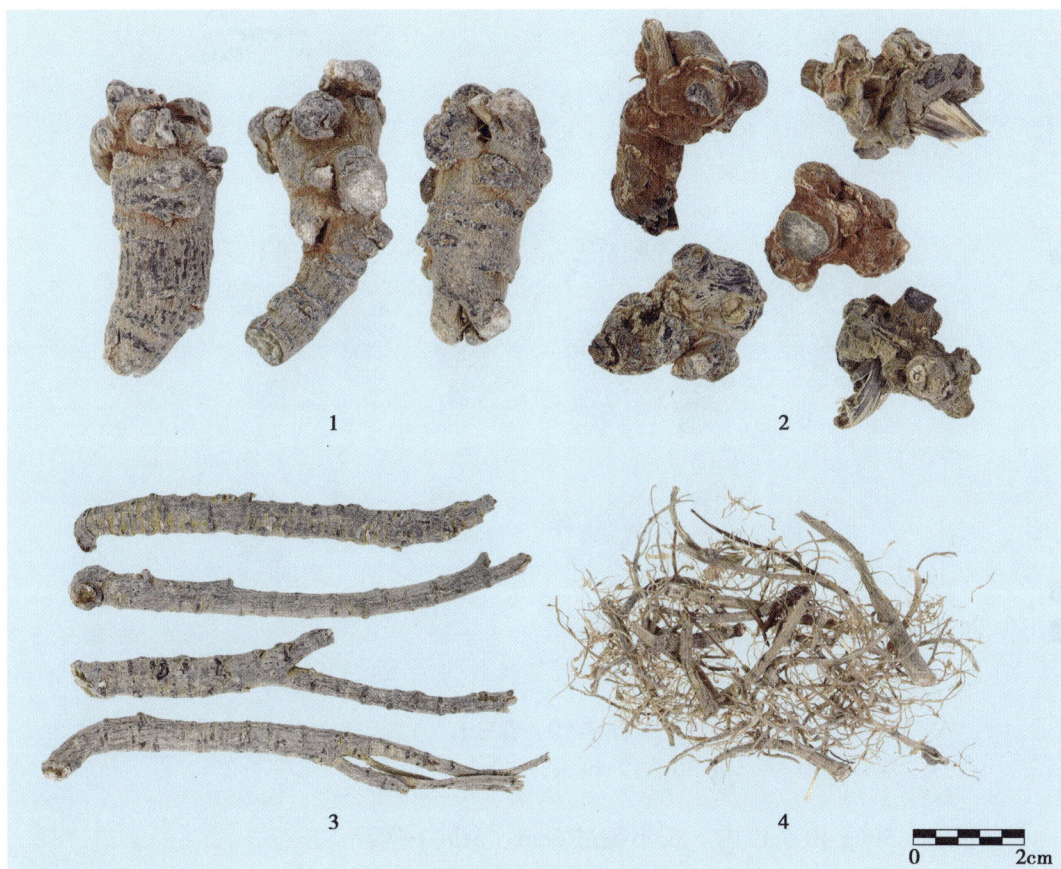

图 7-17　三七
1. 主根;2. 剪口;3. 筋条;4. 绒根。

【规格等级】

1. 药材　商品根据采收时间不同分为春三七和冬三七(图 7-18),又根据部位不同分为三七头子、筋条、剪口,其中三七头子又以每 500g 的头数划分等级。

(1)春三七:饱满,表面皱纹细密而短或不明显。断面灰绿色,木部菊花心明显,无裂隙(图 7-19)。

一等品:呈圆锥形或圆柱形。表面灰黄色或黄褐色。质坚实、体重,断面灰绿色或灰褐色。味苦、微甜。每 500g 20 头以内。长不超过 6cm。无杂质、虫蛀、霉变。

二等品:每 500g 30 头以内。余同一等品。

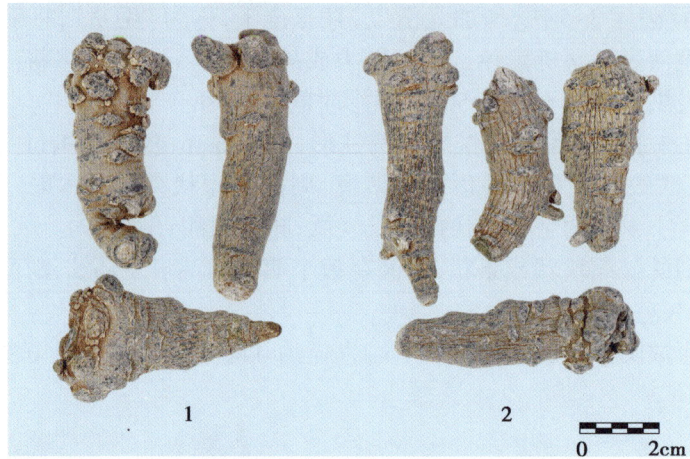

图 7-18　三七规格
1. 春三七;2. 冬三七。

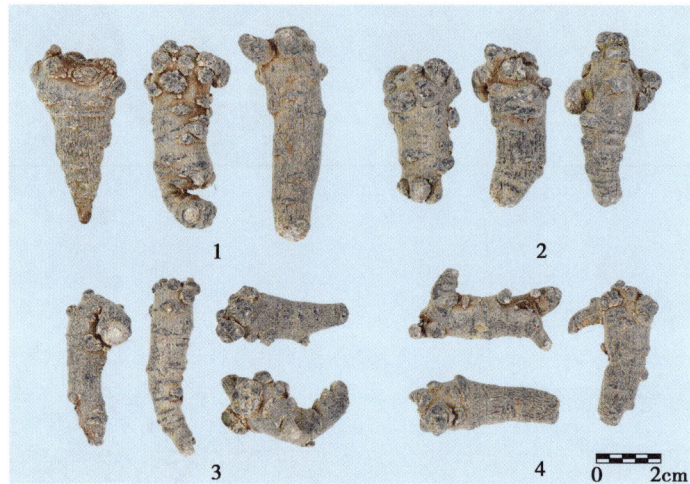

图 7-19　春三七
1. 30 头;2. 40 头;3. 60 头;4. 80 头。

三等品:每 500g 40 头以内。长不超过 5cm。余同一等品。

四等品:每 500g 60 头以内。长不超过 4cm。余同一等品。

五等品:每 500g 80 头以内。长不超过 3cm。余同一等品。

六等品:每 500g 120 头以内。长不超过 2.5cm。余同一等品。

七等品:每 500g 160 头以内,长不超过 2cm。余同一等品。

八等品:每 500g 200 头以内。长不超过 2cm。余同一等品。

九等品(大二外):每 500g 250 头以内。长不超过 1.5cm。余同一等品。

十等品(小二外):每 500g 300 头以内。长不超过 1.5cm。余同一等品。

十一等(无数头):每 500g 450 头以内。长不超过 1.5cm。

十二等(筋条):不分春、冬七。每 500g 450~600 头。无杂质、虫蛀、霉变。

十三等(剪口):不分春、冬七。无杂质、虫蛀、霉变。

(2)冬三七:不饱满,体稍轻。表面皱纹多深长或呈明显沟槽状。断面常呈黄绿色,木部菊花心不明显,常有裂隙。等级与春三七相同(图 7-18)。

笔记栏

2. 饮片 三七粉：为灰黄色粉末。气微，味苦回甜。

【主要化学成分】含多种皂苷类成分，如人参皂苷（ginsenoside）Rb$_1$、Rb$_2$、Rc、Rd、Re、Rg$_1$、Rg$_2$、Rh$_1$ 和三七皂苷（notoginsenoside）R$_1$、R$_2$、R$_3$、R$_4$、Fa、K 等；此外，还含有止血活性成分田七氨酸（dencichine）、少量黄酮类成分及挥发油等。

【质量要求】

1. 性状评价 三七以个大、体重质坚、表面光滑、断面灰绿或黄绿、味苦回甜浓厚者为佳。

2. 检查 水分不得过 14.0%；总灰分不得过 6.0%；酸不溶性灰分不得过 3.0%。

3. 醇溶性浸出物 以甲醇作溶剂，热浸法测定，不得少于 16.0%。

4. 人参皂苷 Rg$_1$（C$_{42}$H$_{72}$O$_{14}$）、Rb$_1$（C$_{54}$H$_{92}$O$_{23}$）和三七皂苷 R$_1$（C$_{47}$H$_{80}$O$_{18}$）的总量 用高效液相色谱法测定，不得少于 5.0%。

【贮藏养护】置于阴凉干燥处，防蛀。

【性味功能】甘、微苦，温。散瘀止血，消肿定痛。用于咯血，吐血，衄血，便血，崩漏，外伤出血，胸腹刺痛，跌扑肿痛。

【用法用量】3~9g；研粉吞服，一次 1~3g。外用适量。

【附注】三七为中国特有的传统名贵中药材之一，自古就有"人参补气第一，三七补血第一"的记载，被称为"止血之神药"。商品全部来源于栽培，野生品早已绝迹，道地产区已经有近 500 年的栽培历史。由于三七种植的连作障碍，传统种植区宜种土地已近枯竭，三七种植已从云南文山州扩展到相邻的红河州，以及省内曲靖、玉溪等多地，林下三七种植是新兴的种植模式。三七属于可以满足市场需求的品种，其广泛用于临床配方和中成药原料，又是传统出口的大宗商品。目前，三七国内外年需要量约 2.5 万吨。

思政元素

云南白药是云南著名的中成药，具有化瘀止血、活血止痛、解毒消肿之功效，其主要成分就是三七。它由云南民间医生曲焕章于清光绪二十八年（1902 年）研制成功，原名"曲焕章百宝丹"，抗战时期曾为千百万抗战将士和百姓解除伤痛之苦。发明人曲焕章也为保护秘方失去性命。中华人民共和国成立后，云南白药方重获新生，得到长足发展。现在云南白药已列入绝密级中药制剂，云南白药集团股份有限公司也已经发展成为国家二级企业。

请根据所学知识谈谈中药保护对中药发展的重要性。

白芷 Baizhi

Angelicae Dahuricae Radix

【基源】伞形科（Umbelliferae）植物白芷 *Angelica dahurica*（Fisch. ex Hoffm.）Benth. et Hook.F. 或 杭 白 芷 *A. dahurica*（Fisch. ex Hoffm.）Benth. et Hook.F. var. *formosana*（Boiss.）Shan et Yuan 的干燥根。

白芷主产于河南禹州、长葛者，习称"禹白芷"；主产于河北安国、定州者，习称"祁白芷"。杭白芷主产于四川者，习称"川白芷"；产于浙江杭州郊区者，习称"杭白芷"。均为道地药材，尤以川白芷产量大、质量优。

春播白芷于当年9月中下旬采收,秋播白芷于第二年8月下旬叶片枯黄时采收。选晴天,将白芷叶割去,将根挖起,抖去泥土,除去侧根及残留叶柄,晒1~2d,再将主根依大、中、小三等级分别晒干。

【商品性状特征】

1. 川白芷　呈圆锥形,根头部近方形或类方形,长10~20cm,直径2~5cm。表面灰褐色或棕褐色,散生多数横长皮孔,习称"疙瘩丁",略排成4纵列。质坚实,断面白色,粉性。皮部有棕色油点,形成层环纹棕色,圆方形。气香浓郁,味微辛、苦。

2. 杭白芷　圆锥形,根头部方棱形,头大尾细,长10~15cm,直径2~5cm。表面棕褐色,横长皮孔排成4纵行。断面形成层环纹略方形(图7-20)。

3. 禹白芷　圆锥形,少数有分枝,根头部圆形,长10~20cm,直径2~4cm。表面土黄色,凸起的皮孔甚小,散生。质略轻,断面白色,粉性,形成层环圆形。气芳香,味微辛、苦。

4. 祁白芷　圆锥形或长圆锥形,有分枝,根头部多圆形,长7~24cm,直径2~4cm。表面灰黄至黄棕色,皮孔大,散生。质硬,断面灰白色,棕色油点密集,粉性小而略显油性,形成层环类圆形(图7-20)。

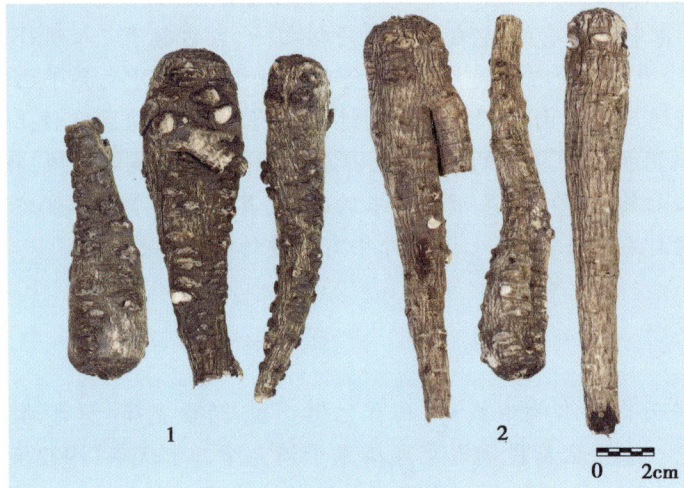

图7-20　白芷
1. 杭白芷;2. 白芷。

【规格等级】

1. 药材　商品分白芷、杭白芷2个规格3个等级。

一等品:呈圆锥形,表面灰褐色或棕褐色。质坚。断面白色或黄白色,有粉性。有香气,味辛微苦。每1kg 36支以内。无空心、黑心、芦头、油条、杂质、虫蛀、霉变。

二等品:每1kg 60支以内。余同一等品。

三等品:每1kg 60支以外,顶端直径不得小于0.7cm。间有白芷尾、黑心、异状、油条,但总数不得超过20%。

2. 饮片　呈类圆形的厚片,直径0.6~2.5cm。外表皮灰棕色或黄棕色,有纵皱纹及皮孔。切面白色或灰白色,具粉性,形成层环棕色,近方形或近圆形,皮部散有多数棕色油点。气芳香,味辛、微苦(图7-21)。

【主要化学成分】欧前胡素(imperatorin)、异欧前胡素(isoimperatorin)等。杭白芷尚含佛手柑内酯(bergapten)等。

图7-21　白芷片

【质量要求】

1. 性状评价　以根条粗壮、皮细、体重质硬、断面色白、粉性强、气香味浓者为佳。

2. 检查　水分不得过 14.0%；总灰分不得过 6.0%；酸不溶性灰分不得过 1.5%。

3. 醇溶性浸出物　以稀乙醇作溶剂，用热浸法测定，不得少于 15.0%。

4. 欧前胡素（$C_{16}H_{14}O_4$）含量　用高效液相色谱法测定，不得少于 0.080%。

【贮藏养护】本品富含淀粉与挥发性成分，易虫蛀、吸潮发霉、散失香气。应密封包装，贮藏于阴凉、干燥通风处，防蛀。久贮易变色。

【性味功能】辛，温。解表散寒，祛风止痛，宣通鼻窍，燥湿止带，消肿排脓。用于感冒头痛，眉棱骨痛，鼻塞流涕，鼻鼽，鼻渊，牙痛，带下，疮疡肿痛。

【用法用量】3~10g。

【附注】白芷为传统大宗常用中药商品之一，已有两千余年的药用历史。商品全部来源于栽培，川白芷主产于四川遂宁，至今已有近 600 年的栽培历史。属于可以满足市场需求的品种。白芷是临床与中成药的重要原料，大宗出口药材，还广泛用于化工、食品、保健用品等领域，药食两用品种，具有良好的开发前景。

（张　琳　吴　梅　龚力民）

当归　Danggui

Angelicae Sinensis Radix

【基源】伞形科（Umbelliferae）植物当归 *Angelica sinensis*（Oliv.）Diels 栽培品的干燥根。根据药用部位的不同通常称为"全当归"（全根）、"归头"（主根上端）、"归尾"（支根）。

主产于甘肃岷县、宕昌，青海，云南，陕西，四川，贵州等地。其中甘肃岷县产量最大，品质最佳，习称"岷归"或"前山当归"，被视为道地药材。

秋末（10月下旬）采挖栽培 2 年以上的根。通常提前 10 余天（10月上旬，当归叶开始发黄时）割去地上部分，使阳光暴晒地面，促进根部成熟。挖出根，抖净泥土，除净残留叶柄，置通风阴凉处 2~3d，待根条变柔软；用柳条按规格大小扎成 0.5~1kg 重的扁平把子，置于预先搭好的棚架上，用柴草熏烟，使当归上色，至当归表面呈红黄色或淡褐色（10~15d）时，再以煤或柴的文火徐徐加温熏烘。熏时室内要通风，并经常翻动，使色泽均匀，干度达七八成时，停火任其自然干燥，下棚，搓去毛须即为成品。云南当归一般栽培 2 年，在立冬前后采挖，去净泥土摊晒，并注意翻动，每晚收进屋内晾通风处，以免霜冻。

【商品性状特征】主根略呈圆柱形,支根 3~5 条或更多,长 15~25cm。表面黄棕色至棕褐色,有纵皱纹及横长皮孔。根头(归头)直径 1.5~4cm,有环纹,上端圆钝,有紫色或黄绿色的茎及叶鞘残基;主根(归身)表面凹凸不平;支根(归尾)直径 0.3~1cm,多扭曲,有须根痕。质柔韧,断面黄白色,皮部厚,有裂隙及棕色油点,木部色较淡,形成层环黄棕色。有浓郁的香气,味甘、辛、微苦(图 7-22)。

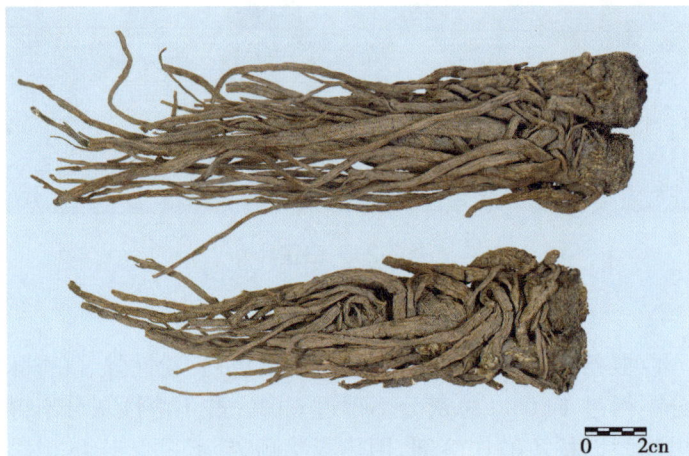

图 7-22　全当归

【规格等级】

1. 药材　商品分全归和归头 2 种规格,分别以每 1kg 的支数划分等级。

(1)全归

特等品:主根圆柱形,下部有支根多条,根梢不细于 0.2cm。表面棕黄色或黄褐色。断面黄白色或淡黄色,有油性。气芳香,味甘微苦。每 1kg 20 支以内。无抽苔根、杂质、虫蛀、霉变等。

一等品:每 1kg 40 支以内。余同特等品。

二等品:每 1kg 70 支以内。余同特等品。

三等品:每 1kg 110 支以内。余同特等品。

四等品:每 1kg 110 支以外。余同特等品。

五等品:又称"常行归",凡不符合以上分等的小货,全归占 30%,腿渣占 70%。

(2)归头(葫首归)(图 7-23)

一等品:纯主根。呈长圆形或拳状。表面棕黄色或黄褐色。断面黄白色或淡黄色,有油性。气芳香,味甘微苦。每 1kg 40 支以内。无油个、枯干等。

二等品:每 1kg 80 支以内。余同一等品。

三等品:每 1kg 120 支以内。余同一等品。

四等品:每 1kg 160 支以内。余同一等品。

2. 饮片

(1)当归片:为类圆形、椭圆形或不规则薄片。外表皮浅棕色至棕褐色。切面浅棕黄色或黄白色,平坦,有裂隙,中间有浅棕色的形成层环,并有多数棕色的油点,香气浓郁,味甘、辛、微苦(图 7-24)。

(2)酒当归:形如当归片。切面深黄色或浅棕黄色,略有焦斑。香气浓郁,并略有酒香气。

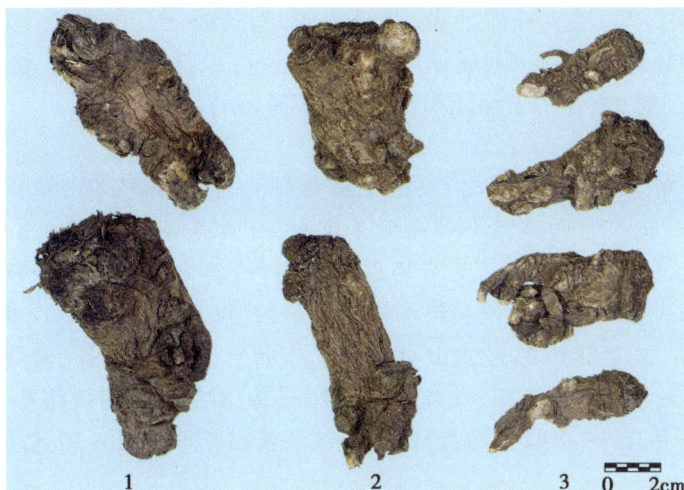

图 7-23　归头等级
1. 一等品；2. 二等品；3. 三等品。

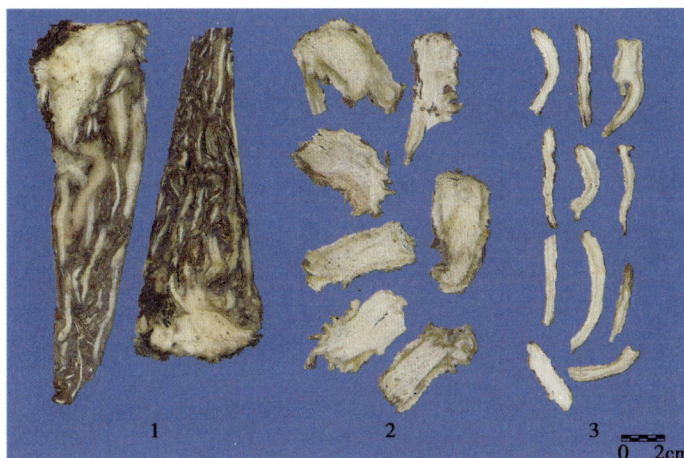

图 7-24　当归片
1. 全归片；2. 归头片；3. 归尾片。

【主要化学成分】挥发油主为正丁烯基酞内酯（n-butylidene phthalide），藁本内酯（ligustilide）等；水溶性成分有阿魏酸（ferulic acid），丁二酸（succinic acid）等。另含当归多糖，多种氨基酸，无机元素钙、锌、磷、硒等。

【质量要求】

1. 性状评价　以主根粗长、油润、外皮色黄棕、断面色黄白、质柔韧、油润、气味浓郁者为佳。柴性大、干枯无油或断面呈绿褐色者不供药用。

2. 检查　水分不得过 15.0%；总灰分不得过 7.0%；酸不溶性灰分不得过 2.0%。

3. 重金属及有害元素　铅不得过 5mg/kg；镉不得过 1mg/kg；砷不得过 2mg/kg；汞不得过 0.2mg/kg；铜不得过 20mg/kg。

4. 醇溶性浸出物　以 70% 乙醇作溶剂，用热浸法测定，不得少于 45.0%。

5. 挥发油　不得少于 0.4%（ml/g）。

6. 阿魏酸（$C_{10}H_{10}O_4$）含量　用高效液相色谱法测定，不得少于 0.050%。

【贮藏养护】本品含挥发油及糖分，应贮藏于阴凉、干燥处，防潮，防蛀。不宜贮存过久。

【性味功能】甘、辛,温。补血活血,调经止痛,润肠通便。主要用于血虚萎黄、眩晕心悸、月经不调、经闭痛经、虚寒腹痛、肠燥便秘、风湿痹痛、跌扑损伤、痈疽疮伤等。

酒当归:活血通经,主要用于经闭痛经、风湿痹痛、跌打损伤等。

【用法用量】6~12g。

【附注】当归为传统大宗药材之一,是中医妇科要药,我国已有2000余年的药用历史,素有"十方九归"之说。当归商品全部来源于家种,甘肃是我国最大的当归产区,年产量占全国的60%~80%,属于基本能够满足市场需求的品种,其中岷县当归获得中华人民共和国地理标志产品认证。当归药用价值和经济价值显著,广泛用于临床配方、中成药原料及开发保健食品和化妆品,又是传统的大宗出口商品。当归生产周期较长,需要有计划地安排生产。目前,国内外年需求量为3万~5万吨。2016—2018年当归的价格基本稳定,统货价格40~50元/kg,2019年至今,当归市场行情疲软,统货价格下降至20~30元/kg。

防风　Fangfeng

Saposhnikoviae Radix

【基源】伞形科(Umbelliferae)植物防风 *Saposhnikovia divaricate*(Turcz.)Schischk. 的干燥根。主产于东北及内蒙古东部等地。"关防风"为著名道地药材。

春、秋二季采挖根,除去须根和泥沙,晒干。

【商品性状特征】长圆锥形或长圆柱形,下部渐细,有的略弯曲,长15~30cm,直径0.5~2cm。表面灰棕色或棕褐色,粗糙,有纵皱纹、多数横长皮孔样突起及点状的细根痕。根头部有明显密集的环纹,有的环纹上残存棕褐色毛状叶基。体轻,质松,易折断,断面不平坦,皮部棕黄色至棕色,有裂隙,木部黄色。气特异,味微甜(图7-25)。

图7-25　防风

【规格等级】

1. 药材

一等品:干货。根呈圆柱形。表面有皱纹,顶端带有毛须。外皮黄褐色或灰黄色,质松较柔软。断面棕黄色,中间淡黄色。味微甘,根长15cm以上,芦下直径有0.6cm以上。无杂质、虫蛀、霉变。

二等品:偶有分枝。芦下直径0.4cm以上。

2. 饮片　本品为圆形或椭圆形的厚片。外表皮灰棕色或棕褐色,有纵皱纹,有的可见横长皮孔样突起、密集的环纹或残存的毛状叶基。切面皮部棕黄色至棕色,有裂隙,木部黄色,具放射状纹理。气特异,味微甘(图7-26)。

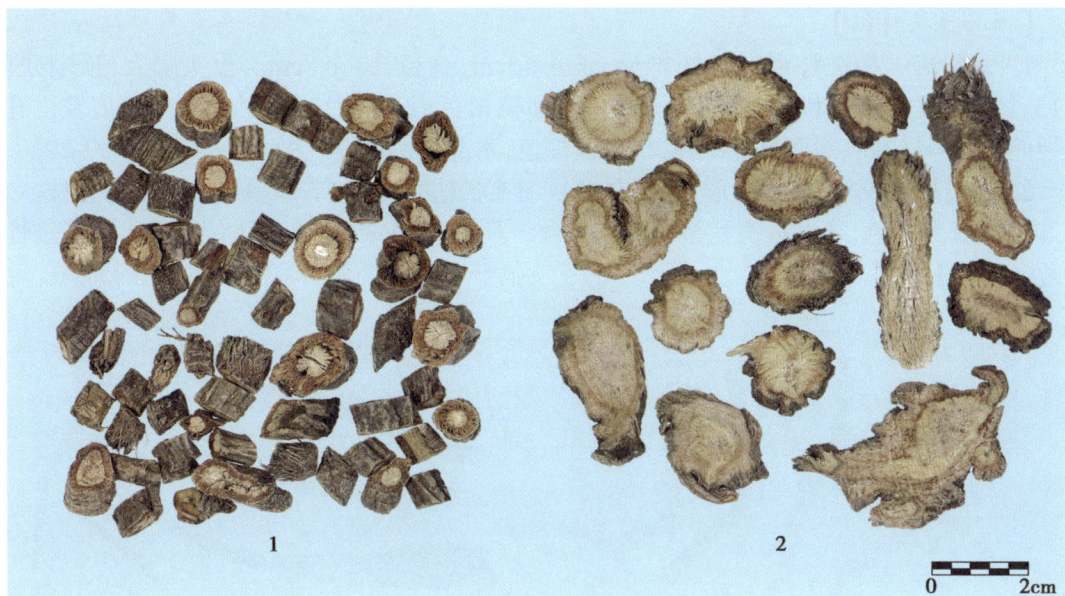

图 7-26　防风
1. 野生防风;2. 家种防风。

【主要化学成分】挥发油,色原酮,香豆素等。

【质量要求】

1. 性状评价　以根条细长、圆柱形、均匀、质坚、外皮色白净者为佳。

2. 检查　水分不得过 10.0%;总灰分不得过 6.5%;酸不溶性灰分不得过 1.5%。

3. 醇溶性浸出物　以乙醇作溶剂,用热浸法测定,不得少于 13.0%。

4. 升麻素苷($C_{22}H_{28}O_{11}$)和 5-O-甲基维斯阿米醇苷($C_{22}H_{28}O_{10}$)总量　用高效液相色谱法测定,不得少于 0.24%。

【贮藏养护】置阴凉干燥处,防蛀。

【性味功能】辛、甘,微温。祛风解表,胜湿止痛,止痉。用于感冒头痛,风湿痹痛,风疹瘙痒,破伤风。

【用法用量】5~10g。

【附注】防风在全国中药材市场上为常用大宗药材,是任何其他品种不可代替的,这么多年以来价格始终居高不下,持续上涨。在东北三省及内蒙古地区所产的防风叫作关防风,品质优良,药效较好,在全国各地药材市场首屈一指,独领风骚。野生关防风越来越少,价格逐年上涨。防风生产周期较长,需要有计划安排生产。目前,国内外年需求量约5 000 吨。

柴胡　Chaihu

Bupleuri Radix

【基源】伞形科(Umbelliferae)植物柴胡 *Bupleurum chinense* DC. 或狭叶柴胡 *B. scorzonerifolium* Willd. 的干燥根。按性状不同,分别称为"北柴胡"和"南柴胡"。

北柴胡主产于河北、河南、辽宁、黑龙江、吉林、陕西、内蒙古、山西、甘肃等地。南柴胡主产于东北各省及陕西、内蒙古、河北、江苏、安徽等地。

春、秋二季采挖,除去茎叶和泥沙,干燥。

【商品性状特征】

1. 北柴胡　呈圆柱形或长圆锥形,长 6~15cm,直径 0.3~0.8cm。根头膨大,顶端残留 3~15 个茎基或短纤维状叶基,下部分枝。表面黑褐色或浅棕色,具纵皱纹、支根痕及皮孔。质硬而韧,不易折断,断面显纤维性,皮部浅棕色,木部黄白色。气微香,味微苦(图 7-27)。

2. 南柴胡　根较细,圆锥形,顶端有多数细毛状枯叶纤维,下部多不分枝或稍分枝。表面红棕色或黑棕色,靠近根头处多有细密环纹。质稍软,易折断,断面略平坦,不显纤维性。有败油气(图 7-27)。

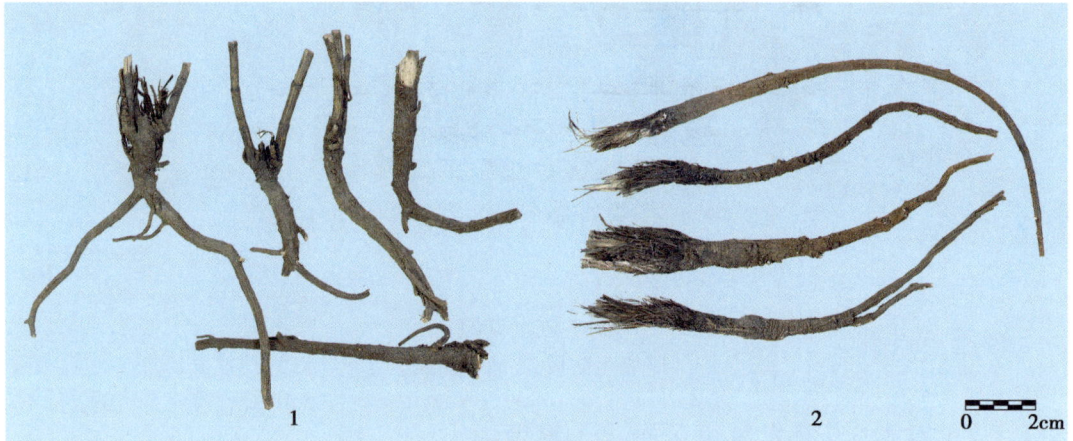

图 7-27　柴胡
1. 北柴胡;2. 南柴胡。

【规格等级】

1. 药材　北柴胡与南柴胡商品均为统货。

(1)北柴胡:统货。呈圆锥形,上粗下细,顺直或弯曲,多分枝。头部膨大,呈疙瘩状,残茎不超过 1cm。无须毛、杂质、虫蛀、霉变。

(2)南柴胡:统货。类圆锥形,少有分枝,略弯曲。大小不分。残留苗茎不超过 1.5cm。

2. 饮片

(1)北柴胡片:为不规则厚片。外表皮黑褐色或浅棕色,具纵皱纹和支根痕。切面淡黄白色,纤维性。质硬。气微香,味微苦(图 7-28)。

(2)醋北柴胡:形如北柴胡片,表面淡棕黄色,微有醋香气,味微苦。

(3)南柴胡片:呈类圆形或不规则片。外表皮红棕色或黑褐色。有时可见根头处具细密环纹或有细毛状枯叶纤维。切面黄白色,平坦。具败油气(图 7-28)。

(4)醋南柴胡片:形如南柴胡片,微有醋香气。

【主要化学成分】柴胡皂苷(saikosapoin a、b、c、d)4 种,甾醇,挥发油,脂肪酸和多糖等。

【质量要求】

1. 性状评价　以根粗长、须根少者为佳。

2. 检查　水分不得过 10.0%;总灰分不得过 8.0%;酸不溶性灰分不得过 3.0%。

3. 醇溶性浸出物　用热浸法测定,乙醇浸出物含量不得少于 11.0%。

4. 柴胡皂苷 a($C_{42}H_{68}O_{13}$)和柴胡皂苷 d($C_{42}H_{68}O_{13}$)的总量　用高效液相色谱法测定,不得少于 0.30%。

【贮藏】置通风干燥处,防蛀。

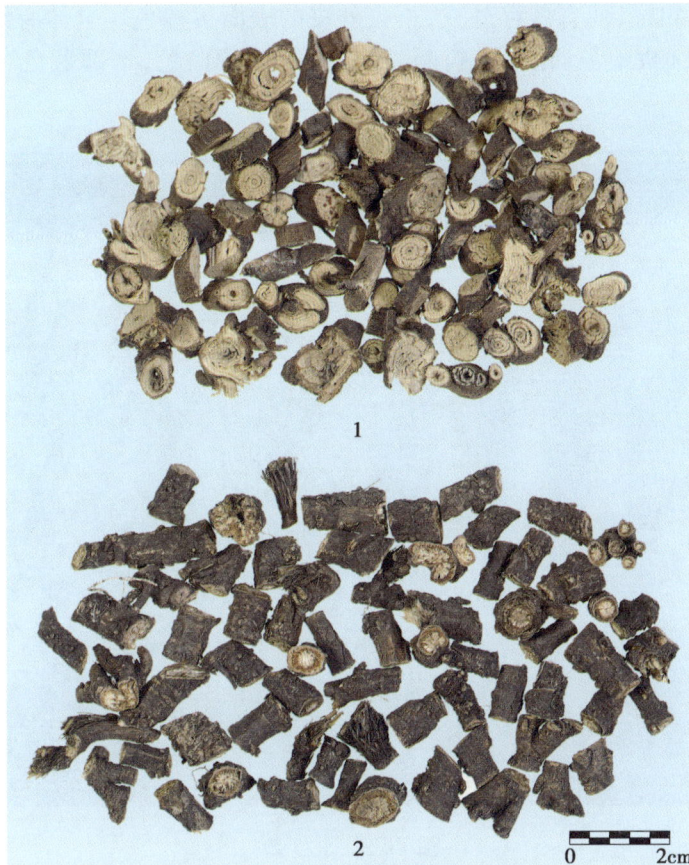

图7-28　柴胡片
1. 北柴胡片；2. 南柴胡片。

【性味功能】辛、苦,微寒。疏散退热,疏肝解郁,升举阳气。主要用于感冒发热,寒热往来,胸胁胀痛,月经不调,子宫脱垂,脱肛。

【用法用量】3~10g。

【附注】柴胡为传统大宗药材之一,在全国种植面积分布广泛,甘肃、山西和陕西是柴胡的三大种植产区,甘肃省定西市陇西县是柴胡的产区之一。目前,柴胡商品在全国各市场交易平稳,各地行情暂无明显波动,价格在55~60元/kg。随着国家对中药材监管力度的不断加大,以及《中国药典》的执行,未来柴胡商品会趋于两极分化,即符合《中国药典》含量标准的北柴胡会主导市场,需求量会增加。

北沙参　Beishashen

Glehniae Radix

【基源】伞形科(Umbelliferae)植物珊瑚菜 *Glehnia littoralis* Fr. Schmidt ex Miq. 的干燥根。

主产于河北、内蒙古、山东等地。以山东莱阳产者最为道地有名,也称"莱阳沙参",但目前已少有种植。

夏、秋二季采挖,除去地上部分及须根,洗净,稍晾,置沸水中烫后,除去外皮,干燥。或洗净直接干燥。

【商品性状特征】呈细长圆柱形,下部渐细,偶有分枝,长15~45cm,直径0.4~1.2cm。

表面淡黄白色,略粗糙,偶有残存外皮,不去外皮的表面黄棕色。全体有细纵皱纹和纵沟,并有棕黄色点状细根痕。质脆,易折断,断面皮部浅黄白色,木部黄色。气特异,味微甘(图 7-29)。

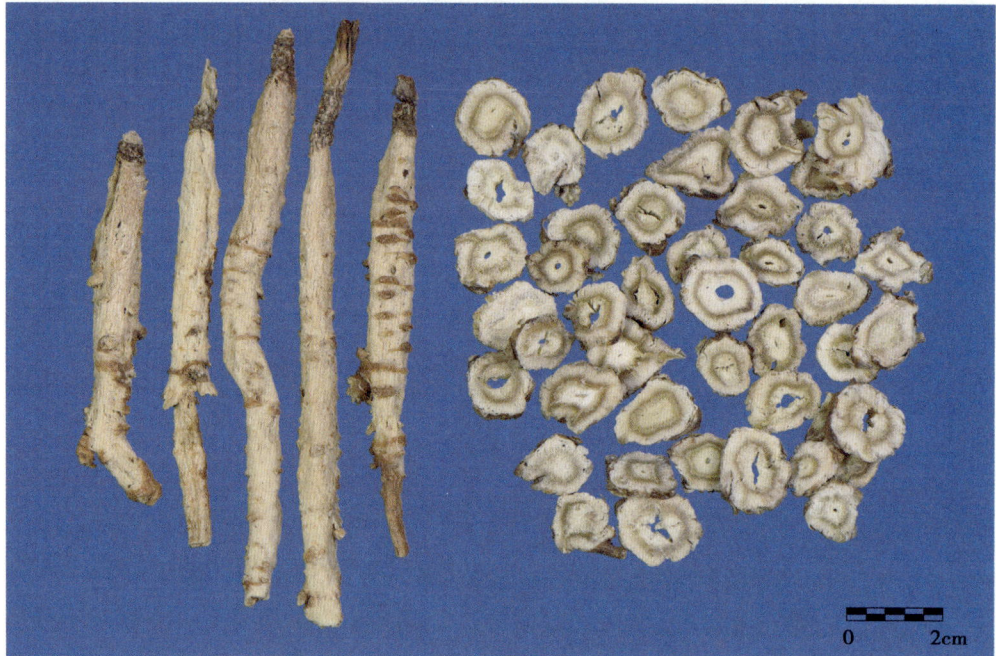

0   2cm

图 7-29 北沙参

【规格等级】

1. 药材 商品分为河北北沙参和内蒙古北沙参两个规格。

(1)河北北沙参

选货:条长 15cm 以上,上中部直径 1cm 以上,偶有残存外皮。无芦头、细尾须、油条、虫蛀、霉变。

统货:大小不分;残存外皮较多,表面黄棕色。

(2)内蒙古北沙参

选货:条长 20cm 以上,上中部直径 0.5cm 以上。

统货:大小不分。

2. 饮片 除去残茎和杂质,略润,切段,干燥。

【主要化学成分】欧前胡素(imperatorin)、异欧前胡素(isoimperatorin)、佛手柑内酯(bergapten)、补骨脂素(psoralen)等香豆素类成分以及挥发油、多糖、黄酮、磷脂、微量元素等。

【质量要求】性状评价 以根条细长、圆柱形、均匀、质坚、色白、味甘者为佳。

【贮藏养护】本品富含淀粉,易虫蛀和吸潮发霉,应贮藏于阴凉、干燥、通风处。防霉,防蛀。

【性味功能】甘、微苦,微寒。养阴清肺,益胃生津。用于肺热燥咳,劳嗽痰血,胃阴不足,热病津伤,咽干口渴。

【用法用量】5~12g。不宜与藜芦同用。

秦艽　Qinjiao

Gentianae Macrophyllae Radix

【基源】龙胆科（Gentianaceae）植物秦艽 *Gentiana macrophylla* Pall.、麻花秦艽 *G. straminea* Maxim.、粗茎秦艽 *G. crassicaulis* Duthie ex Burk. 或小秦艽 *G. dahurica* Fisch. 的干燥根。

前三种按性状不同分别习称"秦艽"和"麻花艽"，后一种习称"小秦艽"。春、秋二季采挖，除去泥沙；秦艽和麻花艽晒软，堆置"发汗"至表面呈红黄色或灰黄色时，摊开晒干，或不经"发汗"直接晒干；小秦艽趁鲜时搓去黑皮，晒干。现在市场以麻花艽为主流商品。

【商品性状特征】

1. 秦艽　呈类圆柱形，上粗下细，扭曲不直，长 10~30cm，直径 1~3cm。表面黄棕色或灰黄色，有纵向或扭曲的纵皱纹，顶端有残存茎基及纤维状叶鞘。质硬而脆，易折断，断面略显油性，皮部黄色或棕黄色，木部黄色。气特异，味苦、微涩（图 7-30）。

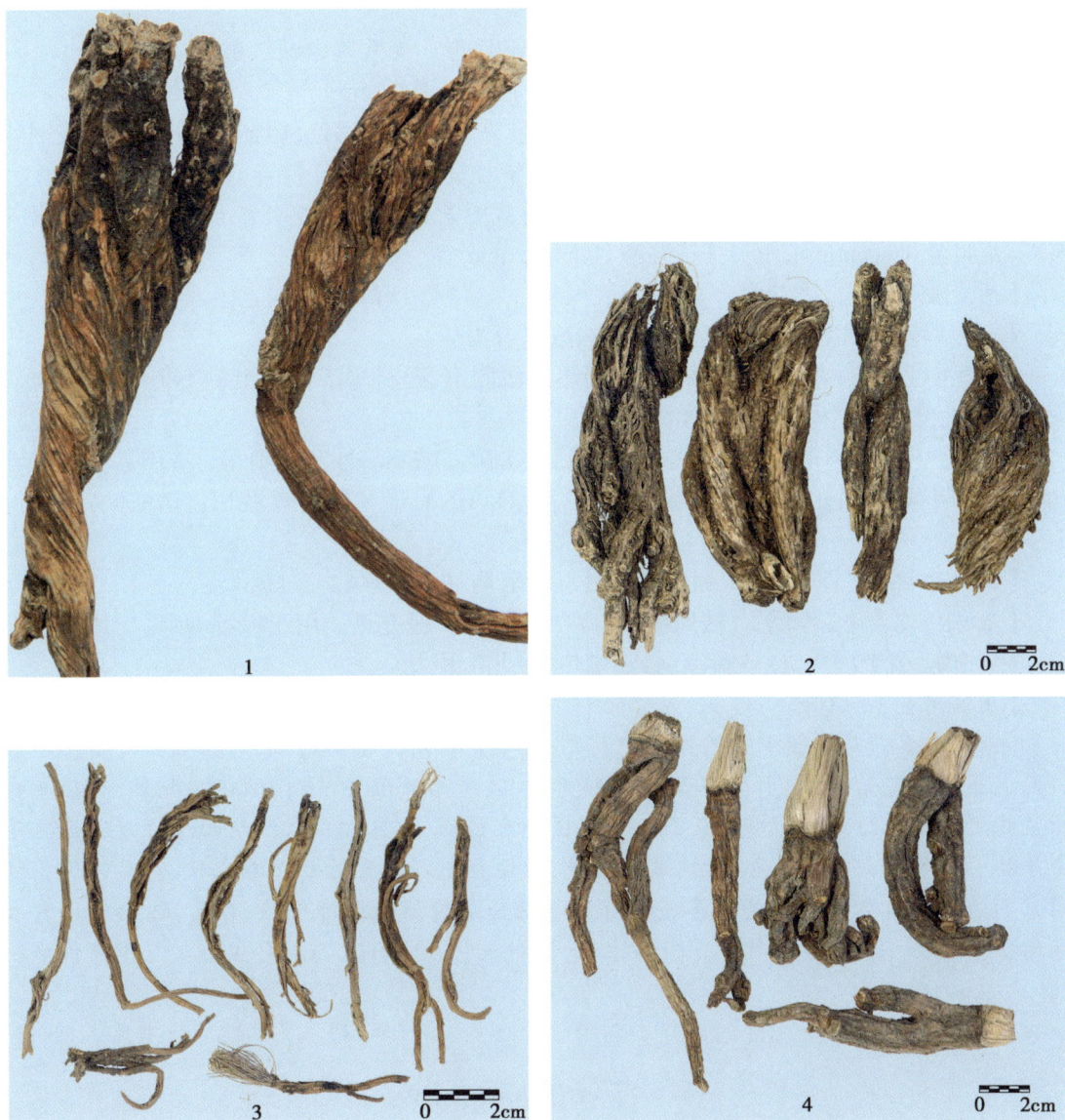

图 7-30　秦艽
1. 秦艽；2. 麻花艽；3. 小秦艽；4. 秦艽栽培品。

2. 麻花艽 呈类圆锥形,多由数个小根纠聚而交错缠绕成发辫状或麻花状,全体有显著的向左扭曲的纵皱纹。直径可达 7cm。表面棕褐色,粗糙,有裂隙呈网状孔纹。质松脆,易折断,断面多呈枯朽状(图 7-30)。

3. 小秦艽 呈类圆锥形或类圆柱形,长 8~15cm,直径 0.2~1cm。表面棕黄色。主根通常 1 个,残存的茎基有纤维状叶鞘,下部多分枝。断面黄白色(图 7-30)。

【规格等级】

1. 药材 商品分大秦艽、麻花艽和小秦艽 3 种规格,分别以芦下直径的大小划分等级。

(1)大秦艽

一等品:干货。芦下直径 1.2cm 以上。无芦头、须根、杂质、虫蛀、霉变。

二等品:干货。芦下直径 1.2cm 以下。最小不小于 0.6cm。

(2)麻花艽:统货,干货。大小不分,但芦下直径不小于 0.3cm。无芦头、须根、杂质、虫蛀、霉变。

(3)小秦艽

一等品:干货。长 20cm 以上,芦下直径 1cm 以上。无残茎、杂质、虫蛀、霉变。

二等品:干货。长短大小不分,芦下最小直径不小于 0.3cm。

2. 饮片 呈类圆形的厚片。外表皮黄棕色、灰黄色或棕褐色,粗糙,有扭曲纵纹或网状孔纹。切面皮部黄色或棕黄色,木部黄色,有的中心呈枯朽状。气特异,味苦、微涩。

【主要化学成分】含多种生物碱,主要为秦艽甲素(龙胆碱),秦艽乙素(龙胆次碱),秦艽丙素,龙胆苦苷(gentiopicrin),马钱苷酸(loganic acid)等。

【质量要求】

1. 性状评价 以质坚实、色棕黄、气味浓厚者为佳。

2. 醇溶性浸出物 以乙醇作溶剂,用热浸法测定,药材醇溶性浸出物不得少于 24.0%,饮片醇溶性浸出物不得少于 20.0%。

3. 检查 水分不得过 9.0%;总灰分不得过 8.0%;酸不溶性灰分不得过 3.0%。

4. 龙胆苦苷($C_{16}H_{20}O_9$)和马钱苷酸($C_{16}H_{24}O_{10}$)的总量 用高效液相色谱法测定,不得少于 2.5%。

【贮藏养护】贮藏于阴凉、通风干燥处,防潮,防蛀。不宜贮存过久。

【性味功能】辛、苦,平。祛风湿,清湿热,止痹痛,退虚热。用于风湿痹痛,中风半身不遂,筋脉拘挛,骨节酸痛,湿热黄疸,骨蒸潮热,小儿疳积发热。

【用法用量】3~10g。

【附注】秦艽是我国重要的传统中药之一,也是常用大宗药材之一,在国内外市场享有一定盛誉。秦艽始载于《神农本草经》,列为中品,是治风湿关节痛、结核病潮热、黄疸等症的主药之一。陕西、甘肃、四川及山西等省区都有出产,但自古以来以陕西及甘肃所产秦艽为佳品。近年来由于需求量猛增,过度采挖,致使秦艽野生资源处于濒危状态,秦艽现已被国家列为三级重点保护植物。秦艽具有显著的药用价值和经济价值,目前,国内外年需求量约 2 000 吨。自 2017 年起秦艽价格上涨,家种统货 50~60 元/kg,野生小秦艽市场价格约 200 元/kg。

(李 硕 吴军凯 肖井雷 胡 静)

黄芩 Huangqin

Scutellariae Radix

【基源】唇形科(Labiatae)植物黄芩 *Scutellaria baicalensis* Georgi 的干燥根。

野生品：主产于河北承德，山西，内蒙古等地。春、秋两季采挖根，除去茎苗及泥土，晒至半干时，撞去或剥去栓皮，再晒至足干。

栽培品：主产于山东，河北安国，山西，甘肃等多个地区。播种后2~3年的秋季地上部分枯萎时采收，采挖时勿刨断；刨出的根去掉残茎，摊开晒到六成干时，撞去外皮，捆成小把，再晒至足干。

【商品性状特征】

1. 野生品　呈圆锥形，扭曲，长8~25cm，直径1~3cm。表面棕黄色或深黄色，有稀疏的细根痕，上部较粗糙，有扭曲的纵皱或不规则网纹，下部有顺纹和细皱。顶端有茎痕或残留茎基。质硬脆，断面黄色，中央红棕色；老根中央暗棕色或棕黑色，呈枯朽状或已成空洞。气微，味苦（图7-31）。

2. 栽培品　较细长，多有分枝。表面浅黄棕色，外皮紧贴，纵皱纹较细腻。断面黄色或浅黄色，略呈角质样。味苦（图7-31）。

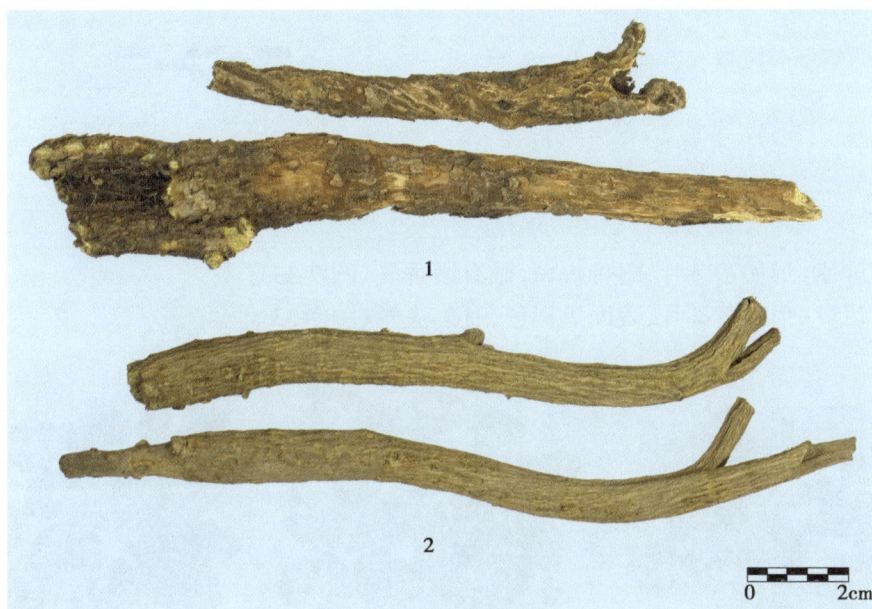

图7-31　黄芩
1. 野生品；2. 栽培品。

【规格等级】

1. 药材

一等品：呈圆锥形，上部皮较粗糙，有明显的网纹及扭曲的纵皱。下部皮细，有顺纹或皱纹。表面黄色或黄棕色。质坚脆。断面深黄色，上端中央有黄绿色或棕褐色的枯心。气微、味苦。条长10cm以上，中部直径1cm以上。去净粗皮。无杂质、虫蛀、霉变（图7-32）。

二等品：条长4cm以上，中部直径1cm以下，但不小于0.4cm。去净粗皮。无杂质、虫蛀、霉变（图7-32）。

2. 饮片

（1）黄芩片：呈类圆形或不规则形薄片。外表皮黄棕色或棕褐色。切面黄棕色或黄绿色，具放射状纹理，中间红棕色或呈棕黑色枯朽状。周边棕黄色或深黄色，具有纵向皱纹或不规则网纹与疣状根痕（图7-33）。

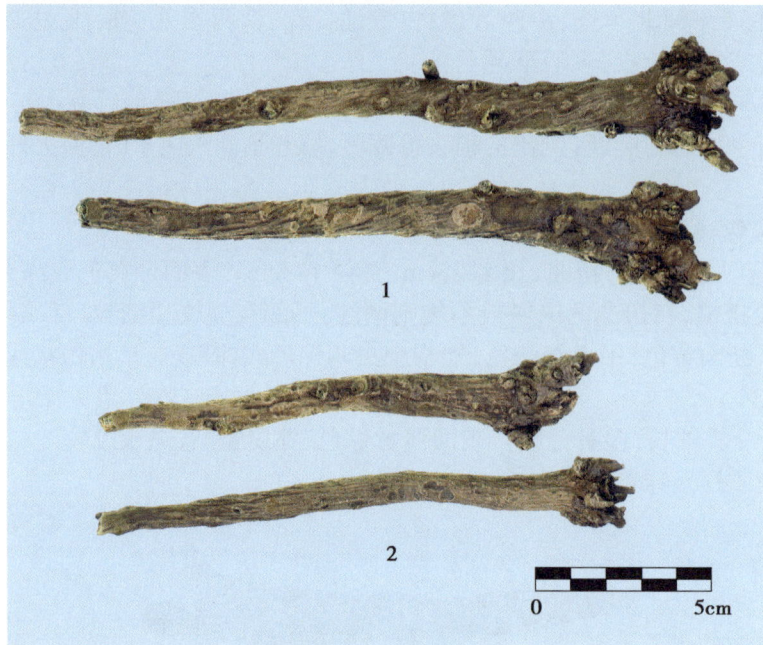

图 7-32　黄芩等级
1. 一等品；2. 二等品。

(2) 酒黄芩：形如黄芩片，略带焦斑，微有酒香气 (图 7-33)。
(3) 黄芩炭：形如黄芩片，表面黑褐色，有焦炭气 (图 7-33)。

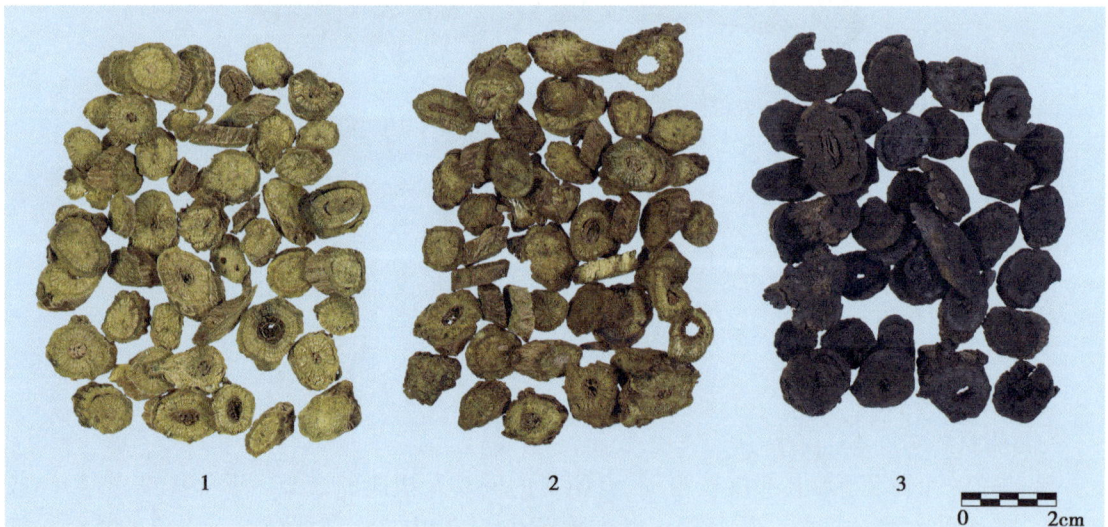

图 7-33　黄芩片
1. 黄芩片；2. 酒黄芩；3. 黄芩炭。

【主要化学成分】黄芩苷 (baicalin)、黄芩素 (baicalein)、7- 甲氧基黄芩素 (7-methoxybaicalein) 等；尚含查耳酮、黄酮醇等。

【质量要求】

1. 性状评价　以条粗长、质坚实、断面色黄、内心充实者为佳。

2. 检查　水分不得过 12.0%；总灰分不得过 6.0%。

3. 醇溶性浸出物 以稀乙醇作溶剂,用热浸法测定,不得少于 40.0%。

4. 黄芩苷($C_{21}H_{18}O_{11}$)含量 用高效液相色谱法测定,药材不得少于 9.0%;饮片不得少于 8.0%。

【贮藏养护】本品易受潮变色、发霉,应贮藏于干燥、通风处,防潮。

【性味功能】苦,寒。清热燥湿,泻火解毒,止血,安胎。用于湿温、暑湿,胸闷呕恶,湿热痞满,泻痢,黄疸,肺热咳嗽,高热烦渴,血热吐衄,痈肿疮毒,胎动不安。

【用法用量】3~10g。

【附注】黄芩是中医临床常用的大宗药材之一,至今已有 2000 余年的药用历史。20 世纪 60 年代以前,黄芩全部来源于野生资源,随着需求量的不断增加,野生资源不断减少;20 世纪 60 年代起,开始人工栽培研究。目前黄芩商品野生与栽培均有,属于能够满足市场需求的品种。黄芩号称"中药抗生素",广泛用于临床及多种中成药的原料,又是提取黄芩苷的原材料和大宗出口商品。国内外年需求量约 1 万吨。

玄参 Xuanshen

Scrophulariae Radix

【基源】玄参科(Scrophulariaceae)植物玄参 *Scrophularia ningpoensis* Hemsl. 的干燥根。主产于浙江、湖北、湖南、贵州等地,为"浙八味"之一。多为栽培品。

冬季茎叶枯萎时采挖,除去根茎、幼芽、须根及泥沙,晒或烘至半干,堆放 3~6d,反复数次至干燥。

【商品性状特征】呈类圆柱形,中间略粗或上粗下细,有的微弯曲,长 6~20cm,直径 1~3cm。表面灰黄色或灰褐色,有不规则的纵沟、横长皮孔样突起、稀疏的横裂纹和须根痕。质坚实,不易折断,断面黑色,微有光泽。气特异似焦糖,味甘、微苦。

【规格等级】

1. 药材 以每 1kg 的支数划分等级(图 7-34)。

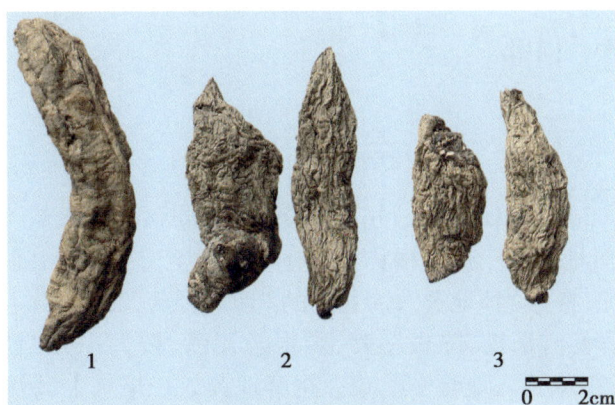

图 7-34 玄参等级
1. 一等品;2. 二等品;3. 三等品。

一等品:干货。每 1kg 36 支以内,支头均匀。无芦头、空泡、杂质、虫蛀、霉变。

二等品:干货。每 1kg 72 支以内,支头均匀。无芦头、空泡、杂质、虫蛀、霉变。

三等品:干货。每 1kg 72 支以外,个体最小在 5g 以上。间有破块。无芦头、杂质、虫蛀、霉变。

2. 饮片 统货。直径 1~3cm。类圆形或椭圆形的薄片。外表皮灰黄色或灰褐色。切面黑色,微有光泽,有的具裂隙。气特异似焦糖,味甜、微苦(图7-35)。

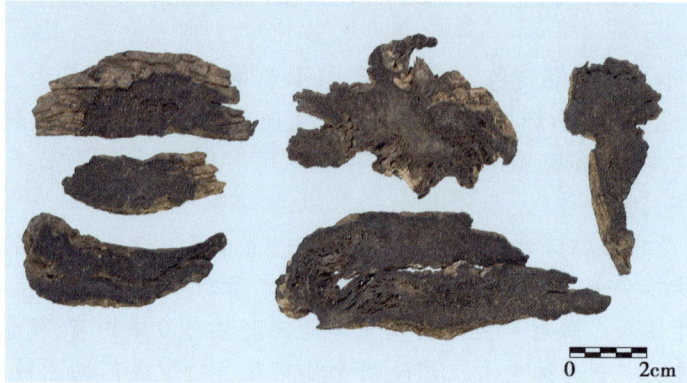

图7-35　玄参片

【主要化学成分】主要有环烯醚萜苷类(哈巴苷、哈巴俄苷等)。还含有微量挥发油和生物碱、氨基酸等。

【质量要求】

1. 性状评价　以条粗壮、坚实、断面乌黑色者为佳。

2. 检查　水分不得过16.0%;总灰分不得过5.0%;酸不溶性灰分不得过2.0%。

3. 水溶性浸出物　用热浸法测定,不得少于60.0%。

4. 哈巴苷($C_{15}H_{24}O_{10}$)和哈巴俄苷($C_{24}H_{30}O_{11}$)的总量　用高效液相色谱法测定,不得少于0.45%。

【贮藏养护】置干燥处,防霉,防蛀。

【性味功能】甘、苦、咸,微寒。清热凉血,滋阴降火,解毒散结。用于热入营血,温毒发斑,热病伤阴,舌绛烦渴,津伤便秘,骨蒸劳嗽,目赤,咽痛,白喉,瘰疬,痈肿疮毒。

【用法用量】9~15g。

【注意】不宜与藜芦同用。

地黄　Dihuang

Rehmanniae Radix

【基源】玄参科(Scrophulariaceae)植物地黄 Rehmannia glutinosa Libosch. 的新鲜或干燥块根。鲜根习称"鲜地黄",干燥块根称"生地黄"。主产于河南、山东、河北等地。以河南焦作市产量大,质量优,特称"怀地黄",为著名的"四大怀药"之一。

秋季地上部分枯萎时采挖,除去茎叶、须根及泥沙,按大小分档加工。鲜用称"鲜地黄",应及时埋入沙土中或置入地窖中贮藏。将鲜地黄放在焙炕上,缓缓烘焙,经常翻动,翻拣出成品;焙至八成干时,将地黄堆积压闷3~4d,使内心变黑,干湿一致;再微火复焙约3h,趁热将长条者捏成团块,至表里柔软时,即为"生地黄"。

【商品性状特征】

1. 鲜地黄　纺锤形或条状,长8~24cm,直径2~9cm。外皮薄,表面浅红黄色,具弯曲的纵皱纹、芽痕、横长皮孔及不规则疤痕。肉质,易断,断面皮部淡黄白色,可见橘红色油点,木部黄白色,导管放射状排列。气微,味微甜、微苦(图7-36)。

2. 生地黄　多呈不规则团块或长圆形,中间膨大,两端稍细,有的细小,长条状,稍扁而扭曲,长6~12cm,直径2~6cm。表面棕黑色或棕灰色,极皱缩,具不规则的横曲纹。体重,质较软而韧,断面棕黄色至黑色或乌黑色,有光泽,有黏性。气微,味微甜(图 7-36)。

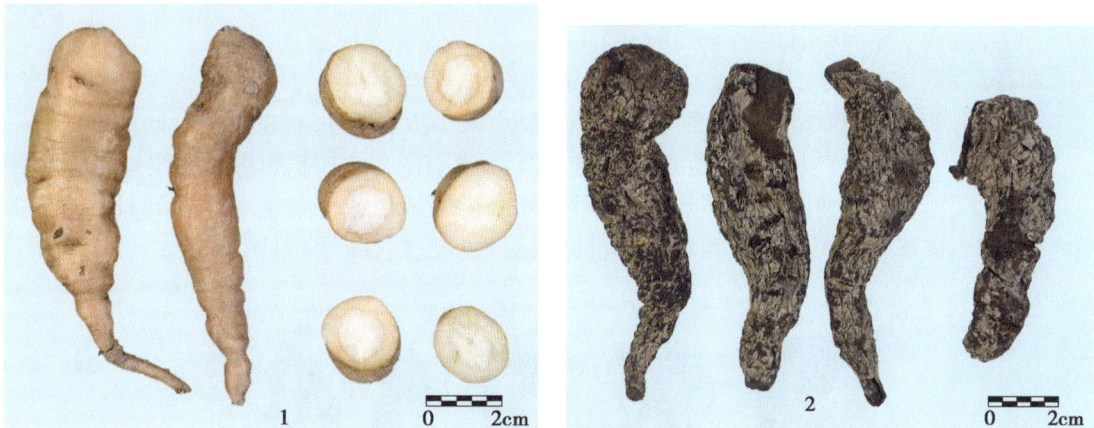

图 7-36　地黄
1. 鲜地黄;2. 生地黄。

【规格等级】

1. 药材　商品按每 1kg 的支数划分等级。

(1)生地黄:呈纺锤形或条形圆根。体重质柔润,表面棕黑色或棕灰色。断面黑褐色或乌黑色,有油性,味微甜(图 7-37)。

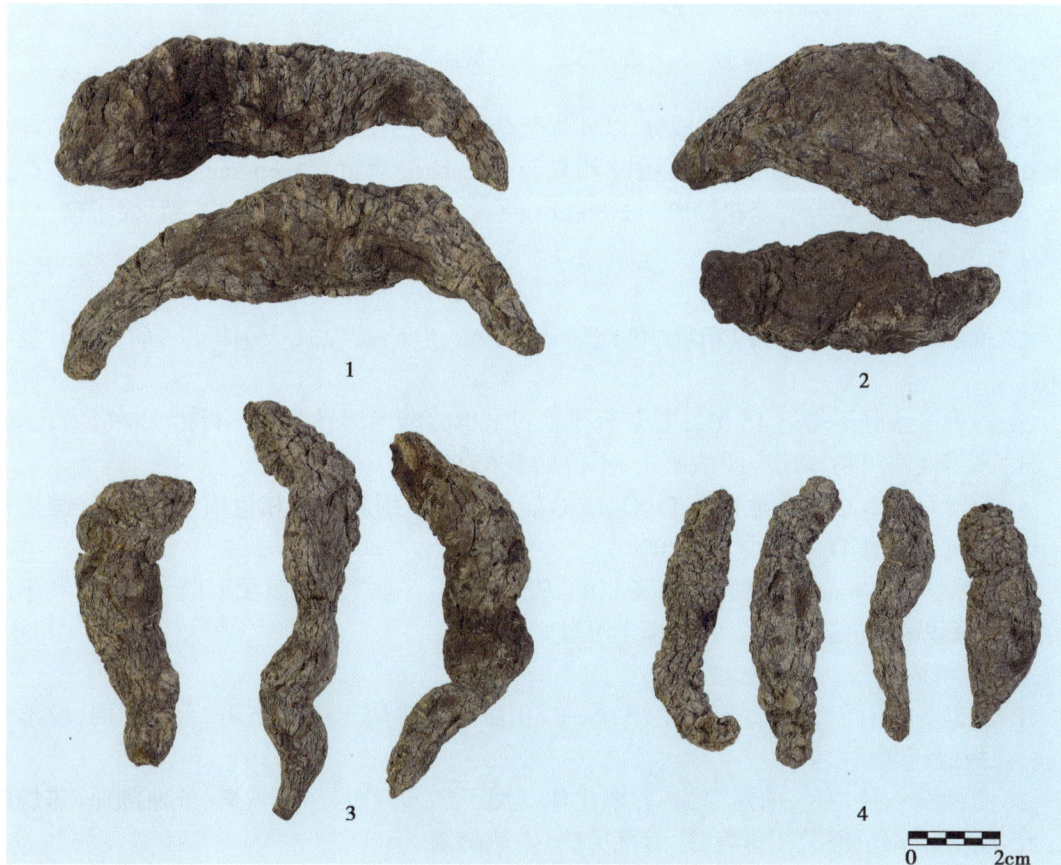

图 7-37　生地黄等级
1. 一等品;2. 二等品;3. 三等品;4. 四等品。

一等品：每 1kg 16 支以内，无芦头、老母、生心、焦枯、杂质、虫蛀、霉变。

二等品：每 1kg 32 支以内。余同一等品。

三等品：每 1kg 60 支以内。余同一等品。

四等品：每 1kg 100 支以内。余同一等品。

五等品：每 1kg 100 支以外，油性小，支根瘦小，最小货直径 1cm 以上。余同四等品。

(2) 出口品：生地黄以每 1kg 所含支数分等级：8 支、16 支、32 支、50 支、小生地、生地节。

2. 饮片　本品呈类圆形或不规则的厚片，外表皮棕黑色或棕灰色，极皱缩，具不规则的横曲纹，切面棕黄色至黑色或无黑色，有光泽，具黏性。气微，味微甜（图 7-38）。

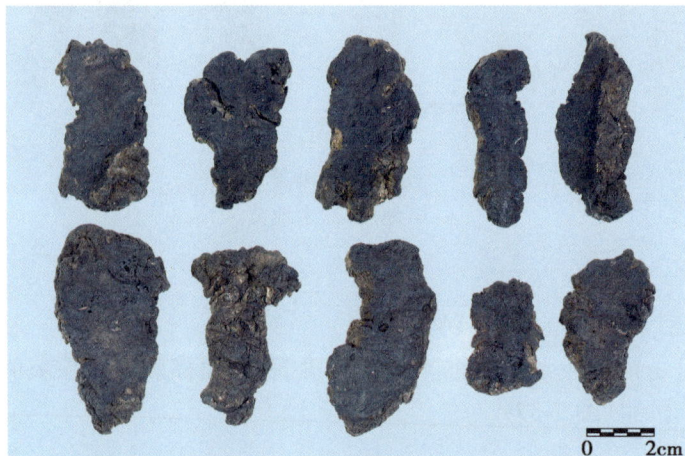

图 7-38　生地黄片

【主要化学成分】含多种苷类成分，以环烯醚萜苷类为主，主要有：梓醇（catalpol），二氢梓醇（dihydrocatalpol），地黄素（rehmannin），桃叶珊瑚苷（aucubin），地黄苷（rehmannioside）A、B、C、D 等。苯乙醇苷类主要为毛蕊花糖苷（verbascoside）。尚含多种糖类，如水苏糖、棉子糖、葡萄糖等。

【质量要求】

1. 性状评价　鲜地黄以粗壮、色红黄者为佳。生地黄以块大、体重、断面乌黑色者为佳。

2. 检查　水分不得过 15.0%；总灰分不得过 8.0%；酸不溶性灰分不得过 3.0%。

3. 水溶性浸出物　用冷浸法测定，不得少于 65.0%。

4. 梓醇（$C_{15}H_{22}O_{10}$）和地黄苷 D（$C_{27}H_{42}O_{20}$）的含量　用高效液相色谱法测定，梓醇不得少于 0.20%，地黄苷 D 不得少于 0.10%。

【贮藏养护】本品富含糖分，极易虫蛀、吸潮发霉。通常生地黄用麻袋包装，贮藏于阴凉、干燥、通风处，防霉，防蛀。鲜品埋于湿砂中，防冻。

【性味功能】

1. 鲜地黄　甘、苦，寒。清热生津，凉血，止血。主要用于热病伤阴，舌绛烦渴，温毒发斑，吐血衄血，咽喉肿痛。

2. 生地黄　甘，寒。清热凉血，养阴生津。用于热入营血，温毒发斑，吐血衄血，热病伤阴，舌绛烦渴，津伤便秘，阴虚发热，骨蒸劳热，内热消渴。

【用法用量】鲜地黄 12~30g。生地黄 10~15g。

【附注】地黄为中医最常用的传统大宗药材之一，至今已有 2700 余年的药用历史，历来就作为贡品和馈赠亲友的珍品。商品全部来源于人工栽培,已有 1000 余年的栽培历史,属于可以满足市场需求的品种。地黄广泛用于临床配方和作为多种中成药的主要原料,大量用于保健药品、保健食品和保健饮料开发;又是传统大宗出口商品。据有关资料分析,地黄国内外年需求量约 3 万吨。

地黄传统产区为河南焦作,后来辐射至山西、河北、山东、陕西等地。河南产区种植面积曾超过 4 万亩,山西种植面积曾达 8 万亩。地黄种植适应性强,产量高,周期短,为短线作物,易受气候、生产成本、市场走量等因素影响,短时期内价格产生大幅波动,在过去 30 年间,地黄曾经历过十多次大的价格波动。地黄主要在亳州药材市场流通,由于种植面积不断增加,货源充足,近 5 年价格呈逐渐下降趋势,亳州市场三四五混级品价格在 7.5~14.5 元 /kg。

熟地黄 Shudihuang
Rehmanniae Radix Praeparata

【基源】生地黄的炮制加工品。

【商品性状特征】为不规则的块片、碎块,大小、厚薄不一。表面乌黑色,有光泽,黏性大。质柔软而带韧性,不易折断,断面乌黑色,有光泽。气微,味甜(图 7-39)。

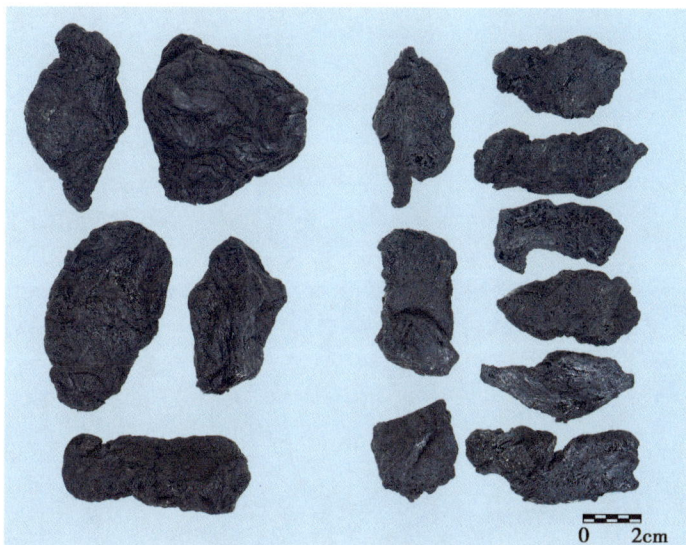

图 7-39 熟地黄

【规格等级】统货。厚片。

【质量要求】

1. 性状评价 以个大体重、质柔软油润、断面乌黑、味甜者为佳。

2. 检查 水分不得过 15.0%;总灰分不得过 8.0%;酸不溶性灰分不得过 3.0%。

3. 水溶性浸出物 用冷浸法测定,不得少于 65.0%。

4. 地黄苷 D($C_{27}H_{42}O_{20}$)含量 用高效液相色谱法测定,不得少于 0.050%。

【贮藏养护】置通风干燥处。

【性味功能】甘,微温。补血滋阴,益精填髓。用于血虚萎黄,心悸怔忡,月经不调,崩漏下血,肝肾阴虚,腰膝酸软,骨蒸潮热,盗汗遗精,内热消渴,眩晕,耳鸣,须发早白。

【用法用量】9~15g。

(张 琳 周小江 杨晶凡 胡 静)

天花粉　Tianhuafen

Trichosanthis Radix

【基源】葫芦科(Cucurbitaceae)植物栝楼 *Trichosanthes kirilowii* Maxim. 或双边栝楼 *T. rosthornii* Harms 的干燥根。主产于河北、安徽、河南、山东等地。秋、冬二季采挖,洗净,除去外皮,切段或纵剖成瓣,干燥。

【商品性状特征】本品呈不规则圆柱形、纺锤形或瓣块状,长 8~16cm,直径 1.5~5.5cm。表面黄白色或淡棕黄色,有纵皱纹、细根痕及略凹陷的横长皮孔,有的有黄棕色外皮残留。质坚实,断面白色或淡黄色,富粉性,横切面可见黄色木质部,略呈放射状排列,纵切面可见黄色条纹状木质部。气微,味微苦(图 7-40)。

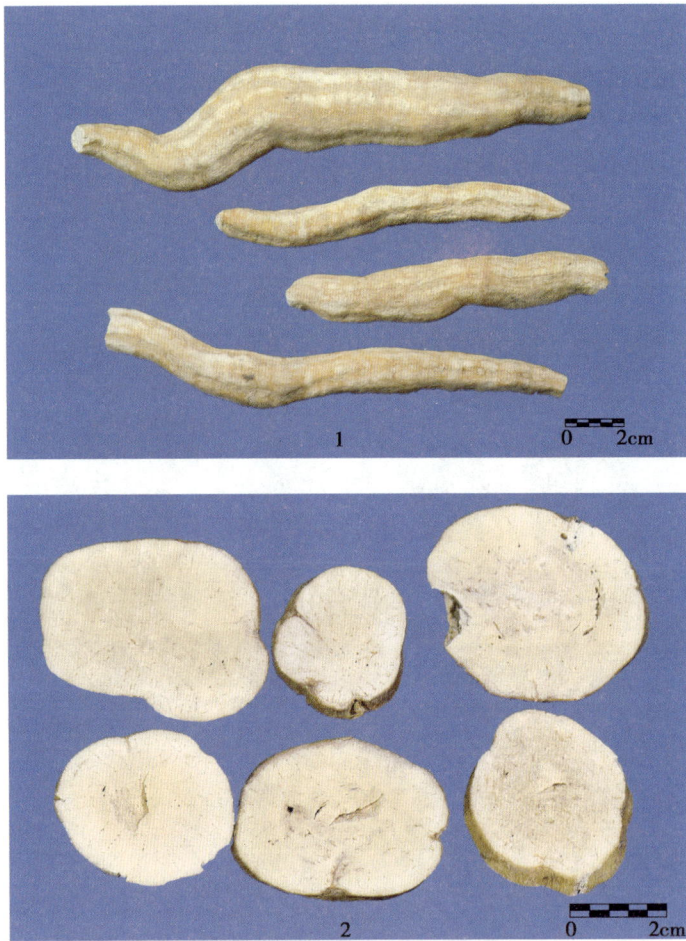

图 7-40　天花粉
1.药材;2.饮片。

【规格等级】

1.药材　商品分为选货和统货两个规格。

(1)选货

一等品:干货。长 15cm 以上,直径 3.0~5.5cm。粗细较均匀,富粉性。无黄筋、粗皮、抽沟;无糠心、杂质、虫蛀、霉变。

二等品:干货。长 10~15cm,直径 2.0~3.0cm。粗细较均匀,长短不同,颜色黄白不一。

无糠心、杂质、虫蛀、霉变。

三等品:干货。长≤10cm,直径1.5~2.0cm。大小均匀,表面颜色偏棕色。无糠心、杂质、虫蛀、霉变。

(2)统货:不规则圆柱形、纺锤形或瓣块状,表面黄白色或淡棕色,大小不分。

2. 饮片 呈类圆形、半圆形或不规则形的厚片。外表皮黄白色或淡棕黄色。切面可见黄色木质部小孔,略呈放射状排列。质坚实,粉性。气微,味微苦。

【主要化学成分】皂苷、天花粉蛋白、甾醇、多种氨基酸等。

【质量要求】

1. 性状评价 以块大、色白、粉性足者为佳。

2. 检查 水分不得过15.0%。药材总灰分不得过5.0%;饮片总灰分不得过4.0%。

3. 二氧化硫残留量 不得过400mg/kg。

4. 水溶性浸出物 用冷浸法测定,药材不得少于15.0%,饮片不得少于12.0%。

【贮藏养护】置干燥处,防蛀。

【性味功能】甘、微苦,微寒。清热泻火,生津止渴,消肿排脓。用于热病烦渴,肺热燥咳,内热消渴,疮疡肿毒。

【用法用量】10~15g。

【注意】孕妇慎用。不宜与川乌、制川乌、草乌、制草乌、附子同用。

桔梗 Jiegeng

Platycodonis Radix

【基源】桔梗科(Campanulaceae)植物桔梗 *Platycodon grandiflorum*(Jacq.)A. DC. 的干燥根。

野生品全国大部分地区均有生产,东北、华北产者习称北桔梗;华东地区产者习称南桔梗。野生品于春、秋二季采挖,以秋季采者质量好。栽培品主产于河南、山东、安徽、内蒙古、陕西等地,归属南桔梗类。栽培品在播种2~3年后,于秋季植株枯萎后或春季芽萌动前采收。

采收的根,除去须根,趁鲜时用瓷片刮去栓皮,洗净,晒干;或不去外皮,直接晒干。

【商品性状特征】

1. 野生品 呈长圆柱形或略呈纺锤形,下部渐细,有的分枝,略扭曲,长7~20cm,直径0.7~2cm。表面白色或淡黄白色,有纵皱纹、沟纹及横向皮孔;上端根茎部有数个半月形茎痕。质硬脆,断面不平坦,微有放射状裂隙,皮部类白色,形成层环棕色,木部淡黄色,习称"金井玉栏"。气微,味微甜而后稍苦。

2. 栽培品 呈圆柱形,单条或有分枝。表面白色,有纵纹,较平滑;不去外皮者表面黄棕色至灰棕色。芦头呈短圆柱形,芦碗少或无。体重,质硬脆,断面少见裂隙。气微,味较甜,稍苦。

【规格等级】

1. 药材 按大小分为3等或者统货(图7-41)。

一等品:呈顺直的长条形,去净粗皮及细梢。表面白色,体坚实。断面皮部白色,木部淡黄色,味微甜苦辛。上部直径1.4cm,长14cm以上。无杂质、虫蛀、霉变。

二等品:上部直径1cm,长12cm以上。余同一等品。

三等品:味甘后苦。上部直径不低于0.5cm,长度不低于7cm。余同一等品。

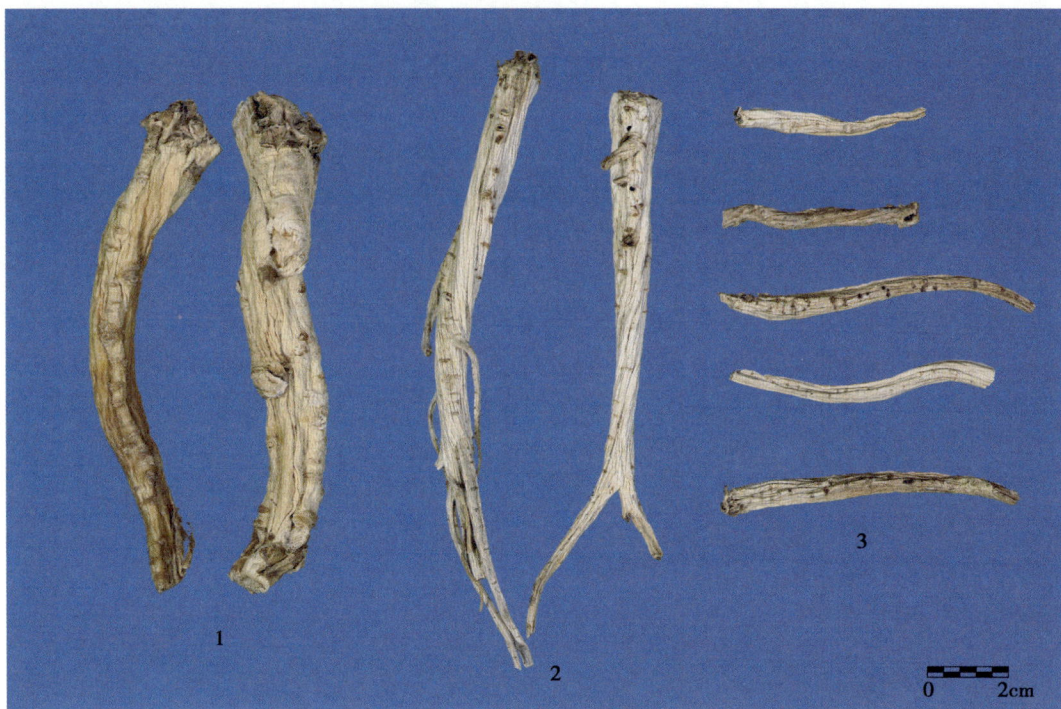

图 7-41　桔梗等级
1. 一等品；2. 二等品；3. 三等品。

2. 饮片　为椭圆形或不规则厚片。外皮多已除去或偶有残留。切面皮部黄白色,较窄;形成层环纹明显,棕色;木部宽,淡黄色,有放射状纹理及裂隙。质脆,易折断;断面粉性。气微,味微甜而后苦。

【主要化学成分】桔梗皂苷 A、C、D(platycodin A,C,D)等。

【质量要求】

1. 性状评价　以根肥大、色白、质结实、味苦者为佳。

2. 检查　水分不得过 15.0%;总灰分不得过 6.0%。

3. 醇溶性浸出物　以乙醇作溶剂,用热浸法测定,不得少于 17.0%。

4. 桔梗皂苷 D($C_{57}H_{92}O_{28}$)含量　用高效液相色谱法测定,不得少于 0.10%。

【贮藏养护】本品富含糖分,易虫蛀、吸潮发霉,应贮藏于阴凉、干燥、通风处,防蛀、防潮。

【性味功能】苦、辛,平。宣肺,利咽,祛痰,排脓。用于咳嗽痰多、胸闷不畅、咽痛音哑、肺痈吐脓。

【用法用量】3~10g。

【附注】传统上,将主产于安徽芜湖、六安、宿县、安庆,江苏镇江,以及河南信阳、南阳等地者称为津桔梗,属于南桔梗类。出口商品分为 4 等和桔梗碎 5 个规格。

党参　Dangshen

Codonopsis Radix

【基源】桔梗科(Campanulaceae)植物党参 *Codonopsis pilosula*(Franch.)Nannf.、素花党参 *C. pilosula* Nannf. var. *modesta*(Nannf.)L. T. Shen、或川党参 *C. tangshen* Oliv. 的干燥根。

党参主产于山西晋东南地区的平顺、陵川、长治、壶关、晋城、黎城及河南济源、焦作、新乡等地,习称"潞党参",简称"潞党";甘肃定西、陇西等地有大量栽培,习称"白条党参",简称"白条党"。

素花党参主产于甘肃文县、武都、舟曲、两当,四川南坪、平武、松潘、青川,陕西凤县。以甘肃文县和四川南坪生产的最著名,习称"纹党参",简称"纹党"。

川党参主产于四川南坪,湖北恩施、建始、利川,重庆城口、巫山,陕西平利等地,习称"条党"。

秋季白露前后采挖栽培3年以上的根。采收时先拔除支架,割去茎蔓,挖取参根。挖根时注意不要伤根,以防浆汁流失。将根洗净泥土,按大小、长短、粗细分为老、大、中条,分别加工晾晒。晒至半干,即参体柔软,绕指而不断时,用手理顺根条并用木板搓揉,使皮部与木部紧贴,饱满柔软;然后再晒再搓,反复3~4次,至七八成干时,捆成小把,晒至足干,即为成品。理参和揉搓的次数不宜过多,用力不要过大,否则会变成"油条",降低质量;每次理参或搓参后必须摊晾,不能堆放,以免发酵,影响品质。若遇阴雨天,可用烘干法干燥,但只能用微火,不能用大火,否则根条易起鼓泡,使皮肉分离。

【商品性状特征】

1. 党参 呈长圆柱形,长10~35cm,直径0.4~2cm。表面黄棕色至灰棕色,根头部有多数疣状突起的茎痕及芽(习称"狮子盘头"),每个茎痕的顶端呈凹下的圆点状;根头下有致密的横环纹,向下渐稀疏,全体有纵皱纹及横长皮孔,支根断落处常有黑褐色胶状物。质稍硬或略韧,断面有裂隙及或放射状纹理,皮部淡黄白色至淡棕色,木部淡黄色。有特殊香气,味微甜。

(1)野生品:根条大小不一。芦头大,狮子盘头明显。表面较粗糙,根头下有致密的横环纹,向下渐稀疏,有的达全长的一半。

(2)栽培品:呈圆柱形,芦头较小,狮子盘头不明显。根头下横环纹少。

2. 素花党参 根长10~35cm,直径0.5~2.5cm。表面黄白色至灰黄色,根头下有致密的横环纹,达全长的一半以上。断面裂隙较多,皮部灰白色至淡棕色。

3. 川党参 根长10~45cm,直径0.5~2cm。表面灰黄色至黄棕色,有明显不规则的纵沟,稀有横纹或无。质较软而结实,断面裂隙较少,皮部黄白色。

【规格等级】

1. 药材 商品主要有潞党参、白条党参、纹党参、条党参等规格(图7-42)。

(1)潞党参与白条党参

一等品:呈圆柱形,芦头较小。表面黄褐色或灰黄色。质柔韧,断面黄白色,糖质多,味甜。芦下直径1cm以上。无油条、杂质、虫蛀、霉变。

二等品:芦下直径0.8cm以上。余同一等品。

三等品:芦下直径0.4cm以上,油条不超过10%。余同一等品。

统货:呈圆柱形,不分大小。

(2)纹党参

一等品:呈圆锥形,头大尾小,上端多横纹。外皮粗松,表面米黄色或灰褐色。断面黄白色,有放射纹理。糖分多,味甜。芦下直径1.5cm以上。

二等品:芦下直径1cm以上。余同一等品。

三等品:芦下直径0.6cm以上,油条不超过15%。余同一等品。

统货:呈圆锥形,不分大小。

(3)条党参(川党参)

一等品:呈圆锥形,头上茎痕较少而小,条较长,上端有横纹或无,下端有纵皱纹。表

面灰黄色至黄棕色。断面白色或黄白色,有放射纹理。有糖分,味甜。芦下直径 1.2cm
以上。

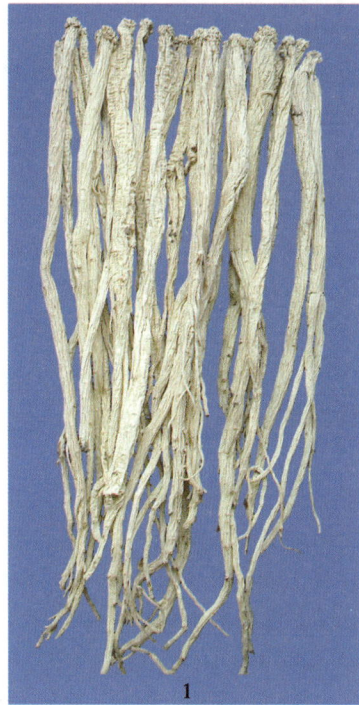

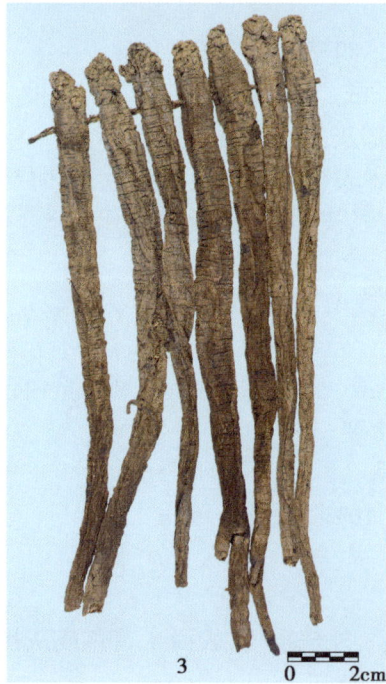

图 7-42　党参
1. 潞党参;2. 白条党参;3. 纹党参(标本);4. 川党参。

二等品:芦下直径 0.8cm 以上。余同一等品。

三等品:芦下直径 0.5cm 以上,油条不超过 10%。无参秧。余同一等品。

2. 饮片

(1)党参片:为类圆形的厚片。外表皮灰黄色、黄棕色至灰棕色,有时可见根头部有多数疣状突起的茎痕和芽。切面皮部淡棕黄色至黄棕色,木部淡黄色至黄色,有裂隙或放射状纹理。有特殊香气,味微甜(图 7-43)。

图 7-43 党参片

(2)米炒党参:形如党参片,表面深黄色,偶有焦斑。

【主要化学成分】含三萜类化合物木栓酮(friedelin)、蒲公英萜醇(taraxeryl)等;另含植物甾醇类、多糖类、苷类(党参炔苷、丁香苷),以及挥发油、多种氨基酸及无机元素。

【质量要求】

1. 性状评价 以根条粗长、质柔润、气浓味甜、嚼之无渣者为佳。

2. 薄层色谱 供试品色谱中,在与党参炔苷对照品相同的位置上,显相同颜色的斑点或荧光斑点。

3. 检查 水分不得过 16.0%;总灰分不得过 5.0%。

4. 二氧化硫残留量 不得过 400mg/kg。

5. 醇溶性浸出物 以 45% 乙醇作溶剂,用热浸法测定,不得少于 55.0%。

【贮藏养护】散顺装或扎成小捆,以席、竹篓或木箱内衬防潮纸包装。本品含大量糖分,味甜质松,易虫蛀、发霉、泛油。应贮藏于阴凉、通风、干燥处。在贮存中应勤检查,发现回软立即复晒干燥。

【性味功能】甘,平。健脾益肺,养血生津。用于脾肺气虚,食少倦怠,咳嗽虚喘,气血不足,面色萎黄,心悸气短,津伤口渴,内热消渴。

【用法用量】9~30g。

【附注】党参为现代中医最常用的药材之一,至今已有数百年的药用历史。20 世纪 50 年代之前,党参商品野生与家种资源并存。随着使用量的增加,党参的野生资源已逐渐枯竭,家种党参得到大力发展。目前党参商品的主流几乎全部为栽培品,属于能够满足市场需求的品种。山西平顺潞党参、甘肃渭源白条党参、湖北施恩板桥党参、甘肃武都纹党参、贵州威宁党参均通过中华人民共和国地理标志产品认证。党参广泛应用于临床配方和中成药生产,是传统大宗出口商品。党参药食两用,又是保健食品、保健饮料和保健美容品的重要原料。目前,国内外年需求量约 3 万吨。2017 年党参的价格基本稳定,中条价格 50~65 元/kg,

2018—2020 年党参的价格略有回落,中条价格 40~48 元 /kg,甘肃纹党参、白条党参市场价格略高,为 60~70 元 /kg。

木香　Muxiang

Aucklandiae Radix

【基源】菊科(Compositae)植物木香 *Aucklandia lappa* Decne. 的干燥根。

主产于云南丽江、迪庆、大理等地,习称"云木香",四川、重庆、湖北等地也有大量种植。

秋、冬二季采挖 2~3 年生木香,除去泥沙和须根,切段,大的再纵剖成瓣,干燥后撞去粗皮。

【商品性状特征】呈圆柱形或半圆柱形,长 5~10cm,直径 0.5~5cm。表面黄棕色至灰褐色,有明显的皱纹、纵沟及侧根痕。质坚,不易折断,断面灰褐色至暗褐色,周边灰黄色或浅棕黄色,形成层环棕色,有放射状纹理及散在的褐色点状油室。气香特异,味微苦(图 7-44)。

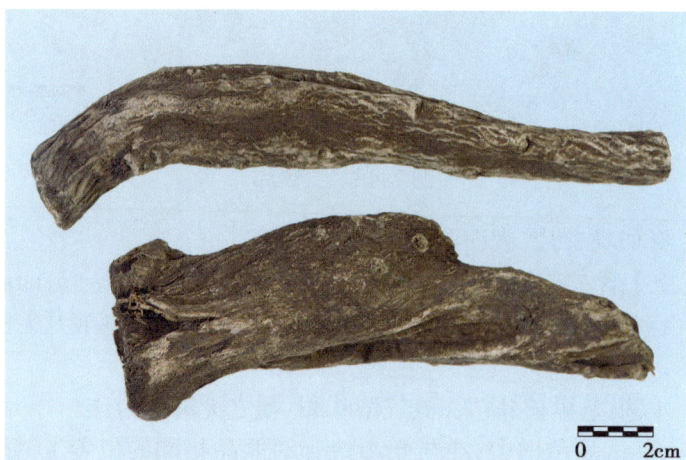

图 7-44　木香

【规格等级】

1. 药材

一等品:呈圆柱形或半圆柱形。根条均匀,最细的一端直径在 2cm 以上。不空、不泡、不朽。无芦头、根尾、焦枯、油条、杂质、虫蛀、霉变。

二等品:呈不规则的条状或块状。最细的一端直径在 0.8cm 以上。间有根头、根尾、碎节、破块。无须根、枯焦、杂质、虫蛀、霉变。

2. 饮片

(1)木香片:呈类圆形或不规则的厚片。外表皮黄棕色至灰褐色,有纵皱纹。切面棕黄色至棕褐色,中部有明显菊花心状的放射纹理,形成层环棕色,褐色油点(油室)散在。气香特异,味微苦(图 7-45)。

(2)煨木香:形如木香片。气微香,味微苦(图 7-45)。

【主要化学成分】含挥发油,油中主要活性成分为倍半萜内酯类,如木香烃内酯(costunolide)、去氢木香内酯(dehydrocostus lactone)、木香内酯(costus lactone)、二氢木香内酯(dihydrocostus lactone)、菜蓟苦素(cynaropicrin)等。此外,还含有生物碱如木香碱(saussurine)、有机酸如绿原酸(chlorogenic acid)、蒽醌及黄酮等化学成分。

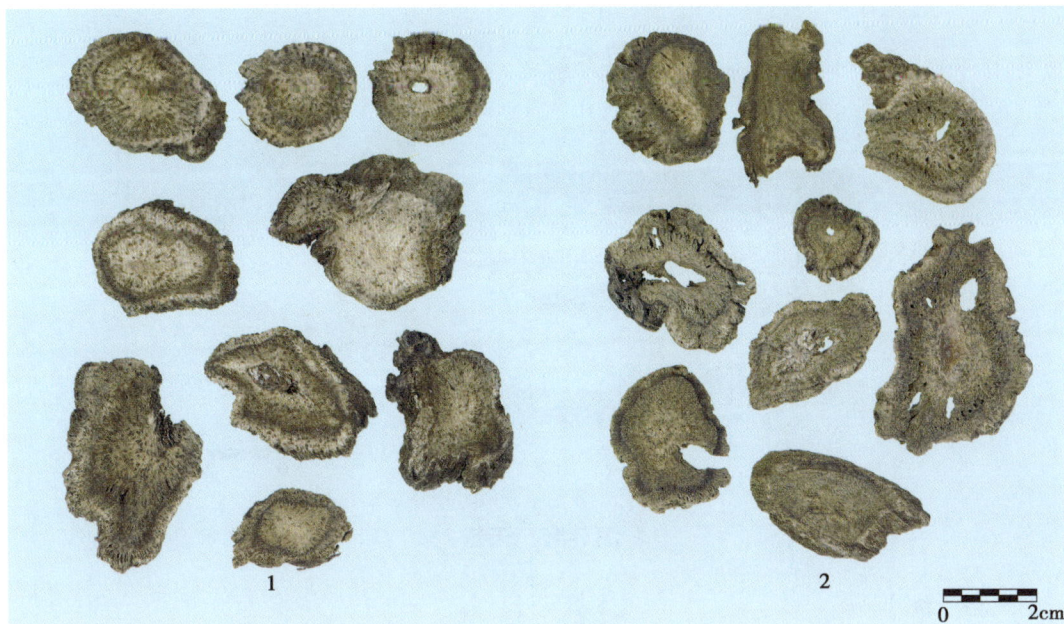

图 7-45 木香饮片
1. 木香片;2. 煨木香。

【质量要求】

1. 性状评价 以坚实、条匀、香气浓、油性大者为佳。

2. 检查 饮片水分不得过 14.0%。药材总灰分不得过 4.0%;煨木香总灰分不得过 4.5%。

3. 木香烃内酯($C_{15}H_{20}O_2$)和去氢木香内酯($C_{15}H_{18}O_2$)的总量 用高效液相色谱法测定,药材不得少于 1.8%;饮片不得少于 1.5%。

【贮藏养护】置于干燥处,防潮。

【性味功能】辛、苦,温。行气止痛,健脾消食。用于胸胁、脘腹胀痛,泻痢后重,食积不消,不思饮食。煨木香实肠止泻。用于泄泻腹痛。

【用法用量】3~6g。

【附注】木香原产于印度,经广州进口,又名"广木香",后在云南引种成功,习称"云木香",国产木香基本满足国内市场需求。木香属大宗药材,除药用外,香料市场对其亦有一定需求。目前,国内外年需要量约 6 500 吨。

(张红梅 李 硕 吴 梅)

天冬 Tiandong

Asparagi Radix

【基源】百合科(Liliaceae)植物天冬 *Asparagus cochinchinensis* (Lour.) Merr. 的干燥块根。

主产于贵州、四川、江苏等地。

秋、冬二季采挖,洗净,除去茎基和须根,置沸水中煮或蒸至透心,趁热除去外皮,洗净,干燥。

【商品性状特征】长纺锤形,略弯曲,长 5~18cm,直径 0.5~2cm。表面黄白色至淡黄棕色,半透明,光滑或有深浅不等的纵皱纹,偶有残存的灰棕色外皮。质硬或柔润,有黏性,断面角质样,中柱黄白色。气微,味甜、微苦(图 7-46)。

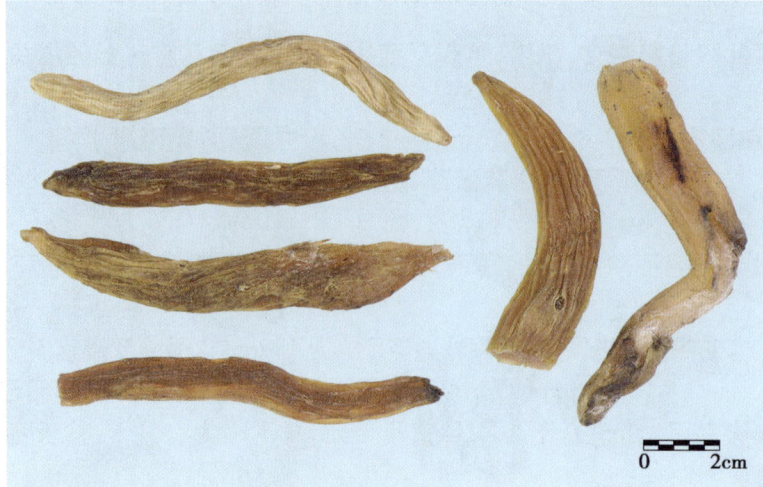

图 7-46 天冬

【规格等级】

1. 药材

一等品：去净外皮。条肥大，有糖质。断面黄白色，角质状，中央有白色中柱（白心）。中部直径 1.2cm 以上。无硬皮、杂质、虫蛀、霉变。

二等品：表面黄色，间有纵沟纹，中部直径 0.8cm 以上。间有未剥净硬皮，但不得超过 5%。余同一等品。

三等品：表面红棕色或红褐色，断面红棕色，中部直径 0.5cm 以上。稍有未去净硬皮，但不得超过 15%。余同一等品。

2. 饮片　呈类圆形或不规则形的片。外表面黄白色至淡黄棕色，半透明，光滑或具深浅不等的纵皱纹，偶有残存的灰棕色外皮。质硬或柔润，有黏性。切面角质样，中柱黄白色。气微，味甜、微苦。

【主要化学成分】天冬苷Ⅳ（Asp-Ⅳ）、多糖等。

【质量要求】

1. 性状评价　以肥壮、半透明、色黄白、干燥者为佳。

2. 检查　水分不得过 16.0%；总灰分不得过 5.0%。

3. 二氧化硫残留量　不得过 400mg/kg。

4. 醇溶性浸出物　以稀乙醇作溶剂，用热浸法测定，不得少于 80.0%。

【贮藏养护】置通风干燥处，防霉，防蛀。

【性味功能】甘、苦，寒。养阴润燥，清肺生津。用于肺燥干咳，顿咳痰黏，腰膝酸痛，骨蒸潮热，内热消渴，热病津伤，咽干口渴，肠燥便秘。

【用法用量】6~12g。

【附注】天冬为常用药材之一，商品多来源于家种，目前年需求量 2 000 吨左右。

麦冬　Maidong

Ophiopogonis Radix

【基源】百合科（Liliaceae）植物麦冬 *Ophiopogon japonicus*（L.f）Ker-Gawl. 的干燥块根。

主产于浙江、四川、贵州、江苏等地。浙江、四川产量大，质量好，为"道地药材"。

浙江麦冬（浙麦冬、杭麦冬）于栽培后第三或四年 5—6 月采挖；四川麦冬（川麦冬）于栽培后次年 4 月采挖。挖出后，洗净，反复暴晒、堆置，至七八成干，经搓揉、碰撞、修剪等方法除去须根，干燥。

【商品性状特征】纺锤形，两端略尖，长 1.5~3cm，直径 0.3~0.6cm。表面淡黄色或灰黄色，有细纵纹。质柔韧，断面黄白色，半透明，中柱细小。气微香，味甜、微苦。

【规格等级】

1. 药材 商品分杭麦冬、川麦冬两个规格，再按大小分等级（图 7-47）。

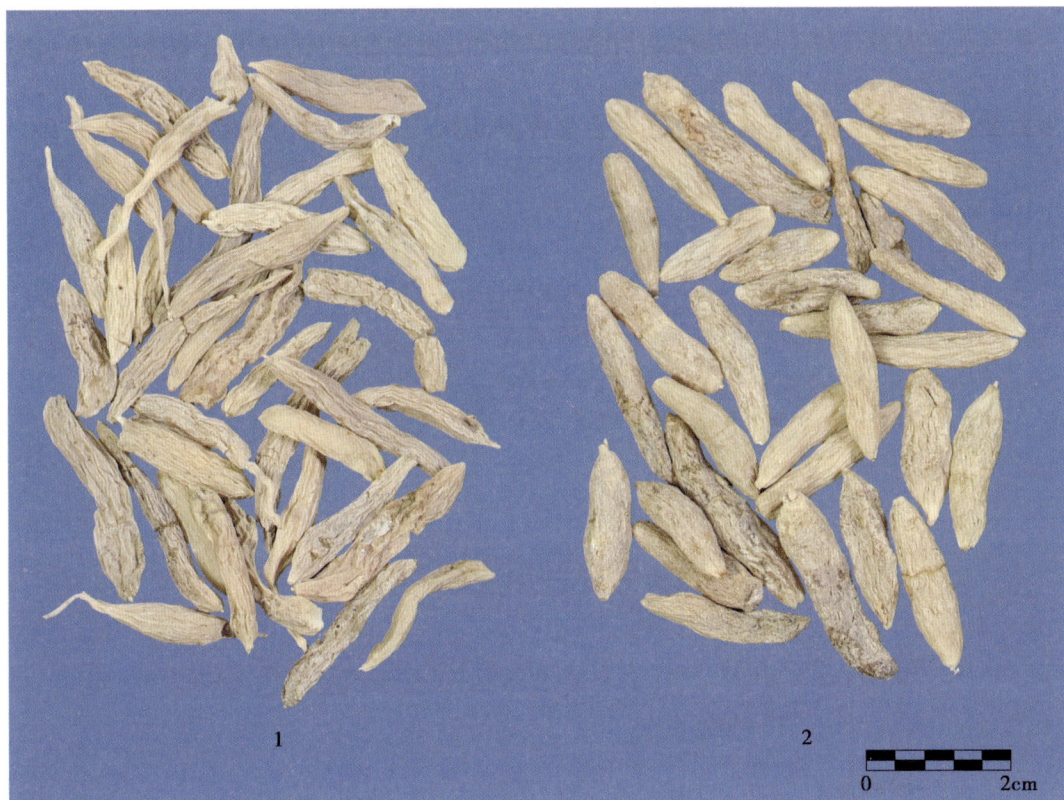

图 7-47 麦冬
1. 杭麦冬；2. 川麦冬。

（1）杭麦冬

一等品：呈纺锤形，半透明。表面黄色，质柔韧。断面牙白色，有木心。味微甜，嚼之有黏性。每 50g 150 粒以内。无须根、油粒、烂头、枯子、杂质、霉变。

二等品：每 50g 280 粒以内，余同一等品。

三等品：每 50g 280 粒以外。最小不小于麦粒大。油粒、烂头不超过 10%。无须根、杂质、霉变。余同一等品。

（2）川麦冬

一等品：纺锤形，半透明。表面淡白色，断面牙白色，木心细软。味微甜，少黏性。每 50g 190 粒以内。无须根、乌花、油粒、杂质、霉变。

二等品：每 50g 300 粒以内。余同一等品。

三等品：每 50g 300 粒以外，最小不小于麦粒大。间有乌花，油粒不超过 10%。余同一等品。

2. 饮片 形如药材,或为轧扁的纺锤形块片。表面淡黄色或灰黄色,有细纵纹。质柔韧,断面黄白色,半透明,中柱细小。气微香,味甜、微苦。

【主要化学成分】麦冬皂苷 A、B、B′、C、C′、D、D′;麦冬皂苷 A、B、C、D 的苷元为鲁斯可皂苷元(ruscogenin);麦冬皂苷 B′、C′、D′ 的苷元为薯蓣皂苷元(diosgenin)。

【质量要求】

1. 性状评价 以块根肥大、色黄白、半透明、木心小、香气浓、嚼之发黏为佳。

2. 检查 水分不得过 18.0%;总灰分不得过 5.0%。

3. 水溶性浸出物 用冷浸法测定,不得少于 60.0%。

4. 麦冬总皂苷含量 用分光光度法测定,以鲁斯可皂苷元($C_{27}H_{42}O_4$)计,不得少于 0.12%。

【贮藏养护】本品含有糖分,易虫蛀,应密封,贮藏于阴凉、通风、干燥处。

【性味功能】甘、微苦,微寒。养阴生津,润肺清心。主要用于肺燥干咳,阴虚劳嗽,喉痹咽痛,津伤口渴,内热消渴,心烦失眠,肠燥便秘。

【用法用量】6~12g。

【附注】麦冬为传统大宗常用药材之一,药用历史和栽培历史悠久。商品麦冬几乎全部为栽培,商品主要由四川绵阳和浙江慈溪提供。20 世纪 60 年代以前,麦冬产量占麦冬与山麦冬总产量的 90% 以上;至 70 年代,由于山麦冬的迅速发展,麦冬仅占到全国总产量的50%,尤其是优质浙麦冬产量很少。麦冬是临床配方和中成药生产的重要原料,又是重要的出口商品,远销世界各国。麦冬属药食两用品种,广泛用于美容和保健食品的开发。麦冬年需求量约 1 万吨。

郁金 Yujin

Curcumae Radix

【基源】姜科(Zingiberaceae)植物温郁金 *Curcuma wenyujin* Y. H. Chen et C. Ling、姜黄*C. longa* L.、广西莪术 *C. kwangsiensis* S. G. Lee et C. F. Liang 或蓬莪术 *C. phaeocaulis* Val. 的栽培品的干燥块根。前两者分别习称"温郁金"和"黄丝郁金",其余按性状不同习称"桂郁金"或"绿丝郁金"。

温郁金主产于浙江、福建、四川等地;黄丝郁金主产于四川、福建、广东、江西等地;桂郁金主产于广西、云南等地;绿丝郁金主产于四川、浙江、福建、广西等地。

冬季茎叶枯萎后采挖,除去泥沙和细根,蒸或煮至透心,干燥。

【商品性状特征】

1. 温郁金 长圆形或卵圆形,稍扁,有的微弯曲,两端渐尖,长 3.5~7cm,直径1.2~2.5cm。表面灰褐色或灰棕色,有不规则的纵皱纹,纵纹隆起处色较浅。质坚实,断面灰棕色,角质样;内皮层环明显。气微香,味微苦(图 7-48)。

2. 黄丝郁金 纺锤形,有的一端细长,长 2.5~4.5cm,直径 1~1.5cm。表面棕灰色或灰黄色,有细皱纹。断面橙黄色,外周棕黄色至棕红色。气芳香,味辛辣。

3. 桂郁金 长圆锥形或长圆形,长 2~6.5cm,直径 1~1.8cm。表面有疏浅纵纹或较粗糙网状皱纹。气微,味微辛苦(图 7-48)。

4. 绿丝郁金 长椭圆形,较粗壮,长 1.5~3.5cm,直径 1~1.2cm。气微,味淡。

【规格等级】

1. 药材 目前主要有温郁金、黄丝郁金、桂郁金和绿丝郁金 4 种商品规格,每种规格分为两等,分别以每 1kg 的粒数划分等级。

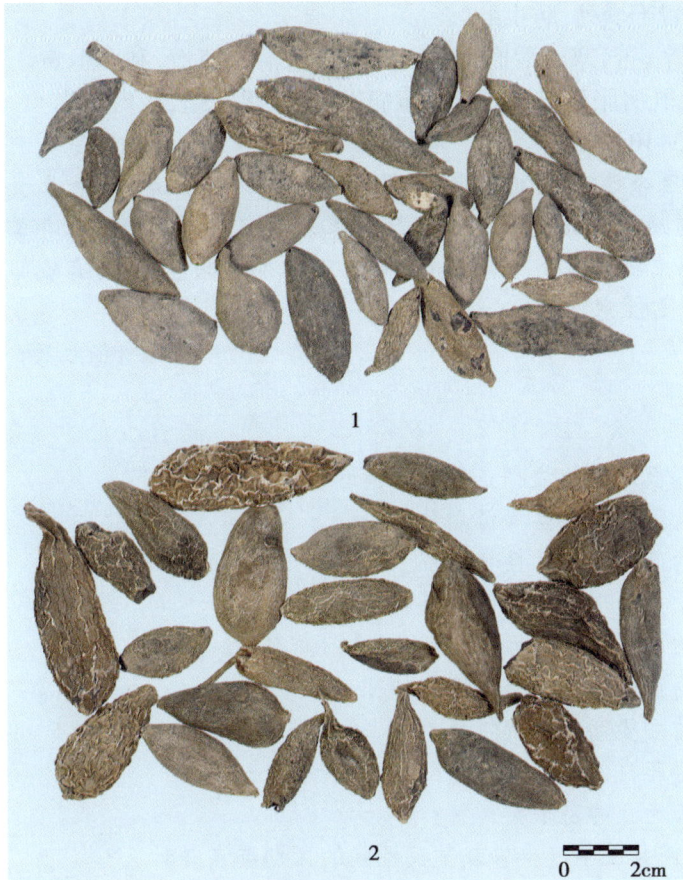

图 7-48 郁金
1. 温郁金；2. 桂郁金。

（1）温郁金
一等品：每 1kg ≤ 200 粒。
二等品：每 1kg>200 粒。
（2）黄丝郁金
一等品：每 1kg ≤ 500 粒。
二等品：每 1kg>500 粒。
（3）桂郁金
一等品：每 1kg ≤ 280 粒。
二等品：每 1kg>280 粒。
（4）绿丝郁金
一等品：每 1kg ≤ 400 粒。
二等品：每 1kg>400 粒。

2. 饮片　本品呈椭圆形或长条形薄片。外表皮灰黄色、灰褐色至灰棕色，具不规则纵皱纹。切面灰棕色、橙黄色至灰黑色，角质样，内皮层环明显。

【主要化学成分】莪术醇（curcumol）、莪术二酮（curdione）等。

【质量要求】

1. 性状评价　以坚实、条匀、香气浓，油性大者为佳。

2. 检查　水分不得过 15.0%；总灰分不得过 9.0%。

【贮藏养护】置干燥处,防虫蛀。

【性味功能】辛、苦,寒。活血止痛,行气解郁,清心凉血,利胆退黄。用于胸胁刺痛,胸痹心痛,经闭痛经,乳房胀痛,热病神昏,癫痫发狂,血热吐衄,黄疸尿赤。

【用法用量】3~10g。

【附注】郁金至今已有1300余年的药用历史。目前商品全部来源于栽培,其中黄丝郁金以四川崇庆为道地。货源走销多以实际需求为主,行情保持稳定,年需求量3 500~4 000吨。当前市场根据熏硫情况分为有硫和无硫。无硫郁金颜色暗黑,有硫郁金颜色较亮,偏黄白色,有刺激酸味,需注意。

（杨红兵　管家齐　曲中原）

复习思考题

1. 牛膝药材等级划分的依据是什么? 请写出各等级名称。

2. 简要说明盐附子的规格等级划分依据。

3. 简述白芍的基源及商品性状特征。

4. 简述白芍饮片的规格及其商品性状特征。

5. 简述赤芍的基源及商品性状特征。

6. 简述赤芍的饮片规格及商品性状特征。

7. 简述防己的主要商品性状特征。

8. 简述板蓝根药材的商品性状特征及规格等级。

9. 如何鉴别市场上的葛根类药材?

10. 仿野生黄芪与2年速生移栽黄芪性状的区别要点是什么?

11. 不同栽培模式所致性状呈现差异的可能原因有哪些?

12. 简述远志筒的等级。

13. 三七商品的划分依据及相应的商品规格有哪些?

14. 简述当归的商品规格、等级划分及其特征。

15. 简述当归的基源及商品性状特征。

16. 如何对商品防风进行规格等级划分?

17. 简述南柴胡与北柴胡药材商品特征的主要区别。

18. 简述北沙参的基源及商品性状要点。

19. 简述黄芩的等级。

20. 地黄药材的商品规格和等级划分的依据是什么?

21. 简述天花粉药材的商品规格等级。

22. 简述桔梗的基源及商品性状特征。

23. 简述桔梗药材的规格等级及分类特征。

24. 简述党参的基源、主产地及商品性状特征。

25. 简述党参的商品规格、等级划分及其特征。

26. 试分析木香商品今年的行情走势。

27. 中药材天冬与麦冬的异同点有哪些?

28. 简述浙麦冬与川麦冬各规格等级的性状特征。

29. 简要说明郁金规格等级如何划分。

第二节　根茎类中药

> **学习目标**
>
> 1. 掌握黄连、延胡索、川芎、苍术、泽泻、半夏、川贝母、浙贝母、山药、天麻的基源、道地产地、商品性状特征、规格等级和质量要求。
> 2. 熟悉羌活、白术、香附、知母的来源、道地产地、商品性状特征、规格等级和质量要求。
> 3. 了解根茎类中药的贮藏、性味功能与用法用量。

根茎类（rhizoma）药材取自被子植物和蕨类植物地下茎的药材及其炮制品。

商品性状特征：根茎类药材表面有节与节间；节上常有退化的鳞片或膜质小叶；常有叶柄残基或叶柄痕；节上有幼芽或芽痕；侧面或下面常有不定根或根痕；顶端或上面常残存茎基或茎痕。蕨类植物根茎表面常留有叶柄残基以及鳞片或鳞毛。

根状茎药材多呈长圆柱形、圆柱形或圆锥形；块茎药材常呈长圆形、纺锤形或不规则形；球茎药材多呈球形或扁球形；鳞茎药材常呈类圆形而顶端略尖，鳞片扁平块状，一面凹入，一面凸出。蕨类植物根茎常呈扁平条状、圆锥形、圆柱形或不规则形。双子叶植物根茎药材有放射状结构，呈"菊花纹"，有形成层环纹，环外为皮部，环内为木部，中央有髓，可见"朱砂点""星点"；单子叶植物根茎药材无放射状结构，有内皮层环纹，环内外散有维管束小点，髓不明显。蕨类植物药材有的中央为木部，无髓；有的木部呈完整的环，中央有髓；有的断面有数个黄白色的分体中柱小点断续排列成环或散布。

黄连　Huanglian

Coptidis Rhizoma

【基源】毛茛科（Ranunculaceae）植物黄连 *Coptis chinensis* Franch.、三角叶黄连 *C. deltoidea* C. Y. Cheng et Hsiao 或云连 *C. teeta* Wall. 的干燥根茎。以上 3 种分别习称"味连""雅连"和"云连"，目前市场以味连为主，雅连和云连比较少见。

主产于重庆石柱、城口、巫山、江津、巫溪、彭水，四川北川、彭州、洪雅、乐山，湖北利川、来凤、咸丰、宣恩、恩施，陕西平利、镇坪，湖南桑植，甘肃武都，贵州，云南等地；均为栽培。以重庆石柱和湖北利川为道地产地。

秋末初冬下雪前采收。一般栽培 4~6 年后采收，通常以第 5 年采收为好。挖起根茎后，除去地上部分及泥土（不能水洗），用柴火炕干，炕时应注意不能炕焦，炕至须脆、泥松时，趁热倒入竹笼中，撞去泥土、须根、粗皮及残余叶柄，簸净，为"毛连"。经分级、复炕，把黄连外表撞至光滑，筛去灰屑、碎渣，为"净连"。

【商品性状特征】多集聚成簇，常弯曲，形如"鸡爪"，单枝根茎长 3~6cm，直径 0.3~0.8cm。表面灰黄色或黄褐色，粗糙，有不规则结节状降起、须根及须根痕，有的节间表面平滑如茎秆，习称"过桥"。上部多残留褐色鳞叶，顶端常有茎或叶柄残余。质硬，断面不整齐，皮部橙红色或暗棕色，木部鲜黄色或橙黄色，呈放射状排列，髓部有时中空。气微，味极苦(图7-49)。

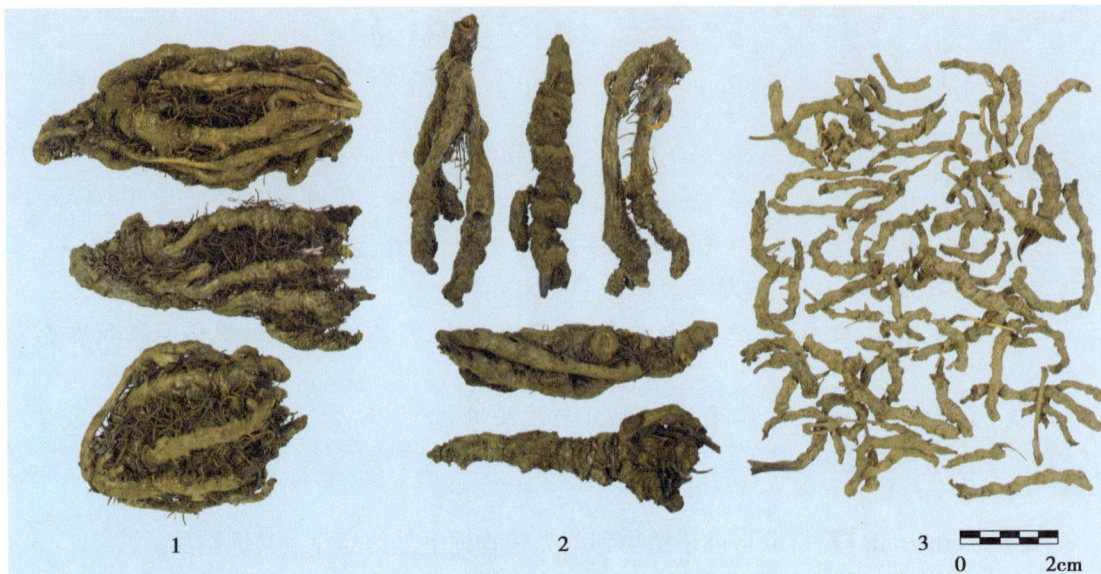

图7-49　黄连
1. 味连;2. 雅连;3. 云连。

【规格等级】
1. 药材　商品以长度划分等级(图7-50)。

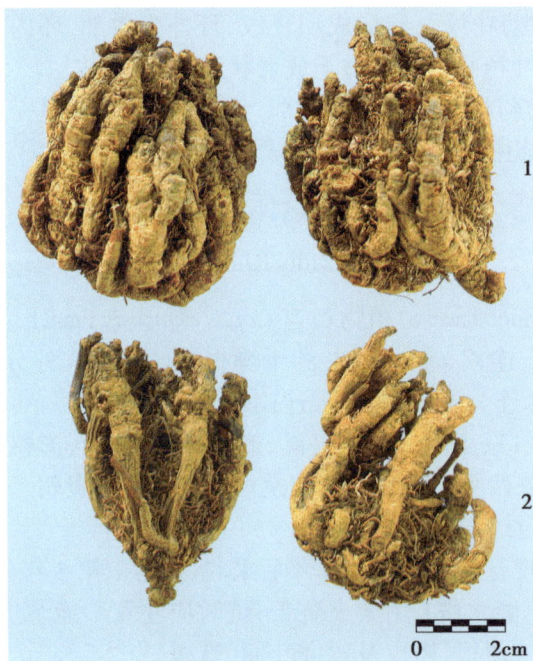

图7-50　黄连等级
1. 一等品;2. 二等品。

　　一等品:多聚集成簇,分枝多弯曲,形如鸡爪,少有单枝,肥壮坚实,间有过桥,长不超过2cm,表面黄褐色,无毛须。断面金黄色或黄色。味极苦。无不足1.5cm长的碎节、残茎(图7-50)。

二等品:条较瘦小,有过桥。间有碎节、碎渣、焦枯。余同一等品。

2. 饮片

(1)黄连片:呈不规则的薄片。外表皮灰黄色或黄褐色,粗糙,有细小的须根。切面或碎断面鲜黄色或红黄色,具放射状纹理,气微,味极苦(图7-51)。

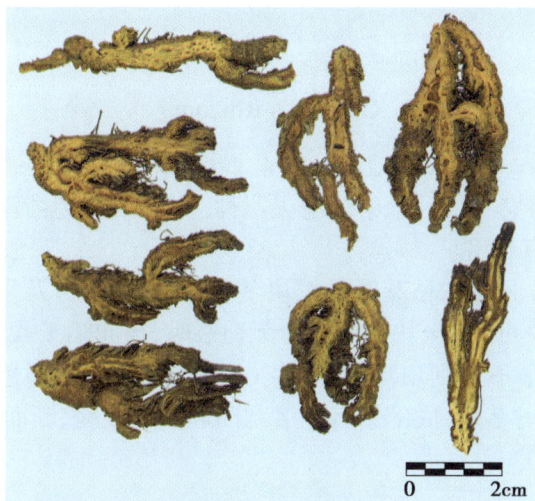

图7-51　黄连片

(2)酒黄连:形如黄连片,色泽加深。略有酒香气。

(3)姜黄连:形如黄连片,表面棕黄色。有姜的辛辣味。

(4)萸黄连:形如黄连片,表面棕黄色。有吴茱萸的辛辣香气。

【主要化学成分】小檗碱(berberine,又称黄连素)、黄连碱(coptisine)、甲基黄连碱(worenine)、巴马汀(palmatine,又名掌叶防己碱)等。

【质量要求】

1. 性状评价　以条粗长、连珠形、过桥短、质坚实、断面色红黄、味极苦者为佳。

2. 检查　药材,水分不得过14.0%;总灰分不得过5.0%。饮片,水分不得过12.0%;总灰分不得过3.5%。

3. 醇溶性浸出物　以稀乙醇作溶剂,用热浸法测定,不得少于15.0%。

4. 含量测定　以盐酸小檗碱($C_{20}H_{17}NO_4 \cdot HCl$)计,含小檗碱($C_{20}H_{17}NO_4$)药材不得少于5.5%,饮片不得少于5.0%;表小檗碱($C_{20}H_{17}NO_4$)药材不得少于0.80%,饮片不得少于3.3%;黄连碱($C_{19}H_{13}NO_4$)药材不得少于1.6%,饮片不得少于3.3%;巴马汀($C_{21}H_{21}NO_4$)药材不得少于1.5%,饮片不得少于3.3%。

【贮藏养护】用麻袋或木箱包装,贮藏于干燥、通风处。酒黄连、姜黄连、萸黄连应密封,贮藏于阴凉、干燥处。

【性味功能】苦,寒。清热燥湿,泻火解毒。用于湿热痞满,呕吐吞酸,泻痢,黄疸,高热神昏,心火亢盛,心烦不寐,心悸不宁,血热吐衄,目赤,牙痛,消渴,痈肿疔疮;外治湿疹,湿疮,耳道流脓。

酒黄连善清上焦火热。用于目赤,口疮。姜黄连清胃和胃止呕。用于寒热互结,湿热中阻,痞满呕吐。萸黄连疏肝和胃止呕。用于肝胃不和,呕吐吞酸。

【用法用量】2~5g。外用适量。

【附注】黄连是我国著名的常用药材,已经有2000余年的药用历史。黄连在临床上应用广泛,是多种中成药的重要原料和出口商品。

黄连商品过去常以长江为界,分"北岸连"和"南岸连"。北岸连主产于长江北岸的川东、鄂西地区,如开县、巫溪、巫山、城口、房县、竹溪、巴东、秭归、镇平、平利等地。南岸连主产于川东鄂西长江以南的石柱、南川、武隆、黔江、彭水、江津、来凤、恩施、利川、建始、宣恩、咸丰、龙山、桑植等地。

延胡索 Yanhusuo

Corydalis Rhizoma

【基源】罂粟科(Papaveraceae)植物延胡索 *Corydalis yanhusuo* W. T. Wang 的干燥块茎。

主产于浙江东阳、磐安、缙云、永康等地。习称"浙元胡",为浙江著名的道地药材"浙八味"之一。陕西汉中亦有栽培。

栽培延胡索于5—6月植株枯萎时采挖块茎,除去地上部分及须根,搓掉浮皮,洗净;按大小分档,入沸水中煮3~6min,至块茎内部恰无白心时,捞起晒干或烘干。

【商品性状特征】呈不规则扁球形,直径0.5~1.5cm。表面黄色或黄褐色,有不规则网状皱纹。顶端有略凹陷的茎痕,底部常有疙瘩状凸起。质硬脆,断面黄色,角质样,有蜡样光泽。气微,味苦(图7-52)。

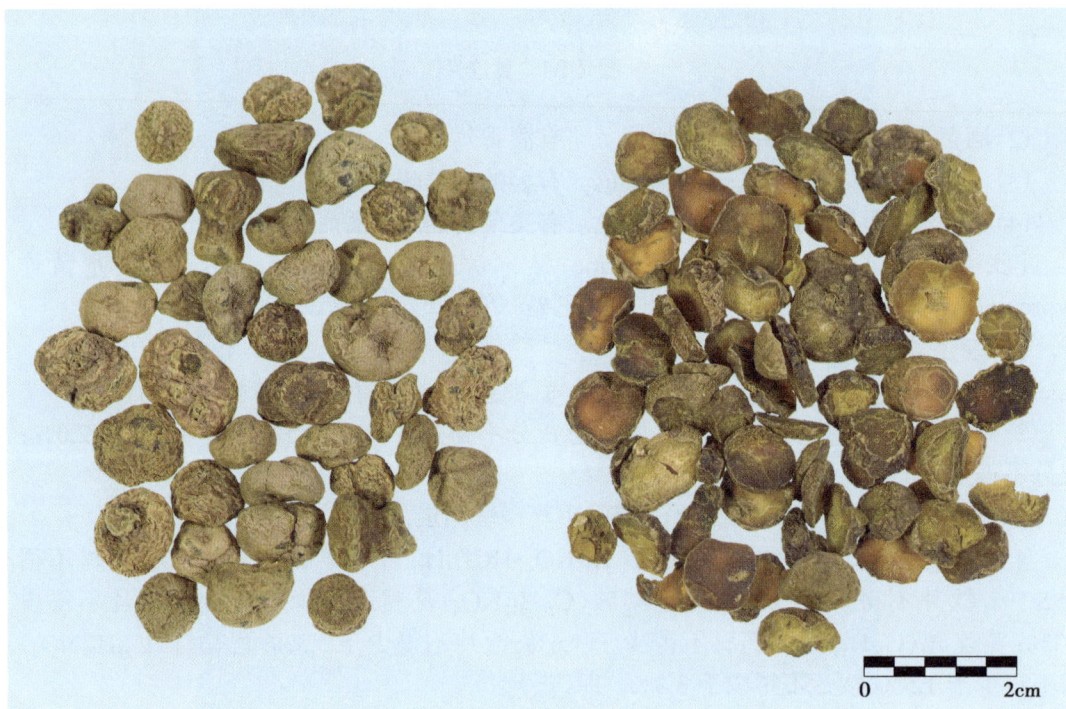

图7-52 延胡索

【规格等级】

1. 药材

一等品:呈不规则扁球形。表面黄棕色,多皱缩。质硬脆,断面黄褐色,有蜡样光泽。味苦微辛。每50g 45粒以内。无杂质、虫蛀、霉变(图7-53)。

二等品:每50g 45粒以外,余同一等品(图7-53)。

2. 饮片

(1)延胡索片:不规则的圆形厚片。厚2~4mm。外表皮黄色或黄褐色,有不规则细皱纹。切面或断面黄色,角质样,具蜡样光泽。气微,味苦。

图 7-53　延胡索等级
1. 一等品;2. 二等品。

(2)醋延胡索:形如延胡索或片,表面和切面黄褐色,质较硬。微具醋香气。

【主要化学成分】紫堇碱(*d*-corydaline,延胡索甲素)、*dl*- 四氢巴马汀(*dl*-tetrahydro palmatine,延胡索乙素)、*l*- 四氢黄连碱(*l*-tetrahydro coptisine)、原阿片碱(protopine,延胡索丙素)等。

【质量要求】

1. 性状评价　以块茎粒大饱满、质坚皮细、内外色黄、味苦者为佳。

2. 检查　水分不得过 15.0%;总灰分不得过 4.0%。

3. 黄曲霉毒素　本品每 1 000g 含黄曲霉毒素 B_1 不得过 5μg,黄曲霉毒素 G_2、G_1、B_2、B_1 的总量不得过 10μg。

4. 醇溶性浸出物　以稀乙醇作溶剂,用热浸法测定,不得少于 13.0%。

5. 延胡索乙素($C_{21}H_{25}NO_4$)的含量　用高效液相色谱法测定,药材不得少于 0.050%;饮片不得少于 0.040%。

【贮藏养护】本品富含淀粉,易虫蛀,应贮藏于阴凉、通风、干燥处,防蛀。

【性味功能】辛、苦,温。活血,行气,止痛。用于胸胁、脘腹疼痛,经闭痛经,产后瘀阻,跌扑肿痛。

【用法用量】3~10g;研末吞服,一次 1.5~3g。

羌活　Qianghuo

Notopterygii Radix et Rhizoma

【基源】伞形科(Umbelliferae)植物羌活 *Notopterygium incisum* Ting ex H. T. Chang 或宽叶羌活 *N. franchetii* H. de Boiss. 的干燥根茎和根。

羌活主产于四川、云南、青海、甘肃等地。宽叶羌活主产于四川、青海、陕西、河南等地。

传统上,羌活分为川羌与西羌两种:川羌系指四川的阿坝、甘孜等地所产的羌活;西羌系指甘肃、青海所产的羌活。四川阿坝藏族羌族自治州所产羌活被视为道地药材。

春、秋二季采挖,除去须根及泥沙,晒干。以秋季产者质量优。

【商品性状特征】羌活为圆柱状略弯曲的根茎,长 4~13cm,直径 0.6~2.5cm,顶端有茎痕。表面棕褐色至黑褐色,外皮脱落处呈黄色。节间缩短,呈紧密隆起的环状,形似蚕者,习称"蚕羌"(图 7-54);节间延长,形如竹节状者,习称"竹节羌"。节上有多数点状或瘤状突起的根痕及棕色破碎鳞片。体轻,质脆,易折断,断面不平整,有多数裂隙,皮部黄棕色至暗棕色,油润,有棕色油点,木部黄白色,射线明显,髓部黄色至黄棕色。气香,味微苦而辛。

宽叶羌活根茎类圆柱形,顶端有茎和叶鞘残基,根类圆锥形,有纵皱纹和皮孔;表面棕褐色,近根茎处有较密的环纹,长 8~15cm,直径 1~3cm,习称"条羌"。有的根茎粗大,不规则结节状,顶部有数个茎基,根较细,习称"大头羌"。质松脆,易折断,断面略平坦,皮部浅棕色,木部黄白色。气味较淡。

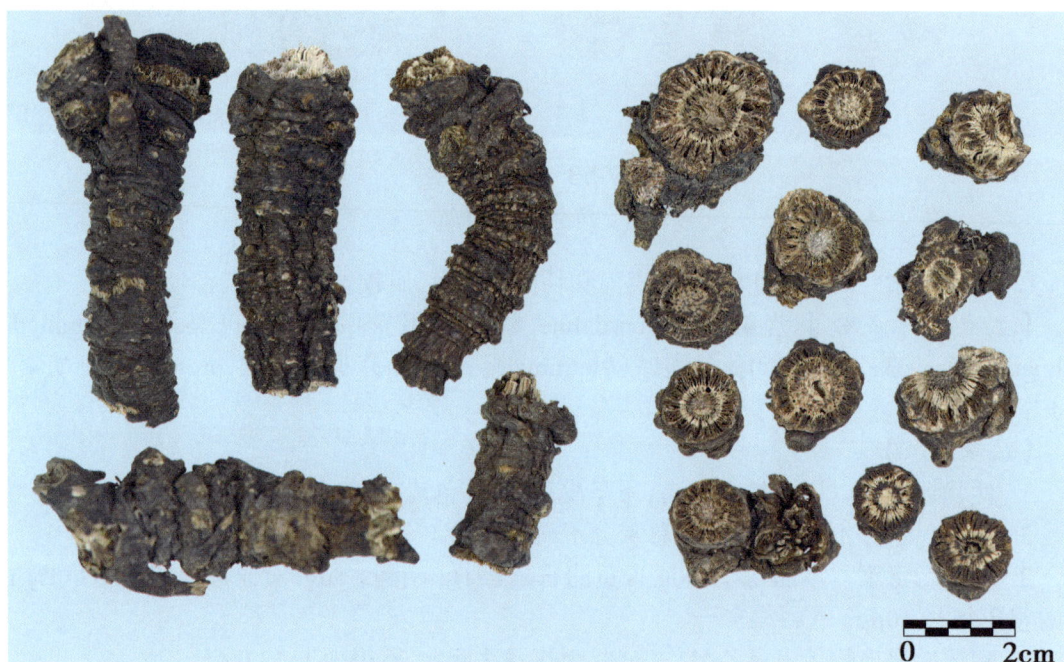

图 7-54　蚕羌

【规格等级】

1. 药材　商品按产地分为川羌和西羌。以药材性状不同又分为蚕羌、条羌、竹节羌和大头羌(图 7-55)。

(1)川羌

一等品(蚕羌):呈圆柱形。全体环节紧密,似蚕状。表面棕黑色。体轻质松脆。气清香纯正,味微苦辛。长 4cm 以上,顶端直径 1cm 以上。无须根、杂质、虫蛀、霉变。

二等品(条羌、竹节羌):呈长条形或竹节状。长短大小不分,间有破碎。余同一等品。

(2)西羌

一等品(蚕羌):同川羌一等品。

二等品(条羌、竹节羌):同川羌二等品。

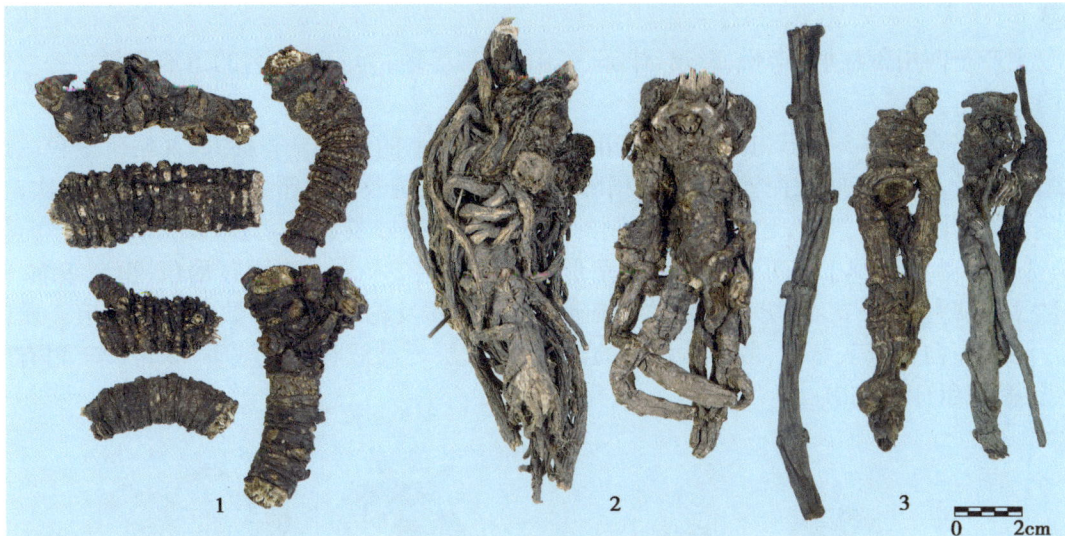

图 7-55 羌活规格
1. 蚕羌；2. 大头羌；3. 竹节羌。

三等品(大头羌)：根茎粗大,不规则结节状,根较细。气浊。

2. 饮片 羌活片：为类圆形、不规则形横切或斜切片,表皮棕褐色至黑褐色,切面外侧棕褐色,木部黄白色,有的可见放射状纹理。体轻,质脆。气香,味微苦而辛。

【主要化学成分】主要含挥发油,挥发油中主要为羌活醇(notopterol)、异欧前胡素(isoimperatorin)、阿魏酸苯乙醇酯(phenethyl ferulate)、镰叶芹二醇(falcarindiol)、紫花前胡苷(nodakenin)等。

【质量要求】

1. 性状评价 以条粗、外皮棕褐色、有环节、断面油点多、香气浓者为佳。

2. 检查 总灰分不得过 8.0%；酸不溶性灰分不得过 3.0%。

3. 醇溶性浸出物含量 以乙醇作溶剂,用热浸法测定,不得少于 15.0%。

4. 挥发油含量 挥发油不得少于 1.4%(ml/g)。

5. 羌活醇($C_{21}H_{22}O_5$)和异欧前胡素($C_{16}H_{14}O_4$)的总量 用高效液相色谱法测定,不得少于 0.40%。

【贮藏养护】置阴凉干燥处,防蛀。

【性味功能】辛、苦,温。解表散寒,祛风除湿,止痛。用于风寒感冒,头痛项强,风湿痹痛,肩背酸痛。

【用法用量】3~10g。

【附注】羌活在临床汤剂和中成药中用量较大。2014 年之前主要来源于野生资源,随着市场用量增大,野生资源供不应求,价格上涨较快。2015 年之后市场上逐渐有人工栽培羌活供应,野生羌活价格稍有回落。但目前羌活栽培技术还未完全成熟,栽培羌活质量参差不齐,有的栽培羌活难以达到《中国药典》标准,野生羌活资源仍然紧张,价格也较高。蚕羌、条羌、竹节羌和大头羌不同商品规格的价格差异大。

川芎 Chuanxiong

Chuanxiong Rhizoma

【基源】伞形科(Umbelliferae)植物川芎 *Ligusticum chuanxiong* Hort. 栽培品的干燥

根茎。

主产于四川都江堰、崇州、彭州、什邡、彭山、新都等地,为四川著名的道地药材之一。销全国并出口。

于栽培次年的 5 月下旬小满后 4~5d 采收,此时茎上的节盘显著膨大,并略带紫色。选择晴天采挖,除去茎叶及泥沙,在田间稍晾晒后,放入火炕及时烘干,每天上下翻动一次,至根茎干燥变硬,香气散发,起炕,放入竹制的撞笼内撞去须根及泥沙。

【商品性状特征】呈不规则结节状拳形团块。直径 2~7cm。表面黄褐色,粗糙皱缩,有多数平行隆起的轮节,顶端有凹陷的类圆形茎痕,下面及轮节上有多数小瘤状根痕。质坚实。切面黄白色或灰黄色,散有黄棕色的油室,形成层环纹波状。气浓香,味苦、辛,稍有麻舌感,微回甜(图 7-56)。

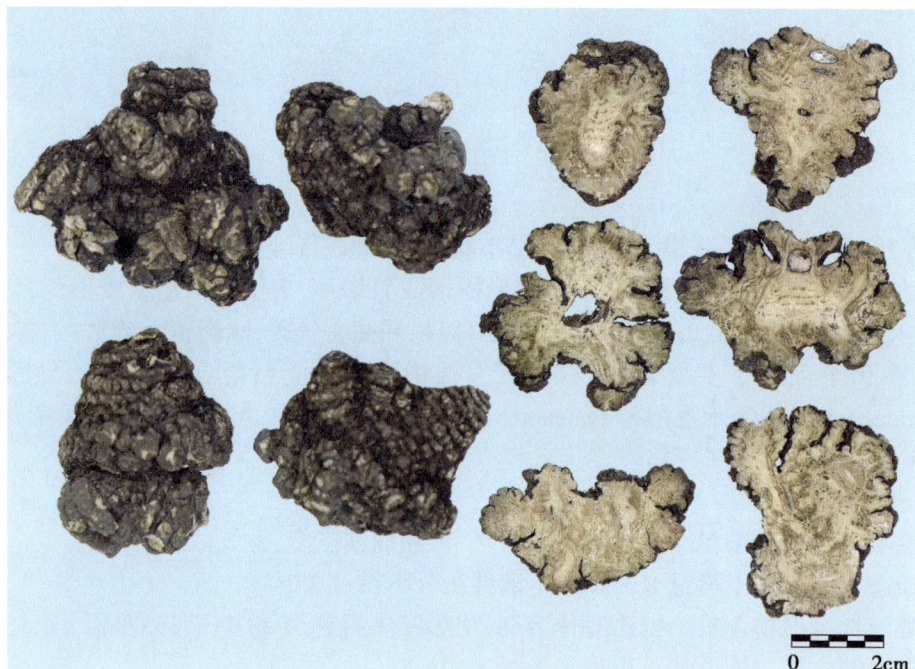

图 7-56 川芎

【规格等级】

1. 药材　商品以每 1kg 的个数划分等级(图 7-57)。

一等品:呈结节状,质坚实。表面黄褐色。断面灰白色或黄白色。有特异香气,味苦辛、麻舌。每 1kg 44 个以内,单个重量不低于 20g。无空心。

二等品:每 1kg 70 个以内。余同一等品。

三等品:每 1kg 70 个以外;个大空心的也属此等。余同一等品。

2. 饮片　为不规则厚片,外表皮灰褐色或褐色,有皱缩纹。切面黄白色或灰黄色,具有明显波状环纹或多角形纹理,散生黄棕色油点。质坚实。气浓香,味苦、辛,微甜。

【主要化学成分】川芎嗪(chuanxiongzine)、藁本内酯(ligustilide)、阿魏酸(ferulic acid)、欧当归内酯 A(levistilide A)等。

【质量要求】

1. 性状评价　以个大饱满、质坚实、断面色黄白、油性大、香气浓厚者为佳。

2. 检查　水分不得过 12.0%;灰分不得过 6.0%;酸不溶性灰分不得过 2.0%。

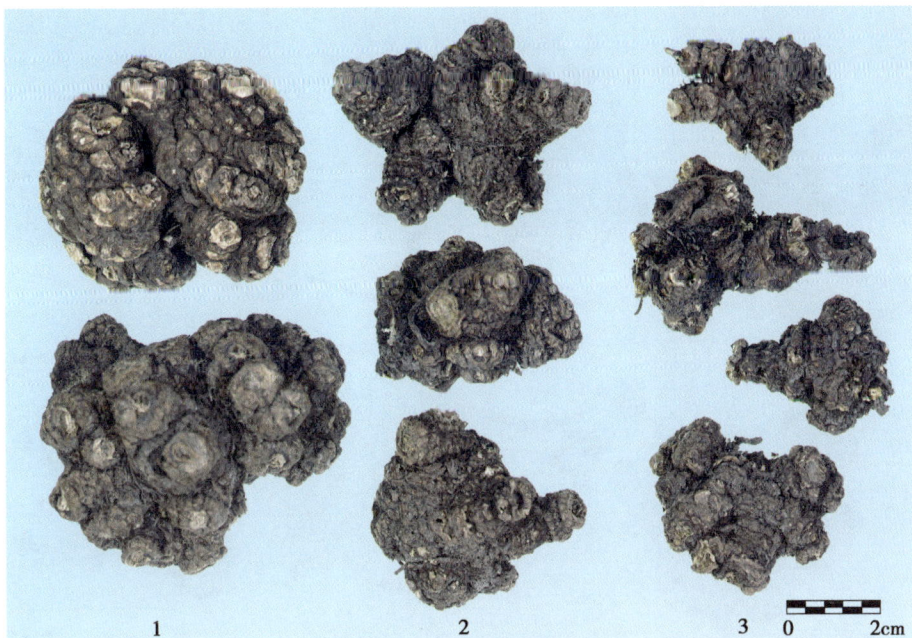

图 7-57 川芎等级
1. 一等品；2. 二等品；3. 三等品。

3. 醇溶性浸出物 以乙醇作溶剂，用热浸法测定，不得少于 12.0%。

4. 阿魏酸（$C_{10}H_{10}O_4$）含量 用高效液相色谱法测定，不得少于 0.10%。

【贮藏养护】置干燥、通风处，避光。本品极易霉变、虫蛀、泛油。贮存中应经常检查，切忌受潮、受热。

【性味功能】辛，温。活血行气，祛风止痛。用于胸痹心痛，胸胁刺痛，跌扑肿痛，月经不调，经闭痛经，癥瘕腹痛，头痛，风湿痹痛。

【用法用量】3~10g。

【附注】川芎为《神农本草经》记载的常用药材，属于可以满足市场需求的商品。据相关资料统计，国内外川芎药材年需求量约 1 万吨。

白术 Baizhu

Atractylodis Macrocephalae Rhizoma

【基源】菊科（Compositae）植物白术 *Atractylodes macrocephala* Koidz. 的干燥根茎。

主产于浙江、安徽、江西、湖南、湖北、河北等地。以浙江产者质优，习称"浙白术"，为著名的"浙八味"之一，销全国各地并出口。

霜降至立冬茎叶转枯黄时，采挖 2~3 年生的根茎。采收前的 7—8 月间摘除花蕾。通常选晴天采挖，剪去茎叶，除去泥沙，烘干或晒干后再除去须根。烘干者称"烘术"，晒干者称"生晒术"。

【商品性状特征】不规则肥厚团块。表面灰黄色或灰棕色，有瘤状突起及断续的纵皱纹、沟纹及须根痕，顶端残留茎基和芽痕。质坚硬，不易折断，断面不平坦，黄白色至淡棕色，散有棕黄色的油室；烘干者断面角质样，色较深或有裂隙。气清香，味甘、微辛，嚼之略带黏性（图 7-58）。

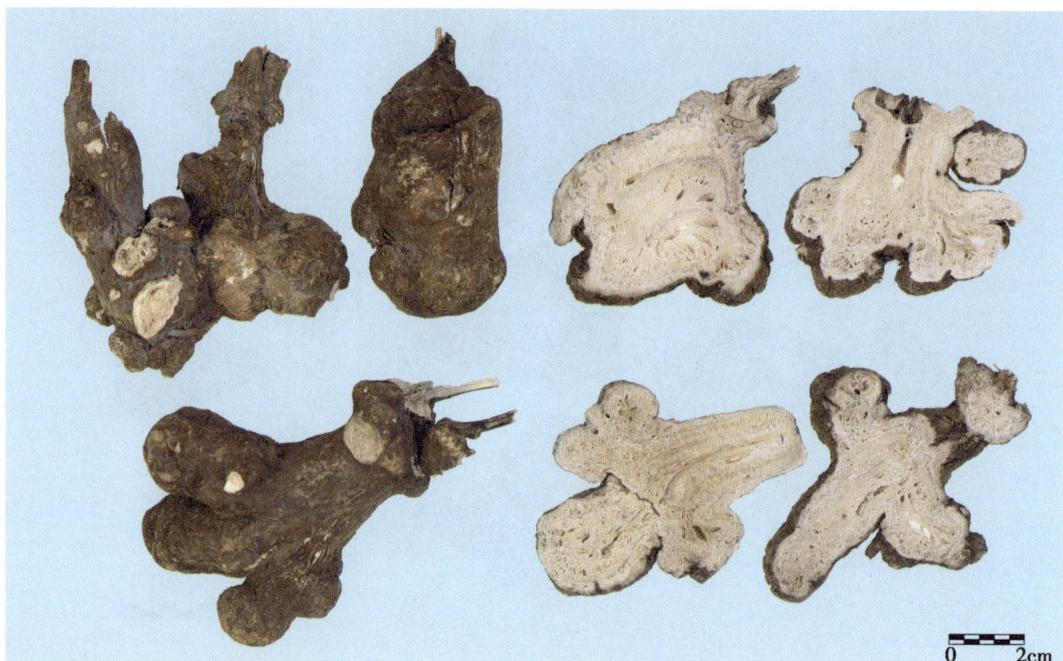

图 7-58　白术

【规格等级】

1. 药材

一等品：呈不规则团块，形体完整。表面灰棕色或黄褐色。断面黄白色或灰白色。味甘、微辛苦。每 1kg 40 个以内。

二等品：每 1kg 100 个以内。

三等品：呈不规则团块状或长条形。每 1kg 200 个以内。

四等品：体形不计，每 1kg 200 个以上。

2. 饮片　不规则厚片，外表皮灰黄色或灰棕色，切面黄白色至淡棕色，散生棕黄色的点状油室，木部具放射状纹理；烘干者切面角质样，色较深或有裂隙。气清香，味甘、微辛，嚼之略带黏性（图 7-58）。

麸炒白术：形如白术片，表面黄棕色，偶见焦斑。略有焦香气。

【主要化学成分】挥发油，油中主要成分为苍术酮（atractylone）、苍术醇（atractylol）、白术内酯 A（butenolide A）、白术内酯 B（butenolide B）等。

【质量要求】

1. 性状评价　以个大、质坚实、断面色黄白、香气浓者为佳。

2. 检查　水分不得过 15.0%；总灰分不得过 5.0%；二氧化硫残留量不得过 400mg/kg。

3. 色度检查　照溶液颜色检查法，与标准比色液相比，显色不得更深。

4. 醇溶性浸出物　以 60% 乙醇作溶剂，用热浸法测定，不得少于 35.0%。

【贮藏养护】置阴凉、干燥处，避光。

【性味功能】苦、甘、温。健脾益气，燥湿利水，止汗，安胎。用于脾虚食少，腹胀泄泻，痰饮眩悸，水肿，自汗，胎动不安。

【用法用量】6~12g。

【附注】白术为《神农本草经》记载的常用药材。野生品以浙江於潜产者质量最佳，习称"於术"，为道地药材，目前已极为少见。商品全部来源于栽培，属于可以满足市场需求的商品。据相关资料统计,国内外白术药材年需求量约 1.3 万吨。

(兰志琼　管家齐　罗 容)

苍术　Cangzhu

Atractylodis Rhizoma

【基 源】菊科(Compositae)植物茅苍术 *Atractylodes lancea*(Thunb.)DC. 或北苍术 *A. chinensis*(DC.)Koidz. 的干燥根茎。野生或栽培。前者习称"茅苍术"或"南苍术",后者习称"北苍术"。

茅苍术主产于江苏、湖北、河南、安徽等地。北苍术主产于河北、山西、辽宁、内蒙古等地。

茅苍术于秋季采挖,除净泥土、残茎,晒干除净毛须,或晒至九成干后,用火燎掉毛须即可。北苍术于春、秋二季采挖,以秋后茎叶近枯萎至春季苗未出土前质量较好;采挖后除去茎叶及泥土,晒至四五成干时装入筐内,撞掉须根;再晒至六七成干,撞第 2 次,直至大部分老皮撞掉后,晒至足干时再撞第 3 次。

【商品性状特征】

1. 茅苍术　呈不规则连珠状或结节状圆柱形,略弯曲,偶有分枝。表面灰棕色,有皱纹、横曲纹及残留须根。质坚实,断面黄白色或灰白色,散有多数橙黄色或棕红色油室,习称"朱砂点",暴露稍久,可析出白色细针状结晶,习称"起霜",也称"吐脂"。气香特异,味微甜、辛、苦(图 7-59)。

2. 北苍术　呈疙瘩状或结节状圆柱形。表面黑棕色,除去外皮者黄棕色。质较疏松,断面散有黄棕色油室。香气较淡,味辛、苦(图 7-59)。

【规格等级】

1. 药材　茅苍术、北苍术均为统货。同时要求,茅苍术中部直径 0.8cm 以上,北苍术 1cm 以上。

2. 饮片

(1)茅苍术:为长椭圆形或不规则长条形,表面灰棕色,有皱纹。质坚实,断面黄白色或灰白色,散有多数橙黄色或棕红色油室,习称"朱砂点",有时可析出白色细针状结晶,习称"起霜"。气香特异,味微甜、辛、苦。

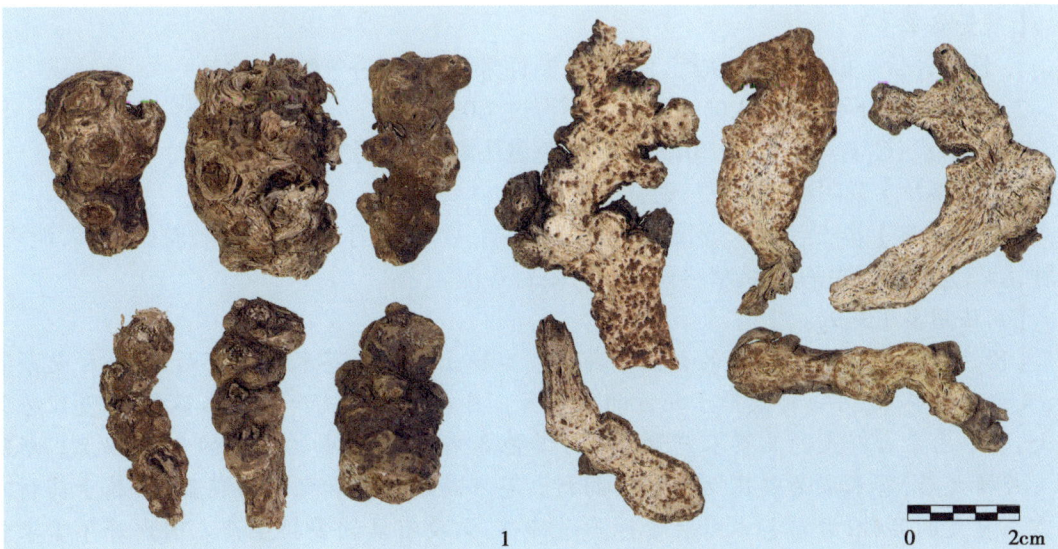

1　　　　　　　　　　　　　0　　　2cm

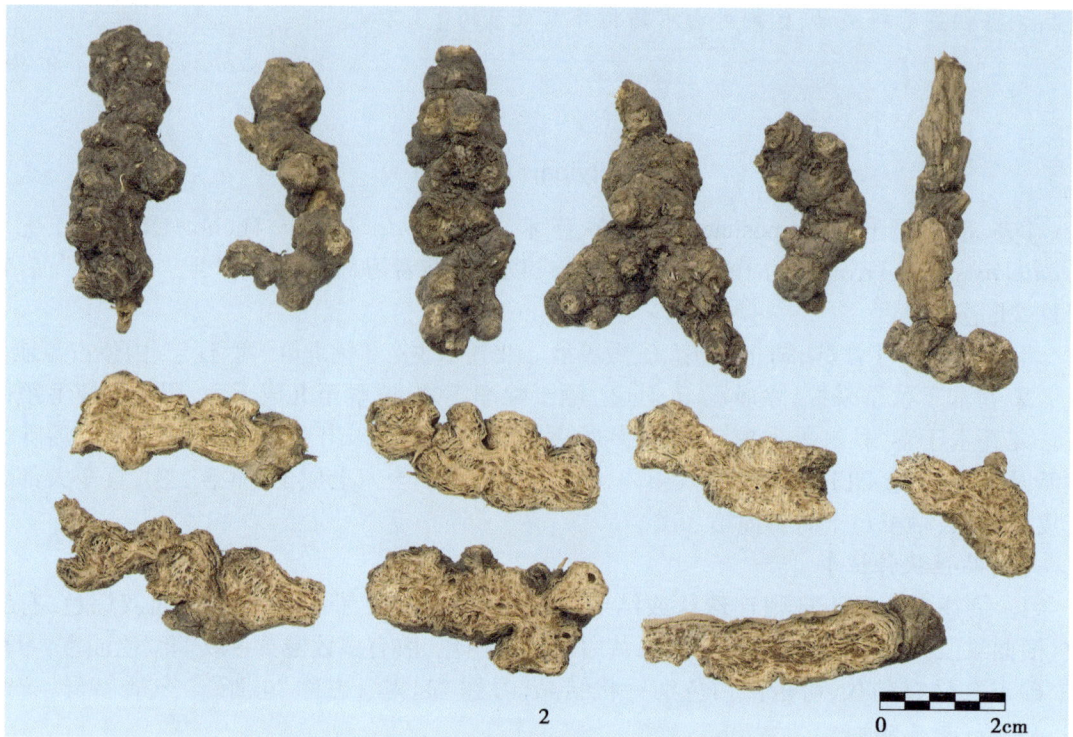

图 7-59　苍术
1. 茅苍术;2. 北苍术。

(2)北苍术:为长条形或不规则长条形,表面黑棕色,粗糙。质较疏松,断面散有黄棕色油点。香气较淡,味辛、苦。

【主要化学成分】

1. 茅苍术　挥发油 5%~9%,其中有茅术醇(hinesol)、β- 桉油醇(β-eudesmol)、苍术素(atractylodin)、苍术醇(atractylol)等。

2. 北苍术　挥发油 3%~5%,其中有茅术醇、β- 桉油醇、苍术素、苍术醇、α- 没药醇(α-bisabolol)等。

【质量要求】

1. 性状评价　以个大、色灰棕、质坚实、断面朱砂点多、香气浓者为佳。

2. 检查　水分不得过 13.0%;总灰分不得过 7.0%。

3. 苍术素($C_{13}H_{10}O$)含量　用高效液相色谱法测定,不得少于 0.30%。

【贮藏养护】置阴凉、干燥处,避光。

【性味功能】辛、苦,温。燥湿健脾,祛风散寒,明目。用于湿阻中焦,脘腹胀满,泄泻,水肿,脚气痿躄,风湿痹痛,风寒感冒,夜盲,眼目昏涩。

【用法用量】3~9g。

【附注】苍术是一种常用的大宗中药材。市场上流通的苍术药材有两种,一种是茅苍术,又称为南苍术,另一种是产于北方的北苍术。目前市场主流产品为北苍术,产量比茅苍术大,其中内蒙古野生的北苍术产量比北方其他各省高,年产量占全国的 70% 以上。新冠肺炎疫情之后,苍术成为临床防疫配方药材。苍术药用价值和经济价值显著,属于药材市场需求量大的品种,目前苍术野生资源产量降低,需要有计划安排生产。国内外年需求量5 000~6 000 吨。

泽泻　Zexie

Alismatis Rhizoma

【基源】泽泻科(Alismataceae)植物东方泽泻 *Alisma orientale*(Sam.)Juzep. 或泽泻 *A. plantago-aquatica* Linn. 的干燥块茎。

主产于福建、四川、江西等地。产于福建地区的泽泻,植物来源为东方泽泻,习称建泽泻,产于四川地区的泽泻,植物来源为泽泻,习称川泽泻。多为栽培品。

冬季茎叶开始枯萎时采挖,洗净,干燥,除去须根和粗皮。

【商品性状特征】

1. 建泽泻　呈卵圆状或类球状,直径 3~7cm,大小较为均一。撞净外皮及须根。表面黄白色、灰白色或黄灰色,有不规则横向环状浅沟纹和细小突起的须根痕。质坚实,相互碰撞有清脆的声响。断面黄白色或淡灰白色,粉性。气微,嚼之味微苦(图 7-60)。

2. 川泽泻　形状与建泽泻相似,但较建泽泻个小,呈卵圆形,直径 3~6cm,大小较为均一。去净粗皮及须根。表面淡黄色,皮略粗,可稍见环状隆起网纹,常有较多瘤状芽痕或双花。下端略尖,带有突起的疙瘩,疙瘩周围有未去净的须根残留。质坚实,相互碰撞有清脆的声响。断面暗黄色至黄棕色,但略松泡,粉性。气微,味微苦(图 7-60)。

图 7-60　泽泻
1. 建泽泻;2. 川泽泻。

【规格等级】

1. 药材　根据不同产地,将泽泻药材分为"建泽泻"和"川泽泻"两个规格。在泽泻条规格下,根据每 1kg 所含的个数划分等级,建泽泻分为 4 个等级;川泽泻分为 3 个等级。

(1)建泽泻

特等品:多呈椭圆状。表面黄白色或灰白色,有不规则横向环状浅沟纹和细小凸起的须根痕。断面黄白色或淡黄色,粉性。每 1kg 25 个以内(单个 ≥ 40g)。无双花、焦枯,无杂质、虫蛀、霉变。

一等品:多呈椭圆状或类球状。每 1kg 33 个以内(单个 ≥ 30g)。余同特等品。

二等品:多呈不规则球状或椭圆状,间有双花。每 1kg 75 个以内(单个 ≥ 10g),偶有轻微焦枯,不超过 5%。余同特等品。

统货:呈椭圆状或类球状或含双花。表面黄白色或黄灰色,有不规则横向环状浅沟纹和细小凸起的须根痕和瘤状芽痕。每 1kg 75 个以内(单个 ≥ 10g)。有轻微焦枯,但不超过 5%。余同特等品。

(2)川泽泻

一等品:多呈卵圆状、椭圆状或类球状或稍显三棱圆柱状。表面黄白色或灰黄白色,有明显的横向环状沟纹及瘤状芽痕。断面黄白色、淡黄棕色或淡灰白色,粉性。每 1kg 33 个以内(单个 ≥ 30g)。无双花、焦枯、碎块。

二等品:多呈不规则球状或椭圆状或稍显三棱圆柱状。表面黄白色或灰黄白色,有明显的横向环状沟纹及瘤状芽痕。每 1kg 75 个以内(单个 ≥ 10g)。间有双花,少量轻微焦枯、碎块,但不超过 5%。余同一等品。

统货:结节略呈圆锥形,长短不一。不分大小。呈卵圆状或椭圆状或稍显三棱圆柱状。表面灰黄色,有明显的横向环状沟纹及瘤状芽痕。每 1kg 100 个以内(即单个 ≥ 10g)。间有双花、少量轻微焦枯、碎块,但不超过 5%。余同一等品。

2. 饮片

(1)泽泻片:呈圆形或椭圆形厚片。外表皮淡黄色至淡黄棕色,可见细小突起的须根痕。切面黄白色至淡黄色,粉性,有多数细孔。气微,味微苦。

(2)盐泽泻:形如泽泻片,表面淡黄棕色或黄褐色,偶见焦斑,味微咸。

【主要化学成分】泽泻醇(alisol)A、B、C,23-乙酰泽泻醇 B,23-乙酰泽泻醇 C,泽泻醇 A-24-乙酸酯(alisol A 24-acetate)等。

【质量要求】

1. 性状评价　以个大、色黄白、光滑、质坚实、粉性足者为佳。

2. 检查　药材与泽泻片,水分不得过 14.0%;总灰分不得过 5.0%。盐泽泻,水分不得过 13.0%;总灰分不得过 6.0%。

3. 醇溶性浸出物　以乙醇作溶剂,用热浸法测定,不得少于 10.0%。

4. 23-乙酰泽泻醇 B($C_{32}H_{50}O_5$)和 23-乙酰泽泻醇 C($C_{32}H_{48}O_6$)的总量　用高效液相色谱法测定,药材不得少于 0.10%。

【贮藏养护】置干燥处,防蛀。在梅雨季节注意检查,返潮发软立即烘干或晒干,不宜久贮。

【性味功能】甘、淡,寒。利水渗湿,泻热,化浊降脂。用于小便不利,水肿胀满,泄泻尿少,痰饮眩晕,热淋涩痛,高脂血症。

盐泽泻:利水渗湿,清热养阴。用于小便不利,水肿,呕吐。

【用法用量】6~10g。

【注意】肾虚精滑无湿热者禁服。

【附注】双花:用于描述泽泻药材,指多数呈不规则类三棱锥状的泽泻药材,顶端有两个或多数瘤状突起的芽痕。

香附　Xiangfu

Cyperi Rhizoma

【基源】莎草科(Cyperaceae)植物莎草 *Cyperus rotundus* L. 的干燥根茎。

主产于山东、浙江、湖南、广东、广西等地,以山东、浙江所产者最佳。

秋季采挖,燎去毛须,置沸水中略煮或蒸透后晒干,或燎后直接晒干。

【商品性状特征】多呈纺锤形,有的略弯曲,长 2~3.5cm,直径 0.5~1cm。表面棕褐色或黑褐色,有纵皱纹,并有 6~10 个略隆起的环节,节上有未除净的棕色毛须和须根断痕;去净毛须者较光滑,环节不明显。质硬,经蒸煮者断面黄棕色或红棕色,角质样;生晒者断面色白而显粉性,内皮层环纹明显,中柱色较深,点状维管束散在。气香,味微苦(图 7-61)。

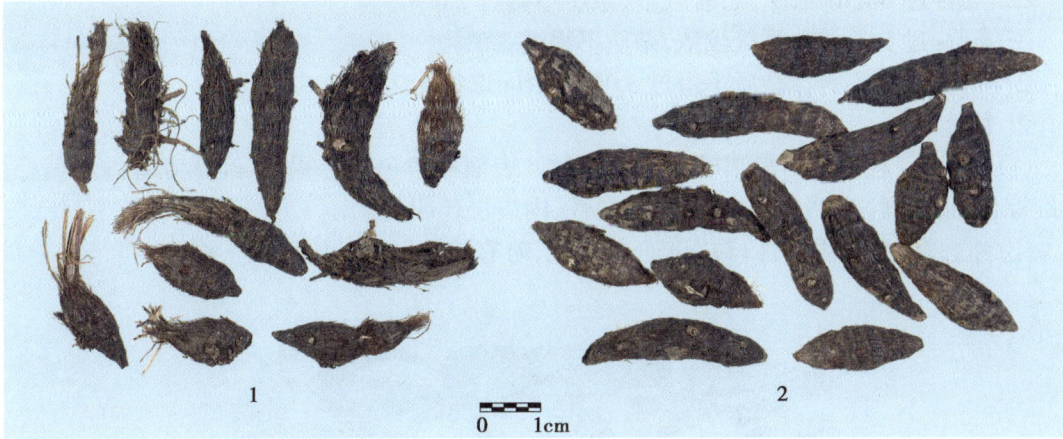

图 7-61 香附
1. 毛香附;2. 光香附。

【规格等级】

1. 药材 根据市场流通情况,按照去毛、不去毛将香附药材分为"毛香附"和"光香附"两个规格。"毛香附"药材均为统货,无等级划分;"光香附"药材在规格项下,分成"选货"和"统货"两个等级,"选货"项下根据过筛网大小进行等级划分。

(1)毛香附:呈纺锤形,有的略弯曲。表面长满黑褐色的毛须。质坚硬,粉性足,断面淡褐色、灰白色或棕黄色。气芳香,味微苦,大小不等。无变色、走油、虫蛀、霉变,杂质不得过 3.0%。

(2)光香附:分选货与统货。选货再根据大小分为 3 个等级(图 7-62)。

图 7-62 光香附等级
1. 一等品;2. 二等品;3. 三等品。

1）选货：呈纺锤形，有的略弯曲。去净毛须。表面棕褐色或黑褐色，具光泽，有纵皱纹，通常有数个隆起的环节及残留根痕。质硬。蒸煮者断面黄棕色或红棕色，角质样；生晒者断面色白而显粉性。气芳香，味微苦。无变色、走油、虫蛀、霉变。

一等品：过 7mm 筛，个大，饱满，香气浓，无杂质。

二等品：过 6mm 筛，个大，香气浓，杂质不得过 2.0%。

三等品：过 5mm 筛，香气较浓，杂质不得过 3.0%。

2）统货：大小不等。杂质不得过 3.0%。余同选货。

2. 饮片

（1）香附片（粒）：为不规则厚片或颗粒状。表面棕黄色或棕褐色，经蒸煮者内心黄棕色或红棕色，角质样；生晒者内心黄白色，粉性，内皮层环明显。

（2）醋香附：形如香附片（粒），表面棕褐色，略有醋香气，味微苦（图 7-63）。

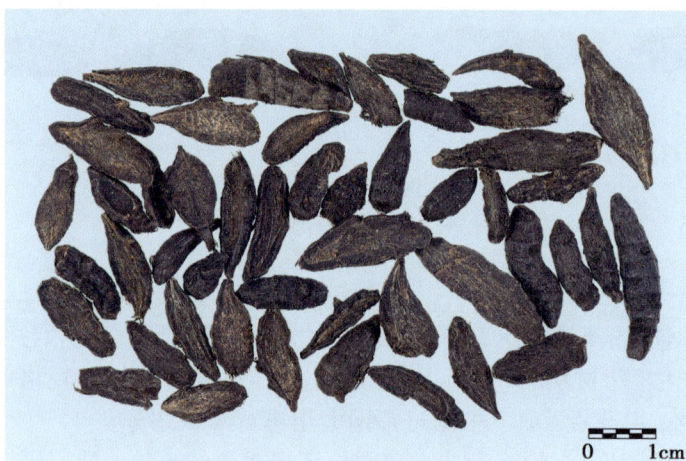

图 7-63 醋香附

【主要化学成分】α- 香附酮（α-cyperone）、去氢木香内酯（dehydrocostuslac-tone）、木香烃内酯（costunolide）等。

【质量要求】

1. 性状评价　以粒大，色棕褐，光润，质坚实，香气浓郁者为佳。

2. 检查　水分不得过 13.0%；总灰分不得过 4.0%。

3. 醇溶性浸出物　以稀乙醇作溶剂，用热浸法测定，香附醇溶性浸出物不得少于 15.0%；香附片醇溶性浸出物不得少于 11.5%；醋香附醇溶性浸出物不得少于 13.0%。

4. 挥发油　用挥发油测定法测定，香附和香附片不得少于 1.0%（ml/g）；醋香附不得少于 0.8%（ml/g）。

【贮藏养护】置阴凉干燥处，防蛀。

【性味功能】辛、微苦、微甘，平。疏肝解郁，理气宽中，调经止痛。用于肝郁气滞，胸胁胀痛，疝气疼痛，乳房胀痛，脾胃气滞，脘腹痞闷，胀满疼痛，月经不调，经闭痛经。

【用法用量】6~10g。

【附注】香附为需求量较大的品种之一，年需求量在 8 000 吨以上。2018—2019 年后因价格下跌导致产量下降，2020 年价格开始小幅上涨。现有产于以广东湛江遂溪为中心的粤西沿海平原地区的栽培品，习称广香附。广香附呈长纺锤形，长 2~4cm，直径 0.5~1cm。表面棕褐色，较光滑，具有 4~15 环节。表面有断须根痕迹。断面粉性者较多，色白。少数断面角质样,浅棕色。

半夏　Banxia

Pinelliae Rhizoma

【基源】天南星科(Araceae)植物半夏 *Pinellia ternata*(Thunb.)Breit. 的干燥块茎。

主产于四川、湖北、河南、安徽、贵州、山东等地。

夏、秋二季均可采挖。去掉茎叶,采用人工脱皮或机器脱皮法。脱皮后,用清水漂洗干净,暴晒至足干,即"生半夏"。在脱皮和冲洗时要注意保护皮肤,以免中毒。

【商品性状特征】呈类球形,稍偏斜;表面白色或浅黄色,顶端有凹陷的茎痕,周围密布麻点状根痕;下面钝圆,较光滑。质坚实,断面洁白,富粉性。无臭,味辛辣,麻舌而刺喉(图7-64)。

图7-64　半夏

1. 生半夏;2. 清半夏;3. 法半夏;4. 姜半夏。

【规格等级】

1. 药材　商品以每1kg的粒数划分等级(图7-65)。

一等品:呈类球形、半圆球形或偏斜,去净外皮。表面白色或浅黄白色,中心凹陷,周围有棕色点状根痕;下面钝圆,较平滑。质坚实。断面洁白或白色,粉质细腻。气微,味辛,麻舌而刺喉。每1kg 800粒以内。

二等品:每1kg 1 200粒以内。余同一等品。

三等品:每1kg 3 000粒以内。余同一等品。

2. 饮片

(1)法半夏:呈类球形或破碎成不规则颗粒状。表面淡黄白色、黄色或棕黄色。质较松脆或硬脆,断面黄色或淡黄色,颗粒者质稍硬脆。气微,味淡略甜,微有麻舌感(图7-64)。

(2)姜半夏:呈淡黄棕色片状。表面棕色至棕褐色。质硬脆,断面淡黄棕色,常具角质样光泽。气微香,味淡、微有麻舌感,嚼之略粘牙(图7-64)。

图 7-65　半夏等级
1. 一等品；2. 二等品；3. 三等品。

　　(3)清半夏：呈椭圆形、类圆形或不规则的片。切面淡灰色至灰白色,可见灰白色点状或短线状维管束迹,有的残留栓皮处下方显淡紫红色斑纹,质脆,易折断,断面略呈角质样。气微,味微涩、微有麻舌感(图 7-64)。

　　【主要化学成分】β- 谷甾醇 -D- 葡萄糖苷、高龙胆酸(homogentisic acid)及天冬氨酸、精氨酸、β- 氨基丁酸、γ- 氨基丁酸等多种氨基酸。另含左旋盐酸麻黄碱、微量挥发油、原儿茶醛、半夏多糖等。

　　【质量要求】
　　1. 性状评价　以粒大、色白、质坚实、粉性足者为佳。
　　2. 检查　水分不得过 13.0%；总灰分不得过 4.0%。
　　3. 水溶性浸出物　用冷浸法测定,不得少于 7.5%。
　　【贮藏养护】置干燥、通风处,避光。防蛀。
　　【性味功能】辛、温；有毒。燥湿化痰,降逆止呕,消痞散结。用于湿痰寒痰,咳喘痰多,痰饮眩悸,风痰眩晕,痰厥头痛,呕吐反胃,胸脘痞闷,梅核气；外治痈肿痰核。
　　法半夏：燥湿化痰。用于痰多咳喘,痰饮眩悸,风痰眩晕,痰厥头痛。
　　姜半夏：温中化痰,降逆止呕。用于痰饮呕吐,胃脘痞满。长于降逆止呕。
　　清半夏：燥湿化痰。用于湿痰咳嗽,胃脘痞满,痰涎凝聚,咳吐不出。长于燥湿化痰。
　　【用法用量】内服一般炮制后使用,3~9g。外用适量,磨汁涂或研末以酒调敷患处。
　　【附注】半夏为《神农本草经》记载的常用药材,为大宗商品药材。据相关资料统计,年均产量 4 000~6 000 吨,国内外年均需求量 8 000~10 000 吨。目前,市场上销售的半夏,家种半夏占比可达 90%。

川贝母　Chuanbeimu

Fritillariae Cirrhosae Bulbus

　　【基源】百合科(Liliaceae)植物川贝母 *Fritillaria cirrhosa* D. Don、暗紫贝母 *F. unibracteata*

Hsiao et K. C. Hsia、甘肃贝母 *F. przewalskii* Maxim.、梭砂贝母 *F. delavayi* Franch.、太白贝母 *F.taipaiensis* P. Y. Li 或瓦布贝母 *F. unibracteata* Hsiao et K. C. Hsia var. *wabuensis*(S. Y. Tang et S. C. Yue) Z. D. Liu, S. Wang et S. C. Chen 的干燥鳞茎。按性状不同分别习称"松贝""青贝""炉贝"和"栽培品"。

松贝和青贝来源于川贝母,主产于四川石渠、德格及青海、西藏、云南等地;暗紫贝母主产于四川松潘、红原、若尔盖、阿坝等地;甘肃贝母主产于甘肃南部、青海东部、南部及四川等地。

炉贝来源于梭砂贝母,主产于四川甘孜、德格、昌都、巴塘和云南西部。

栽培品来源于太白贝母,主产于湖北、陕西、甘肃、四川等地。

瓦布贝母主产于四川西北部的茂县、黑水、松潘、北川,重庆城口等地。

夏、秋二季或积雪融化时采挖。因产地不同,采收期各异,四川、云南在 6—7 月为盛采期;青海通常在 7 月采挖;甘肃在 5—6 月采挖;栽培品通常在下种 3 年后秋季茎叶枯萎时采收。挖出后,除去须根、粗皮及泥沙,晒干或低温干燥。

【商品性状特征】

1. 松贝 呈类圆锥形或近球形,高 0.3~0.8cm,直径 0.3~0.9cm。表面类白色。外层鳞叶 2 瓣,大小悬殊,大瓣紧抱小瓣,未抱合部分呈新月形,习称"怀中抱月";顶部闭合,内有类圆柱形、顶端稍尖的心芽和小鳞叶 1~2 枚;先端钝圆或稍尖,基部平,微凹入,中心有灰褐色的鳞茎盘,偶有残存须根。质硬脆,断面白色,富粉性。气微,味微苦(图 7-66)。

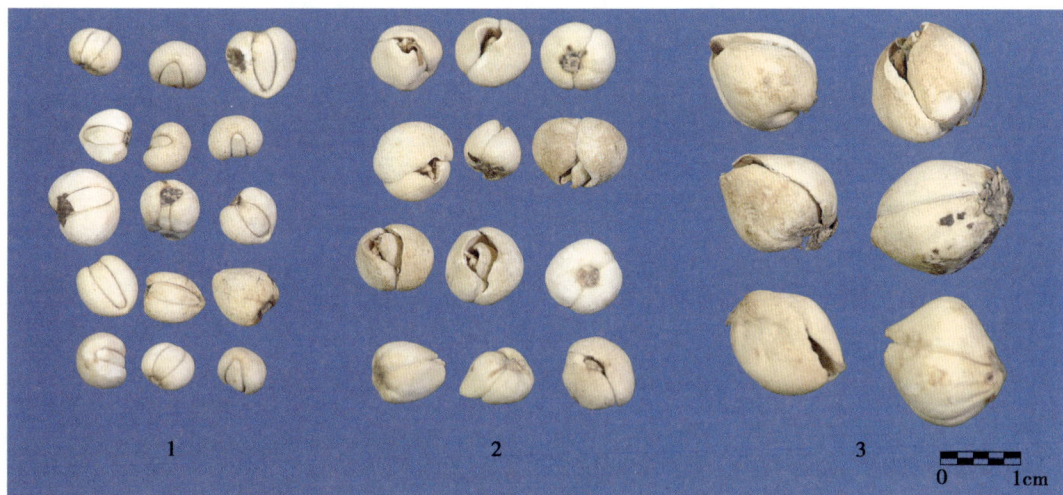

图 7-66 川贝母
1. 松贝;2. 青贝;3. 炉贝。

2. 青贝 呈类扁球形,高 0.4~1.4cm,直径 0.4~1.6cm。外层鳞叶 2 瓣,大小相近,相对抱合,顶部开裂,内有心芽和小鳞叶 2~3 枚及细圆柱形的残茎(图 7-66)。

3. 炉贝 呈长圆锥形,高 0.7~2.5cm,直径 0.5~2.5cm。表面类白色或浅棕黄色,有的具棕色斑点。外层鳞叶 2 瓣,大小相近,顶部开裂而略尖,基部稍尖或较钝(图 7-66)。

4. 栽培品 呈类扁球形或短圆柱形,高 0.5~2cm,直径 1~2.5cm。表面类白色或浅棕黄色,稍粗糙,有的具浅黄色斑点。外层鳞叶 2 瓣,大小相近,顶部多开裂而较平(图 7-67)。

【规格等级】根据性状不同,分为 3 个规格。

1. 松贝 根据每 50g 所含松贝个数,分为 2 个等级(图 7-68)。

图 7-67　川贝母栽培品
1. 瓦布贝母;2. 太白贝母。

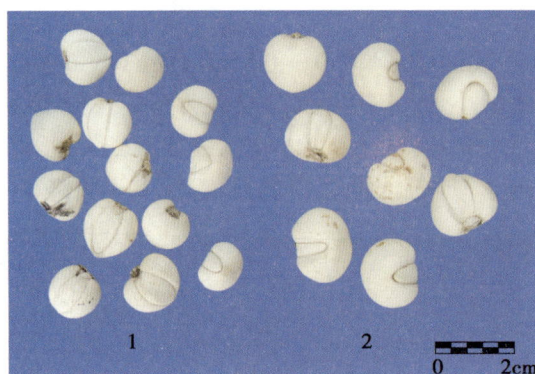

图 7-68　松贝等级
1. 一等品;2. 二等品。

一等品:呈类圆锥形或近球形。鳞瓣 2,大瓣紧抱小瓣,未抱合部分呈新月形,顶部闭口,基部平。表面类白色。体结实,质细腻,断面粉白色。味甜微苦。每 50g 在 240 粒以外,无黄贝、油贝、碎贝、杂质。

二等品:顶端闭合或开口,基部平或近似平。每 50g 在 240 粒以内。间有黄贝、油贝、碎贝、杂质。

2. 青贝　根据每 50g 所含青贝个数,分为 4 个等级(图 7-69)。

一等品:呈扁球形或类圆形。外层两个鳞片大小相似。顶部闭口或微开口,基部较平。表面白色、细腻、体结实。断面粉白色。味淡微苦。每 50g 在 190 粒以外。对开瓣不超过 20%。无黄贝、油贝、碎贝、杂质。

二等品:顶端闭口或开口,每 50g 在 130 粒以外。对开瓣不超过 25%。间有花黄贝、花油贝不超过 5%。

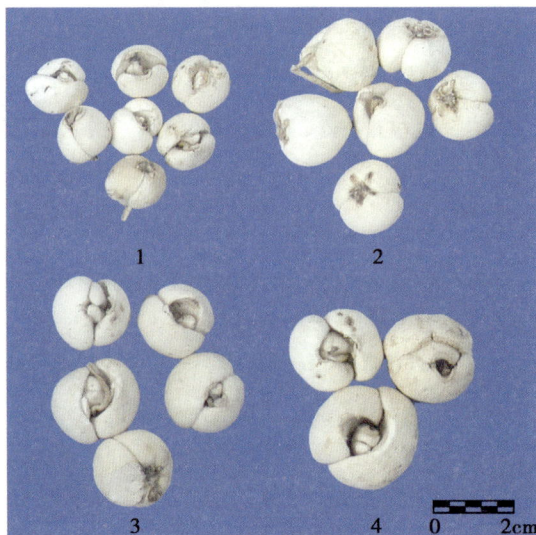

图 7-69　青贝等级
1. 一等品;2. 二等品;3. 三等品;4. 四等品。

140

三等品：每 50g 在 100 粒以外。对开瓣不超过 30%。间有黄贝、油贝、碎贝不超过 5%。

四等品：顶端闭口或开口较多，基部较平或圆形，表面牙白色或黄白色，断面粉白色。大小粒不分。间有黄贝、油贝、碎贝。

3. 炉贝　根据外观性状，分为 2 个等级。

一等品：呈长圆锥形，贝瓣略似马牙。表面白色，体结实。断面粉白色。味苦。大小粒不分。间有油贝、白色破瓣。

二等品：表面黄白色或淡棕黄色，有的有棕色斑点。间有油贝、白色破瓣。

【主要化学成分】甾体生物碱，主要有川贝碱（fritimine）、西贝母碱（sipeimine）、贝母素乙（peiminine）等。

【质量要求】

1. 性状评价　以质坚实、粉性足、色白、个完整不破碎者为佳。通常认为松贝最优，青贝次之。

2. 检查　水分不得过 15.0%；总灰分不得过 5.0%。

3. 醇溶性浸出物　以稀乙醇作溶剂，用热浸法测定，不得少于 9.0%。

4. 总生物碱含量　用紫外 - 可见分光光度法测定，以西贝母碱（$C_{27}H_{43}NO_3$）计，不得少于 0.050%。

【贮藏养护】本品在贮存中易虫蛀、发霉、变色。应置通风干燥处，防蛀。

【性味功能】苦、甘、微寒。清热润肺，化痰止咳，散结消痈。用于肺热燥咳，干咳少痰，阴虚劳嗽，痰中带血，瘰疬，乳痈，肺痈。

【用法用量】3~10g；研粉冲服，一次 1~2g。

【附注】川贝母为《神农本草经》记载的常用药材，为国家重点保护的野生植物药材品种。野生品为川贝母商品的主流来源，但目前产量不能满足市场需求。据相关资料统计，国内外川贝母药材年需求量约 1 000 吨。

（周　婧　温秀萍　兰志琼　蒋桂华）

浙贝母　Zhebeimu

Fritillariae Thunbergii Bulbus

【基源】百合科（Liliaceae）植物浙贝母 *Fritillaria thunbergii* Miq. 的干燥鳞茎。

主产于浙江宁波鄞州区、金华磐安等地；浙江东阳、余姚、杭州，江苏海门、南通，安徽广德、宁国等地也产。

初夏植株枯萎时采挖，除去地上部分，洗净。大小分开，大者除去心芽，习称"大贝"（元宝贝）；小者不去心芽，习称"珠贝"。分别撞擦，除去外皮，拌以煅过的贝壳粉，吸去擦出的浆汁，干燥。或者取鳞茎洗净，除去心芽，趁鲜切成厚片，洗净，干燥，习称"浙贝片"。

【商品性状特征】

1. 大贝　略呈新月形，高 1~2cm，直径 2~3.5cm。外表面类白色至淡黄色，内表面白色或淡棕色，被白色粉末。质硬脆，断面白色至黄白色，富粉性。气微，味微苦（图 7-70）。

2. 珠贝　呈扁球形，高 1~1.5cm，直径 1~2.5cm。表面类白色，外层鳞叶 2 瓣，肥厚，略似肾形，互相抱合，内有小鳞叶 2~3 枚及干缩的残茎（图 7-71）。

3. 浙贝片　为椭圆形或类圆形片，大小不一，长 1.5~3.5cm，宽 1~2cm，厚 0.2~0.4cm。外皮黄褐色或灰褐色，略皱缩；或淡黄色，较光滑。切面微鼓起，灰白色；或平坦，粉白色。质脆，易折断，断面粉白色，富粉性（图 7-71）。

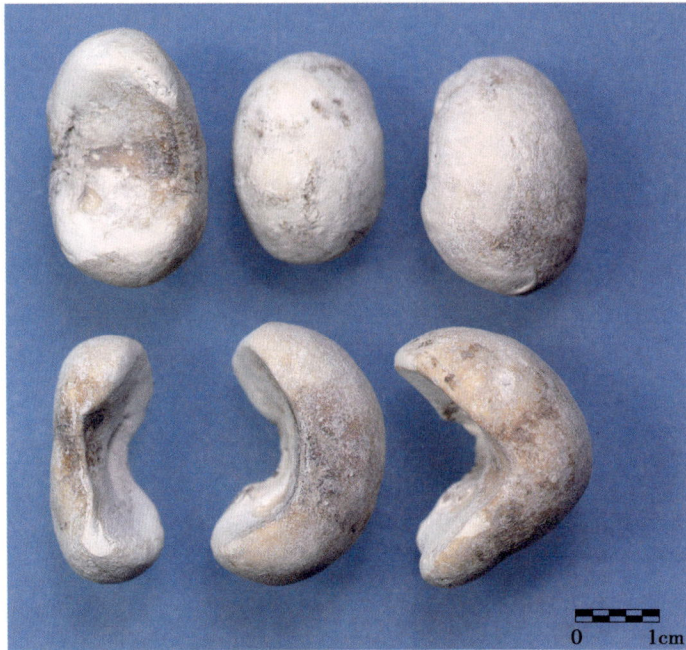

图 7-70　大贝

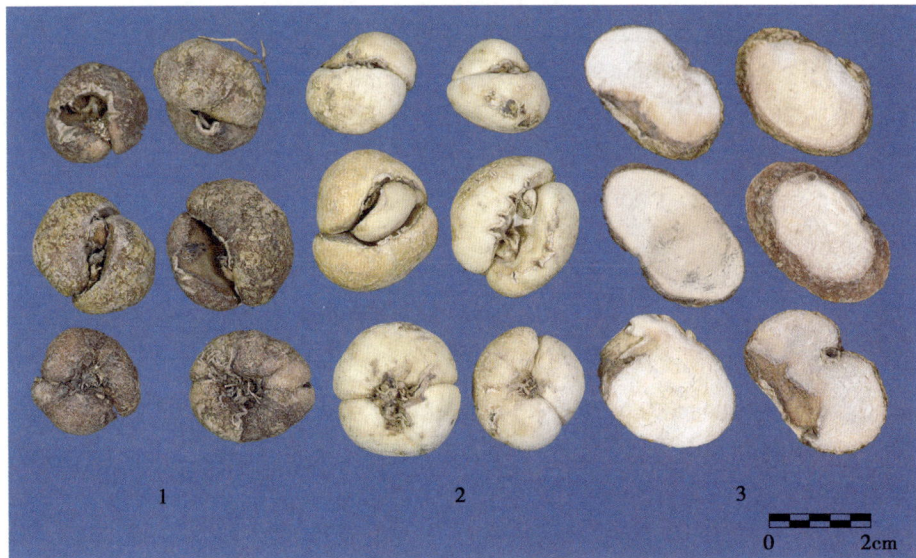

图 7-71　浙贝母
1. 未去皮珠贝；2. 去皮珠贝；3. 浙贝片。

【规格等级】

1. 药材　大贝、珠贝、浙贝片均为统货。

2. 饮片　椭圆形厚片或碎块。表面类白色至淡黄色，略皱缩。切面黄白色至灰白色，富粉性。质脆，易折断，断面粉白色，富粉性。

【主要化学成分】含甾醇类生物碱，主要为贝母素甲（peimine）、贝母素乙（peiminine）、贝母新碱（peimisine）等。

【质量要求】

1. 性状评价　以鳞叶肥厚、质坚实、粉性足、断面色白者为佳。

2. 检查　水分不得过 18.0%；总灰分不得过 6.0%。

3. 醇溶性浸出物　以稀乙醇作溶剂，用热浸法测定，不得少于 8.0%。

4. 贝母素甲（$C_{27}H_{45}NO_3$）和贝母素乙（$C_{27}H_{43}NO_3$）的总含量　用高效液相色谱法测定，不得少于 0.080%。

【贮藏养护】置干燥、通风处，避光、防蛀。

【性味功能】苦，寒。清热化痰止咳，解毒散结消痈。主要用于风热咳嗽，痰火咳嗽，肺痈，乳痈，瘰疬，疮毒。

【用法用量】5~10g。

【附注】浙贝母为《本草纲目拾遗》记载的常用药材。商品来源于栽培，属于可以满足市场需求的商品。据相关资料统计，国内外浙贝母药材年需求量约 1 000 吨。

知母　Zhimu

Anemarrhenae Rhizoma

【基源】百合科（Liliaceae）植物知母 *Anemarrhena asphodeloides* Bge. 的干燥根茎。

主产于河北、安徽、山西、陕西、内蒙古等地。其中以河北、安徽产量较大，以河北易县所产知母品质最佳，称"西陵知母"。

春、秋二季采挖，除去须根和泥沙，晒干，习称"毛知母"；或除去外皮，晒干，习称"知母肉"（光知母）。

【商品性状特征】呈长条状，微弯曲，略扁，偶有分枝，长 3~15cm，直径 0.8~1.5cm，一端有浅黄色的茎叶残痕（俗称"金包头"）。表面黄棕色至棕色，上面有一凹沟，有紧密排列的环状节，节上密生黄棕色毛（残存叶基），由两侧向根茎上方生长；下面隆起而略皱缩，并有凹陷或突起的点状根痕。质坚实而柔润，易折断，断面黄白色，略显颗粒状。气微，味微甜、略苦，嚼之带黏性（图 7-72）。

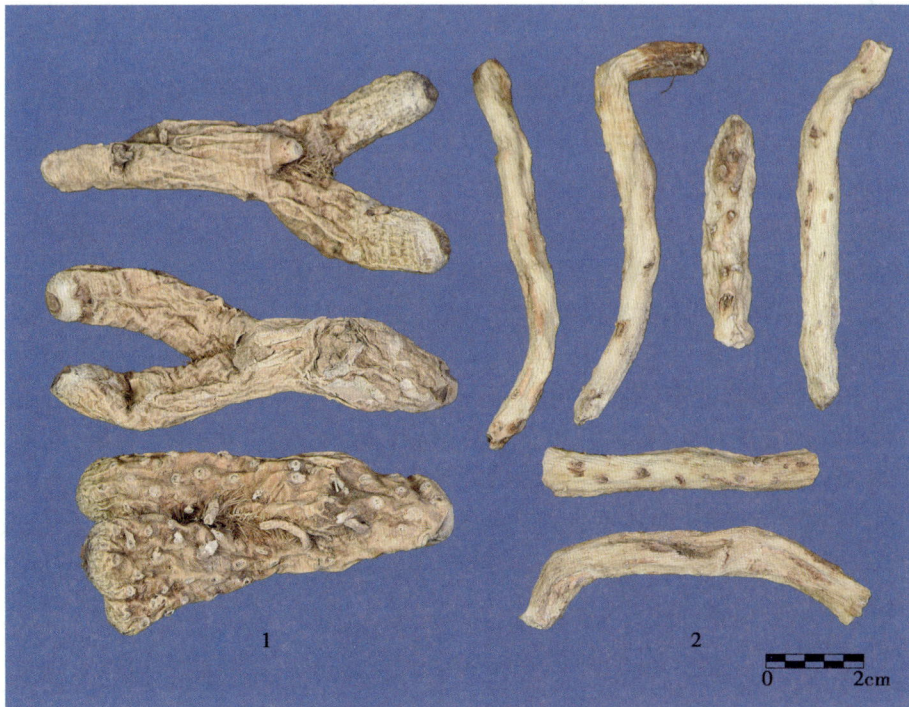

图 7-72　知母
1. 毛知母；2. 光知母。

【规格等级】

1. 药材　毛知母、知母肉均为统货。同时要求,毛知母长 6cm 以上,知母肉扁,宽 0.5cm 以上。

2. 饮片

(1)知母片:呈不规则类圆形的厚片。外表皮黄棕色或棕色,可见少量残存的黄棕色叶基纤维和凹陷或突起的点状根痕。切面黄白色至黄色。气微,味微甜、略苦,嚼之带黏性。

(2)盐知母:形如知母片,色黄或微带焦斑。味微咸。

【主要化学成分】芒果苷(mangiferin)、知母皂苷 B Ⅱ(timosaponin B-Ⅱ)等。

【质量要求】

1. 性状评价　以坚实、条匀、香气浓,油性大者为佳。

2. 检查　水分不得过 12.0%;总灰分不得过 9.0%;酸不溶性灰分不得过 4.0%。

3. 芒果苷($C_{19}H_{18}O_{11}$)、知母皂苷 B Ⅱ($C_{45}H_{76}O_{19}$)的含量　用高效液相色谱法测定,药材芒果苷不得少于 0.70%,知母皂苷 B Ⅱ不得少于 3.0%;知母片芒果苷不得少于 0.50%,知母皂苷 B Ⅱ不得少于 3.0%;盐知母芒果苷不得少于 0.40%,知母皂苷 B Ⅱ不得少于 2.0%。

【贮藏养护】置通风干燥处,防潮。

【性味功能】苦、甘,寒。清热泻火,滋阴润燥。用于外感热病,高热烦渴,肺热燥咳,骨蒸潮热,内热消渴,肠燥便秘。

【用法用量】6~12g。

【附注】知母为常用中药材。受知母野生资源减少的影响,市场上目前流通的药材多以家种货为主,属于能够满足市场需求的品种。知母的产地主要在黄河以北,黄河以南安徽亳州有引种,产量较大。知母全国年需要量约 2 000 吨。河北产知母药材生长期一般为 2~3 年,有效成分含量高,质量好,深受青睐,2020 年市场价每千克 20 元(饮片)左右。亳州产知母药材生长周期一般为 2 年,成分含量普遍不合格,目前亳州产统货售价为每千克 10 元左右。

山药　Shanyao

Dioscoreae Rhizoma

【基源】薯蓣科(Dioscoreaceae)植物薯蓣 *Dioscorea opposita* Thunb. 的干燥根茎。

主产于河南,为"四大怀药"之一。山西、河北、山东等地亦有栽培。

冬季茎叶枯萎后采挖,切去根头,洗净,除去外皮和须根,干燥,习称"毛山药片";或除去外皮,趁鲜切厚片,干燥,称为"山药片";也有选择肥大顺直的干燥山药,置清水中,浸至无干心,闷透,切齐两端,用木板搓成圆柱状,晒干,打光,习称"光山药"。

【商品性状特征】

1. 毛山药　略呈圆柱形,弯曲而稍扁,长 15~30cm,直径 1.5~6cm。表面黄白色或淡黄色,有纵沟、纵皱纹及须根痕,偶有浅棕色外皮残留。体重,质坚实,不易折断,断面白色,粉性。气微,味淡、微酸,嚼之发黏(图 7-73)。

2. 光山药　呈圆柱形,两端平齐,长 9~18cm,直径 1.5~3cm。表面光滑,白色或黄白色(图 7-73)。

【规格等级】

1. 药材

(1)光山药

一等品:呈圆柱形,条匀挺直,光滑圆润,两头平齐。内外均匀为白色。质坚实,粉性足。味淡。长 15cm 以上,直径 2.3cm 以上。无裂痕、空心、炸头、杂质、虫蛀、霉变。

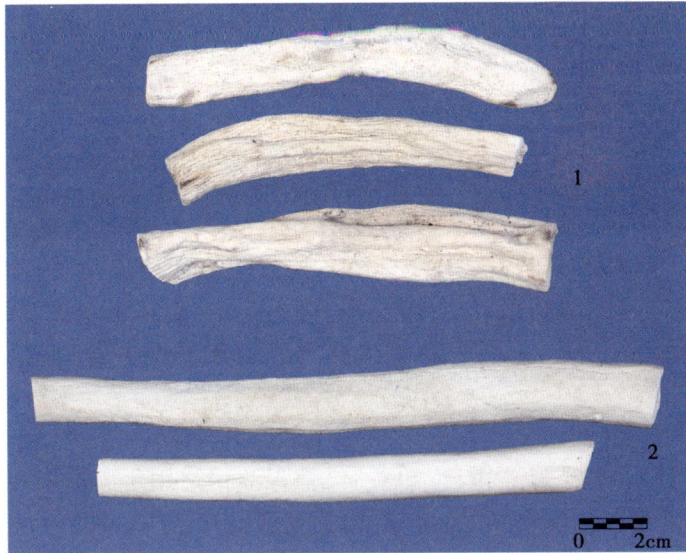

图 7-73　山药
1. 毛山药;2. 光山药。

二等品:长 13cm 以上,直径 1.7cm 以上。余同一等品。

三等品:长 10cm 以上,直径 1cm 以上。余同一等品。

四等品:直径 0.8cm 以上,长短不分,间有碎块。

(2)毛山药

一等品:干货。呈长条形,弯曲稍扁,有顺皱纹或纵沟,去净外皮。内外均为白色或黄白色,有粉性。味淡。长 15cm 以上,中部围粗 10cm 以上。无破裂、空心、黄筋、杂质、虫蛀、霉变。

二等品:长 10cm 以上,中部围粗 6cm 以上。余同一等品。

三等品:中部围粗 3cm 以上。间有碎块。

2. 饮片

(1)山药片:为类圆形、椭圆形或不规则的厚片。表面类白色或淡黄白色,质脆,易折断,切面类白色,富粉性。气微,味淡、微酸,嚼之发黏(图 7-74)。

图 7-74　山药饮片
1. 山药片;2. 麸炒山药。

145

(2)麸炒山药：形如山药片,切面黄白色或微黄色,偶见焦斑,略有焦香气(图7-74)。

【主要化学成分】主含薯蓣皂苷元、皂苷,另含多种甾醇、山药多糖、3,4-二羟基苯乙胺、植酸、尿囊素、多种氨基酸等。

【质量要求】

1. 性状评价　以坚实、条匀、香气浓、油性大者为佳。

2. 检查　水分,毛山药和光山药不得过16.0%;山药片不得过12.0%。总灰分,毛山药和光山药不得过4.0%;山药片不得过5.0%。二氧化硫残留量,毛山药和光山药不得过400mg/kg;山药片不得过10mg/kg。

3. 水溶性浸出物　用冷浸法测定,毛山药和光山药不得少于7.0%,山药片不得少于10.0%。

【贮藏养护】置阴凉干燥处,防潮。

【性味功能】甘,平。补脾养胃,生津益肺,补肾涩精。用于脾虚食少,久泻不止,肺虚喘咳,肾虚遗精,带下,尿频,虚热消渴。麸炒山药补脾健胃。用于脾虚食少,泄泻便溏,白带过多。

【用法用量】15~30g。

【附注】山药为年需求量近10万吨的传统大宗药材,河南焦作为道地产区,年种植面积3.5万亩以上。我国山药年需求量达到9万~9.5万吨(折干品),山药作为蔬菜鲜品食用量占总量的70%~80%,只有20%~30%加工成干品光条或毛条,其中光条山药主要通过广州销往港澳台地区及东南亚地区,而毛条山药主要为国内各中成药厂家生产所需。随着国内市场对药材品质要求的提升,目前光山药市场流通量逐渐上升。山药为价格波动较大的品种之一,2008年以前,山药一直在低价位运行。从2009年开始,山药价格上涨,到2010年价格达到最高点,毛条统货达到34元/kg,山药种植面积迅速扩大,2011年山药价格达历史最高水平,2012年后山药价格稳中有降,2020年亳州药材市场河南毛条山药价格为10.5元/kg。

天麻　Tianma

Gastrodiae Rhizoma

【基源】兰科(Orchidaceae)植物天麻 *Gastrodia elata* Bl. 的干燥块茎。

野生品主产于贵州大方、赫章、务川、德江、桐梓,云南昭通,四川叙永、古蔺以及湖北、陕西等地。于立冬后至次年清明前,选择晴天挖取块茎,洗净,刮去外皮或用谷壳搓去表面的鳞片和粗皮,蒸透心,置通风处摊开晾透,再晒或低温烘干。冬季至翌年发芽前采收者,习称"冬麻";春季发芽后采收者,习称"春麻"。

栽培品主产于陕西商洛、汉中、安康,湖北宜昌、房县,安徽金寨、岳西,湖南靖州,河南商城、西峡等地。通常于栽培后1年的11月上旬至次年3月前采收。采收时,将商品麻与种子麻分开,种子麻当天采当天种。商品麻洗净,搓去外皮,大小分档,蒸10~30min至透心,取出摊晾,低温烘炕,经常翻动,如有气泡,用竹针放气。干到六七成时,用木板压扁,再烘烤至全干。

【商品性状特征】呈椭圆形,略压扁,长3~15cm,宽1.5~6cm,厚0.5~2cm。表面黄白色至淡黄棕色,有纵皱纹及多轮由点状痕排成的横环纹。顶端有红棕色芽苞(习称"鹦哥嘴"或"红小瓣")或残留茎基;另一端有圆脐形疤痕(习称"肚脐眼")。质坚硬,不易折断,断面黄白色,较平坦,角质样。气特异,味甜。

(1)野生品:呈扁椭圆形,大小不等。表面纵皱褶纹(习称"姜皮")明显。

（2）栽培品：呈扁椭圆形或长条形，大小较均匀。表面黄白色，半透明。质较细嫩。

【规格等级】

1. 药材　商品分为冬麻和春麻两种规格，冬麻以每 1kg 的支数划分等级。春麻为统货，不分等级。

（1）冬麻（图 7-75）

一等品：长圆柱形或长条形，略扁，稍弯曲，肩部窄，不厚实。长 6~15 cm，宽 1.5~6cm，厚 0.5~2cm。表面灰黄色或浅棕色，纵皱纹细小。"芝麻点"小且少，环节纹浅且较细，且环节较稀而多，一般为 15~25 节。"鹦哥嘴"呈红棕色，较肥大。"肚脐眼"较粗大，下凹不明显。质坚硬，不易折断，断面较平坦，黄白色至淡棕色，角质样，一般无空心。气微苦，略甜。每 1kg 16 支以内，无空心。

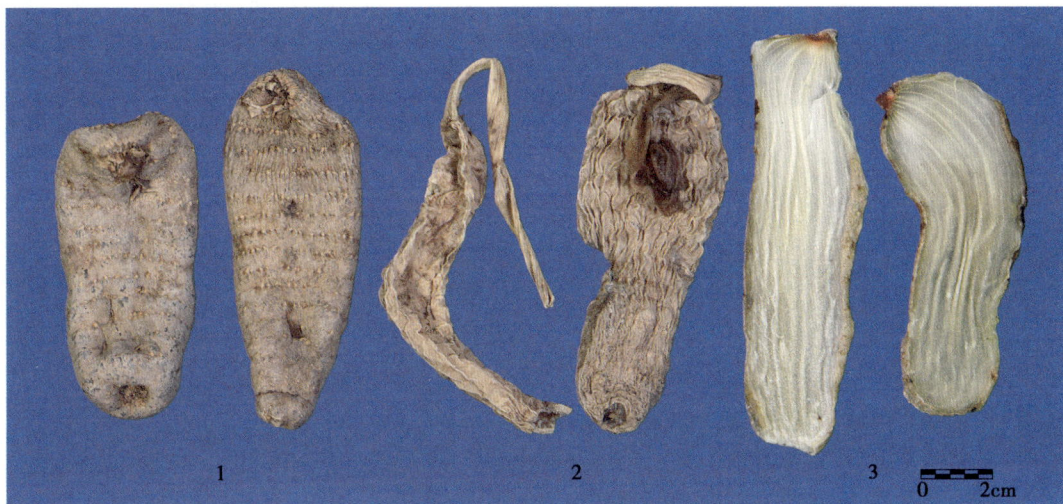

图 7-75　天麻
1. 冬麻；2. 春麻；3. 天麻片。

二等品：每 1kg 25 支以内，无空心。余同一等品。

三等品：每 1kg 50 支以内，大小均匀。余同一等品。

四等品：每 1kg 50 支以外，以及凡不合一、二、三等品的碎块、空心、破损天麻均属此等。余同一等品。

（2）春麻（图 7-75）

统货：长圆柱形或长条形，扁而弯曲皱缩，肩部窄，不厚实。长 6~15 cm，宽 1.5~6 cm，厚 0.5~2 cm。多留有花茎残基，表皮纵皱纹粗大，外皮多未去净，色黄褐色或灰褐色，体轻，质松泡，易折断，断面常中空。

2. 饮片　长椭圆形或不规则的薄片。外表皮淡黄色至黄棕色，有时可见点状排成的横环纹。切面黄白色至淡棕色，有明显的纵条纹，角质样，半透明。气微，味甘（图 7-75）。

【主要化学成分】天麻素（gastrodin），即对羟甲基苯 -β-D- 吡喃葡萄糖苷（p-hydroxy-methylphenyl-β-D-glucopyranoside），亦称天麻苷。另含天麻醚苷（gastrodioside）、对 - 羟基苯甲醛（p-hydroxybenzaldehyde）、对 - 羟基苯甲醇（p-hydroxybenzyl alcohol）、天麻多糖等。

【质量要求】

1. 性状评价　以个大、色黄白、质坚、有鹦哥嘴、断面明亮、无空心者为佳。

2. 检查　水分不得过 15.0%；总灰分不得过 4.5%。

3. 二氧化硫残留量　不得过 400mg/kg。

4. 醇溶性浸出物　以稀乙醇作溶剂，用热浸法测定，不得少于 15.0%。

5. 天麻素（$C_{13}H_{18}O_7$）和对羟基苯甲醇（$C_7H_8O_2$）的总量　用高效液相色谱法测定，不得少于 0.25%。

【贮藏养护】置干燥、通风处，避光、防蛀。不宜久贮。

【性味功能】甘，平。息风止痉，平抑肝阳，祛风通络。主要用于小儿惊风，癫痫抽搐，破伤风，头痛眩晕，手足不遂，肢体麻木，风湿痹痛。

【用法用量】3~10g。

【附注】天麻为《神农本草经》记载的常用药材，应用历史悠久，有良好的临床疗效，栽培品是目前天麻商品的主流，贵州是天麻的道地产区，属于可以满足市场需求的商品。现如今，天麻不仅作为药品被广泛使用，更是药膳的常用原料，据相关资料统计，国内外天麻药材年需求量约 2 500 吨。

（管家齐　景松松　杨晶凡　谢军丽）

复习思考题

1. 黄连药材商品等级的划分依据是什么？存在哪些不足？

2. 简述延胡索饮片的性状特征。

3. 简述白术药材的性状特征。

4. 简述泽泻的基源、产地及性状质量要求。

5. 简述泽泻商品的规格等级及其商品特征。

6. 简述香附的基源与主要化学成分。

7. 试述香附商品性状特征及质量要求。

8. 川芎、半夏药材商品的等级划分异同点有哪些？为什么？

9. 川贝母有哪些商品规格？哪种最优？

10. 松贝的商品规格等级及划分依据是什么？

11. 试述珠贝的性状特征。

12. 简述知母药材的商品性状特征。

13. 简述冬麻规格与等级的划分依据。

第三节　根及根茎类中药

学习目标

1. 掌握细辛、人参、西洋参、大黄、甘草、龙胆、丹参、紫菀的基源、道地产地、商品性状特征、规格等级和质量要求。

2. 熟悉细辛、人参、西洋参、大黄、甘草、龙胆、丹参、紫菀的贮藏养护、性味功能、用法用量。

根及根茎（radix et rhizoma）类中药是以根和根茎为入药部位的药材及其炮制品。有的根与根茎的外形及大小相似，如甘草；有的根与根茎差异显著，如藁本；有的是须根集生于根茎上，如茜草、龙胆等。

细辛　Xixin

Asari Radix et Rhizoma

【基源】马兜铃科（Aristolochiaceae）植物北细辛 *Asarum heterotropoides* Fr. Schmidt var. *mandshuricum*（Maxim.）Kitag.、汉城细辛 *A. sieboldii* Miq. var. *seoulense* Nakai 或华细辛 *A. sieboldii* Miq. 的干燥根和根茎。

北细辛与汉城细辛主产于辽宁、吉林、黑龙江等地，习称"辽细辛"；华细辛主产于陕西、河南、山东、浙江等地。市场上以北细辛为主，少见汉城细辛和华细辛。

夏季果熟期（6—7 月）或初秋挖取，除净地上部分和泥沙，置阴凉通风处阴干，不宜日晒及水洗，以免挥发性成分降低而影响疗效。

【商品性状特征】

1. 辽细辛　常卷曲成团。根茎横生呈不规则圆柱形，具短分枝，长 1~10cm，直径 0.2~0.4cm；表面灰棕色，粗糙，有环形的节，节间长 0.2~0.3cm，分枝顶端有碗状的茎痕。根细长，密生在根茎节上，长 10~20cm，直径约 0.1cm；表面灰黄色，平滑或具纵皱纹；有须根和须根痕。质脆，易折断，断面平坦，黄白色或白色。气辛香，味辛辣、麻舌（图 7-76）。

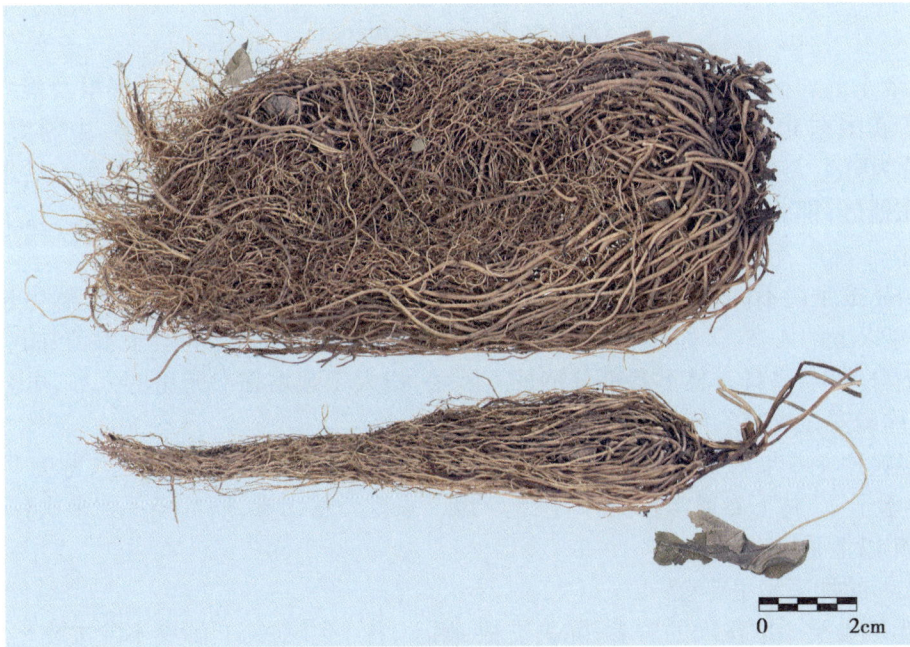

图 7-76　细辛

栽培品的根茎多分枝，长 5~15cm，直径 0.2~0.6cm。根长 15~40cm，直径 0.1~0.2cm，须根较少。

2. 华细辛　根茎长 5~20cm，直径 0.1~0.2cm，节间长 0.2~1cm。气味较弱。

【规格等级】

1. 药材　商品按产地分为辽细辛和华细辛 2 种规格，辽细辛又分为野生和栽培 2 种规格，现多为栽培品。均为统货。

2. 饮片　呈不规则的段。根茎呈不规则圆形,外表皮灰棕色,有时可见环形的节。根细,表面灰黄色,平滑或具纵皱纹。切面黄白色或白色。气辛香,味辛辣、麻舌。

【主要化学成分】含挥发油,油中主要成分为甲基丁香酚(methyleugenol)、黄樟醚(safrole)、细辛醚(asaricin)、榄香素(elemicine)等。除挥发油外,还含细辛脂素(asarinin)等木脂素类化合物。

【质量要求】

1. 性状评价　以根多、色灰黄、香气浓、味辛辣而麻舌者为佳。

2. 检查　药材,水分不得过 10.0%;总灰分不得过 12.0%;酸不溶性灰分不得过 5.0%。饮片,总灰分不得过 8.0%。

3. 马兜铃酸 I($C_{17}H_{11}NO_7$)限量　高效液相色谱法测定,含马兜铃酸 I 不得过 0.001%。

4. 醇溶性浸出物　以乙醇作溶剂,用热浸法测定,不得少于 9.0%。

5. 含量测定　用挥发油测定法测定,含挥发油不得少于 2.0%(ml/g);用高效液相色谱法测定,含细辛脂素($C_{20}H_{18}O_6$)不得少于 0.050%。

【贮藏养护】置阴凉干燥处,防潮。

【性味功能】辛,温。解表散寒,祛风止痛,通窍,温肺化饮。用于风寒感冒,头痛,牙痛,鼻塞流涕,鼻鼽,鼻渊,风湿痹痛,痰饮咳喘。

【用法用量】1~3g。散剂每次服 0.5~1g。外用适量。

人参　Renshen

Ginseng Radix et Rhizoma

【基源】五加科(Araliaceae)植物人参 *Panax ginseng* C. A. Mey. 的干燥根及根茎。

产于我国东北三省(吉林、辽宁、黑龙江),朝鲜,韩国,日本,俄罗斯等,中国为主产地。野生品称为野生人参,现已十分稀少,主要分布于东北三省的长白山,大、小兴安岭地区和俄罗斯远东地区,即北纬 39°~48°,东经 117.5°~134°。栽培人参主产于吉林抚松、辽宁桓仁等地,传统以吉林产者为道地药材。

栽培品按生境不同,分为林下参、移山参和园参等。林下参,指播种后自然生长于深山密林 15 年以上的人参,又称"林下山参",习称"籽海"。移山参,指将林下参苗、园参幼苗移栽在林下自然生长,具有林下参部分特征。园参,指人工栽培在参园里的人参,可分为边条园参(又称集安参或边条参)和普通园参(又称抚松参)。

园参栽种 4~6 年后,于秋天白露至秋分季节采挖,除去地上部分及泥土,称为"鲜人参"或"园参水子"。林下参通常在播种后 15 年以上采挖。移山参,通常经一到多次移栽,参龄至少 10 年以上采挖。

鲜人参的加工品主要有:

1. 生晒参类　取洗净的鲜参,除去支根,晒干,称"生晒参"。鲜参不除去支根晒干,称"全须生晒参"。林下参和移山参一般加工成全须生晒参。

2. 红参类　将刷洗干净的鲜参,经蒸制后晒干或烘干的人参产品。芦、体和须完整的为全须红参;以红参为原料,经过软化、压制成形的单支或多支产品为模压红参;切除芦头、支根,仅保留部分主根,经过模压的为切参;红参的支根及须根,为红参须(红直须、红弯须、红混须)。产品还有边条红参(具有身长、芦长、腿长特点的边条园参加工而成)、大力参(又称烫参,取鲜人参经下须、烫制、干燥而成)等。

3. 白参(糖参)类　将刷洗干净的鲜参,置沸水中浸烫 3~7min,用特制的竹针沿参体平行与垂直方向刺小孔,再浸入浓糖液中 2~3 次,每次 10~12h,取出晒干或烘干。产品还有白参、白糖参、糖参须。

4. **活性参类**　将刷洗干净的鲜参采用真空冷冻方法干燥,称为"活性人参"。

【**商品性状特征**】

1. **野生人参**　以往称为"山参",性状较为特殊,鉴别时注意其根茎(芦头)、不定根(艼)、主根(体)、支根(腿)、须根(须)等部位的特征。芦头:细长而弯曲,习称"雁脖芦"。一般分为3段:顶端为第一段,是新脱落的茎痕,形如马牙,边缘棱较平齐,中心凹陷,习称"马牙芦"。近10年间脱落的茎基为第二段,芦左右交错重叠而生,芦碗紧密,边缘有明显的棱脊,习称"堆花芦";远年的茎基脱化而成的部分为第三段,芦碗不明显,有些仅留下隐约可见的节痕,习称"圆芦"。艼:按形状一般分为毛毛艼、枣核艼、蒜瓣艼、顺体艼等。毛毛艼,指比较细小的毛须状艼。枣核艼,体短粗,两端尖细,有的形如大枣之核。蒜瓣艼,体似蒜瓣形,一头钝圆,另一头尖细。顺体艼,体上部稍粗,向下渐细而长。体:有横灵体、顺笨体2种。横灵体,习称"武形",体粗短,多呈短横体或人字菱形。状似疙瘩,亦称"疙瘩灵体"或"疙瘩体"。顺笨体,也叫顺体或笨体,习称"文形"。顺笨体多呈纺锤形或圆柱形。纹:膀头环纹深陷,略有波曲,皱褶纹深,习称"深兜纹"。皮:呈淡黄白色,结实光润,皮质老,细而不粗糙,油润般光泽,习称"锦缎皮"。腿:多为2条。腿短,上粗下细,分裆处多呈八字形,两腿斜叉而不并拢,又称"短鸡腿"。须:疏生而不散乱,立体状分布,犹如鞭子的皮条一般柔韧,故有"皮条须"之称。须的表面生长着疣状突起(小疙瘩),呈长圆形、方圆形不等,习称"珍珠须"或"珍珠尾"。质地轻泡,俗称"海绵体"。气香浓厚,味甘微苦,口嚼之有特有参香(图7-77)。

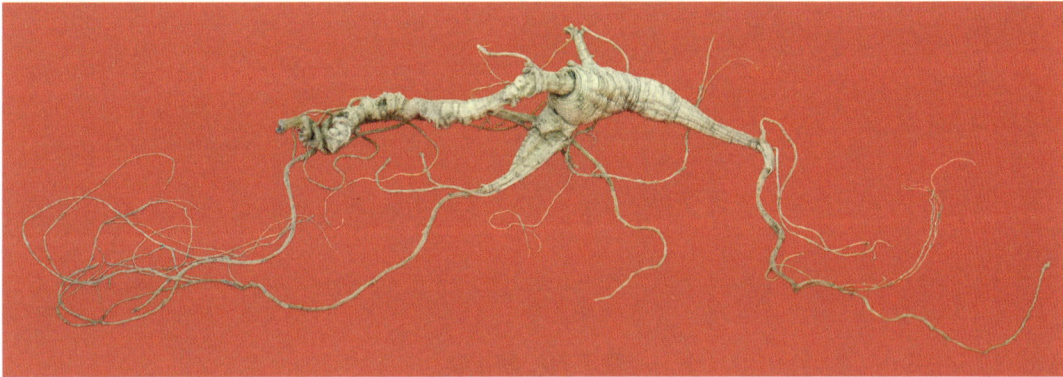

图 7-77　野生人参

2. **林下参**　主根多与根茎等长或较短,呈圆柱形、菱角形或人字形,长1~6cm。表面灰黄色,有纵皱纹,上部或中上部有环纹,支根多为2~3条,须根少而细长,清晰不乱,有较明显的疣状突起(习称"珍珠点")。根茎细长,少数粗短,中上部有稀疏或密集而深陷的茎痕。不定根较细,多下垂(图7-78)。

3. **移山参**　芦头常骤然变细或变粗,有时呈转芦,常出现竹节芦或排列稀疏不规则的芦碗。艼有时出现下粗上细的形状(即"掐脖子艼"),其略向斜旁伸出,上翘者多,有时艼体超过主体。参体以顺笨体为多见。参腿常出现肿腿,1~3条或多条。皮质略泡而嫩,粗糙,不光润。有稀疏不紧密的横纹,常一纹到底。参须细嫩而短,下端分枝较多,珍珠疙瘩稀疏而小(图7-79)。

4. **园参类**　主根身长,上部有断续的粗横纹。根茎上部有一面或二面生有芦碗,上生1至数条不定根。支根2~6条,末端多分枝。须根形似扫帚,短而脆,易折断,珍珠点小而极少。

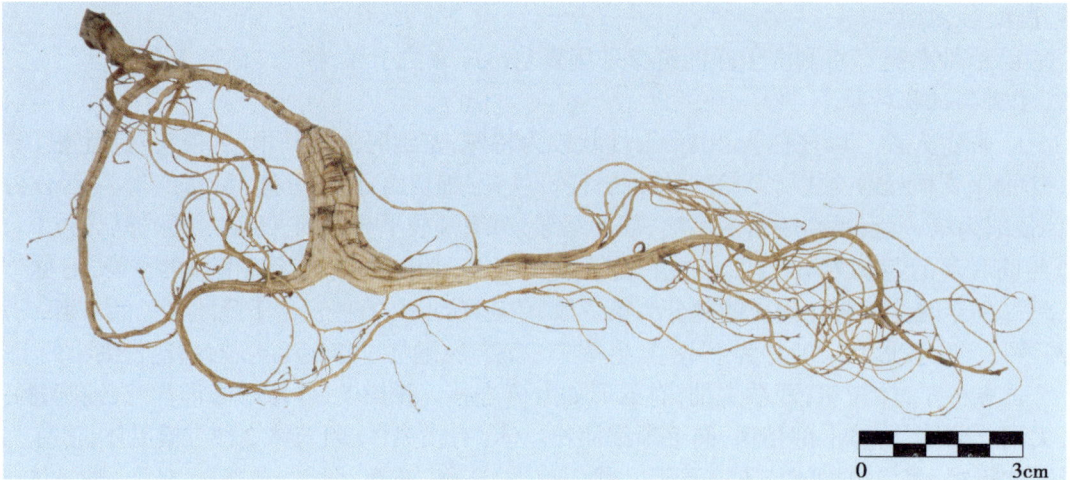

图 7-78　林下参

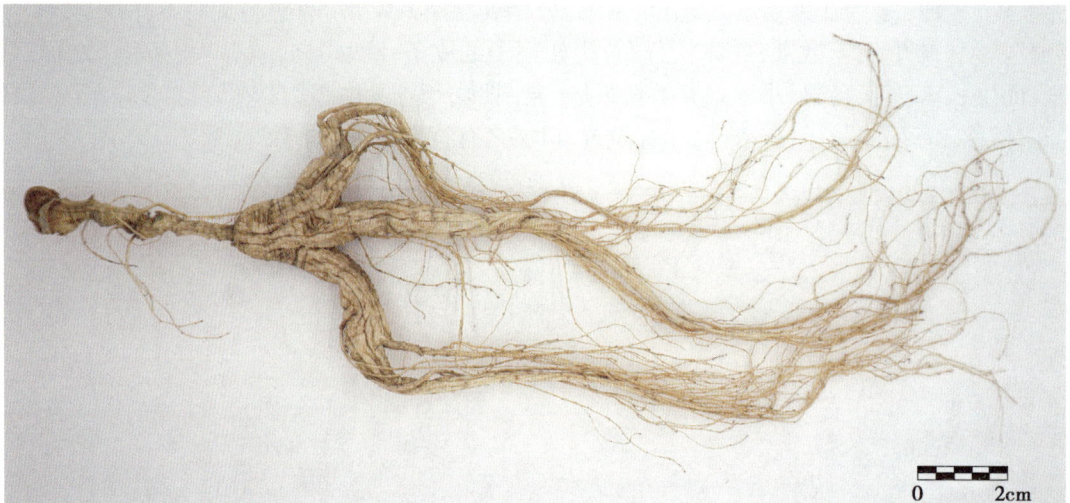

图 7-79　移山参

（1）生晒参：主根纺锤形或圆柱形，长 3~15cm，直径 1~2cm。表面灰黄色，上部或全体有疏浅断续的粗横纹及纵皱纹，下部有侧根 2~3 条，并着生多数细长的须根，须根上偶有不明显的细小疣状突起。根茎（芦头）长 1~4cm，直径 0.3~1.5cm，多拘挛而弯曲，有不定根（艼）和稀疏的凹窝状茎痕（芦碗）。质较硬，断面淡黄白色，显粉性，有棕黄色环纹，皮部有黄棕色的点状树脂道及放射状裂隙。香气特异，味微苦、甜（图 7-80）。

（2）红参：主根纺锤形、圆柱形或扁方柱形，长 3~10cm，直径 1~2cm。表面红棕色，半透明，偶有不透明的暗黄褐色斑块，习称"黄马褂"，有纵沟、皱纹及细根痕；上部有断续的不明显环纹，下部支根 2~3 条，扭曲交叉。根茎长 1~2cm，有茎痕及 1~2 条不定根。质硬脆，断面平坦，角质样。气微香而特异，味甘、微苦（图 7-80）。

（3）边条红参：主根长圆柱形，长 13~20cm，直径 0.8~2cm。芦长 2.5~4cm，直径 4~7mm。有 3 长特点，即芦长、体长、支根长。

（4）白糖参：主根长 3~15cm，直径 0.7~3cm。表面淡黄白色，上端有多数断续的环纹，全体可见加工时针刺的点状针痕。下部有 2~3 个以上的支根。断面白色，有菊花心。气微香，味甜、微苦,嚼之无渣感。现已无此商品规格。

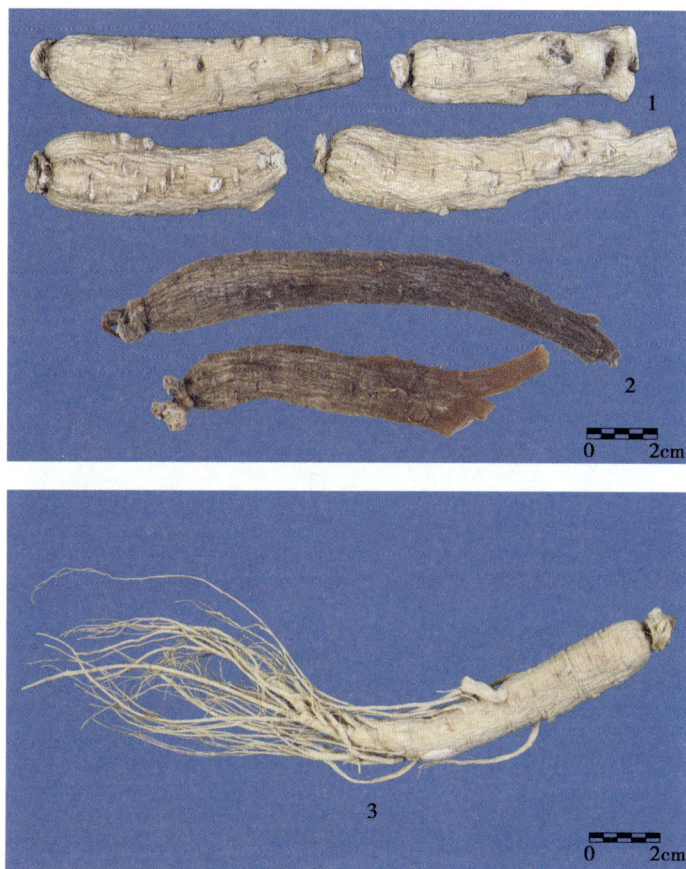

图 7-80　园参
1. 生晒参;2. 红参;3. 全须生晒参。

【规格等级】

1. 药材　商品分林下参、移山参和园参 3 类,分别以外观性状再划分等级。

(1)林下参

特等品:芦:三节芦,芦碗紧密,芦较长,个别双芦或三芦以上。艼:枣核艼,艼重量不得超过主体 50%,不抽沟,色正有光泽。体:灵体,疙瘩体,色正有光泽,黄褐色或淡黄白色,腿分档自然,不抽沟,无疤痕。主体:上部环纹细而深,紧皮细纹。须:细而长,疏而不乱,有珍珠点,主须完整,艼须下伸。

一等品:芦:两节芦或三节芦,芦碗较大、紧密,个别三芦以上。艼:枣核艼,蒜瓣艼,毛毛艼或顺长艼,艼重量不得超过主体 50%,不抽沟,色正有光泽。体:顺体,过梁体,色正有光泽,黄褐色或淡黄白色,腿分档自然,不抽沟。主体:上部环纹明显。须:细而长,疏而不乱,主须完整,艼须下伸。

二等品:芦:二节芦、缩脖芦,芦碗较粗大、芦碗排列扭曲,有残缺、疤痕、红皮。艼:大或无艼,有残缺、疤痕、红皮。体:顺体、笨体、横体,黄褐色或淡黄白色,抽沟,体小、艼变,有疤痕、红皮。主体:上部环纹不全,断纹或纹较少。须:细而长,有伤残及红皮。

(2)移山参

一等品:芦:二节芦或三节芦,芦长,芦碗较大。艼:重量不超过主体 50%,无疤痕、水锈。体：灵体或疙瘩体，淡黄白色，有光泽，腿分档自然，不抽沟，无疤痕、水锈。纹：环纹明显。须：长，柔韧性好。

二等品：芦：二节芦或竹节芦，芦碗较大。艼：重量不超过主体50%，无水锈。体：顺体、过梁体或笨体，有光泽，不抽沟，无疤痕、水锈。纹：环纹粗而浅，或断纹、跑纹。须：较长，不清疏，柔韧性差。

三等品：芦：二节芦、竹节芦或缩脖芦，芦碗较小。艼：大，有伤残、水锈。体：艼变或无艼，有伤残、水锈。纹：纹残缺不全。须：较短，不清疏，柔韧性差。

（3）园参：商品根据加工方法以及大小等的不同，分为边条鲜参、普通鲜参、全须生晒参、普通生晒参、边条红参、普通红参、白参须、红参须等规格。再分为不同的等级。

1）边条鲜参

特等品：主根呈长圆柱形，人参芦长、主根长、支根长，无分枝或有2~3个分枝，人参芦须根基本齐全，浆气足，饱满，无疤痕、水锈、杂质、泥土，不腐烂。主根长不短于12cm，每支重167g以上，每500g的支数<3。

一等品：主根长不短于10cm，每支重125g以上，每500g的支数≤4。余同特等品。

二等品：主根长不短于10cm，每支重83g以上，每500g的支数≤6。余同特等品。

三等品：主根长不短于9cm，每支重55g以上，每500g的支数≤9。余同特等品。

四等品：主根长不短于8cm，每支重45g以上，每500g的支数≤11。余同特等品。

五等品：主根长不短于7cm，每支重35g以上，每500g的支数≤14。余同特等品。

六等品：主根长不短于6cm，每支重25g以上，每500g的支数≤20。余同特等品。

七等品：主根长不短于5cm，每支重12.5g以上，每500g的支数≤40。余同特等品。

八等品：主根长不短于5cm，每支重5g以上，每500g的支数为41~100。凡缺芦、断支、疤痕严重、水锈严重、浆气不足者、有破肚和跑浆现象的均为八等品。另外，人参艼重不超过20%，超过者降一等，腿粗者降一等。

2）普通鲜参

特等品：鲜货。根呈圆柱形，有分枝，须芦齐全，浆足、饱满、无疤痕、水锈、杂质、泥土。每支重100~150g，每500g的支数≤5。

一等品：每支重62.5g以上，每500g的支数≤8。余同特等品。

二等品：每支重41.5g以上，每500g的支数≤12。余同特等品。

三等品：每支重31.5g以上，每500g的支数≤16。余同特等品。

四等品：每支重25g以上，每500g的支数≤20。

五等品：每支重12.5g以上，每500g的支数≤40。

六等品：每支重5g以上，每500g的支数≤100，凡少芦、断支、疤痕严重、水锈严重、浆气不足者、有破肚和跑浆现象的均为六等品。

另外，特等、一等和二等人参艼重不超过20%，超过者降一等，腿粗者降一等。

3）全须生晒参：按照单支重量和每500g的支数划分。

10支，每支重量≥50.0g，每500g≤10支。

15支，每支重量≥33.3g，每500g≤15支。

20支，每支重量≥25.0g，每500g≤20支。

25支，每支重量≥20.0g，每500g≤25支。

30支，每支重量≥16.7g，每500g≤30支。

40支，每支重量≥12.5g，每500g≤40支。

50支，每支重量≥10.0g，每500g≤50支。

60 支,每支重量 ≥ 8.3g,每 500g ≤ 60 支。

80 支,每支重量 ≥ 6.2g,每 500g ≤ 80 支。

100 支,每支重量 ≥ 5.0g,每 500g ≤ 100 支。

4)生晒参:按照单支重量和每 500g 的支数划分。

10 支,每支重量 ≥ 50.0g,每 500g ≤ 10 支。

15 支,每支重量 ≥ 33.3g,每 500g ≤ 15 支。

20 支,每支重量 ≥ 25.0g,每 500g ≤ 20 支。

25 支,每支重量 ≥ 20.0g,每 500g ≤ 25 支。

30 支,每支重量 ≥ 16.7g,每 500g ≤ 30 支。

40 支,每支重量 ≥ 12.5g,每 500g ≤ 40 支。

50 支,每支重量 ≥ 10.0g,每 500g ≤ 50 支。

60 支,每支重量 ≥ 8.3g,每 500g ≤ 60 支。

5)16 边条红参

一等品:根呈长圆柱形,芦长、身长、腿长,体长 18.3cm 以上,有 2~3 个分枝。表面棕红或淡棕色,有光泽,上部色较淡,有皮有肉。质坚实,断面角质样。气香,味苦。每 500g 16 支以内,每支 31.3g 以上。无中尾、黄皮、破疤、虫蛀、霉变、杂质。

二等品:表面棕红色或棕色,稍有黄皮、抽沟、干痕。余同一等品。

三等品:色泽较差。有黄皮、抽沟、破痕,腿红。余同一等品。

6)25 边条红参

一等品:根呈长圆柱形,芦长、身长、腿长,体长 16.7cm 以上,有 2~3 个分枝。表面棕红色或淡棕色,有光泽,上部色较浅,有皮有肉。质坚实,断面角质样。气香,味苦。每 500g 25 支以内,每支 20g 以上。无中尾、黄皮、破疤、虫蛀、霉变、杂质。

二等品:表面稍有黄皮、抽沟、干疤。余同一等品。

三等品:色泽较差。有黄皮、抽沟、破疤,腿红。余同一等品。

7)35 边条红参

一等品:根呈长圆柱形,芦长、身长、腿长,体长 15cm 以上,有 2~3 个分枝。表面棕红色或淡棕色,有光泽,上部色较浅,有皮有肉。质坚实,断面角质样。气香,味苦。每 500g 35 支以内,每支 14.3g 以上。无中尾、黄皮、破疤、虫蛀、霉变、杂质。

二等品:表面稍有黄皮、抽沟、干疤。余同一等品。

三等品:色泽较差。有黄皮、抽沟、破疤,腿红。余同一等品。

8)45 边条红参

一等品:根呈长圆柱形,芦大、身长、腿长,体长 13.3cm 以上,有 2~3 个分枝。表面棕红色或淡棕色,有光泽,上部色较淡,有皮有肉。质坚实,断面角质样。气香,味苦。每 500g 45 支以内,支头均匀。无中尾、黄皮、破疤、虫蛀、霉变、杂质。

二等品:稍有黄皮、抽沟、干疤。余同一等品。

三等品:色泽较差。有黄皮、抽沟、破痕、腿红。余同一等品。

9)55 边条红参

一等品:根呈长圆柱形,芦长、身长、腿长,体长 11.7cm 以上,有 2~3 个分枝。表面棕红色或淡棕色,有光泽,上部色较淡,有皮有肉。质坚实,断面角质样。气香,味苦。每 500g 55 支以内,支头均匀。无中尾、黄皮、破疤、虫蛀、霉变、杂质。

二等品:稍有黄皮、抽沟、干疤。余同一等品。

三等品:色泽较差。有黄皮、抽沟、破疤,腿红。余同一等品。

笔记栏

10）80 边条红参

一等品：根呈长圆柱形，芦长、身长、腿长，体长 11.7cm 以上。表面棕红或淡棕色，有光泽，上部色较淡，有皮有肉。质坚实，断面角质样。气香，味苦。每 500g 80 支以内，支头均匀。无中尾、黄皮、破疤、虫蛀、霉变、杂质。

二等品：稍有黄皮、抽沟、干疤。余同一等品。

三等品：色泽较差。有黄皮、抽沟、破疤，腿红。余同一等品。

11）小货边条红参

一等品：根呈长圆柱形。表面棕红或淡棕色，有光泽，上部色较淡，有皮有肉。断面角质样。气香，味苦。支头均匀。无中尾、黄皮、破疤、虫蛀、霉变、杂质。

二等品：有黄皮，但不超过身长的 1/2。稍有抽沟、干疤。余同一等品。

三等品：色泽较差。有黄皮、抽沟、破疤，腿红。余同一等品。

12）20 普通红参

一等品：根呈圆柱形。表面棕红或淡棕色，有光泽。质坚实，断面角质样。无细腿、破疤、黄皮、虫蛀。气香，味苦。每 500g 20 支以内，每支 25g 以上。

二等品：稍有干疤、黄皮、抽沟。余同一等品。

三等品：色泽较差。有黄皮、干疤、抽沟，腿红。余同一等品。

13）32 普通红参

一等品：根呈圆柱形。表面棕红或淡棕色，有光泽。质坚实，断面角质样。每 500g 32 支以内，每支 15.6g 以上。无细腿、破疤、黄皮、虫蛀。

二等品：稍有干疤、黄皮、抽沟，腿红。余同一等品。

三等品：色泽较差。有黄皮、干疤、抽沟，腿红。余同一等品。

14）48 普通红参

一等品：根呈圆柱形。表面棕红或淡棕色，有光泽。质坚实，断面角质样。气香，味苦。每 500g 48 支以内，支头均匀。无细腿、破痕、黄皮、虫蛀。

二等品：稍有干疤、黄皮、抽沟。余同一等品。

三等品：色泽较差。有黄皮、干疤、抽沟，腿红。余同一等品。

15）64 普通红参

一等品：根呈圆柱形。表面棕红或淡棕色，有光泽。质坚实，断面角质样。气香，味苦。每 500g 64 支以内，支头均匀。无细腿、破痕、黄皮、虫蛀。

二等品：稍有干疤、黄皮、抽沟。无细腿、虫蛀。余同一等品。

三等品：色泽较差。有黄皮、干疤、抽沟，腿红。余同一等品。

16）80 普通红参

一等品：根呈圆柱形。表面棕红或淡棕色，有光泽。质坚实，断面角质样。每 500g 80 支以内，支头均匀。无细腿、破疤、黄皮、虫蛀。

二等品：稍有干疤、黄皮、抽沟。余同一等品。

三等品：色泽较差。有黄皮、干疤、抽沟，腿红。余同一等品。

17）小货普通红参

一等品：根呈圆柱形。表面棕红或淡红色，有光泽。质坚实，断面角质样。气香，味苦。支头均匀。无细腿、破疤、黄皮、虫蛀。

二等品：稍有干疤、黄皮、抽沟。余同一等品。

三等品：色泽较差。有黄皮、干疤、抽沟，腿红。余同一等品。

18）红混须：统货。根须呈长条形或弯曲状。棕红色或橙红色，有光泽，半透明。断面角质样。气香,味苦。须条长短不分,其中直须 50% 以上。无碎末、杂质、虫蛀、霉变。

19)红直须

一等品:根须呈长条形,粗壮均匀。棕红色或橙色,有光泽,半透明状。断面角质样。气香,味苦。长 13.3cm 以上。无干浆、毛须、杂质、虫蛀、霉变。

二等品:长 13.3cm 以下,最短不低于 8.3cm。余同一等品。

20)红弯须:统货。根须呈条形弯曲状,粗细不均。橙红色或棕黄色,有光泽,呈半透明状。气香,味苦。无碎末、杂质、虫蛀、霉变。

21)白混须:统货。根须呈长条形或弯曲状。黄白色。气香,味苦。长短不分,其中直须占 50% 以上。无碎末、杂质、虫蛀、霉变。

22)白直参

一等品:根须呈条状,有光泽。黄白色。气香,味苦。长 13.3cm 以上,条大小均匀。无水锈、破皮、杂质、虫蛀、霉变。

二等品:长 13.3cm 以下,最短不低于 8.3cm。余同一等品。

23)白糖参

一等品:根呈圆柱形,芦须齐全,体充实,支条均匀。表面和断面均为白色。味甜,微苦。不返糖,无浮糖、碎芦、杂质、虫蛀、霉变。

二等品:大小不分,表面黄白色,断面白色。余同一等品。

2. 饮片

(1)人参片:为园参药材切片的净制品。呈圆形或类圆形薄片,直径 1~2cm,厚 1~2mm。外表皮灰黄色。切面淡黄白色或类白色,显粉性,形成层环纹棕黄色,皮部有黄棕色的点状树脂道及放射性裂隙。体轻,质脆。香气特异,味微苦、甜(图 7-81)。

(2)红参片:为红参药材切片的净制品。本品呈类圆形或椭圆形薄片。外表皮红棕色,半透明。切面平坦,角质样。质硬而脆。气微香而特异,味甘、微苦(图 7-81)。

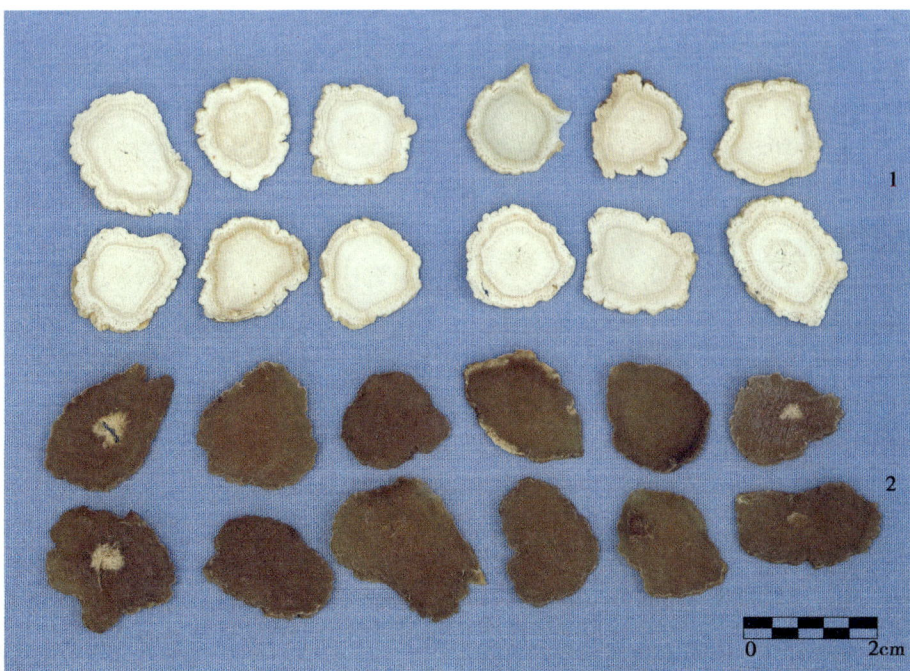

图 7-81 人参饮片
1. 人参片;2. 红参片。

【主要化学成分】主含人参皂苷(gensenoside)类,包括达玛烷型(dammarane)四环三萜皂苷(含原人参二醇型、原人参三醇型)、奥克梯隆型四环三萜皂苷和齐墩果酸型(oleanane)五环三萜皂苷 3 种类型。人参皂苷 Rb_1、Rg_1、Re、Rc 和 Rd 等属于人参中含量较高的皂苷,也被称为常见人参皂苷,而一些低极性、次级人参皂苷,如 Rg_3、Rg_5、Rh_1、Rh_2、Rh_3、Rh_4、Rk_1、Rk_2、Rk_3 等则在人参属药材中含量很低,被称为稀有人参皂苷。还含有挥发油类,如 β-榄香烯(β-elemene)、人参炔醇(panaxynol)、人参环氧炔醇(panaxydol)等。此外,还有多糖类、低分子肽、氨基酸等成分。

红参是鲜参蒸后的加工品,在加工过程中会发生部分皂苷的转化,从而导致原本在人参中的稀有皂苷如 $20(R)$-人参皂苷 Rg_2,$20(S)$-人参皂苷 Rg_3,$20(R)$-人参皂苷 Rh_1,人参皂苷 Rh_2、Rs_1、Rs_2 等含量增加。

【质量要求】

1. 性状评价　林下参以三节芦、横灵体、皮紧细、主体上部环纹明显、皮条须、味甘者为优。生晒园参以根大饱满、表面色黄白、皮细纹深、质硬、气味浓者为佳。红参以身长、芦长、腿长、色棕红、皮细光泽、半透明、无黄皮者为佳。

2. 检查　水分检查不得过 12.0%;总灰分不得过 5.0%。

3. 农药残留量　含五氯硝基苯不得过 0.1mg/kg;六氯苯不得过 0.1mg/kg;七氯(七氯、环氧七氯之和)不得过 0.05mg/kg;氯丹(顺式氯丹、反式氯丹、氧化氯丹之和)不得过 0.1mg/kg。

4. 重金属及有害元素　铅不得过 5mg/kg;镉不得过 1mg/kg;砷不得过 2mg/kg;汞不得过 0.2mg/kg;铜不得过 20mg/kg。

5. 人参皂苷含量　用高效液相色谱法测定,生晒参含人参皂苷 Re($C_{48}H_{82}O_{18}$)和人参皂苷 Rg_1($C_{42}H_{72}O_{14}$)的总量不得少于 0.30%,人参皂苷 Rb_1($C_{54}H_{92}O_{23}$)不得少于 0.20%。人参片含人参皂苷 Rg_1 和人参皂苷 Re 的总量不得少于 0.27%,人参皂苷 Rb_1 不得少于 0.18%。红参含人参皂苷 Rg_1 和人参皂苷 Re 的总量不得少于 0.25%,人参皂苷 Rb_1 不得少于 0.20%。红参片人参皂苷 Rg_1 和人参皂苷 Re 的总量不得少于 0.22%,人参皂苷 Rb_1 不得少于 0.18%。

【贮藏养护】本品属于贵重药材,应分类贮存。由于本品富含淀粉,易虫蛀、受潮发霉,应贮藏于阴凉通风干燥处,密闭,防潮防蛀。可用木盒或纸盒装,定期检查。

【性味功能】甘、微苦,微温。大补元气,复脉固脱,补脾益肺,生津养血,安神益智。用于体虚欲脱,肢冷脉微,脾虚食少,肺虚喘咳,津伤口渴,内热消渴,气血亏虚,久病虚羸,惊悸失眠,阳痿宫冷。

【用法用量】3~9g,另煎兑入汤剂服。也可研粉吞服,1 次 2g,1 日 2 次。

【附注】

1. 市场概括　人参为名贵药材,我国是发现和利用人参最早的国家,药用历史悠久。人参的野生资源十分稀少,目前商品全部来源于栽培,属于能够满足市场需求的品种。人参广泛用于临床、保健品、化妆品的开发以及中成药原料,又是传统大宗出口商品,人参叶、花、茎、果实等也是重要的新资源。5 年以下人参还可药食两用,近几年国内人参的个人消费量逐步增加。

2. 进口人参　主要是高丽参。高丽参一般特指产自韩国和朝鲜的红参。呈圆柱形或方圆柱形,芦短粗,直径几乎和主根同,芦碗明显且大,多为双芦(习称双马蹄芦或蝴蝶芦),芦头与参体连接处平直,习称"将军肩"。参体粗壮顺长,下部参腿 1~3 条,粗短,无细尾。表面棕红色,具光泽,皮纹细腻,显黄色与红棕色交错的不规则细纵纹,习称"蟋蟀纹",有些参体上会有黄色的皮纹,习称"姜皮"或"黄皮"。质地坚实而硬,断面平坦,红棕色角质状,可见同心环纹,也称"年轮纹"。气香浓郁,味甘苦持久。以皮细质坚、无破皮、无疤痕者为优,皮粗、皮黄者次之,有疤、有破皮者更次一等,内心空泡者最次。规格分为天字、地字、良字、切参、尾参等。又按每 600g 所含的支数,划分为 10、15、20、30、40、50、60、70、小支等。

3. 林下参、移山参和园参　此 3 类人参中,以林下参为优。林下参的品质与生长年限、人工干预程度等因素密切相关,参龄越老,生长过程中的人工干预程度越低,林下参品质常越高。因林下参质优价高,有出现采用拼接芦头和须的假参冒充林下参,也有用移山参冒充野山参,还有将移山参染色做老后冒充老参。

4. 人参在市场流通中的商品名称十分复杂,除上述的 3 类人参外,还有觅货、芋变、池底等。因野生人参极为稀少,目前市场流通中的大部分野山参实际上是林下参。林下参因播种后不经过移栽,又被称为"籽货""林下籽"等。以往移山参是指将野生人参小苗移栽到森林中,但随着野生人参的急剧减少,现在的移山参范围扩大到园参苗移栽、林下参移栽等。因移栽过程中,常是先挖坑开沟,把参苗平放到坑底,理顺芦、体、须,再覆盖表土、踏实,参苗在土壤中的形态,类似肚子、手脚着地的"趴",所以移山参有时又被称为"趴货"。近年来,把移栽到山林中生长的参与移栽到池床里的参又区别开来,将前者叫做"觅货"。在生长过程中,如人参的主根因某种原因遭到破坏烂掉后,其芦头及芋继续生长,成为无主根者,称为"芋变"。在种植园参的参园,因将参起走,遗留下的人参种子或园参稔,其在原参畦中自然条件下生长多年,称"池底参"。因名称繁多,很容易混淆,比如有些商家把生长在山林中的人参都统称为"林下参",用移山参来冒充林下参,甚至用移山参冒充野生人参等。

西洋参　Xiyangshen

Panacis Quinquefolii Radix

【基源】五加科(Araliaceae)植物西洋参 *Panax quinquefolium* L. 的干燥根。

原产于美国和加拿大。20 世纪 70 年代我国开始引种栽培,现已成为世界上西洋参三大主产国之一。目前我国西洋参主产于吉林、辽宁、黑龙江、山东等地。

秋季采收栽培 3~5 年的参根,晒干或烘干。

【商品性状特征】本品呈纺锤形、圆柱形或圆锥形,长 3~12cm,直径 0.8~2cm。表面浅黄褐色或黄白色,可见横向环纹和线性皮孔状突起,并有细密浅纵皱纹和须根痕。主根中下部有一至数条侧根,多已折断。有的上端有根茎,环节明显,茎痕(芦碗)圆形或半圆形,具不定根(芋)或已折断。体重,质坚实,不易折断,断面平坦,浅黄白色,略显粉性,皮部可见黄棕色点状树脂道,形成层环纹棕黄色,木部略呈放射状纹理。气微而特异,味微苦、甘。

【规格等级】

1. 药材　按产地分为进口参(美国参、加拿大参)和国产参(东北参、山东参等)(图7-82)。主根再按加工后的外观性状分为"原丛"(只剪去须根)、"圆粒"(修剪后主根长度与直接较接近)、"短粒"(修剪后主根长度明显大于直径)、"枝"(修剪后主根长度显著大于直径)四个大规格,再结合平均单支重量,细分为小规格。在各规格下,根据外在感官特性(纵皱纹细密程度、气味浓郁程度等)划分等级。另外,修剪下的芦头、支根、须根分别为参芦、参节、参须规格,再根据大小分等。还可根据生境分为野生西洋参和栽培西洋参,市场上以栽培品为主。

2. 饮片　西洋参片为西洋参药材切片的净制品,呈圆形或类圆形薄片。外表皮浅黄褐色。切面淡黄白色至黄白色,形成层环纹棕黄色,皮部有黄棕色的点状树脂道,近形成层环处较多而明显,木部略呈放射状纹理。气微而特异,味微苦、甘。

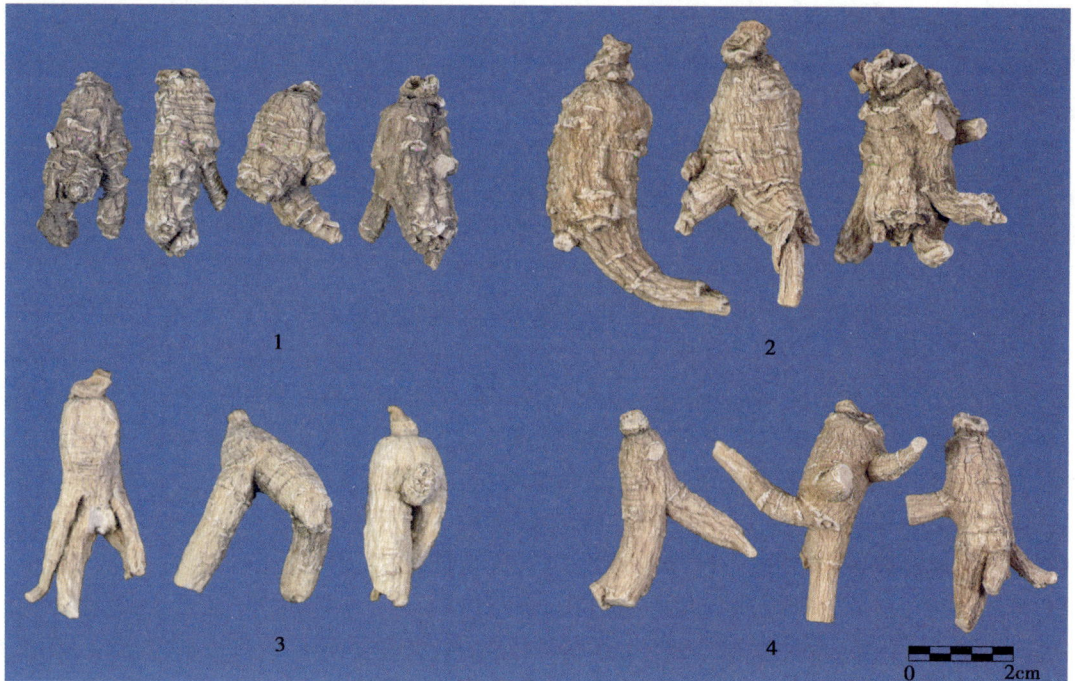

图 7-82　西洋参
1. 美国参；2. 加拿大参；3. 东北参；4. 山东参。

西洋参片一般按照片的直径大小，并结合碎片、黑片等占比，分为特大片、大片、中片、小片等。

【主要化学成分】主含人参皂苷（gensenoside）类，大部分皂苷成分与人参相近，特有成分为拟人参皂苷 F_{11} 等。还含有挥发油类、多糖类、粗蛋白等。

【质量要求】

1. 性状评价　以纵皱纹细密、断面黄白色、气味浓者为优。

2. 检查　水分不得过 13.0%；总灰分不得过 5.0%。

3. 农药残留量　含五氯硝基苯不得过 0.1mg/kg；六氯苯不得过 0.1mg/kg；七氯（七氯、环氧七氯之和）不得过 0.05mg/kg；氯丹（顺式氯丹、反式氯丹、氧化氯丹之和）不得过 0.1mg/kg。

4. 重金属及有害元素　铅不得过 5mg/kg；镉不得过 1mg/kg；砷不得过 2mg/kg；汞不得过 0.2mg/kg；铜不得过 20mg/kg。

5. 醇溶性浸出物　以 70% 乙醇作溶剂，用热浸法测定，不得少于 30.0%。

6. 含人参皂苷 $Re（C_{48}H_{82}O_{18}）$、人参皂苷 $Rg_1（C_{42}H_{72}O_{14}）$ 和人参皂苷 $Rb_1（C_{54}H_{92}O_{23}）$ 的总量　用高效液相色谱法测定，不得少于 2.0%。

【贮藏养护】本品属于贵重药材，应分类贮存。由于本品富含淀粉，易虫蛀、受潮发霉，应贮藏于阴凉、通风、干燥处，密闭，防潮防蛀。可用木盒或纸盒装，定期检查。

【性味功能】甘、微苦，凉。补气养阴，清热生津。用于气虚阴亏，虚热烦倦，咳喘痰血，内热消渴，口燥咽干。

【用法用量】3~6g，另煎兑入汤剂服。

【附注】西洋参的商品规格很复杂，"圆粒"和"短粒"在市场中有时被称为粒头，或简称"粒"，还有二面、老皮、尖尾、原尾、短尖等多种规格。此外，还可根据加工方法分为硬支参和软支参，硬支参的加工温度较高，加工周期短，商品硬度大，外形饱满，断面乳白色，断面树脂道更明显,粉性大,不适合切片。软支参的加工温度较低,加工周期稍长,硬度小,断面黄白色,油性较大,适合切片。

大黄 Dahuang
Rhei Radix et Rhizoma

【基源】蓼科(Polygonaceae)植物掌叶大黄 *Rheum palmatum* L.、唐古特大黄 *R. tanguticum* Maxim. ct Balf. 和药用大黄 *R. officinale* Baill. 的干燥根及根茎。前二种药材统称"西大黄"或"北大黄";其中掌叶大黄为商品的主流来源;后一种药材统称"南大黄"。

掌叶大黄主产于甘肃礼县、宕昌、岷县、文县、武威,青海同仁、同德、贵德,四川阿坝与甘孜州,云南西北部,陕西陇县、凤翔等地。唐古特大黄主产于青海与甘肃祁连山北麓,西藏东北部及四川西北部。药用大黄多为栽培,主产于四川北部、东部及南部盆地边缘,河南西部,湖北西部,陕西南部,贵州北部、西部及云南西北部;野生品主产于四川西部、德格及云南,习称"雅黄",现在市场少见。

4—5 月植物未发芽前或 9—11 月植株枯萎时采挖。栽培品均 3 年以上采挖。除去泥土,切去顶芽及细根,刮去外皮(忌用铁器),按药材规格要求加工后,晒干、阴干或烘干。出口商品须除去外皮,或置于竹笼中撞光。西大黄药材常加工成蛋吉、蛋片吉、苏吉和水根等规格。

【商品性状特征】形状因加工规格而异。去栓皮者表面黄棕色至红棕色,有棕红和灰白相间的网状纹理(锦纹);未去栓皮者表面棕褐色,有横皱纹及纵沟。质坚实。断面淡红棕色或黄棕色,颗粒性;根茎中心部有星点环列或散在;根有放射状纹理和环纹。气清香,味苦而微涩,嚼之粘牙,有砂粒感(图 7-83)。

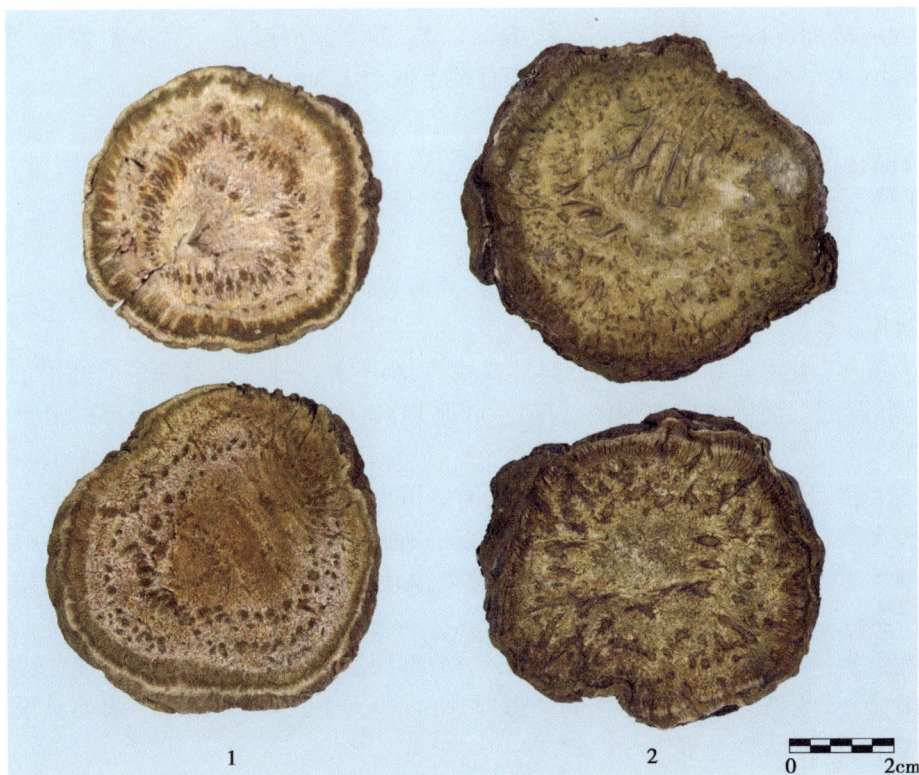

图 7-83 大黄
1. 西大黄;2. 南大黄。

笔记栏

【规格等级】

1. 药材　商品分西大黄、南大黄和雅黄 3 种规格。

(1)西大黄

1)蛋吉:均为根茎,无粗皮,呈卵圆形。

2)蛋片吉:为纵切成瓣的半圆形块。一面微凸,另一面较平坦,直径 8~15cm。断面淡红棕色或黄棕色,有放射状纹理及明显环纹,红肉白筋,根茎的星点环列或散在。糠心不超过 15%。

一等品:每 1kg 8 个以内。

二等品:每 1kg 12 个以内。余同一等品。

三等品:每 1kg 18 个以内。余同一等品。

3)苏吉:根茎及根。为横切的段,呈不规则圆柱形,长 4~10cm,直径 3~8cm。糠心不超过 15%。

一等品:为根茎,每 1kg 20 个以内。

二等品:根及根茎,每 1kg 30 个以内。余同一等品。

三等品:每 1kg 40 个以内。余同一等品。

4)水根:主根尾部及支根。呈长圆锥形或长条形。表面棕色或黄褐色,间有未除尽的栓皮。长短不限,间有闷茬,小头直径不小于 1.3cm。统货。

5)原大黄:纵切或横切成瓣、段,块片大小不分。表面黄褐色。断面有放射状纹理及环纹。髓部有星点散在。中部直径在 2cm 以上,糠心不超过 15%。统货。

(2)南大黄:呈类圆柱形,一端稍大,形如马蹄,长 5~15cm,直径 3~10cm。表面黄褐色或黄棕色,有少量棕色纹理。质较疏松,易折断,断面黄褐色,多孔隙,星点断续排列成环。

一等品:表面黄褐色,体较结实。长 7cm 以上,直径 5cm 以上。无枯糠、糊黑、水根。

二等品:大小不分,间有水根。最小头直径不低于 1.2cm。

(3)雅黄

一等品:呈不规则的块状,形似马蹄,无粗皮。表面黄色或黄褐色,体重质坚。断面黄色或棕褐色。气微香,味苦。每个 150~250g。无枯糠、焦黑、水根。

二等品:体较轻泡,质松。每个 100~200g。

三等品:未去粗皮,苦味较淡。大小不分,间有直径 3.5cm 以上的水根。

2. 饮片

(1)大黄片:本品呈不规则类圆形厚片或块,大小不等。外表皮黄棕色或棕褐色,有纵皱纹及疙瘩状隆起。切面黄棕色至淡红棕色,较平坦,有明显散在或排列成环的星点,有空隙(图 7-84)。

(2)酒大黄:形如大黄片,表面深棕黄色,有的可见焦斑,微有酒香气(图 7-84)。

(3)醋大黄:表面深棕色至棕褐色,偶有焦斑,断面浅棕色。略有醋香气(图 7-84)。

(4)熟大黄:本品呈不规则的块片,表面黑色,断面中间隐约可见放射状纹理,质坚硬,气微香(图 7-84)。

(5)大黄炭:本品形如大黄片,表面焦黑色,内部深棕色或焦褐色,具焦香气(图 7-84)。

(6)清宁片:为熟大黄粉末加工的圆形厚片,直径约 1.2cm,厚 2mm。表面呈黑色,质细而坚硬,具特异香气。

【主要化学成分】蒽醌类:大黄酸(rhein),大黄素(emodin),大黄酚(chrysophanol),芦荟大黄素(aloe emodin),大黄素甲醚(physcion),番泻苷 A、B、C、D、E、F(sennoside A,B,C,D,E,F),大黄苷(rheinoside)A、B、C、D 等。

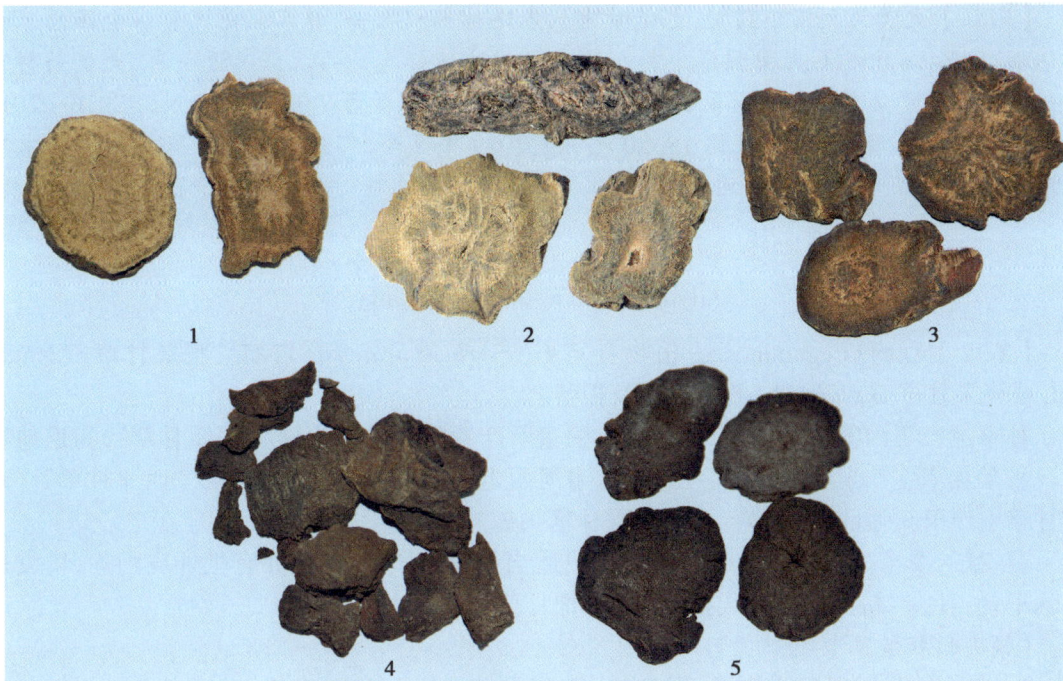

图 7-84 大黄饮片
1. 大黄片；2. 醋大黄；3. 酒大黄；4. 熟大黄；5. 大黄炭。

【质量要求】

1. 性状评价 以个大、表面黄棕色、体重、质坚实、有油性、锦纹及星点明显、气清香、味苦而不涩、嚼之发黏、无糠心者为佳。

2. 微量升华 取生品粉末进行微量升华，得黄色菱状针晶或羽毛状结晶。加碱液，结晶溶解并显红色。

3. 检查 药材，水分不得过 15.0%；总灰分不得过 10.0%。饮片，水分不得过 13.0%。

4. 土大黄苷 用薄层色谱法试验。供试品色谱中，在与土大黄苷对照品色谱相应的位置上，不得显相同的亮蓝色荧光斑点。

5. 水溶性浸出物 用热浸法测定，不得少于 25.0%。

6. 总蒽醌含量 用高效液相色谱法测定，以芦荟大黄素（$C_{15}H_{10}O_5$）、大黄酸（$C_{15}H_8O_6$）、大黄素（$C_{15}H_{10}O_5$）、大黄酚（$C_{15}H_{10}O_4$）和大黄素甲醚（$C_{16}H_{12}O_5$）的总量计，药材、大黄片、酒大黄和熟大黄不得少于 1.5%；大黄炭总蒽醌含量不得少于 0.90%。

7. 游离蒽醌含量 用高效液相色谱法测定，以芦荟大黄素（$C_{15}H_{10}O_5$）、大黄酸（$C_{15}H_8O_6$）、大黄素（$C_{15}H_{10}O_5$）、大黄酚（$C_{15}H_{10}O_4$）和大黄素甲醚（$C_{16}H_{12}O_5$）的总量计，药材含游离蒽醌不得少于 0.20%。大黄片含游离蒽醌不得少于 0.35%。酒大黄、熟大黄和大黄炭含游离蒽醌不得少于 0.50%。

【贮藏养护】置干燥、通风处，避光，防蛀。

【性味功能】苦，寒。泻下攻积，清热泻火，凉血解毒，逐瘀通经，利湿退黄。用于实热积滞便秘，血热吐衄，目赤咽肿，痈肿疔疮，肠痈腹痛，瘀血经闭，产后瘀阻，跌打损伤，湿热痢疾，黄疸尿赤，淋证，水肿；外治烧烫伤。

【用法用量】3~15g。生大黄用于泻下不宜久煎。外用适量，研末调敷患处。孕妇及月经期、哺乳期慎用。

【附注】大黄为大宗中药材,也是甘肃代表道地药材之一,甘肃大黄产量占全国总产量的70%~80%,其中礼县大黄获得中华人民共和国地理标志产品认证。近年来,大黄药材市场行情一直处于震荡上行趋势。据统计,大黄市场年需求量为7 000~9 000 吨。2016—2018年大黄价格基本稳定,统货价格18~20 元/kg;2019年至今,部分地区由于货源供不应求有小幅上扬趋势,价格为20~25 元/kg。

甘草　Gancao

Glycyrrhizae Radix et Rhizoma

【基源】豆科(Leguminosae)植物甘草 *Glycyrrhiza uralensis* Fisch.、胀果甘草 *G.inflata* Bat. 或光果甘草 *G.glabra* L. 的干燥根及根茎。

甘草主产于内蒙古,以鄂尔多斯市杭锦旗所产者品质最优,习称"内蒙甘草",为道地药材。胀果甘草主产于新疆、陕北三边及甘肃河西走廊,习称"新疆甘草"或"西北甘草"。光果甘草主产于新疆且欧洲有产,习称"欧甘草"或"洋甘草"。

春、秋二季采挖,除去须根及茎基,切成适当长度的段,晒干。亦有把外皮削除,切成长段晒干者,习称"粉甘草";扎成把者称为"把甘草"。

【商品性状特征】

1. 内蒙甘草　根呈圆柱形,不分枝,长25~100cm,直径0.6~3.5cm,外皮松紧不等。表面红棕色或灰棕色,有明显的纵皱纹、沟纹及稀疏的细根痕。质坚实,断面略呈纤维性,黄白色,粉性,形成层环明显,有放射状花纹与裂隙,形成菊花心。气微,味甜而特殊。根茎呈圆柱形;表面有芽痕,断面中央有髓(图7-85)。

2. 新疆甘草　根及根茎木质粗壮,有的分枝。表面灰棕色或灰褐色,粗糙。质坚硬,木质纤维多,粉性小。根茎不定芽多而粗大(图7-85)。

3. 欧甘草　根及根茎质地较坚实,有的分枝。表面灰棕色,较平滑,皮孔细而不明显(图7-85)。

【规格等级】

1. 药材　商品分西草和东草2个品别。西草指内蒙古西部及陕西、甘肃、青海等地所产皮细、色红、粉足的优质甘草。东草指内蒙古东部及东北、河北、山西等地所产。新疆草中质优的按西草论等级,质次的为原料草。

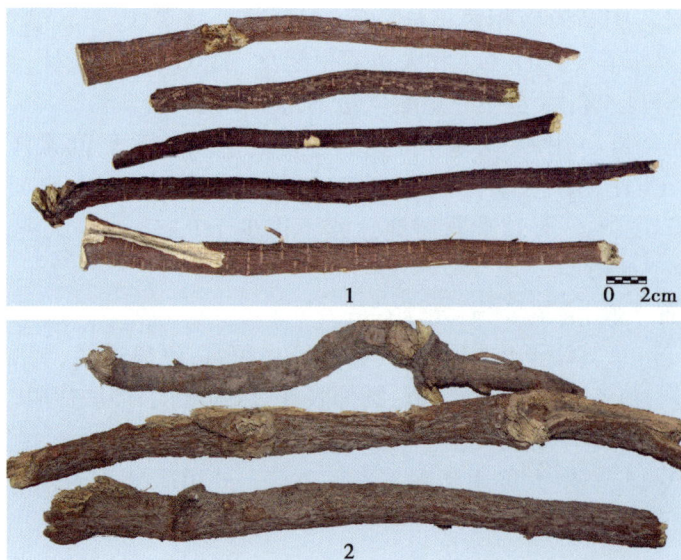

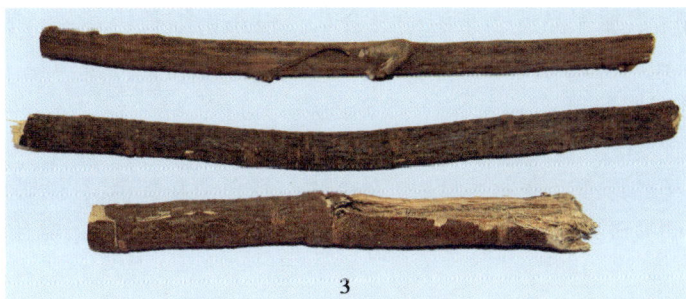

图 7-85　甘草
1. 内蒙甘草；2. 新疆甘草；3. 欧甘草。

（1）西草

1）大草：统货。呈圆柱形。表面红棕色、棕黄色或灰棕色，皮细紧，有纵纹。斩去头尾，切口整齐。质坚实，体重。断面黄白色，粉性足。味甜。长 25~50cm，顶端直径 2.5~4cm，黑心草不超过总重量的 5%。无须根、杂质、虫蛀、霉变。

2）条草

一等品：呈圆柱形，单枝顺直。表面红棕色、棕黄色或灰棕色。皮细紧，有纵纹。斩去头尾，切口整齐。质坚实，体重。断面黄白色，粉性足。味甜。长 25~50cm，顶端直径 1.5cm 以上。间有黑心。无须根、杂质、虫蛀、霉变。

二等品：长 25~50cm，顶端直径 1cm 以上。余同一等品。

三等品：顶端直径 0.7cm 以上。余同一等品。

3）毛草：统货。为圆柱形弯曲的小草，去净残茎，不分长短。表面红棕色、棕黄色或灰棕色。断面黄白色。味甜。顶端直径 0.5cm 以上。无须根、杂质、虫蛀、霉变。

4）草节

一等品：圆柱形。单枝条。长 6cm 以上，顶端直径 1.5cm 以上。无须根、疙瘩头、杂质、虫蛀、霉变。

二等品：顶端直径 7mm 以上，余同一等品。

5）疙瘩头：统货。系加工条草砍下之根头，呈疙瘩头状。去净残茎及须根。大小长短不分，间有黑心。无杂质、虫蛀、霉变。

（2）东草

1）条草

一等品：呈圆柱形，上粗下细。表面紫红或灰褐色，皮粗糙。不斩头尾。质松体轻。断面黄白色，有粉性。味甜。长 60cm 以上，芦下 3cm 处直径 1.5cm 以上。间有 5% 的 20cm 以上草头。无杂质、虫蛀、霉变。

二等品：长 50cm 以上，芦下 3cm 处直径 1cm 以上，间有 5% 的 20cm 以上草头。无杂质、虫蛀、霉变。余同一等品。

三等品：间有弯曲分叉的细根。长 40cm 以上，芦下 3cm 处直径 0.5cm 以上。无细小须子。

2）毛草：统货。圆柱形弯曲的小草，去净残茎，间有疙瘩头。表面紫红色或灰褐色。质松体轻。断面黄白色。味甜。不分长短，芦下直径 0.5cm 以上。无杂质、虫蛀、霉变。

（3）新疆草

1）新疆条草：分 3 等及统货。标准要求同西草，唯表面灰棕色，多粗糙。体轻，质松脆。断面黄色，纤维重，粉性小。味甜微苦。

笔记栏

2)新疆原料草:粗加工品或多来源的混合草。根条粗细长短不一。表面灰棕色或灰褐色,粗糙。体轻,质松脆。断面黄色,纤维重,粉性小。味微甜。等级以草节、毛草、疙瘩头为主,多为磨粉、熬膏的原料草。

2. 饮片

(1)甘草片:呈类圆形或椭圆形的厚片。外表皮红棕色或灰棕色,具纵皱纹。切面略显纤维性,中心黄白色,有明显放射状纹理及形成层环。质坚实,具粉性。气微,味甜而特殊(图7-86)。

图7-86 甘草片

(2)炙甘草:为甘草的炮制加工品。呈类圆形或椭圆形切片。外表皮红棕色或灰棕色,微有光泽。切面黄色至深黄色,形成层环明显,射线放射状。略有黏性。具焦香气,味甜。

【主要化学成分】甘草皂苷(glycyrrhizin),以及甘草苷(liquiritin)、异甘草苷(isoliquiritin)、新甘草苷(neoliquiritin)等黄酮类化合物。

【质量要求】

1. 性状评价 以外皮细紧、色红棕、质坚体重、断面黄白色、粉性足、味甜者为佳。

2. 检查 药材,水分不得过12.0%;总灰分不得过7.0%;酸不溶性灰分不得过2.0%。饮片,总灰分不得过5.0%。炙甘草,水分不得过10.0%;总灰分不得过5.0%。

3. 重金属及有害元素 铅不得过5mg/kg;镉不得过1mg/kg;砷不得过2mg/kg;汞不得过0.2mg/kg;铜不得过20mg/kg。

4. 有机氯农药残留量含五氯硝基苯不得过0.1mg/kg。

5. 甘草酸($C_{42}H_{62}O_{16}$)与甘草苷($C_{21}H_{22}O_{9}$)含量 用高效液相色谱法测定,药材含甘草酸不得少于2.0%,甘草苷不得少于0.50%;饮片含甘草酸不得少于1.8%,甘草苷不得少于0.45%;炙甘草含甘草酸不得少于1.0%,甘草苷不得少于0.50%。

【贮藏养护】药材多打捆或用麻布捆扎。本品含大量淀粉以及甜味成分,易虫蛀、吸潮发霉,应贮藏于阴凉、通风、干燥处,防霉、防蛀。

【性味功能】甘,平。补脾益气,清热解毒,祛痰止咳,缓急止痛,调和诸药。用于脾胃虚弱,倦怠乏力,心悸气短,咳嗽痰多,脘腹、四肢挛急疼痛,痈肿疮毒,缓解药物毒性、烈性。炙甘草具有补脾和胃,益气复脉的功能,用于脾胃虚弱,倦怠乏力,心动悸,脉结代。

【用法用量】2~10g。

【注意】不宜与甘遂、京大戟、红大戟、芫花、海藻同用。

【附注】甘草为最常用的大宗药材之一，其道地药材的形成源于野生资源，受野生资源的规模及其自然更新能力的限制，以及近几十年过度采挖的影响，目前野生甘草的生产能力还不足 20 世纪 50 年代的 1/3。目前，甘草规模化种植基地逐步建立，规模较大的种植基地位于内蒙古鄂尔多斯、包头和赤峰，宁夏平罗、盐池、吴忠，甘肃庆阳、民勤、酒泉、玉门，新疆巴楚、库尔勒、精河、阜康和塔城等地。另外，吉林白城、山西和陕西北部以及青海东部地区也有一定规模种植。除作为传统药材和现代医药原料外，甘草还是食品和化妆品行业的重要原料。目前全球甘草年需求量约为 6 万吨。近 3 年甘草的价格基本稳定，条草统货为 13~15 元 /kg。

甘草出口品根据商家的要求，常保持一部分历史规格，按产区不同主要有下列几种：

(1)梁外草：主产于内蒙古鄂尔多斯市黄河以南的杭锦旗。条粗均匀，口面光洁，大头中心髓部凹陷，习称"胡椒眼"；外皮枣红，皮细紧质嫩，体沉重坚实(有骨气)，内色鹅黄，粉性足。为内蒙甘草中最优商品。

(2)王爷地草：主产于内蒙古巴彦淖尔市乌拉特前旗、杭锦后旗及阿拉善盟等地。单枝独干，条粗均匀，两端直径相近。表面深枣红色，皮细，粉足。质地较柔韧。为内蒙甘草中的中上品。

(3)西镇草、上河川草、边草、西北草：西镇草主产于内蒙古鄂尔多斯市鄂托克旗及宁夏的陶东、平罗。上河川草主产于内蒙古鄂尔多斯市达拉特旗。边草主产于陕西靖边、定边等地。西北草主产于甘肃民勤、庆阳、张掖、玉门等地。共同特征：表面红褐色、棕红色或黑褐色。断面老黄，体质松，骨气差，粉性小，口面显裂纹。

(4)下河川草：主产于内蒙古包头附近的土默特旗、托克托和林格尔等地。表面灰褐色，根条两端粗细不匀，皮松，易剥落，粉性很差。质次。

(5)东北草：来源于甘草。主产于内蒙古东部地区，如赤峰、通辽。根条细长带芦头，表面紫红色或暗红，皮松易破，质松，断面老黄，纤维多，粉性小。味特甜。

(6)新疆草：北疆产品主要来源于甘草，少量光果甘草和胀果甘草；南疆产品来源于胀果甘草和甘草；东疆有少量黄甘草。商品外皮棕褐色，大部分挂白霜(习称"碱皮")；质地松紧不一，断面色黄，粉性差。味甜而带苦。

(马鸿雁　李　硕　王晶娟)

龙胆　Longdan

Gentianae Radix et Rhizoma

【基源】龙胆科(Gentianaceae)植物条叶龙胆 *Gentiana manshurica* Kitag.、龙胆 *G. scabra* Bge.、三花龙胆 *G. triflora* Pall. 或坚龙胆 *G. rigescens* Franch. 的干燥根及根茎。前三种习称"龙胆"，后一种习称"坚龙胆"。

龙胆主产于黑龙江、吉林、辽宁、内蒙古等地，习称"关龙胆"，为道地药材。坚龙胆主产于云南、四川、贵州等地。

野生者于春、秋二季采挖，以秋季采者质量好；栽培品一般于栽培第 4 年的秋季采收。挖出根及根茎后，除去地上部分，洗净，干燥。

【商品性状特征】

1. 龙胆　根茎呈不规则块状，长 1~3cm，直径 0.3~1cm。表面暗灰棕色或深棕色，上端有茎痕或残留茎基，周围和下端着生多数细长的根。根圆柱形，略扭曲，长 10~20cm，直径 0.2~0.5cm；表面淡黄色或黄棕色，上部多有显著的横皱纹，下部较细，有纵皱纹及支根痕。质脆，易折断，断面略平坦，皮部黄白色或淡黄棕色，木部色较浅，呈点状环列。气微，味极苦(图 7-87)。

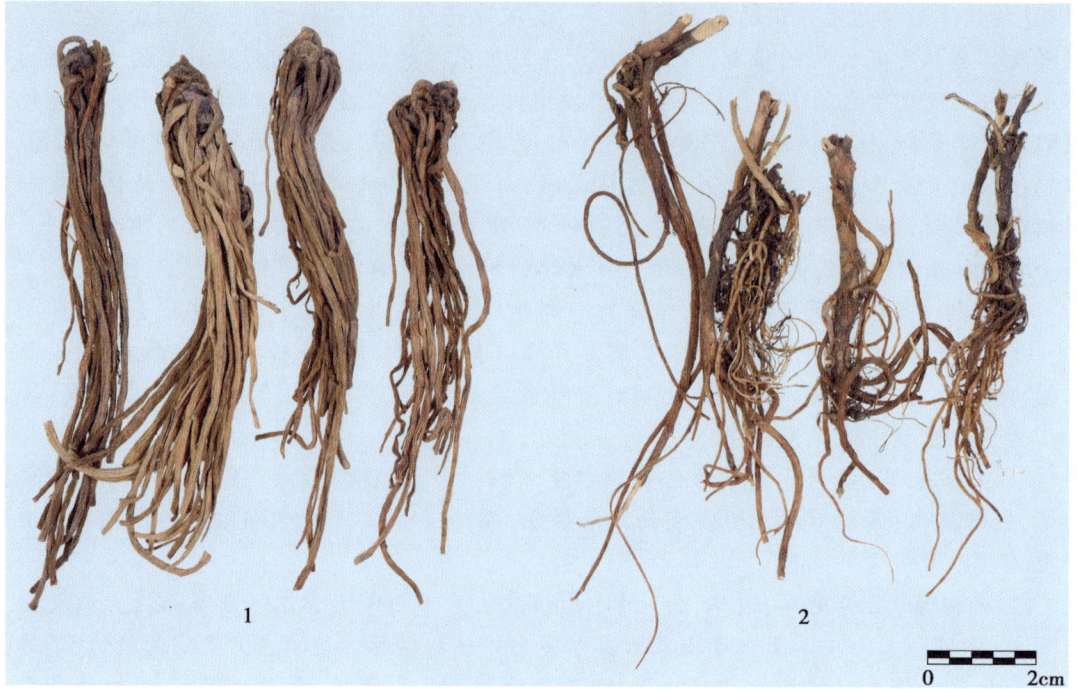

图 7-87　龙胆
1. 关龙胆；2. 坚龙胆。

2. 坚龙胆　根稀疏，表面黄棕色或红棕色，无横皱纹，外皮膜质，易脱落，木部黄白色，易与皮部分离（图 7-87）。

【规格等级】

1. 药材　分为关龙胆（龙胆）和坚龙胆两种规格，均为统货。

2. 饮片

(1) 龙胆：呈不规则形的段。根茎呈不规则块片，表面暗灰棕色或深棕色。根圆柱形，表面淡黄色至黄棕色，有的有横皱纹，具纵皱纹。切面皮部黄白色至棕黄色，木部色较浅。气微，味极苦。

(2) 坚龙胆：呈不规则形的段。根表面无横皱纹，膜质外皮已脱落，表面黄棕色至深棕色。切面皮部黄棕色，木部色较浅。

【主要化学成分】主含龙胆苦苷（gentiopicrin）、獐牙菜苦苷（swertiamarin）、獐牙菜苷（sweroside）等环烯醚萜苷类化合物，另含龙胆碱（gentianine）及龙胆三糖（gentianose）等。

【质量要求】

1. 性状评价　龙胆以根茎小、根密而粗长、色淡黄、味极苦者为佳。坚龙胆以根细长、色黄棕、味极苦者为佳。

2. 检查　水分不得过 9.0%，总灰分不得过 7.0%，酸不溶性灰分不得过 3.0%。

3. 水溶性浸出物　以水作溶剂，用热浸法测定，不得少于 36.0%。

4. 龙胆苦苷（$C_{16}H_{20}O_9$）含量　用高效液相色谱法测定，龙胆药材不得少于 3.0%，坚龙胆药材不得少于 1.5%；龙胆饮片不得少于 2.0%，坚龙胆饮片不得少于 1.0%。

【贮藏养护】置干燥处，防潮，防霉。

【性味功能】苦，寒。清热燥湿，泻肝胆火。用于湿热黄疸，阴肿阴痒，带下，湿疹瘙痒，肝火目赤，耳鸣耳聋，胁痛口苦，强中，惊风抽搐。

【用法用量】3~6g。

【附注】龙胆为中医临床传统常用药材,药用历史悠久。20世纪70年代之前,东北的关龙胆完全为野生品;70年代之后,野生关龙胆产量逐年下降,云贵的坚龙胆被大量开发利用;20世纪90年代,东北关龙胆开始推广种植,现已达一定种植规模,主要种植地有辽宁省清源县、新宾县、西丰县以及吉林省靖宇县、和龙市等。龙胆广泛用于临床配方、中成药、兽药原料及出口。据相关统计,国内外龙胆年需求量为1 500~2 000吨。目前市场上龙胆以栽培品为主,供求基本平衡。

丹参　Danshen

Salviae Miltiorrhizae Radix et Rhizoma

【基源】唇形科(Labiatae)植物丹参 *Salvia miltiorrhiza* Bge. 的干燥根及根茎。

野生丹参主产于山东、河南、陕西、湖北、河北、山西、安徽、四川等地。以山东沂蒙山区产量大、质量最优,特称"山东丹参"。春、秋二季采挖,除去茎叶及泥沙,直接晒干。

栽培丹参主产于四川、山东、陕西、河南、河北、安徽等地。近年来全国多数省区均有栽培。主产于四川中江者称为"中江丹参",为四川道地药材。

于秋分至霜降采收。种子繁殖移栽者第二年采挖,根段扦插繁殖者当年采挖。采挖后,除去茎叶及泥沙,直接晒干。或将根及根茎在阳光下略晒,然后堆置于阴凉处,慢慢干燥。

【商品性状特征】

1. 野生品　根茎粗短,有的残留茎基。根数条,长圆柱形,略弯曲,分枝并有须根,长10~20cm,直径0.3~1cm。表面棕红色至暗棕红色,粗糙,有纵皱纹。老根外皮疏松,多显紫棕色,常呈鳞片状脱落。质硬脆,断面较疏松,有裂隙或略平整而致密,皮部棕红色,木质部灰黄色,导管束黄白色,放射状排列。气微,味微苦涩(图7-88)。

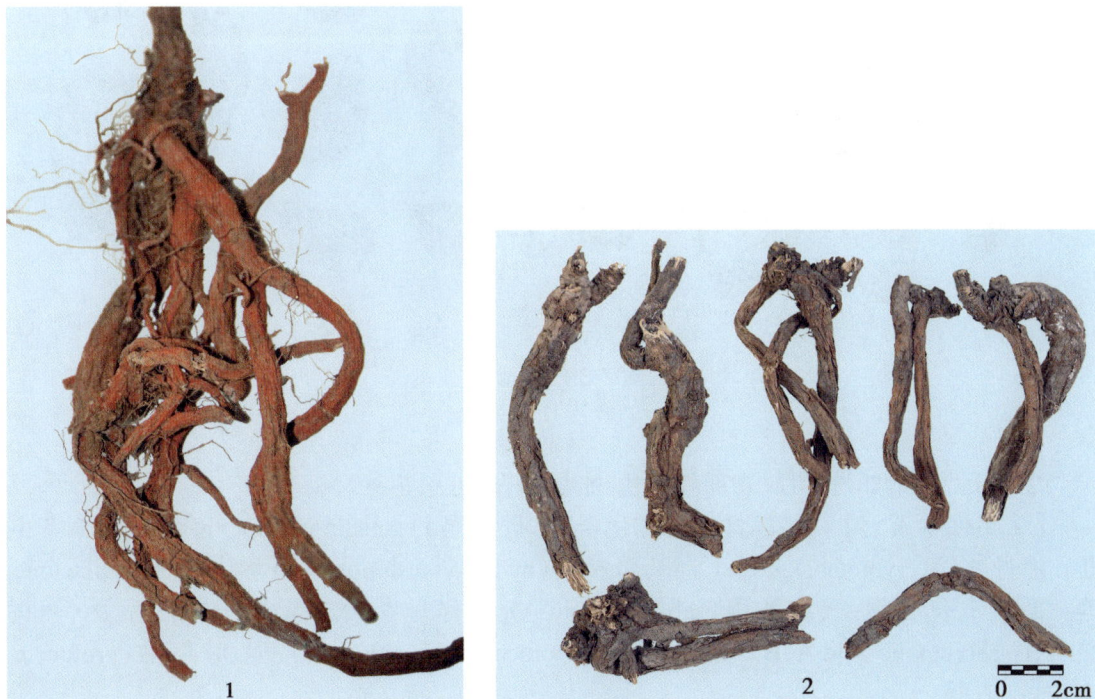

图7-88　丹参
1. 栽培品;2. 野生品。

笔记栏

2. 四川栽培品 根粗壮挺直,圆柱形或长条形,偶有分枝,直径 0.5~1.5cm。表面紫红色或黄红色,根皮细致紧贴。质坚实,断面黄褐色或紫褐色,平整致密,略显粉质或角质样(图 7-88)。

3. 山东栽培品 根茎较短。根数条,细长。表面砖红色或棕红色,下部有须根。断面类白色,平整致密。

【规格等级】

1. 药材 商品分为野生统货,栽培丹参(川丹参)2 种规格。

(1)野生丹参:统货。

(2)川丹参

一等品:呈圆柱形或长条形,偶有分枝,表面紫红色,有纵皱纹。质坚实,皮细而粗壮。断面紫褐色。无纤维。味甜微苦。多为整枝,头尾齐全,主根中上部直径 1cm 以上。无芦茎、碎节、须根、杂质、虫蛀、霉变。

二等品:主根中上部直径 1cm 以下,但不低于 0.4cm,有单枝及撞断的碎节。余同一等品。

2. 饮片

(1)丹参片:呈类圆形或椭圆形的厚片。外表皮棕红色或暗棕红色,粗糙,具纵皱纹。切面有裂隙或略平整而致密,有的呈角质样,皮部棕红色,木部灰黄色或紫褐色,有黄白色放射状纹理。气微,味微苦涩(图 7-89)。

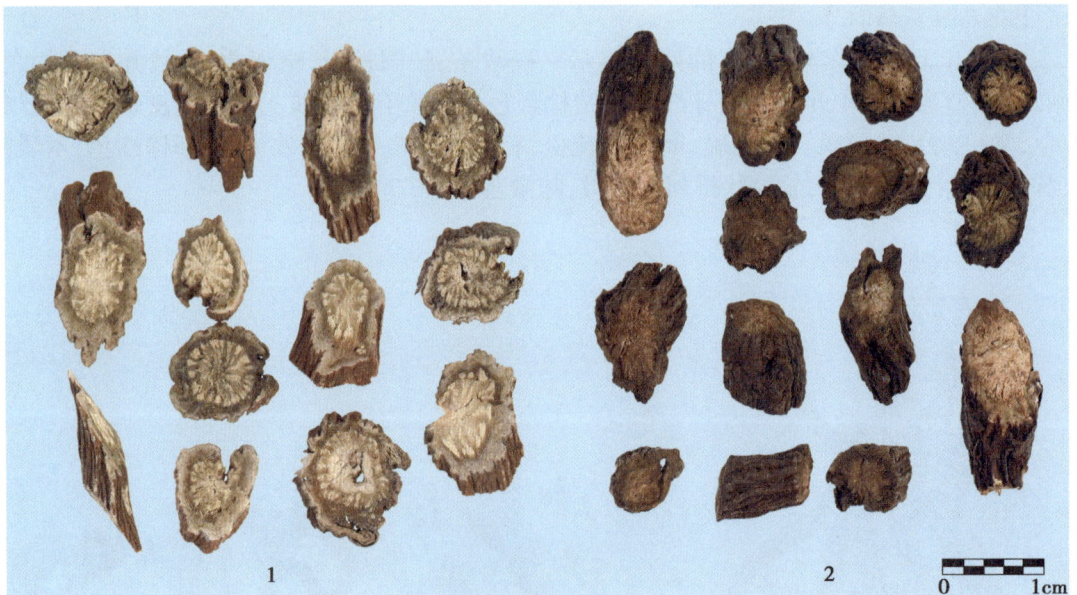

图 7-89 丹参片
1. 丹参片;2. 酒丹参。

(2)酒丹参:形如丹参片,表面红褐色,略具酒香气(图 7-89)。

【主要化学成分】含结晶性菲醌类化合物:丹参酮 I(tanshinone I)、丹参酮 II$_A$、丹参酮 II$_B$、隐丹参酮(cryptotanshinone)、羟基丹参酮(hydroxytanshinone)、丹参内酯(tanshilactone)等。酚酸类化合物:丹参酸甲(salvianic acid A),又称丹参素。尚含丹参酸乙、丙,丹酚酸 A、B(salvianolic acid A,B),原儿茶醛(protocatechuic aldehyde),原儿茶酸(protocatechuic acid)等。

【质量要求】

1. 性状评价 野生品以茎短、根条粗长、表面色砖、须根少、断面色白者为佳。栽培品以根条粗壮、分枝少、色棕红或紫红、皮细、质坚实者为佳。

2. 检查 药材,水分不得过 13.0%;总灰分不得过 10.0%;酸不溶性灰分不得过 3.0%。丹参片,酸不溶性灰分不得过 2.0%。酒丹参,水分不得过 10.0%。

3. 重金属及有害元素 铅不得过 5mg/kg;镉不得过 1mg/kg;砷不得过 2mg/kg;汞不得过 0.2mg/kg;铜不得过 20mg/kg。

4. 水溶性浸出物 用冷浸法测定,不得少于 35.0%。

5. 醇溶性浸出物 以乙醇作溶剂,用热浸法测定,药材醇溶性浸出物不得少于 15.0%;饮片醇溶性浸出物不得少于 11.0%。

6. 丹参酮类含量 用高效液相色谱法测定,含丹参酮 II_A($C_{19}H_{18}O_3$)、隐丹参酮($C_{19}H_{20}O_3$)和丹参酮 I($C_{18}H_{12}O_3$)的总量不得少于 0.25%。

7. 丹酚酸 B($C_{36}H_{30}O_{16}$)含量 用高效液相色谱法测定,不得少于 3.0%。

【贮藏养护】多用竹篓、麻包袋或箱盛装。本品易受潮发霉,应贮藏于通风、干燥处。

【性味功能】苦,微寒。活血祛瘀,通经止痛,清心除烦,凉血消痈。用于胸痹心痛,脘腹胁痛,癥瘕积聚,热痹疼痛,心烦不眠,月经不调,痛经闭经,疮疡肿痛。

【用法用量】10~15g。

【附注】丹参为中医常用的大宗药材之一,已有 2 000 余年的药用历史。20 世纪 60 年代以前,商品来源几乎全部为野生资源,随着药用量的不断增加,野生资源不断减少;到 70 年代中期,各地纷纷开展野生变家种研究。目前家种丹参是市场商品的主流,属于可以满足市场需求的商品。近年来,丹参已广泛应用于临床治疗、疾病预防、健体美容,并作为各种中成药原料并且大量出口,用量激增。据有关资料统计,丹参年需求量约 2 万吨。

紫菀 Ziwan

Asteris Radix et Rhizoma

【基源】菊科(Compositae)植物紫菀 *Aster tataricus* L.f. 的干燥根和根茎。

主产于河北、安徽、河南、黑龙江等地。

春、秋二季采挖,除去有节的根茎(习称"母根")和泥沙,编成辫状晒干,或直接晒干。

【商品性状特征】根茎呈不规则块状,大小不一,顶端有茎、叶的残基;质稍硬。根茎簇生多数细根,长 3~15cm,直径 0.1~0.3cm,多编成辫状;表面紫红色或灰红色,有纵皱纹;质较柔韧。气微香,味甜、微苦(图 7-90)。

【规格等级】

1. 药材 统货。

2. 饮片

(1)紫菀片:呈不规则的厚片或段。根外表皮紫红色或灰红色,有纵皱纹。切面淡棕色,中心具棕黄色的木心。气微香,味甜,微苦。

(2)蜜紫菀:形如紫菀片(段),表面棕褐色或紫棕色。有蜜香气,味甜。

【主要化学成分】紫菀酮(shionone)等。

【质量要求】

1. 性状评价 以根长、色紫红、质柔韧者为佳。

2. 检查 水分不得过 15.0%;总灰分不得过 15.0%;酸不溶性灰分不得过 8.0%。

3. 水溶性浸出物 用热浸法测定,不得少于 45.0%。

4. 紫菀酮($C_{30}H_{50}O$)含量 用高效液相色谱法测定,药材与生饮片含紫菀酮不得少于 0.15%。蜜紫菀含紫菀酮不得少于 0.10%。

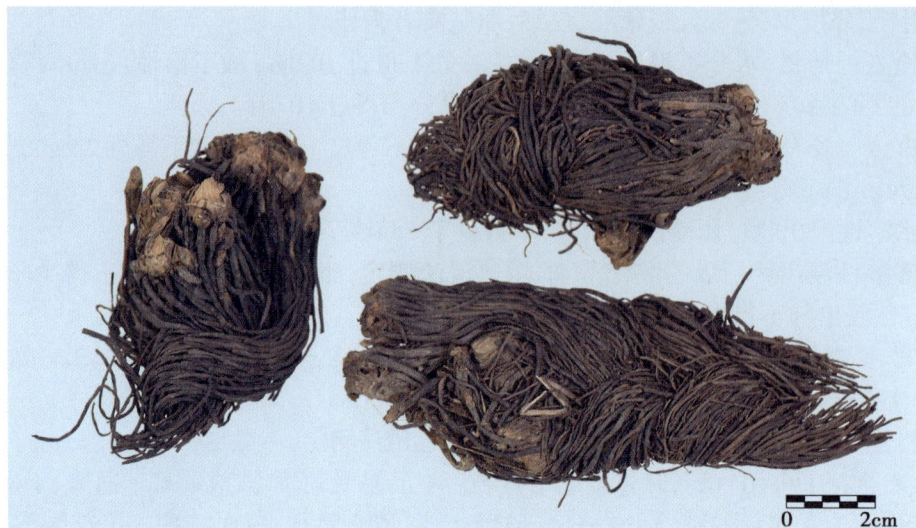

图 7-90　紫菀

【贮藏养护】置干燥处,防潮。

【性味功能】辛、苦,温。润肺下气,消痰止咳。用于痰多喘咳,新久咳嗽,劳嗽咳血。

【用法用量】5~10g。

【附注】紫菀为药材市场中的小宗品种,行情相对比较稳定。紫菀生长周期短,生产快,易管理,商品来源野生或家种。种植区域主要是河北省和安徽省。紫菀药材贮存时间不宜过长,否则品质易发生变化。产地加工的紫菀药材含土量比较高,杂质易超标,在销售之前需要去土,因此人工成本较高。

●（王添敏　张　琳　周　婧）

复习思考题

1. 林下参和生晒参的概念是什么? 林下参和园参的商品性状特征有何不同?

2. 简述西大黄商品规格等级的划分方法。

3. 简述甘草的基源,并论述 3 种基源甘草商品的性状特征鉴别要点。

4. 简述丹参的基源,并论述丹参野生品,山东栽培品、四川栽培品 3 种商品的性状特征鉴别要点。

第四节　茎木类中药

📝 学习目标

1. 掌握国产沉香与进口沉香的基源、商品性状特征、规格等级、质量要求。

2. 熟悉沉香的结香方法、性味功能、用法用量。

茎(caulis)类中药主要指木本植物的茎,包括干燥的藤茎、茎枝、茎刺、茎髓、茎的带翅状附属物等及饮片。**木类**（lignum）中药指木本植物茎形成层以内的部分及饮片。木材又分心材和边材，木类药材多采用心材、含树脂的心材等。通常根据组织构造的特点分为茎类和木类两大部分。由于茎、木类药材在性状上有相似之处，习惯将二者并入一起论述。

商品性状特征：茎木类中药的商品鉴别应注意形状、大小、表面纹理、颜色、质地、断面、气味以及水浸、火烧等特点。带叶的茎枝，则再按叶类药材的要求进行观察。观察时要特别注意其表面的纹理和色泽、横切（断）面上射线的颜色及密度、导管孔的大小及分布状态等。

饮片鉴别：茎类药材通常切成横向或斜向的厚片、薄片或段。木类药材饮片常为镑片、薄片、碎块或粉末。鉴别应注意切面的颜色、纵向纹理等。

商品规格等级：茎木类药材的商品规格多为统货，少数划分等级。如钩藤依据色泽和枝梗的含量分等，沉香根据品质和树脂的含量划分等级。

贮藏养护：茎木类药材一般用袋装或箱装。本类药材含淀粉及糖类成分较少，一般不易被虫蛀；但含有挥发油、树脂等成分的药材，若贮藏不当，易变色或散失香气。应注意密封，防止高热。

沉香 Chenxiang

Aquilariae Lignum Resinatum

【**基源**】瑞香科（Thymelaeaceae）植物白木香 *Aquilaria sinensis*（Lour.）Gilg 含有树脂的木材。商品又称"国产沉香"。

主产于海南海口，广东湛江、徐闻、肇庆等地。

根据传统习惯，一般有以下几种采集方法：①选择树干直径达 30cm 以上的大树，在距地面 1.5~2m 高处树干上顺砍数刀，伤口深 3~4cm，刀距 30~50cm，伤口附近的木质部则分泌树脂，逐渐变成棕黑色，经数年后割取有树脂的木部。此创伤口经数年后又继续生成沉香。②在距离地面约 1m 处的树干上，凿成深 3~6cm、直径 3~6cm 的小口，然后用泥土封好，伤口附近的木质部分泌树脂。此法生成沉香较快。③寻找枯朽的白木香树，有时可觅得质量较好的沉香。所得沉香木，用刀除去不含树脂的木部，晒干后即为市售品。④人工结香法，采用真菌寄生在白木香树上，使木材薄壁细胞中贮存的物质产生一系列变化，最后形成香脂。采用此法，一般 3 年左右即可得到二等、三等品的沉香。

由于产沉香的树要经受外界刺激后才能形成沉香，因此采沉香时要注意观察已受损伤的枝叶或被虫咬伤的老根有无沉香的生成，以免误采未生成沉香的树木。一般生有沉香的树木枝叶多变枯黄，可供鉴别。

采到的木材要除去枯废白木，劈成小块，临床使用时捣碎或研成细粉。

【**商品性状特征**】呈不规则的块状、片状或盔帽状，表面可见黑褐色树脂与黄白色木部相间的斑纹。质较坚实。气芳香，味苦。易点燃，燃烧时发浓烟，有黑色油状树脂冒出，并有浓郁香气（图 7-91）。

【**规格等级**】

1. 药材　国产沉香按品质及表面树脂部分（俗称油格）所占比例分为 4 等。

一等品：身重结实，油色黑润，油格占整块 80% 以上。

二等品：油色黑润或棕黑色，油格占整块 60% 以上。

三等品：油格占整块 40% 以上。

四等品：质疏松轻浮，油格占整块 25% 以上。

图 7-91　国产沉香

2. 饮片　本品呈不规则片状、长条形或类方形小碎块状,长 0.3~7.0cm,宽 0.2~5.5cm。表面凹凸不平,有的有刀痕,偶有孔洞,可见黑褐色树脂与黄白色木部相间的斑纹。质较坚实,刀切面平整,折断面刺状。气芳香,味苦。

【主要化学成分】白木香含挥发油及树脂。挥发油中含沉香螺萜醇(agarospirol)、白木香酸(baimuxinic acid)、白木香醛(baimuxinal)等。

【质量要求】

1. 性状评价　以色黑、质坚硬、油性足、香气浓而持久、能沉水者为佳。

2. 醇溶性浸出物　以乙醇作溶剂,用热浸法测定,不得少于 10.0%。

3. 含量测定　用高效液相色谱法测定,沉香四醇($C_{17}H_{18}O_6$)含量不得少于 0.10%。

4. 特征图谱　应呈现 6 个特征峰,并应与对照药材参照物色谱峰中的 6 个特征峰相对应,其中峰 1 应与对照品参照物峰(沉香四醇)保留时间一致。

【贮藏养护】用木箱包装。本品易失润、干燥、走散香气,应密闭,置阴凉干燥处,避光,防潮。

【性味功能】辛、苦,微温。行气止痛,温中止呕,纳气平喘。用于胸腹胀闷疼痛,胃寒呕吐呃逆,肾虚气逆喘急。

【用法用量】1~5g,后下。

【附注】进口沉香为瑞香科(Thymelaeaceae)植物沉香 *Aquilaria agallocha* Roxb. 含有树脂的木材。主产于印度尼西亚、马来西亚、柬埔寨、越南等国。药材呈圆柱形或不规则棒状,表面黄棕色或黄褐色,纵纹顺直明显,有时可见黑棕色树脂瘢痕。质坚硬而重。气味较浓,燃烧时香气更浓,味微苦(图 7-92)。

进口沉香一般分成 4 等,但现在药材市场很少见。一等品:醇浸出物含量为 25%~30%;二等品:醇浸出物含量为 20%~25%;三等品:醇浸出物含量为 17%~20%;四等品:醇浸出物含量为 15%~17%。

图 7-92　进口沉香

（王晶娟　姜丹）

复习思考题

进口沉香和国产沉香的基源、商品特征有何区别？

第五节　皮类中药

> ### 学习目标
>
> 1. 掌握牡丹皮、厚朴、肉桂、杜仲、黄柏的基源、商品性状特征、规格等级、质量要求。
> 2. 熟悉牡丹皮、厚朴、肉桂、杜仲、黄柏的性味功能、用法用量及贮藏。

皮（cortex）类中药通常是指来源于被子植物（其中主要是双子叶植物）和裸子植物的茎秆、枝和根的形成层以外部分的药材及饮片。其中大多为茎秆的皮，少数为根皮或枝皮。

商品性状特征：皮类中药的商品鉴别应注意形状（如平坦、卷曲、筒状、单卷筒状、双卷筒状），外表面（如颜色、纹理、皮孔和附属物），内表面（如油痕、纹理），横折断面（如平坦、颗粒状、纤维状、层状），气味（如香气、甜味）等特征。其中皮孔形态、横折断面、气味等方面是鉴别的主要内容。

皮类药材常按其长度、宽度、厚度或中部直径等划分商品的规格等级。如厚朴按照长度和重量等划分等级，根皮类药材一般均为统货。

皮类饮片鉴别应注意切面的纹理、颜色及外表面的特征等。

贮藏养护：皮类中药一般采用袋、箱密闭包装,置阴凉、通风、干燥处保存,防虫蛀。

牡丹皮 Mudanpi

Moutan Cortex

【基源】毛茛科(Ranunculaceae)植物牡丹 *Paeonia suffruticosa* Andr. 的干燥根皮。

主产于安徽铜陵,山东菏泽,湖南邵阳、长沙、衡阳,四川涪陵、西昌、汶川及陕西,甘肃等地。安徽铜陵产者习称"凤丹皮",山东产者习称"菏泽丹皮",湖南产者习称"湘丹皮",四川产者习称"川丹皮",甘肃、陕西产者习称"西丹皮"。

栽培 3~5 年后采收,于 10—11 月挖根,洗净,去掉须根及茎基,用刀直剖皮部,抽去木部,将根皮晒干,为"原丹皮"或"连丹皮";如先用竹刀或瓷片刮去外皮后,再剥取皮部晒干,为"刮丹皮"(粉丹皮)。

【商品性状特征】

1. 原丹皮 呈筒状或半筒状,长 5~20cm,直径 0.5~1.2cm,厚 1~4mm。外表面灰褐色或黄褐色,内表面淡灰黄色或浅棕色,常见发亮的结晶。质硬而脆,断面淡粉红色。气芳香,味微苦而涩,有麻舌感(图 7-93)。

2. 刮丹皮 外表面淡灰黄色、粉红色或淡红棕色,内表面淡灰黄色或浅棕色,有明显细纵纹理及白色结晶(系针状、片状或柱状丹皮酚结晶)(图 7-93)。

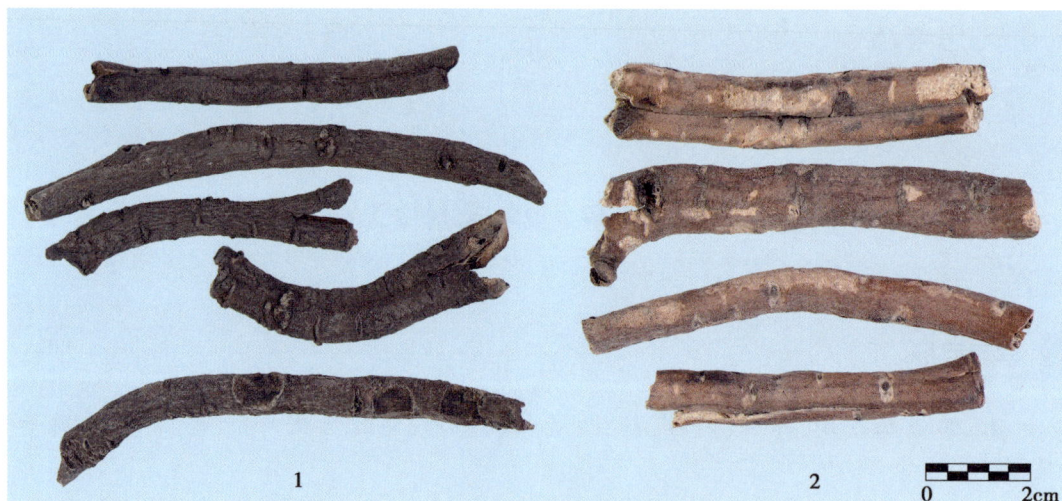

图 7-93 牡丹皮
1. 原丹皮;2. 刮丹皮。

【规格等级】

1. 药材 分为凤丹皮、原丹皮、刮丹皮等规格。

(1)凤丹皮

一等品:呈圆筒状,条均匀微弯,两端剪平,纵形隙口紧闭,皮细肉厚。表面褐色。质硬而脆。断面粉白色,粉质足,有亮银星。香气浓,味微苦涩。长 6cm 以上,中部围粗 2.5cm以上。无木心、青丹、杂质、霉变。

二等品:长 5cm 以上,中部围粗 1.8cm 以上。

三等品:长 4cm 以上,中部围粗 1cm 以上。

四等品:凡不符合一、二、三等品的细条及断支碎片,均属此等。但最小围粗不低于 6mm。

(2) 原丹皮 (图 7-94)

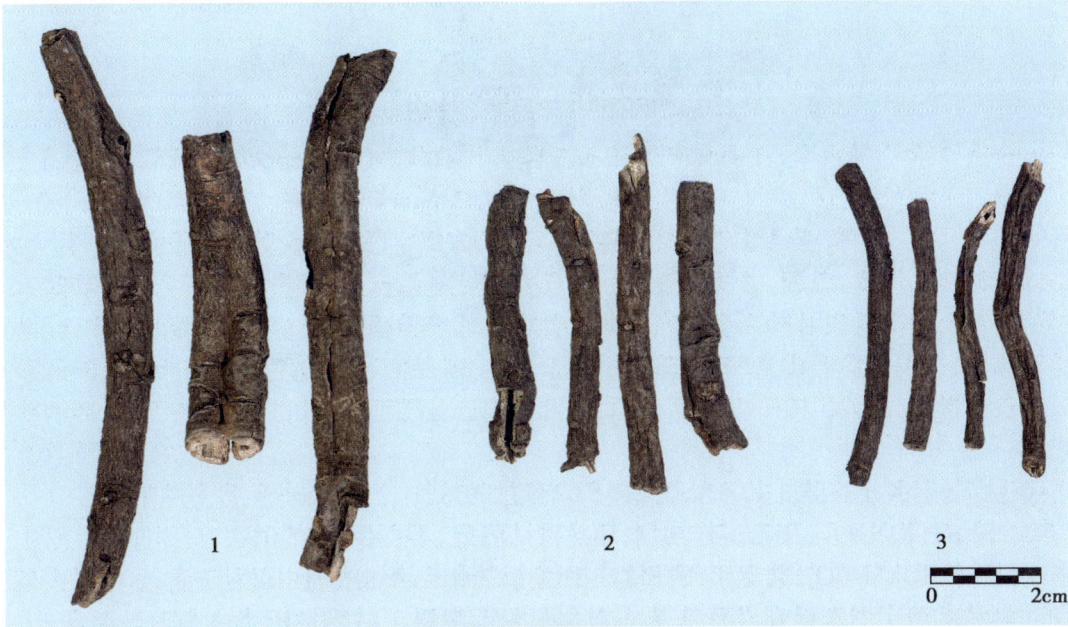

图 7-94 原丹皮等级
1. 一等品;2. 二等品;3. 三等品。

一等品:呈圆筒状,条均匀,稍微弯。表面灰褐色或棕褐色,栓皮脱落处呈粉褐色。质硬而脆。断面粉白或淡褐色,有粉性。香气浓,味微苦涩。长 6cm 以上,中部围粗 2.5cm 以上。碎节不超过 5%。去净木心,无杂质。

二等品:长 5cm 以上,中部围粗 1.8cm 以上。碎节不超过 5%。

三等品:长 4cm 以上,中部围粗 0.9cm 以上。皮刮净,色粉红,碎节不超过 5%。

四等品:干货。凡不符合一、二、三等品的细条及断支碎片,均属此等。但最小围粗不低于 6mm。

(3) 刮丹皮

一等品:呈圆筒状,条均匀,刮去外皮,表面粉红色,在节疤、皮孔、根痕处,偶有未去净的粗皮,形成棕褐色的花斑。质坚硬。断面粉白色,有粉性。气香浓,味微苦涩。长 6cm 以上,中部围粗 2.4cm 以上。皮刮净,色粉红,碎节不超过 5%。无木心、杂质。

二等品:长 5cm 以上,中部围粗 1.7cm 以上。皮刮净,色粉红,碎节不超过 5%。

三等品:长 4cm 以上,中部围粗 9mm 以上。皮刮净,色粉红,碎节不超过 5%。

四等品:凡不符合一、二、三等品的细条及断支碎片,均属此等。

2. 饮片 呈圆形或卷曲形的薄片。连丹皮外表面灰褐色或黄褐色,栓皮脱落处粉红色;刮丹皮外表面红棕色或淡灰黄色。内表面有时可见发亮的结晶。切面淡粉红色,粉性。气芳香,味微苦而涩 (图 7-95)。

【主要化学成分】主含芍药苷 (paeoniflo-rin)、羟基芍药苷 (oxypaeoniflorin)、苯甲酰芍药苷 (benzoylpaeoniflorin)、苯甲酰羟基芍药苷 (benzoyloxypaeonolide)、丹皮酚 (paeonol)、丹皮酚苷 (paeonoside) 等。

【质量要求】

1. 性状评价 以条粗、皮厚、断面色淡红、粉性足、结晶多、香气浓者为佳。

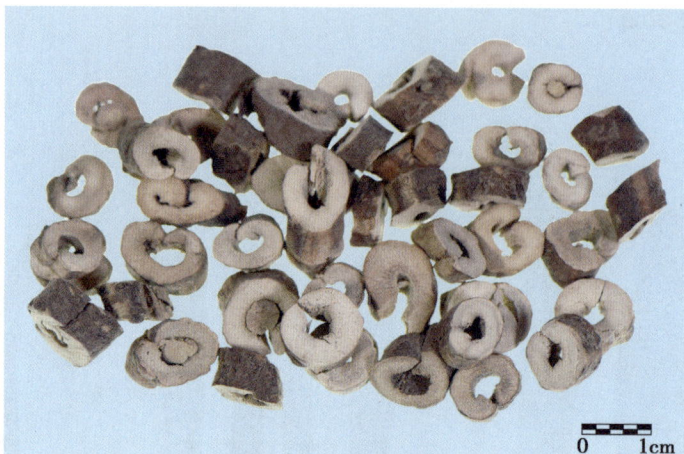

图 7-95　牡丹皮饮片

2. 检查　水分不得过 13.0%；总灰分不得过 5.0%。

3. 醇溶性浸出物　用乙醇作溶剂，用热浸法测定，不得少于 15.0%。

4. 丹皮酚（$C_9H_{10}O_3$）含量　用高效液相色谱法测定，不得少于 1.2%。

【贮藏养护】用木箱或竹篓包装。本品易生霉、变色，应置阴凉干燥处保存。

【性味功能】苦、辛，微寒。清热凉血，活血化瘀。用于热入营血，温毒发斑，吐血衄血，夜热早凉，无汗骨蒸，经闭痛经，跌扑伤痛，痈肿疮毒。

【用法用量】6~12g。

【注意】孕妇慎用。

【附注】牡丹皮为常用药材，属于可以满足市场需求的商品。据相关资料统计，国内外牡丹皮药材年需求量 3 500~4 500 吨。

厚朴　Houpo

Magnoliae Officinalis Cortex

【基源】木兰科（Magnoliaceae）植物厚朴 *Magnolia officinalis* Rehd. et Wils. 或凹叶厚朴 *M. officinalis* Rehd. et Wils. var. *biloba* Rehd. et Wils. 的干燥干皮、根皮及枝皮。

厚朴主产于四川广元、涪陵，湖北恩施、宜昌，湖南衡阳等地，历史上称为"川朴"，或称"紫油厚朴"。凹叶厚朴主产于浙江丽水，福建南平，江西等地，习称"温朴"。以川朴质优。

4—6 月剥取 15~20 年的干皮、枝皮、根皮。枝皮与根皮直接阴干。干皮入沸水中微煮后堆置阴湿处，"发汗"至内表面变紫褐色或棕褐色时，蒸软，取出，卷成筒状，晒干或炕干。临床应用时，将厚朴炮制成厚朴丝、姜厚朴使用。

【商品性状特征】

1. 干皮（筒朴）　呈卷筒状或双卷筒状，长 30~35cm，厚 0.2~0.7cm；近根部的干皮一端展开如喇叭口，长 13~25cm，厚 0.3~0.8cm，习称"靴筒朴"（蔸朴）。外表面灰棕色或灰褐色，粗糙，有时呈鳞片状，较易剥落，有明显椭圆形皮孔和纵皱纹，刮去粗皮者显黄棕色。内表面紫棕色或深紫褐色，较平滑，具细密纵纹，划之显油痕。质坚硬，不易折断，断面颗粒性，外层灰棕色，内层紫褐色或棕色，有油性，有的可见多数小亮星。气香，味辛辣、微苦（图 7-96）。

2. 根皮（根朴）　呈单筒状或不规则块片；有的弯曲似鸡肠，习称"鸡肠朴"。质硬，较易折断,断面纤维性。

图 7-96 厚朴
1. 干皮;2. 枝皮。

3. 枝皮(枝朴) 呈单筒状,长 10~20cm,厚 0.1~0.2cm。质脆,易折断,断面纤维性(图 7-96)。

【规格等级】

1. 药材 传统按产区分为川朴、温朴两类。又因部位和形态的不同,分为筒朴、蔸朴(即靴朴,为靠近根部的干皮)、耳朴、根朴等规格。现参考商务部发布的国内贸易行业标准"SB/T 11 174.4—2016 中药材商品规格等级第 4 部分:厚朴",将厚朴药材商品分为筒朴、根朴与蔸朴 3 种规格。

(1)筒朴

一等品:呈卷筒状或双卷筒状,两端平齐。长 30cm 以上,皮厚 3.0mm 以上,外表面灰棕色或灰褐色,有明显的皮孔和纵皱纹,粗糙,刮去粗皮者显黄棕色。内表面紫褐色,较平滑,具细密纵皱纹,划之显油痕。质坚硬,断面外层黄棕色,内层紫褐色,显油润,颗粒性,纤维少,有时可见发亮的细小结晶。气香,味辛辣、微苦。无青苔、杂质、霉变。

二等品:皮厚 2.0mm 以上。内表面紫棕色,断面外层灰棕色或黄棕色,内层紫棕色。余同一等品。

三等品:卷成筒状或不规则的块片,以及碎片、枝朴。皮厚 1.0mm 以上,不分长短大小,均属此等。外表面灰棕色或灰褐色,有明显的皮孔和纵皱纹。内表面紫棕色或棕色,划之略显油痕。断面外层灰棕色,内层紫棕色或棕色,具纤维性。气香,味苦辛。无青苔、杂质、霉变。

(2)根朴:统货。干货。呈卷筒状,或不规则长条状,屈曲不直,长短不分。外表面棕黄色或灰褐色,内表面紫褐色或棕褐色。质韧。断面略显油润,有时可见发亮的细小结晶。气香,味辛辣、微苦。无木心、须根、杂质、霉变、泥土等。

(3)蔸朴:统货。干货。为靠近根部的干皮和根皮。呈卷筒状或双卷筒状,一端膨大,似靴形。长 13~70cm,上端皮厚 2.5mm 以上。外表面棕黄色、灰棕色或灰褐色,粗糙,有明显的皮孔和纵、横皱纹;内面紫褐色,划之显油痕。质坚硬,断面紫褐色,显油润,颗粒状,纤维少,有时可见发亮的细小结晶。气香,味辛辣、微苦。无青苔、杂质、霉变、泥土等。

2. 饮片

(1)厚朴:本品呈弯曲的丝条状或单、双卷筒状。外表面灰褐色,有时可见椭圆形皮孔或纵皱纹。内表面紫棕色或深紫褐色,较平滑,具细密纵纹,划之显油痕。切面颗粒性,有油性,有的可见小亮星。气香,味辛辣、微苦。

(2)姜厚朴:本品形如厚朴丝,表面灰褐色,偶见焦斑。略有姜辣气。

【主要化学成分】含挥发油约 0.3%,油中主要含 α- 桉油醇、β- 桉油醇(β-eudesmol),另含厚朴酚(magnolol)、和厚朴酚(honokiol)等成分。

【质量要求】

1. 性状评价　以皮糙肉细、油性大、气味浓厚、断面有亮银星、咀嚼时残渣少者为佳。

2. 检查　水分不得过 15.0%;总灰分不得过 7.0%;酸不溶性灰分不得过 3.0%。

3. 厚朴酚($C_{18}H_{18}O_2$)与和厚朴酚($C_{18}H_{18}O_2$)的总含量　用高效液相色谱法测定,药材、厚朴饮片含二者总量不得少于 2.0%。姜厚朴含二者总量不得少于 1.6%。

【贮藏养护】打捆或木箱装。本品易散失香气,故应避光、避风吹。置阴凉干燥处,防潮。

【性味功能】苦、辛,温。燥湿消痰,下气除满。用于湿滞伤中,脘痞吐泻,食积气滞,腹胀便秘,痰饮喘咳。

【用法用量】3~10g。

【附注】

1. 厚朴为大宗常用药材,年产销量 3 000~4 000 吨,出口约 200 吨。

2. 来源于不同原植物(厚朴与四叶厚朴)的药材,性状上无明显差异,厚朴酚与和厚朴酚的含量及其总含量有一定差别。厚朴原药材中厚朴酚与和厚朴酚含量相差不多,总含量较高,传统认为其质量较好;凹叶厚朴原药材中和厚朴酚含量较少,总含量较低。

肉桂　Rougui

Cinnamomi Cortex

【基源】樟科(Lauraceae)植物肉桂 *Cinnamomum cassia* Presl 的干燥树皮。

主产于广西钦州、玉林,广东茂名、肇庆,云南,福建等地,其中以广西产量最大。多为栽培。

生长 7~8 年进行第一次采收,此后每年分两期采收,第一期于 4—6 月,第二期于 8—10 月,两个时段采收的肉桂分别称春桂和秋桂,以秋桂的产量大,香气浓,质量佳。采收时选取适龄肉桂树,按一定的长度、宽度剥下树皮,放于阴凉处,按各种规格修整,或置于木质的"桂夹"内压制成型,阴干或先放置阴凉处 2~3d,于弱光下晾晒。根据采收加工方法的不同,有以下加工品:

(1)桂通:不经压制,剥取 5~6 年生的树皮和老树枝皮,自然卷曲成筒状,长约 30cm,直径 2~3cm。阴干,又称广条桂。

(2)企边桂:剥取 5~6 年生的树皮,将两端削成斜面,突出桂心,夹在木制的凹凸板中间,压成两侧向内卷曲的浅槽状。长约 40cm,宽 6~10cm。晒干。

(3)板桂:老树离地面 30cm 处,作环状剥皮,夹在木制的桂夹中,晒至九成干,经纵横堆叠,加压,约 1 个月完成干燥,为扁平板状。

(4)桂碎:在桂皮加工过程中的碎块。

(5)桂心:为刮去外皮者。

【商品性状特征】

1. 桂通　呈双卷状或圆筒形,长 35cm,厚 1~3mm。外表面灰棕色,内表面暗棕色。质硬而脆,断面紫红色或棕红色,气香,味微甜而辣。

2. 企边桂 呈槽状或卷筒状,长 30~40cm,宽 3~10cm,厚 2~8mm。外表面灰棕色,内表面红棕色,划之显油痕。质硬而脆,断面两层间有 1 条黄棕色线纹。气香浓烈,味甜、辣。

3. 板桂 呈板片状,长 30~40cm,宽 5~10cm,厚 6~8mm。表面灰褐色,栓皮较厚。内表面棕红色或黄棕色,稍显凹凸不平。质坚硬,油性较少。气香较差,味微甜,辛辣(图 7-97)。

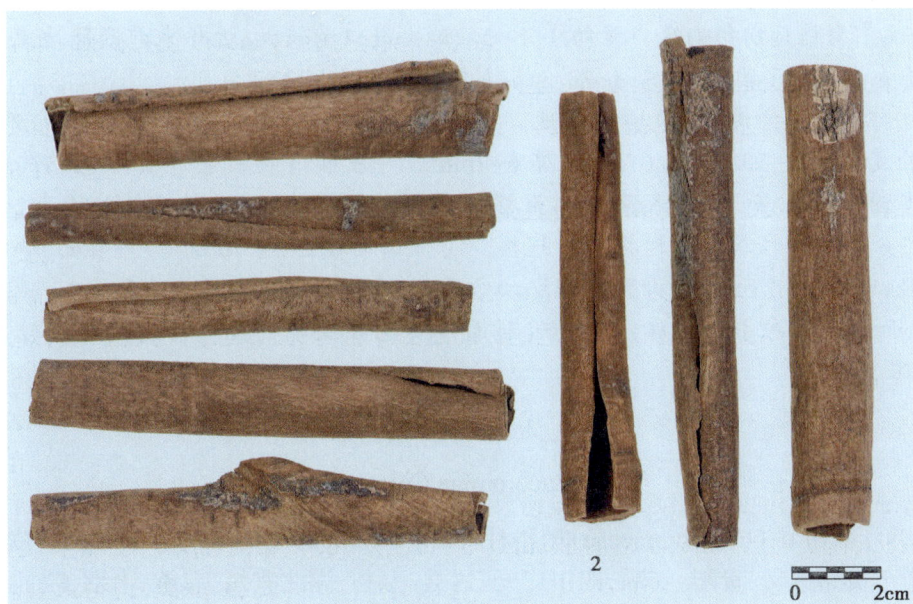

图 7-97 肉桂
1. 板桂;2. 桂心。

甲级:外皮有光泽,含油分较足。

乙级:色泽和所含油分比甲级差。

丙级:色泽和所含油分比乙级差。

4. 桂碎 呈大小不规则的片块状或短卷筒状,外表面灰棕色,断面和内表面呈棕色和棕褐色。气香,味微甜而辣。

5. 桂心 为刮去外皮者,表面红棕色(图 7-97)。

【规格等级】由主产区广西制定的肉桂地方标准如下：

甲级：皮细有彩云纹，无破裂，每片重 175g 以上，长约 43cm。

乙级：皮略粗，破裂不超过 3cm，每片重 160g 以上。

丙级：皮略粗，破裂不超过 4.5cm，每片重 150g 以上。

丁级：皮粗细不均，多破裂，每片重 150g 以下。

【主要化学成分】含挥发油 1%~2%，油中主要成分为桂皮醛（cinnamic aldehyde）、醋酸桂皮酯（cinnamyl acetate），另含少量的苯甲醛、桂皮酸、水杨酸等。

【质量要求】

1. 性状评价　以体重、肉厚、外皮细、断面色紫、油性大、香气浓厚、味甜辣、嚼之渣少者为佳。

2. 检查　水分不得过 15.0%；总灰分不得过 5.0%。

3. 挥发油含量　不得少于 1.2%（ml/g）。

4. 桂皮醛（C_9H_8O）含量　用高效液相色谱法测定，不得少于 1.5%。

【贮藏养护】通常用防压、防潮性能较好的木箱或纸箱包装，贮藏于阴凉避风遮光处，高温高湿季节宜密封保存。

【性味功能】辛、甘，大热。补火助阳，引火归原，散寒止痛，温经通脉。主要用于阳痿宫冷，腰膝冷痛，肾虚作喘，阳虚眩晕，心腹冷痛，虚寒吐泻，寒疝奔豚，经闭痛经，目赤咽痛。

【用法用量】1~5g。

【附注】肉桂目前年均生产量约 1 万吨。过去进口量较大，近年来广西等地大量栽培，产量和质量都不低于国外，不需进口，价格稳中有升，还能出口。

进口肉桂主产于越南、柬埔寨等地。药材呈双卷状，中央略向下凹的槽形，两端皆斜向削去外皮，长 40~50cm，宽 6~8cm，厚 6~7mm。外表面有灰白色和黄棕色相间的斑块，圆形或半圆形皮孔多见；内表面棕色至棕褐色，指甲刻划显油痕。有特殊香气，味甜，微辛。商品分高山肉桂和低山肉桂两种规格。①低山肉桂：外表面粗糙，内表面稍粗糙。皮薄体较轻，断面浅黄色线纹明显。挥发油含量较低，香气淡，甜味淡，辛味浓。②高山肉桂：外表面细致而润滑。皮厚，质较重，断面浅黄色线纹不明显。挥发油含量较高，香气浓，甜味浓，辛味淡。

杜仲　Duzhong

Eucommiae Cortex

【基源】杜仲科（Eucommiaceae）植物杜仲 *Eucommia ulmoides* Oliv. 的干燥树皮。

主产于贵州遵义、贵阳、安顺，四川广元、达县、万县，湖北宜昌、恩施、十堰，陕西汉中、安康，湖南常德、吉首等地。

每年 4—6 月剥取，刮去粗皮，堆置"发汗"至内表面呈紫褐色，晒干。取原药材，刮去残留粗皮，洗净，切成块或丝，干燥，为"生杜仲"块或丝；取杜仲块或丝，用盐水拌匀，润透，置锅内，用中火加热炒或炒烫至丝易断，表面焦黑，取出，晾干，为"盐杜仲"。每 100kg 杜仲块或丝，用食盐 2kg。

【商品性状特征】呈扁平板片状或两边稍向内卷的块片，厚 3~7mm。外表面淡棕色或灰褐色，内表面暗紫色或紫褐色。质脆，易折断，断面有细密、银白色、富弹性的橡胶丝相连。气微，味稍苦（图 7-98）。

图 7-98　杜仲

【规格等级】

1. 药材　商品分选货和统货 2 种规格,选货分 2 等。

(1)选货

一等品:呈板片状,去粗皮。外表面呈灰褐色,有明显皱纹或纵裂槽纹,内表面暗紫色,光滑。质脆,易折断,断面有细密、银白色、富有弹性的橡胶丝相连,气微,味微苦。厚 4mm以上,宽 30cm 以上。碎块不超过 5%。无虫蛀、霉变,杂质少于 3%。

二等品:板片状,厚 3~4mm,宽度不限。碎块不超过 5%。余同一等品。

(2)统货:板片或卷形,厚 3mm 以下,宽度不限。碎块不超过 10%。余同选货。

2. 饮片

(1)杜仲:呈小方块或丝状。外表面淡棕色或灰褐色,有明显皱纹。内表面暗紫色,光滑。断面有细密、银白色、富弹性的橡胶丝相连。气微,味稍苦。

(2)盐杜仲:本品形如杜仲块或丝,表面黑褐色,内表面褐色,折断时胶丝弹性较差。味微咸。

【主要化学成分】主含杜仲胶(gutta-percha)、桃叶珊瑚苷(aucubin)、松脂醇 - 二 -β-D-葡萄糖苷(pinoresinol-di-β-D-glucoside)等。

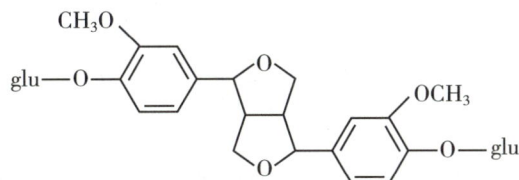

松脂醇-二-β-D-葡萄糖苷

【质量要求】

1. 性状评价　一般以皮厚、块大、内表面暗紫色、断面丝多、弹性大者为佳。

2. 醇溶性浸出物　用 75% 乙醇作溶剂,用热浸法测定,药材、杜仲饮片醇溶性浸出物不得少于 11.0%;盐杜仲醇溶性浸出物不得少于 12.0%。

3. 松脂醇二葡萄糖苷($C_{32}H_{42}O_{16}$)含量　用高效液相色谱法测定,不得少于 0.10%。

【贮藏养护】打捆或箱装。本品易发霉,应贮藏于阴凉干燥、通风处保存。

【性味功能】甘,温。补肝肾,强筋骨,安胎。用于肝肾不足,腰膝酸痛,筋骨无力,头晕目眩,妊娠漏血,胎动不安。

【用法用量】6~10g。

【附注】杜仲为常用中药,至今已有5 000多万年的生命史,是我国特有品种,其药效显著。贵州是杜仲的道地产区。此外,杜仲橡胶资源丰富,这也大大提升了杜仲的价值。目前我国年产杜仲皮6 000~8 000吨,其中国内需求量约3 000吨,年出口量1 200~1 800吨。

黄柏　Huangbo

Phellodendri Chinensis Cortex

【基源】芸香科(Rutaceae)植物黄皮树 *Phellodendron chinense* Schneid. 的干燥树皮。习称"川黄柏"。

主产于四川汶川、乐山、南充,贵州贵阳、遵义、安顺,陕西宝鸡、汉中、商州、安康,湖北十堰、咸宁,云南保山等地。以四川、贵州产量大,质量佳。

3—6月采收。选择生长10年以上的树,剥取树皮,晒至半干,压平,刮净粗皮(栓皮)至显黄色,不可伤入内皮,刷净晒干。临床应用时,将黄柏炮制成黄柏丝、盐黄柏及黄柏炭使用。

【商品性状特征】呈板片状或浅槽状,长宽不一,厚1~6mm。外表面黄褐色或黄棕色,平坦或具纵沟纹,有的可见皮孔痕及残存的灰褐色粗皮;内表面暗黄色或淡棕色,具细密的纵棱纹。体轻,质硬,断面纤维性,呈裂片状分层,深黄色。气微,味极苦,嚼之有黏性,可使唾液染成黄色(图7-99)。

【规格等级】

1. 药材　分为2个等级。

一等品:干货。呈平板状,去净粗皮,表面黄褐色或黄棕色,内表面暗黄色或淡棕色,体轻,质较坚硬。断面鲜黄色。气微,味极苦,长40cm以上,宽15cm以上。无枝皮、粗皮、杂质、虫蛀、霉变。

二等品:干货。呈板片状或卷筒状,长宽大小不分,厚度不得小于2mm,间有枝皮。其余同一等品。

1　　　　　　　　0　　5cm

图7-99 黄柏
1.黄柏个;2.黄柏丝。

2. 饮片

(1)黄柏:呈丝条状。外表面黄褐色或黄棕色。内表面暗黄色或淡棕色,具纵棱纹。切面纤维性,呈裂片状分层,深黄色。味极苦。

(2)盐黄柏:形如黄柏丝,表面深黄色,偶有焦斑。味极苦,微咸。

(3)黄柏炭:形如黄柏丝,表面焦黑色,内部深褐色或棕黑色。体轻,质脆,易折断。味苦涩。

【主要化学成分】含小檗碱(berberine)、药根碱(jatrorrhizine)、木兰碱(magnoflorine)、黄柏碱(phellodendrine)、掌叶防己碱(palmatine)、蝙蝠葛碱(menisperine)、白栝楼碱(candicine)等多种生物碱,酯类有黄柏内酯(obaculactone)、黄柏酮(obacunone)等。黄柏的小檗碱含量较高(4%~8%)。

【质量要求】

1. 性状评价 以皮厚、色鲜黄、无粗皮者为佳。

2. 检查 水分不得过12.0%;总灰分不得过8.0%。

3. 醇溶性浸出物 用稀乙醇作溶剂,用冷浸法测定,不得少于14.0%。

4. 小檗碱含量 用高效液相色谱法测定,以盐酸小檗碱($C_{20}H_{17}NO_4 \cdot HCl$)计,不得少于3.0%。

5. 黄柏碱含量 用高效液相色谱法测定,以盐酸黄柏碱($C_{20}H_{24}ClNO_4$)计,不得少于0.34%。

【贮藏养护】打捆,以篾席包装。本品易虫蛀、发霉、变色,应置干燥通风处,避光保存。

【性味功能】苦,寒。清热燥湿,泻火除蒸,解毒疗疮。用于湿热泻痢,黄疸尿赤,带下阴痒,热淋涩痛,脚气痿躄,骨蒸劳热,盗汗,遗精,疮疡肿毒,湿疹湿疮。

【用法用量】3~12g。外用适量。

【附注】

1. 黄柏为常用大宗药材,年均产销量约3 000 吨,出口量约80 吨。

2. 关黄柏 Guanghuangbo Phellodendri Amurensis Cortex

基源:为芸香科(Rutaceae)植物黄檗 *Phellodendron amurense* Rupr. 的干燥树皮。主产于东北三省。

商品性状特征:药材呈板片状或浅槽状,长宽不一,厚2~4mm。外表面黄绿色或淡棕黄色,

笔记栏

较平坦,有不规则的纵裂纹,皮孔痕小而少见,偶有灰白色的粗皮残留;内表面黄色或黄棕色。体轻,质较硬,断面纤维性,有的呈裂片状分层,鲜黄色或黄绿色。气微,味极苦,嚼之有黏性。

主要化学成分:主含小檗碱(berberine)、药根碱(jatrorrhizine)、木兰碱(magnoflorine)、黄柏碱(phellodendrine)等。

醇溶性浸出物含量:用 60% 乙醇作溶剂,用冷浸法测定,不得少于 17.0%。

盐酸小檗碱和盐酸巴马汀含量测定:含盐酸小檗碱($C_{20}H_{17}NO_4 \cdot HCl$)不得少于 0.60%,盐酸巴马汀($C_{21}H_{21}NO_4 \cdot HCl$)不得少于 0.30%。置干燥通风处,避光保存。

(裴香萍　杨红兵　张　虹　谢军丽)

复习思考题

1. 简述牡丹皮的商品规格和等级。
2. 简述简朴商品的性状特征鉴别要点以及简朴的等级划分情况。
3. 论述肉桂的 3 种商品桂通、企边桂、板桂的商品性状特征鉴别要点。
4. 论述黄柏的基源、商品性状特征及等级划分情况。

第六节　叶 类 中 药

学习目标

1. 掌握番泻叶的基源、商品性状特征、规格等级、质量要求。
2. 熟悉番泻叶的性味功能、用法用量及贮藏养护。

叶(folium)类中药一般采用完整而长成的干燥叶、嫩叶及其炮制品。包括单叶、复叶的小叶,或带有部分嫩枝等,以单叶为主。

商品性状特征:叶类中药的鉴定,一般应注意叶片形状、大小;叶端、叶缘及叶基;叶片上、下表面颜色及有无毛茸和腺点;叶的质地及叶脉类型;叶柄的有无及长短;叶翼、叶轴、叶鞘、托叶及茎枝的有无等。其中叶的形状、表面特征、叶脉等是鉴别的重点。叶类药材一般均皱缩或破碎,观察其特征时常须将其浸泡在水中使其湿润并展开后才能识别。

饮片鉴别:叶类药材一般切成宽 5~10mm 的丝或窄片,鉴定时与完整叶片的鉴定方法相同。

商品规格等级:叶类药材多为统货,不分等级。

检查:叶类中药常掺有混杂物,一般需要进行杂质、水分和灰分等项检查。

贮藏养护:叶类中药通常用袋装,置阴凉干燥处,防止变色、霉变。

番泻叶　Fanxieye

Sennae Folium

【基源】豆科(Fabaceae)植物狭叶番泻 *Cassia angustifolia* Vahl 或尖叶番泻 *C. acutifolia* Delile 的干燥小叶。

狭叶番泻主产于红海以东至印度一带,以印度南端丁内未利产量最大,现埃及和苏丹亦产。尖叶番泻主产于埃及尼罗河上游。

狭叶番泻叶在开花前摘取叶，摘下的叶片及时摊晒，经常翻动，不要堆积过厚，以免叶色变黄。干燥后，按叶片大小和品质优劣分级。用水压机打包。尖叶番泻叶在9月果实将成熟时摘取叶片，晒干，按全叶、碎叶分别包装。

【商品性状特征】

1. 狭叶番泻叶　呈长卵形或卵状披针形，长1.5~5cm，宽0.4~2cm。全缘，叶端急尖，叶基稍不对称。上表面黄绿色，下表面浅黄绿色，无毛或近无毛。革质。气微弱而特异，味微苦，稍有黏性（图7-100，图7-101）。

2. 尖叶番泻叶　呈披针形或长卵形，叶端短尖或微凸，叶基不对称，叶片两面均有细短毛绒。质地较脆薄。气微、味微苦（图7-100，图7-101）。

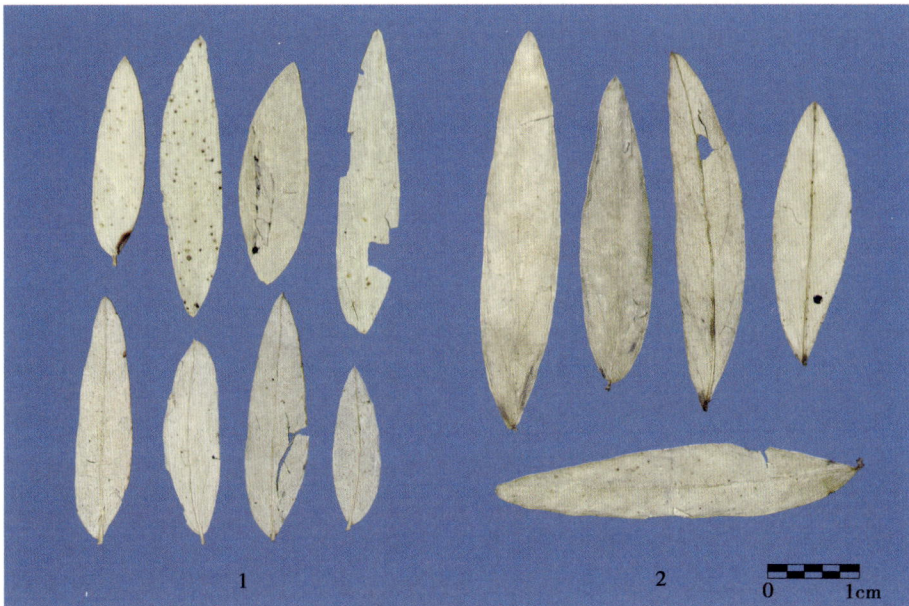

图7-100　番泻叶
1. 狭叶番泻叶；2. 尖叶番泻叶。

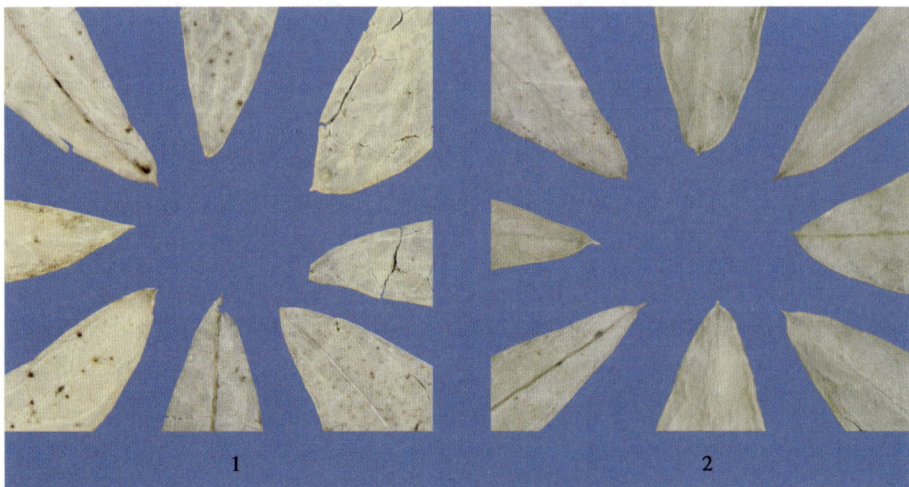

图7-101　番泻叶特征对比图
1. 狭叶番泻叶；2. 尖叶番泻叶。

【规格等级】番泻叶规格较多，目前市场商品为印度产品，分狭叶和尖叶两种。进口品分为一等品、二等品和统货 3 种。

一等品：叶大、尖、色绿，无黄叶及枝梗，碎叶及杂质不超过 5%。

二等品：叶尖、色绿、梗小，碎叶、黄叶及杂质不超过 8%。

统货：黄叶不超过 20%，枝、碎叶及杂质不超过 12%。

【主要化学成分】番泻苷 A、B(sennoside A,B,二者互为立体异构体)，番泻苷 C、D(sennoside C,D,二者互为立体异构体)，芦荟大黄素 -8- 葡萄糖苷(aloe-emodin-8-monoglucoside)，大黄酸 -8- 葡萄糖苷(rhein-8-monoglucoside)，异鼠李素(isorhamnetin)等。

【质量要求】

1. 性状评价　以叶片大、完整、色绿、枝梗少、无黄叶者为佳。

2. 检查　杂质不得过 6%；水分不得过 10.0%。

3. 含番泻苷 A($C_{42}H_{38}O_{20}$)和番泻苷 B($C_{42}H_{38}O_{20}$)的总量　用高效液相色谱法测定，不得少于 1.1%。

【贮藏养护】竹席装，再用水压机打包。本品易发霉变质。置阴凉干燥处避光保存，注意防潮。

【性味功能】甘、苦，寒。泻热行滞，通便，利水。用于热结积滞、便秘腹痛、水肿胀满。

【用法用量】2~6g，后下，或开水泡服。

【注意】孕妇慎用。

【附注】我国每年进口番泻叶 20~50 吨，历史上供求基本平衡，近年来市场供不应求，价格也有所上升。我国广东、海南和云南西双版纳等地有栽培，但产量不大。

（裴香萍）

复习思考题

狭叶番泻叶和尖叶番泻叶的商品特征有何不同？

第七节　花 类 中 药

学习目标

1. 掌握金银花、菊花、红花、西红花的基源、商品性状特征、规格等级、质量要求。

2. 熟悉金银花、菊花、红花、西红花的性味功能、用法用量及贮藏养护。

花(flos)类中药是指植物的花为药用部位的药材及其炮制品，通常包括完整的花、花序或花的某一部分。药用部位为完整花有开放的花和花蕾，如红花和金银花；药用部位为开放或未开放的花序，如菊花和款冬花；药用部位为花的某一部分，如莲须用雄蕊、玉米须用花柱、西红花用柱头、松花粉用花粉等。

商品性状特征：花类中药鉴别时，以花朵入药时要注意观察花托、萼片、花瓣、雄蕊和雌蕊的数目及其着生位置、形状、颜色、被毛茸与否、气味等。如以花序入药时，还需注意花序类别、总苞片或苞片等。如以花的某一部分入药，注意区分是花的哪一个部位，再仔细观察。花类药材由于经过采收、干燥、运输等，常皱缩、破碎而变形，如果肉眼不易辨认的，需将干燥的药材先放入水中浸泡展平后,再进行鉴别。

　　商品规格等级:花类药材常依据颜色、质地、大小、开放花的比例等划分规格等级,部分开放的花通常均为统货。

　　检查:花类中药有时会掺入杂质,通常进行灰分、水分和浸出物测定等控制药材的纯度或质量。

　　贮藏养护:花类中药通常用布袋、木箱或硬纸箱等包装,西红花等贵重药材可用金属盒储存。贮存中应防潮、防重压、避光。翻晒时要防止暴晒,以防破碎、耗散气味、散瓣等变质现象的发生。

金银花　*Jinyinhua*

Lonicerae Japonicae Flos

【基源】忍冬科(Caprifoliaceae)植物忍冬 *Lonicera japonica* Thunb. 的干燥花蕾或带初开的花。

　　主产于河南新密、封丘、登封、巩义、荥阳,山东平邑、费县、苍山、沂水等地,多为栽培品。产于河南新密、封丘等地的称为"密银花",产于山东平邑、费县等地的称为"东银花"。此外,河北巨鹿现在也已成为金银花的重要产区。

　　5—6 月,选择晴天早晨露水刚干时,摘取青绿色或绿白色未开放的花蕾。采摘后置于晾具上晒干或烘干。

【商品性状特征】本品呈棒状,上粗下细,略弯曲,长 2~3cm,上部直径约 3mm,下部直径约 1.5mm。表面黄白色或绿白色(贮久色渐深),密被短柔毛。偶见叶状苞片。花萼绿色,先端 5 裂,裂片有毛,长约 2mm。开放者花冠筒状,先端二唇形;雄蕊 5,附于筒壁,黄色;雌蕊 1,子房无毛。气清香,味淡、微苦。

【规格等级】按产地将金银花分为密银花、东银花 2 种规格,各按色泽、开放花的数目、杂质含量划分等级。

1. 密银花(图 7-102)

图 7-102　密银花
1. 一等品;2. 二等品;3. 三等品;4. 四等品。

一等品：花蕾呈棒状，上粗下细，略弯曲。表面绿白，质硬，握之有顶手感。气清香，味微苦。无开放花朵，破裂花蕾及黄条不超过5%。

二等品：表面绿白色，花冠厚，质稍硬，开放花朵不超过5%，黑头、破裂花蕾及黄条不超过10%。其余同一等品。

三等品：表面白色或黄白色，花冠厚，质硬，开放花朵、黑条不超过30%，其余同二等品。

四等品：花蕾或开放花朵兼有，色泽不分。枝叶不超过3%。其余同三等品。

2. 东银花（图7-103）

图 7-103　东银花
1. 一等品；2. 二等品；3. 三等品；4. 四等品。

一等品：花蕾呈棒状，肥壮。上粗下细，略弯曲。表面黄白色、青色。气清香，味微苦。开放花朵不超过5%。无嫩蕾、黑头、枝叶。

二等品：花蕾较瘦，开放花朵不超过15%，黑头不超过3%。其余同一等品。

三等品：花蕾瘦小，开放花朵不超过25%，黑头不超过15%，枝叶不超过1%。其余同二等品。

四等品：花蕾或开放的花朵兼有。色泽不分，枝叶不超过3%。其余同三等品。

【主要化学成分】酚酸类成分主要为绿原酸（chlorogenic acid）、异绿原酸 A、异绿原酸 C 等；黄酮类成分主要为木犀草苷、芦丁、金丝桃苷；另含环烯醚萜苷、挥发油等。

【质量要求】

1. 性状评价　以花蕾多、肥壮、色青绿微白、气清香者为佳。

2. 检查　水分不得过12.0%；总灰分不得过10.0%；酸不溶性灰分不得过3.0%。

3. 重金属及有害元素　铅不得过5mg/kg；镉不得过1mg/kg；砷不得过2mg/kg；汞不得过0.2mg/kg；铜不得过20mg/kg。

4. 含量测定　用高效液相色谱法测定，含绿原酸（$C_{16}H_{18}O_9$）不得少于1.5%；含酚酸类以绿原酸、3,5- 二 -O- 咖啡酰奎宁酸（$C_{25}H_{24}O_{12}$）和4,5- 二 -O- 咖啡酰奎宁酸（$C_{25}H_{24}O_{12}$）的

总量计,不得少于 3.8%;含木犀草苷不得少于 0.05%。

5. 特征图谱　供试品特征图谱中应呈现 7 个特征峰,与参照物峰(绿原酸)相应的峰为 S 峰,计算各特征峰与 S 峰的相对保留时间,应在规定值的 ±10% 之内,保留时间规定值为:0.91(峰 1)、1.00 [峰 2(S)]、1.17(峰 3)、1.38(峰 4)、2.43(峰 5)、2.81(峰 6)、2.93(峰 7)。

【贮藏养护】木箱、纸箱或袋装,置阴凉干燥处,防潮,防蛀。

【性味功能】甘,寒。清热解毒,疏散风热。用于痈肿疔疮,喉痹,丹毒,热毒血痢,风热感冒,温病发热。

【用法用量】6~15g。

【附注】

1. 市场情况金银花属于大宗传统中药材之一,具有多种经济用途,是现代人保健养生和防疫防病的常用品种,每次疫情来临,总能带动其行情波动,2020 年新冠肺炎疫情,金银花需求量增加,价格也上涨。最近几年,金银花市场的年需求量在 3.2 万吨以上。

2. 山银花 Shanyinhua Lonicerae Flos

基源:为忍冬科植物灰毡毛忍冬 *Lonicera macranthoides* Hand. –Mazz.、红腺忍冬 *L. hypoglauca* Miq.、华南忍冬 *L. confuse* DC. 或黄褐毛忍冬 *L. fulvoto-mentosa* Hsu et S. C. Cheng 的干燥花蕾或带初开的花。

商品性状特征:灰毡毛忍冬呈棒状,长 3~4.5cm;上部直径约 2mm,下部直径约 1mm,表面绿棕色至黄白色。华南忍冬长 1.6~3.5cm,直径 0.5~2mm。萼筒和花冠密被灰白色毛,子房有毛。红腺忍冬长 2.5~4.5cm,直径 0.8~2mm。表面黄白色至黄棕色,无毛或疏被毛。黄褐毛忍冬长 1~3.4cm,直径 1.5~2mm。花冠表面淡黄棕色或黄棕色,密被黄色茸毛。

菊花　Juhua

Chrysanthemi Flos

【基源】菊科(Compositae)植物菊 *Chrysanthemum morifolium* Ramat. 的干燥头状花序。

亳菊主产于安徽亳州,在药菊中品质较佳。滁菊主产于安徽滁州,品质较佳。贡菊主产于安徽歙县。浙江德清产者为清菊。杭菊(白茶菊、黄甘菊),主产于浙江嘉兴、桐乡、海宁等地。山东产者称济菊,河北产者称祁菊。主产于河南者称怀菊,为四大怀药之一。

一般在 10 月中旬至 11 月初花开时,待花瓣平展,由黄转白而心略带黄时,选择晴天露水干后或午后分批采收,此时采的花水分少,易干燥,色泽好,品质好。

采下鲜花,切忌堆放,需及时干燥或薄摊于通风处。因各地产的药材品种不同而有不同的加工方法。亳菊扎把倒挂,防日晒雨淋,1~2 个月,冬至以后再将花序摘下阴干或晒干。杭菊是将摘下的鲜花放入蒸笼内蒸,蒸上大气后,取出晒干。蒸时要注意锅内水不要浸入菊花,时间不宜过长或过短,以花不熟为度,否则影响质量。贡菊多采用烘干的方法,烘时不宜一次烘干,轮流交换,以免烘焦走色。也可以先阴干,软时包成 250g 的包,成砖状,放入石灰缸内干燥即可。

【商品性状特征】

1. 亳菊　呈倒圆锥形或圆筒形,有时稍压扁呈扇形,直径 1.5~3cm,离散。总苞碟状,总苞片 3~4 层,卵形或椭圆形,草质,黄绿色或褐绿色,外面被柔毛,边缘膜质,花托半球形,无托片或托毛。舌状花数层,类白色,劲直,上举,纵向折缩,散生金黄色腺点;管状花多数,两性,位于中央,黄色,为舌状花所隐藏,黄色,顶端 5 齿裂。体轻,质柔润,干时松脆。气清香,味甘、微苦(图 7-104)。

2. 滁菊　呈不规则球形或扁球形,直径 1.5~2.5cm。舌状花类白色,不规则扭曲,内卷,边缘皱缩,有时可见淡褐色腺点;管状花大多隐藏(图 7-104)。

3. 贡菊　呈扁球形或不规则球形,直径 1.5~2.5cm。舌状花白色或类白色,斜升,上部反折,边缘稍内卷而皱缩,通常无腺点;管状花少,外露(图 7-104)。

4. 杭菊　呈碟形或扁球形,直径 2.5~4cm,常数个相连成片。舌状花类白色或黄色,平展或微折叠,彼此粘连,通常无腺点;管状花多数,外露(图 7-104)。

5. 怀菊　呈不规则球形或扁球形,直径 1.5~2.5cm。多数为舌状花,舌状花类白色或黄色,不规则扭曲,内卷,边缘皱缩,有时可见腺点;管状花大多隐藏气香,味苦(图 7-104)。

图 7-104　菊花
1. 亳菊;2. 滁菊;3. 贡菊;4. 杭菊;5. 怀菊。

【规格等级】

1. 亳菊

一等品:呈圆盘或扁扇形,花朵大,瓣密,苞厚,不露心。花瓣长而宽,白色,近基部微带红色。体轻,质柔软。气清香,味甘、微苦。无散朵、枝叶、虫蛀、霉变。

二等品:花朵色微黄,近基部微带红色。气芳香,其余同一等品。

三等品:呈圆盘或扁扇形,花朵小,色黄或暗,间有散朵。叶棒不超过 5%。其余同二等品。

2. 滁菊

一等品:呈绒球状或圆形(多为头花),朵大,花粉白色,花心较大,黄色。质柔,气芳香,味甜,微苦。不散瓣、无枝叶、无杂质、虫蛀,霉变。

二等品:呈绒球形(即二水花),花粉白色,朵均匀,不散瓣,其余同一等品。

三等品:呈绒球状,朵小,色次(即尾花),间有散瓣,并条。其余同一等品。

3. 贡菊

一等品:花头较小,圆形,花瓣密,白色,花蒂绿色,花心小,淡黄色,均匀不散朵。体轻质柔软。气芳香,味甘,微苦。无枝叶、杂质、虫蛀、霉变。

二等品:圆形,色白,花心淡黄色,朵均匀。其余同一等品。

三等品:花头小,花心淡黄色,朵不均匀,间有散瓣。其余同二等品。

4. 杭菊

一等品:蒸花呈压缩状,朵大肥厚,玉白色,花心较大,黄色。气清香,味甘,微苦。无霜打花及枝叶。

二等品:花朵厚,较小,心黄色。其余同一等品。

三等品:花朵小,间有不严重的霜打花。其余同二等品。

5. 怀菊

一等品:呈圆盘或扁扇形,朵大,瓣长,肥厚。花黄白色,间有浅红或棕红色。质松而柔。气芳香,味微苦。无散朵、枝叶杂质、虫蛀等。

二等品:朵较瘦小,色泽较暗,间有散朵。其余同一等品。

6. 出口品 以杭菊为主,分甲、乙两级。

【主要化学成分】主含木犀草素、芹菜素、刺槐苷等黄酮类化合物,绿原酸和咖啡酰基奎宁酸等有机酸类化合物。此外,还含有挥发油,油中主要含龙脑、乙酸龙脑酯、菊花酮等。

【质量要求】

1. 性状评价 各种菊花均以身干、花朵完整不散瓣、香气浓郁,无杂质者为佳。

2. 检查 水分不得过15%。

3. 含量测定 用高效液相色谱法测定,含绿原酸($C_{16}H_{18}O_9$)不得少于0.20%;含木犀草苷($C_{21}H_{20}O_{11}$)不得少于0.080%;含3,5-*O*-二咖啡酰基奎宁酸($C_{25}H_{24}O_{12}$)不得少于0.70%。

【贮藏养护】本品易虫蛀,晒干后放缸瓮内或木箱内盖紧(宜30℃以下),置阴凉干燥处,密闭保存,防霉,防蛀。夏、秋季要勤检查,如有霉蛀,要烘干,不宜暴晒,否则散瓣变色。

【性味功能】甘、苦,微寒。散风清热,平肝明目,清热解毒。用于风热感冒,头痛眩晕,目赤肿痛,眼目昏花,疮痈肿痛。

【用法用量】5~10g。

红花 Honghua

Carthami Flos

【基源】菊科(Compositae)植物红花 *Carthamus tinctorius* L. 的干燥花。主产于新疆、云南和甘肃。

夏季花由黄色变红色时采摘,采收后将花放在阴凉通风处摊开阴干或弱阳光下晒干。如在烈日下暴晒,必须盖纸、布防其退色。翻动时要用工具轻翻,不可直接用手,以免变色。如遇雨天,可用微火烘干。避免用急火,易变黑。

【商品性状特征】为不带子房的管状花,长1~2cm。表面红黄色或红色,花冠筒细长,先端5裂,裂片呈狭条形,长5~8mm。雄蕊5,花药聚合成筒状,黄白色;柱头长圆柱形,顶端微分叉。质柔软,气微香,味微苦。花浸水中,水染成金黄色(图7-105)。

【规格等级】商品分2个等级。

图 7-105　红花

一等品：筒状花皱缩弯曲，成团或散在。表面深红色、鲜红色，微带黄色。无枝叶、杂质。

二等品：表面浅红，暗红或淡黄色，其余同一等品。

【主要化学成分】羟基红花黄色素 A（hydroxysafflor yellow A）、山柰素（kaempferol）、红花苷（carthamin）、红花醌苷（carthamone）、新红花苷（neocarthamin）、红花素（carthamidin）和多种氨基酸等。

【质量要求】

1. 性状评价　一般以质干、花冠长、色红艳、质柔软、无枝刺者为佳。

2. 检查　水分不得过 13.0%；总灰分不得过 15.0%；酸不溶性灰分不得过 5.0%；杂质不得超过 2%。

3. 吸光度（红色素）　照紫外 - 可见分光光度法，在 518nm 的波长处测定吸光度，不得低于 0.20。

4. 水溶性浸出物　用冷浸法测定，不得少于 30.0%。

5. 含量测定　用高效液相色谱法测定，含羟基红花黄色素 A（$C_{27}H_{32}O_{16}$）不得少于 1.0%；含山柰酚（$C_{15}H_{10}O_6$）不得少于 0.050%。

【贮藏养护】置阴凉干燥处，防潮，防蛀。传统贮藏法，系将净红花用纸分包（每包 500~1 000g），贮于石灰箱内，以保持红花鲜艳的色泽。

【性味功能】辛，温。活血通经，散瘀止痛。用于闭经，痛经，恶露不行，癥瘕痞块，跌打损伤，疮疡肿痛。

【用法用量】3~10g。

【注意】孕妇慎用。

【附注】红花年需求量约 4 000 吨。2018 年云南和新疆两大主产区均有不同程度减产，供应量小于需求量；2019 年供需基本平衡，且库存在 2020 年产新时基本消化。2020 年新疆伊犁地区、塔城地区均产出 1000 吨以上，而吉木萨尔产出量比较小，再加上甘肃等地区，总产量约 4 000 吨，属于基本可以满足市场需求品种。

西红花　Xihonghua

Croci Stigma

【基源】鸢尾科（Iridaceae）植物番红花 *Crocus sativus* L. 的干燥柱头。

主产于伊朗、西班牙、印度、意大利、法国等,以伊朗产量较大。我国自 20 世纪 60 年代开始引种,现浙江、上海、江苏、安徽、河南等地已有规模化种植。

开花期晴天早晨采集花朵,摘取柱头,在 40~50℃ 烘干或晾干,使其保持色泽鲜艳,品质优良。

【商品性状特征】呈线形,三分枝,长约 3cm。暗红色,上部较宽而略扁平,顶端边缘显不整齐的齿状,内侧有一短裂隙,下端有时残留一小段黄色花柱。体轻,质松软,含水量很低时质脆易断。气特异,微有刺激性,味微苦。

【规格等级】按产地分为进口西红花和国产西红花两类。根据药材长度、药材断碎比例和残留黄色花柱长度分等级。药材长度越长,断碎药材比例越少,残留花柱越少,等级越高。也有结合色度、长度、净度、香气等指标分级(图 7-106)。

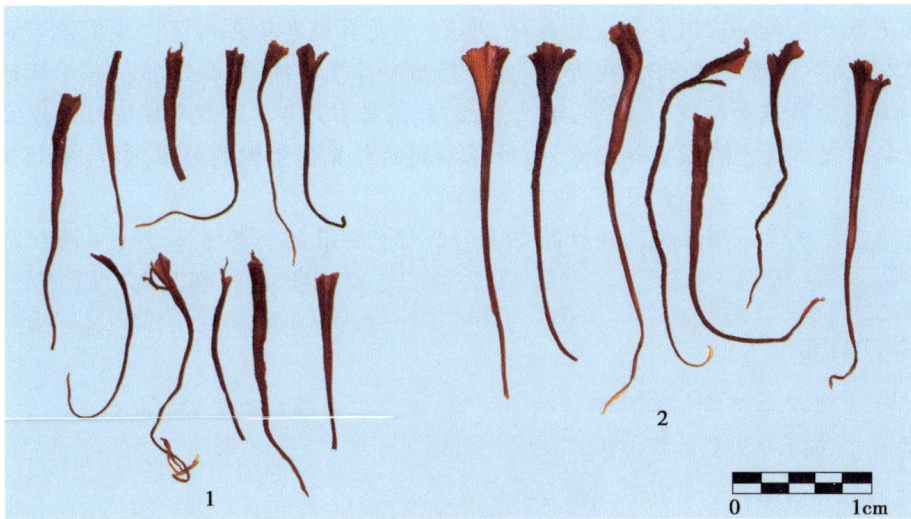

图 7-106　西红花规格
1. 进口西红花;2. 国产西红花。

1. 进口西红花　呈暗红棕色,间有浅黄色花柱。柱头常 2~3 叉连在花柱上。质轻松而不粘连,无光泽及油润感。

2. 国产西红花　性状基本与进口西红花基本相同,但柱头稍长,一般不带花柱,色泽较暗,质地不如进口西红花柔软。

【主要化学成分】主含胡萝卜素类化合物约 2%,其中主要成分为西红花苷Ⅰ (crocin-Ⅰ)、西红花苷Ⅱ (crocin-Ⅱ)、苦番红花素(picrocrocin)、α- 西红花酸(α-crocetin) 等。此外含挥发油 0.4%~1.3%,油中主要成分为西红花醛(safranal),为苦番红花素的分解产物,次为桉树脑、蒎烯等。

【质量要求】

1. 性状评价　以柱头暗红色、黄色花柱少、体长且无杂质、味道浓郁为佳。

2. 检查　总灰分不得过 7.5%。

3. 干燥失重　不得过 12.0%。

4. 吸光度　在 432nm 波长处测定吸光度,不得低于 0.50。

5. 醇溶性浸出物　以 30% 乙醇作溶剂,用热浸法测定,不得少于 55.0%。

6. 西红花苷Ⅰ、西红花苷Ⅱ和苦番红花素的含量　用高效液相色谱法测定,西红花苷Ⅰ ($C_{44}H_{64}O_{24}$)和西红花苷Ⅱ($C_{38}H_{54}O_{19}$)的总量不得少于 10.0%,苦番红花素($C_{16}H_{26}O_7$)的含量不得少于 5.0%。

7. 取本品少量浸入水中,可见橙黄色呈直线下降,并逐渐扩散,水被染成黄色,无沉淀;柱头呈喇叭状,有短缝;在短时间内,用针拨之不破碎。

【贮藏养护】用铁盒、玻璃瓶或纸盒装。因西红花苷类成分不稳定,本品易变色,最好密封后置冰箱冷藏,或置阴凉干燥处保存。应注意防潮、避光,定期检查。

【性味功能】甘,平。活血化瘀,凉血解毒,解郁安神。用于经闭癥瘕,产后瘀阻,温毒发斑,忧郁痞闷,惊悸发狂。

【用法用量】1~3g,煎服或沸水泡服。孕妇忌用。

【附注】西红花既是名贵的药材,也是名贵的香料,因价格昂贵,市场上的品质参差不齐,以伪充真,以劣充优的情况由来已久。评价西红花品质时,颜色、气味和非药用部位(花柱)的比例是重要的考察因素,另外还需要注意是否有染色。

西红花原产地栽培采用多年连续栽培,越夏、采花和越冬均在田间。我国现有种植方式多采用"二段式"栽培技术,即室内开花、室外繁殖新球茎。通过比较发现,在子代球茎产量上意大利要高于我国和印度,但在花丝产量上,我国采取的"二段式"栽培可通过室内人工调节开花期温湿度及光照强度等因素,对开花期间的外界因素做到精准可控,有效保证开花率,因此,柱头产量明显高于意大利、印度和伊朗。

现有研究发现国产西红花的西红花苷Ⅰ和西红花苷Ⅱ的总量常高于进口西红花。

● (张　芳　杨晶凡　周　婧　马鸿雁)

复习思考题

1. 简述东银花和密银花商品特征的不同点,以及二者等级划分情况。
2. 菊花按产地分为哪些规格?
3. 简述红花的基源及商品性状特征。
4. 简述西红花的基源、商品性状特征及水试现象。

第八节　果实类中药

学习目标

1. 掌握五味子、木瓜、枳壳、陈皮、吴茱萸、山茱萸、连翘、枸杞子、砂仁、使君子的基源、商品性状特征、规格等级、质量要求。

2. 熟悉五味子、木瓜、枳壳、陈皮、吴茱萸、山茱萸、连翘、枸杞子、砂仁、使君子的性味功能、用法用量及贮藏养护。

采用被子植物的完整果实或其一部分为药用部位的称为果实类药材,其炮制品为饮片。完整的果实包括成熟、近成熟果实和幼果,部分使用整个果穗;果实的一部分包括果皮、果肉、果核、果实上的宿存花萼、带部分果皮的果柄、果皮纤维束等。此外,商品药材中,以种子入药但以果实出售和保存的,亦列入果实类。

商品性状特征:果实类药材大多为干燥品,其表面常有皱纹,以肉质果尤为明显。果实的形状因品种不同而异,较易识别,有些常有特殊的香气。果实类药材的鉴别主要应注意其类型、形状、颜色、表面特征、质地、断面、气味等。

饮片鉴别:直径较大的果实类药材,常切成厚片、丝片、块或丝块状,如木瓜、陈皮、瓜蒌等;有的同时制成碎块,如栀子;有的需要去刺,如苍耳子、蒺藜等。饮片应注意观察切面的形状、颜色、周边等特征。如为横切断面,注意室数、胎座及种子等。直径较小的果实类药材,常不进行切制而直接入药。

商品规格等级:果实类商品药材多为统货。商品有规格等级的药材常依据药材大小和表面颜色或单位重量的粒数来划分。

检查:果实类药材容易混入泥沙,有的直径较大不易干燥,应进行灰分、水分和浸出物的测定,以保证药材的纯度和质量。

贮藏养护:果实类药材一般使用袋、箱或缸贮。该类药材有的含有较丰富的营养物质,如糖类物质、淀粉、油脂等,易虫蛀和泛油,因此应置于阴凉、通风干燥处保存。

五味子　Wuweizi

Schisandrae Chinensis Fructus

【基源】木兰科(Magnoliaceae)植物五味子 *Schisandra chinensis* (Turcz.) Baill. 的干燥成熟果实。

药材习称"北五味子"。北五味子主产于辽宁本溪、凤城、新滨、宽甸,吉林桦甸、蛟河、抚松、临江、延边、通化,黑龙江阿城、宁安、虎林等地。以辽宁产品质量最佳,故有"辽五味"之称。

东北各省多在霜降后采收,此时果实老熟定浆,质量好,其他地区多在白露后果实成熟时采收。将果实摘下,拣净果枝和杂质,晒干即可。河南、湖北、陕西各省将采下的果实置于锅中略蒸后,取出晒干。

【商品性状特征】果实呈不规则球形或扁球形,直径 0.5~0.8cm;表面红色、紫红色或暗红色,皱缩,显油性。果皮肉质柔软,内含种子 1~2 粒。种子肾形,表面黄棕色,有光泽。果肉味酸。种子破碎后,有香气,味辛辣而微苦(图 7-107)。

图 7-107　五味子

【规格等级】

1. 药材　北五味子(辽五味)按果实表面颜色和干瘪粒的多少分为两个等级。

一等品:呈不规则球形或椭圆形。表面紫红色或红褐色,皱缩,肉厚,质柔润。果肉味酸,种子有香气。干瘪粒不超过 2%,无枝梗、杂质。

二等品:表面黑红、暗红或淡红色,皱缩,肉较薄。干瘪粒不超过 20%。余同一等品。

2. 饮片

(1)五味子:同药材。

(2)醋五味子:形如五味子,表面乌黑色,油润,稍有光泽。有醋香气。

【主要化学成分】挥发油主含倍半蒈烯(sesquicarene)、β_2- 没药烯(β_2-bisabolene)、β- 花柏烯(β-chamigrene)及 α- 依兰烯(α-ylangene)等。木脂素类成分主要为五味子素(schizandrin)、伪 γ- 五味子素(pseudo-γ-schizandrin)、去氧五味子素(deoxyschizandrin)、新五味子素(neoschizandrin)、五味子醇(schizandrol)、α- 五味子素、β- 五味子素、γ- 五味子素、δ- 五味子素、ε-五味子素等。

【质量要求】

1. 性状评价 一般以个大、色紫红、肉厚、柔润光泽、气味浓者为佳。通常认为北五味子质量最优。

2. 检查 杂质不得过 1%;水分不得过 16.0%;总灰分不得过 7.0%。

3. 五味子醇甲($C_{24}H_{32}O_7$)含量 用高效液相色谱法测定,不得少于 0.40%。

【贮藏养护】以麻袋或塑料编织袋包装。本品易吸湿返潮、霉变,应置于阴凉通风干燥处保存,但不可干燥过度,以免失润干枯。

【性味功能】酸、甘,温。收敛固涩,益气生津,补肾宁心。用于久嗽虚喘,梦遗滑精,遗尿尿频,久泻不止,自汗盗汗,津伤口渴,内热消渴,心悸失眠。

【用法用量】2~6g。

【附注】南五味子为华中五味子 *Schisandra sphenanthera* Rehd. et Wils. 的干燥成熟果实。主产于陕西、湖北、山西、河南、云南等地。果实呈不规则球形,较小,表面棕红色、红色或暗棕色,果皮肉质较薄,无光泽,内含种子 1~2 粒。种子肾形,较北五味子种子略小,表面黄棕色,略呈颗粒状(图 7-108)。商品为统货;干瘪粒不超过 10%。无枝梗、杂质、虫蛀、霉变。含五味子甲素(deoxyschizandrin A),五味子酯甲、乙、丙、丁、戊(deoxyschizandrin A,B,C,D,E)等成分。

图 7-108 南五味子

木瓜　Mugua

Chaenomelis Fructus

【基源】蔷薇科(Rosaceae)植物贴梗海棠 *Chaenomeles speciosa* (Sweet) Nakai 的干燥近

成熟果实。

　　主产于安徽宣城、六安、涡阳,湖北恩施、宜昌,四川都江堰、彭州、广元,浙江淳安、昌化、开化等地。以安徽产为道地药材,习称"宣城木瓜"。

　　夏、秋二季果实绿黄时采收,置沸水中烫至外皮灰白色,对半纵剖,晒干。

　　【商品性状特征】呈半长圆形,多纵剖为两瓣。表面皱纹深,紫红色或红棕色,具不规则深皱纹。剖面周边内卷,果肉厚,红棕色,中心部分凹陷,棕黄色。质坚硬。气微清香,味酸(图7-109)。

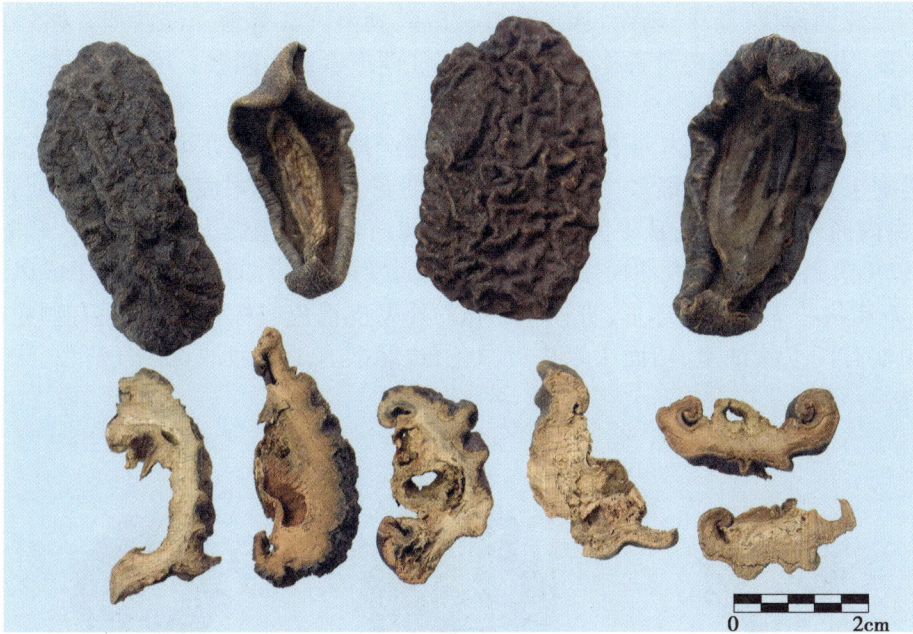

图7-109　木瓜

　　【规格等级】

　　1. 药材　皱皮木瓜按产地分为宣木瓜、川木瓜、资丘木瓜等规格,均为统货。

　　2. 饮片　呈类月牙形薄片。外表紫红色或棕红色,有不规则的深皱纹,切面棕红色。气微清香,味酸。

　　【主要化学成分】主含齐墩果酸、熊果酸、绿原酸、肉桂酸、芦丁、槲皮素、金丝桃苷、原儿茶酸、莽草酸、没食子酸、柠檬酸等。

　　【质量要求】

　　1. 性状评价　以质坚实、肉厚、色紫红、味酸者为佳。

　　2. 检查　水分不得过 15.0%;总灰分不得过 5.0%。

　　3. 酸度检查　水浸出液 pH 应为 3.0~4.0。

　　4. 醇溶性浸出物　用乙醇作溶剂,用热浸法测定,不得少于 15.0%。

　　5. 齐墩果酸($C_{30}H_{48}O_3$)和熊果酸($C_{30}H_{48}O_3$)总量　用高效液相色谱法测定,不得少于 0.50%。

　　【贮藏养护】本品易虫蛀、发霉,应置干燥通风处保存。

　　【性味功能】酸,温。舒筋活络、和胃化湿。主要用于湿痹拘挛、腰膝关节酸重疼痛、暑湿吐泻、转筋挛痛、脚气水肿。

　　【用法用量】6~9g。

笔记栏

【附注】目前市场上流通还有同属植物木瓜（榠楂）*Chaenomeles sinensis*（Thouin）Koehne 的干燥成熟果实，习称"光皮木瓜"，非《中国药典》收载品种。《本草纲目》："榠楂木、叶、花、实酷类木瓜，但比木瓜大而黄色。辨之惟看蒂间别有重蒂如乳者为木瓜，无此则榠楂也。"皱皮木瓜属供求基本平衡品种，价格比较稳定。

枳壳　Zhiqiao

Aurantii Fructus

【基源】芸香科（Rutaceae）植物酸橙 *Citrus aurantium* L. 及其栽培变种的干燥近成熟果实。

主产于江西樟树、新干、新余，四川綦江、江津，湖南沅江等地。江西产者称"江枳壳"，四川产者称"川枳壳"，湖南产者称"湘枳壳"，以江西产者最为闻名。川枳壳质量最佳，被视为道地药材。

多在大暑前采收，但因枳壳的品种有差别，按产地具体条件亦可推迟到秋分至寒露采收。过迟则果实成熟，皮薄瓤多，气味不佳，影响质量。于果实未成熟或近成熟时自树上从上至下、由内而外进行摘取，从中间横切成两瓣，仰面晒干或用微火烘干即可。晒时需用物品遮盖，以免阳光直射使挥发油损失过多，肉被浸润发黄，影响质量。故宜阴干或风干。

【商品性状特征】呈半球形，直径 3~5cm。外果皮褐色或棕褐色，表面有颗粒状突起，突起的顶端有凹点状油室，切面中果皮黄白色，边缘散有 1~2 列油点。气清香，味苦、微酸（图 7-110）。

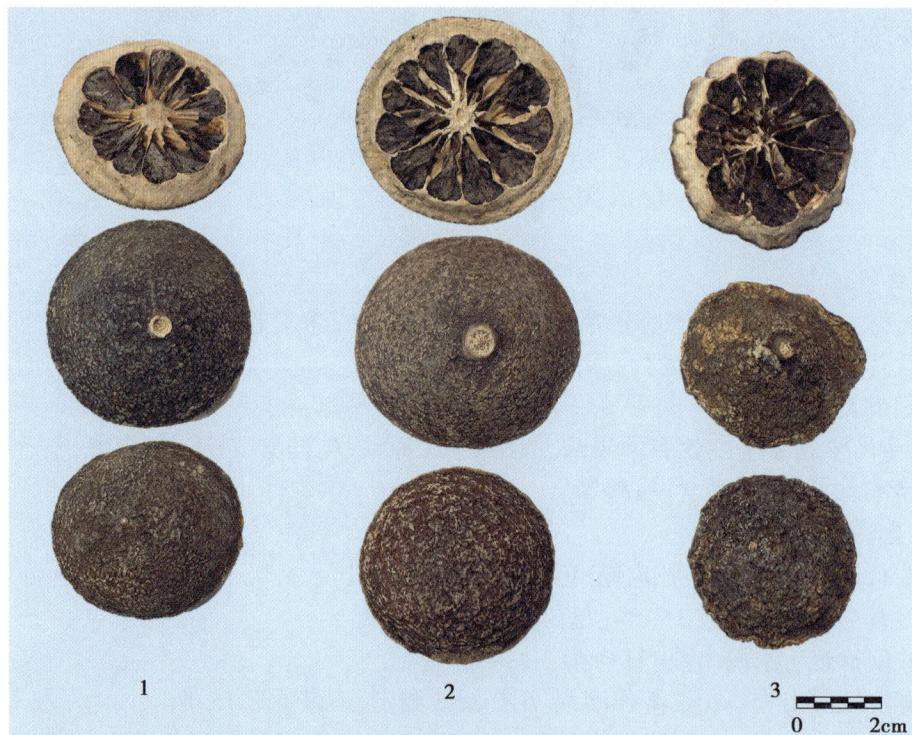

图 7-110　枳壳
1. 江枳壳；2. 苏枳壳；3. 香圆枳壳。

【规格等级】

1. 药材　商品主要分为川枳壳、江枳壳、湘枳壳 3 种规格。均分为 2 等或统货。

（1）川枳壳：个大，直径 3.5~6cm。表面青绿色至绿褐色，皮细有光泽，肉厚，质坚实，气香。

（2）江枳壳：个小，直径 3.5~4.5cm，少数可达 5.5cm。表面黑绿色至棕褐色，皮稍粗糙，肉厚，瓤小，质坚实，气香。

（3）湘枳壳：个大，外皮棕褐色，皮粗糙，肉较薄，质较松，香气较淡。

一等品：横切对开，呈扁半球形。表面绿褐色或棕褐色，有颗粒状突起。切面黄白色或淡黄色，肉厚，果小，质坚硬。气清香，味苦微酸。直径 3.5cm 以上，肉厚 0.5cm 以上。

二等品：直径 2.5cm 以上，肉厚 0.35cm 以上。余同一等品。

2. 饮片

（1）枳壳片：呈不规则弧状条形薄片。切面外果皮棕褐色至褐色，中果皮黄白色至黄棕色，近外缘有 1~2 列点状油室，内侧有的有少量紫褐色瓤囊（图 7-111）。

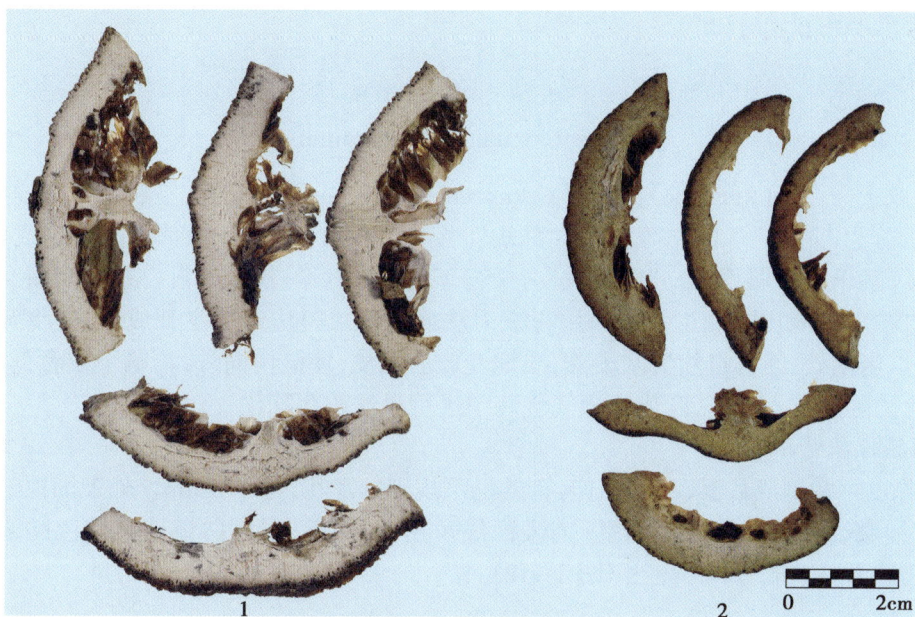

图 7-111 枳壳饮片
1. 枳壳片；2. 麸炒枳壳。

（2）麸炒枳壳：形如枳壳片，色比枳壳片颜色稍深，偶有焦斑。有麦麸气，味较弱。其余性状同枳壳片（图 7-111）。

【主要化学成分】主含 d- 柠檬烯（d-limonene），柠檬醛（citral），d- 芳樟醇（d-linalool），邻氨基苯甲酸甲酯，橙皮苷（hesperidin），新橙皮苷（neohesperidin），柚皮苷（naringin），苦味成分苦橙苷（aurantiamarin），辛弗林（synephrine）。

【质量要求】

1. 性状评价　以个大、果皮色青绿、果肉厚而色白（习称"青皮白口"）、质坚实、气清香者为佳。通常认为川枳壳最优。

2. 检查　水分不得过 12.0%；总灰分不得过 7.0%

3. 柚皮苷（$C_{27}H_{32}O_{14}$）与新橙皮苷（$C_{28}H_{34}O_{15}$）含量测定　用高效液相色谱法测定，含柚皮苷不得少于 4.0%，新橙皮苷不得少于 3.0%。

【贮藏养护】本品易虫蛀、发霉、怕热，宜置阴凉干燥处，防蛀。

【性味功能】苦、辛、酸，微寒。理气宽中，行滞消胀。主要用于胸胁气滞、胀满疼痛、食积不化、痰饮内停等。

麸炒枳壳偏于理气健胃消食,用于宿食停滞、呕逆嗳气、风疹瘙痒。

【用法用量】3~10g。

【注意】孕妇慎用。

【附注】

1. 市场需求　枳壳市场需求量比枳实大。枳壳和枳实市场供求基本平衡,近 5 年价格波动不大。四川枳壳质优,江西枳实质优,但产量均以湖南为大。

2. 枳实　芸香科植物酸橙 *Citrus aurantium* L. 及其栽培变种或甜橙 *C. sinensis* Osbeck 的干燥幼果。本品呈半球形,少数为球形,直径 0.5~2.5cm。外果皮黑绿色或棕褐色,具颗粒状突起和皱纹,有明显的花柱残迹或果梗痕。切面中果皮略隆起,厚 0.3~1.2cm,黄白色或黄褐色,边缘有 1~2 列油室,瓤囊棕褐色。质坚硬。气清香,味苦、微酸。辛弗林含量用 HPLC 法测定不得少于 0.30%

陈皮　Chenpi

Citri Reticulatae Pericarpium

【基源】芸香科(Rutaceae)植物橘 *Citrus reticulata* Blanco 及其栽培变种的干燥成熟果皮。

药材分为"陈皮"和"广陈皮"。"陈皮"主产于四川、福建、江苏等省,采摘成熟果实,剥取果皮,晒干或低温干燥。"广陈皮"主产于广东、广西等,其中产自广东江门新会的习称"新会陈皮"。广陈皮的加工一般采用正三刀法或对称二刀法将果皮开成三瓣,将鲜果皮放置于当风、当阳处,使其自然失水萎蔫,质地变软后翻皮,使橘白向外,再晒干或者低温烘干,将干燥后的陈皮放入纸箱、麻袋等透气包装中进行自然贮存陈化。

【商品性状特征】

1. 陈皮　常剥成数瓣,基部相连,有的呈不规则的片状,厚 1~4mm。外表面橙红色或红棕色,有细皱纹和凹下的点状油室;内表面浅黄白色,粗糙,附黄白色或黄棕色筋络状维管束。质稍硬而脆。气香,味辛、苦(图 7-112)。

图 7-112　陈皮

2. 广陈皮 常 3 瓣相连,形状整齐,厚度均匀,约 1mm。外表面橙黄色至棕褐色,点状油室较大,对光照视,透明清晰。质较柔软。气香,味辛、苦。

【规格等级】

1. 药材 商品分陈皮和广陈皮 2 种规格。

(1)陈皮:为统货。

(2)广陈皮:根据性状特征分为 2 个等级(图 7-113)。

一等品:外表面橙红色或棕紫色,显皱缩。内表面白色,略成海绵状。气清香浓郁、味微辛。

二等品:外表面橙红色或红棕色,内表面白色,较光洁。气清香、味微苦、辛。

图 7-113 广陈皮
1. 一等品;2. 二等品。

2. 饮片 陈皮丝,呈不规则的条状或丝状,其他性状与陈皮类似。

【主要化学成分】含黄酮类,如橙皮苷(hesperidin)、川陈皮素(neobiletin)、橘皮素(tangeretin)等;挥发油类,包括右旋柠檬烯(d-limonene)、柠檬醛、月桂烯等;此外,还含有多糖类、生物碱类、柠檬苦素类等成分。

【质量要求】

1. 性状评价 传统认为以广陈皮为优。以瓣大、完整、质柔软、气浓厚、味稍甜后感觉辛者为佳。

2. 检查 水分不得过 13.0%。

3. 黄曲霉毒素 本品每 1 000g 含黄曲霉毒素 B_1 不得过 5μg;黄曲霉毒素 G_2、G_1、B_2、B_1 的总量不得过 10μg。

4. 含量测定 用高效液相色谱法测定,陈皮含橙皮苷($C_{28}H_{34}O_{15}$)不得少于 3.5%。广陈皮含橙皮苷不得少于 2.0%,含川陈皮素($C_{21}H_{22}O_8$)和橘皮素($C_{20}H_{20}O_7$)的总量不得少于 0.42%。

【贮藏养护】采用麻袋、纸箱等透气性好的材料包装,置于阴凉干燥处。陈皮以"陈久者良",储藏可使其自然陈化,但需定期检查,注意防霉防蛀。

【性味功能】苦、辛,温。理气健脾,燥湿化痰。用于脘腹胀满、食少吐泻、咳嗽痰多。

【用法用量】3~10g。

【附注】新会陈皮,属于广陈皮,其来源品种主要是橘的栽培变种茶枝柑 Citrus reticulate "chachi"。新会陈皮价格较贵,市场上常用其他产区的广陈皮冒充新会陈皮。另外,广陈皮因陈化时间不同,还可细分为不同级别,越老的皮价格常越贵,因此需判断是否为染色、加工等方法造假的老皮。

新会陈皮,根据采收期分为大红皮、微红皮和柑青皮3种规格。

1. 大红皮 农历小雪至小寒采收果实所加工的皮。外表色泽棕红色至红黑色,有无数大而凹入的油室,皱缩十分明显。内表面雪白、淡黄白至棕红色,海绵浮松状明显。质软、皮厚,味辛带甜香。

2. 微红皮 农历寒露至小雪采收果实所加工的皮。外表色泽褐黄色至棕黄褐色,有无数大而凹入的油室,皱缩较明显。内表面雪白、淡黄白至棕红色,海绵浮松状不明显。质较硬、皮较厚,味辛带苦略甜。

3. 柑青皮 农历立秋至寒露采收果实所加工的皮。外表色泽青褐色至青黑色,有无数大而凹入的油室,不显皱缩。内表面雪白、淡黄白至棕红色,紧密光洁。质硬、皮薄,味辛苦、气芳香。

(吴军凯 张 虹 罗 容 马鸿雁)

吴茱萸 Wuzhuyu

Euodiae Fructus

【基源】芸香科(Rutaceae)植物吴茱萸 *Euodia rutaecarpa* (Juss.)Benth.、石虎 *E. rutaecarpa* (Juss.)Benth. var. *officinalis* (Dode)Huang 或疏毛吴茱萸 *E. rutaecarpa* (Juss.)Benth. var. *bodinieri* (Dode)Huang 的干燥近成熟果实。前者习称"大花吴茱萸"或"大粒吴茱萸",后二者习称"小花吴茱萸"或"小粒吴茱萸"。

吴茱萸主产于贵州、广西、四川、湖北、云南、湖南、广东、浙江、江西等地。其中以贵州、广西、湖南产量最大。石虎主要分布于贵州、四川、广西、湖北、湖南、浙江及江西。疏毛吴茱萸主要分布于贵州、广西、江西、湖南及广东。

本品于每年处暑前后(8月下旬),当吴茱萸由绿色变黄色而心皮尚未分离时采收,采摘时将果穗成串剪下,立即摊开日晒,晚上收回亦摊开,晒 7~8d 即干。若遇阴雨天气,可用不超过 60℃的文火烤干。晒或烤的过程中,须经常翻动,使之干燥一致。干后用手或木棒揉搓打下果实,除去枝、叶、果柄等杂质。

【商品性状特征】呈球形或略呈五角状扁球形,直径 2~5mm。表面暗黄绿色至褐色,粗糙,有多数点状突起或凹下的油点。顶端有五角星状的裂隙,基部残留被有黄色茸毛的果梗。质硬而脆,横切面可见子房5室,每室有淡黄色种子1粒。气芳香浓郁,味辛辣而苦。

【规格等级】

1. 药材 商品分大花吴茱萸和小花吴茱萸 2 种规格,一般为统货(图 7-114)。

(1)大花吴茱萸:呈类圆球形或略呈五角状扁球形,直径 3~6mm,表面褐色,质硬而脆,横切面可见子房5室,每室有未成熟的淡黄色种子 1~2 粒,气芳香浓郁,味辣而苦。

(2)小花吴茱萸:呈球形,直径 2~5mm,表面黄绿色至褐色,顶端有五角星状裂隙,气芳香浓郁,味辣而苦。

2. 饮片

(1)吴茱萸:同药材。

(2)制吴茱萸:形如吴茱萸,表面棕褐色至暗褐色,气味稍淡。

【主要化学成分】主含吴茱萸碱(evodiamine)、吴茱萸次碱(rutecarpine)、吴茱萸烯(evodene)、柠檬苦素(limonin)等。

【质量要求】

1. 性状评价 一般以粒大、色棕黑、无枝梗、芳香气浓郁者为佳。

2. 检查 水分不得过 15.0%;总灰分不得过 10.0%;杂质不得过 7%。

3. 醇溶性浸出物 以稀乙醇作溶剂,用热浸法测定,不得少于 30.0%。

图 7-114 吴茱萸
1. 大花吴萸;2. 小花吴萸。

4. 吴茱萸碱($C_{19}H_{17}N_3O$)、吴茱萸次碱($C_{18}H_{13}N_3O$)和柠檬苦素($C_{26}H_{30}O_8$)的含量 用高效液相色谱法测定,吴茱萸碱和吴茱萸次碱的总量不得少于 0.15%,柠檬苦素不得少于 0.20%。

【贮藏养护】用竹篓或木箱内衬麻袋包装。本品易泛油,散失气味。宜置于阴凉干燥处保存,注意防热。

【性味功能】辛、苦,热;有小毒。散寒止痛,降逆止呕,助阳止泻。用于厥阴头痛、寒疝腹痛、寒湿脚气、经行腹痛、脘腹胀痛、呕吐吞酸、五更泄泻。

【用法用量】2~5g。外用适量。

【附注】吴茱萸属于中小品种,总用量不大,年总用量在 800 吨左右。2002—2013 年,行情长期低迷导致产区大面积砍伐植株。2014 年新货大幅减产,使行情慢慢爬升,2018 年上半年价格达到 500 元/kg 以上,同年产新后价格开始大幅回落,2020 年价格为 60~65 元/kg。近几年由于盲目种植造成各产区种植面积依然庞大,远远超过市场需求,价格持续下跌,行情低迷。

山茱萸 Shanzhuyu

Corni Fructus

【基源】山茱萸科(Cornaceae)植物山茱萸 *Cornus officinalis* Sieb. et Zucc. 的干燥成熟果肉。

主产于浙江临安、淳安、昌化,河南南阳、嵩县、济源、巩义等地。产于浙江者习称"杭萸肉""淳萸肉",产量大,品质佳。

一般在秋季 10—11 月霜降后采收,以经霜后采者质量最佳。将鲜果放在竹笼内用文火烘焙至膨胀(防止烘焦),冷却后用手把核挤出,置阳光下晒干,此法所得产品质量佳。或将鲜果置入沸水中,待水再沸起小泡约 10min 捞出,稍凉,捏去种子,将果肉晒干或烘干。或将鲜果入木屉内蒸 5min,取出稍晾,捏去种子,将果肉晒干或烘干。煮或蒸者,所得产品质量较次。

【商品性状特征】呈不规则片状或囊状,长 1~1.5cm,宽 0.5~1cm;表面紫红色至紫黑色,皱缩,有光泽,顶端有圆形宿萼痕。质柔软。气微,味酸、涩、微苦。

【规格等级】

1. 药材　一般为统货。

2. 饮片

(1)山萸肉:除去杂质和残留果核,同药材(图 7-115)。

(2)酒萸肉:形如山茱萸,表面紫黑色或黑色,质滋润柔软,微有酒香气。统货(图 7-115)。

图 7-115　山茱萸

1. 山萸肉;2. 酒萸肉。

【主要化学成分】含环烯醚萜苷类化合物,主要为莫诺苷(morroniside)、马钱苷、山茱萸苷(即马鞭草苷 cornin 或 verbenalin)等,三萜类化合物熊果酸、齐墩果酸等成分。

【质量要求】

1. 性状评价　以肉肥厚、色紫红、油润柔软者为佳。

2. 检查　水分不得过 16.0%;总灰分不得过 6.0%;杂质(果核、果梗)不得过 3%。

3. 重金属及有害元素　铅不得过 5mg/kg,镉不得过 1mg/kg,砷不得过 2mg/kg,汞不得过 0.2mg/kg,铜不得过 20mg/kg。

4. 水溶性浸出物　用冷浸法测定,不得少于 50.0%。

5. 马钱苷($C_{17}H_{26}O_{10}$)和莫诺苷($C_{17}H_{26}O_{11}$)含量　用高效液相色谱法测定,药材和山萸肉饮片中二者总量不得少于 1.2%;酒萸肉中二者总量不得少于 0.7%。

【贮藏养护】贮藏用木箱或麻袋装。本品易虫蛀、发霉,应置阴凉干燥处,防潮,防蛀。酒山茱萸、蒸山茱萸应密闭,置阴凉干燥处,防蛀。

【性味功能】酸、涩,微温。补益肝肾,收涩固脱。用于眩晕耳鸣、腰膝酸痛、阳痿遗精、遗尿尿频、崩漏带下、大汗虚脱、内热消渴。

【用法用量】6~12g。

【附注】山茱萸产地较少,生长周期长,产量受天气影响明显,又是多种中成药的原料药,长期以来市场上价格波动较大。自从山茱萸经历 1999—2001 年高价后,全国开展大面积种植,山茱萸产量除满足当年市场需求外,还有大量的货源转化为库存,产区虽时有弃种转种消息,但种植规模扩大的基本趋势并没有改变。2020 年山茱萸总产量约 6 000 吨,属于供大于求的品种。近 5 年来,亳州市场新货价格在 16~42 元 /kg。

连翘　Lianqiao

Forsythiae Fructus

【基源】木犀科(Oleaceae)植物连翘 *Forsythia suspensa* (Thunb.) Vahl 的干燥果实。

主产于山西、河南、陕西、山东等地,以山西、河南产量最大。

秋季果实初熟尚带绿色时采收,除去杂质,蒸熟,晒干,习称"青翘";果实熟时采收,晒干,除去杂质,习称"老翘"。

【商品性状特征】呈长卵形至卵形,长 1.5~2.5cm,直径 0.5~1.3cm;表面有多数凸起的小斑点,两面各有 1 条明显的纵沟;顶端锐尖,"青翘"多不开裂,表面绿褐色,种子多数。"老翘"自顶端开裂成两瓣,表面黄棕色或红棕色,种子多已脱落。气微香,味苦。

【规格等级】分"青翘""老翘",其种子为"连翘心"。均为统货。

(1)青翘:多不开裂,表面绿褐色,突起的灰白色小斑点较少。质硬;种子多数,黄绿色,细长,一侧有翅(图 7-116)。

(2)老翘:自顶端开裂或裂成两瓣,表面黄棕色或红棕色,内表面多为浅黄棕色,平滑,具一纵隔;质脆;种子棕色,多已脱落(图 7-116)。

图 7-116　连翘
1. 青翘;2. 老翘。

【主要化学成分】主要含苯乙醇苷类,如连翘酯苷 A、连翘酚;木脂素及其苷类,如连翘苷、松脂素 -β-D- 葡萄糖苷;五环三萜类,如白桦脂酸、齐墩果酸、熊果酸等;挥发油,如 α- 蒎烯、莰烯、β-蒎烯、柠檬烯、芳樟醇等。

【质量要求】

1. 性状评价 青翘以色较绿、不开裂者为佳。老翘以色黄棕、瓣大、壳厚者为佳。

2. 检查 水分不得过 10%；总灰分不得过 4.0%。青翘杂质不得过 3%，老翘杂质不得过 9%。

3. 醇溶性浸出物 以 65% 乙醇作溶剂，用冷浸法测定，青翘醇溶性浸出物不得少于 30.0%，老翘醇溶性浸出物不得少于 16.0%。

4. 挥发油含量，青翘不得少于 2.0%（ml/g）。

5. 连翘苷（$C_{27}H_{34}O_{11}$）与连翘酯苷 A（$C_{29}H_{36}O_{15}$）的含量 用高效液相色谱法测定，青翘与老翘含连翘苷均不得少于 0.15%；青翘含连翘酯苷 A 不得少于 3.5%，老翘含连翘酯苷 A 不得少于 0.25%。

【贮藏养护】本品易受潮发霉，虫蛀，应置干燥处用麻袋或竹席包装。

【性味功能】苦，微寒。清热解毒，消肿散结，疏散风热。用于痈疽、瘰疬、乳痈、丹毒、风热感冒、温病初起、温热入营、高热烦渴、神昏发斑、热淋涩痛。

【用法用量】6~15g。

【附注】全国丰年年均产量约 1.2 万吨，欠年产量为 7 400 余吨，纯购年均量为 4 000 余吨，纯销年均量约 3 600 吨，近年出口量在年均 10 吨以下。

—————————————————————————————————————● （张红梅 杨晶凡 裴香萍）

枸杞子 Gouqizi

Lycii Fructus

【基源】茄科（Solanaceae）植物宁夏枸杞 *Lycium barbarum* L. 栽培品的干燥成熟果实。

主产于宁夏中宁县。近年来青海、内蒙古、甘肃、新疆等地亦大量栽培。以宁夏产者质量最佳，为道地药材。

夏、秋季（6—10 月）果实呈橙红色（8—9 月成熟）时采收，通常每隔 5~7d 采摘 1 次，忌在有晨露和雨水未干时采摘。晒干法：将鲜果摊在果栈上，厚度 2~3cm，放阴凉通风处，晾至皮皱后，再暴晒至外皮干硬。果肉柔软，在晾晒时不要用手翻动，以免果实变黑，影响质量。烘干法：将摊有鲜果的果栈逐层叠架，推入烘房中，梯度升温使其逐渐干燥，一般 3~4 昼夜即可干燥。果实干燥后，将其装入一长布袋中，两人抬起布袋往返拉动，使果实在布袋中相互摩擦撞击而脱去果柄和宿萼。亦可采用脱柄机脱柄，效率高，效果好。目前大批量加工多采用低温干燥法，或采用以化学方法处理后干燥的新技术——快速低温干燥法。取原药材，除去杂质，摘去残留果柄，拣除霉坏变质的果实。

【商品性状特征】呈纺锤形，长 6~20mm，直径 3~10mm。果皮红色或暗红色，果肉肉质，柔润而有黏性；种子通常 20~50 粒，类肾形，扁而翘，长 1.5~1.9mm，宽 1~1.7mm，表面淡黄色至黄色。气微，味甜（图 7-117）。

【规格等级】商品常根据不同产地、采收期、颜色、品系、大小等进行规格等级划分。根据产地划分，商品分新疆枸杞、宁夏枸杞、内蒙枸杞、甘肃枸杞、青海枸杞（图 7-118）。其中，宁夏枸杞不同品系各自根据大小、颜色、质地等做进一步等级划分，各品系划分方法基本一致。以"宁杞一号"品系为例，一般分为 4 个等级（图 7-119）。

一等品：每 50g 280 粒以内，不完整粒 ≤ 1%。果实椭圆形或长卵形，色泽鲜红或红色、暗红色，质柔软，多糖分，滋润，味甜。大小均匀，无油粒、杂质、虫蛀、霉变。

二等品:每50g 370粒以内,不完整粒≤1.5%。其余同一等品。

三等品:每50g 580粒以内,不完整粒≤3%。果实暗红或橙红色,糖分较少,其余同一等品。

四等品:每50g 900粒以内,不完整粒≤3%。果实暗红或橙红色,糖分少,无油粒。其余同一等品。

图7-117 枸杞子

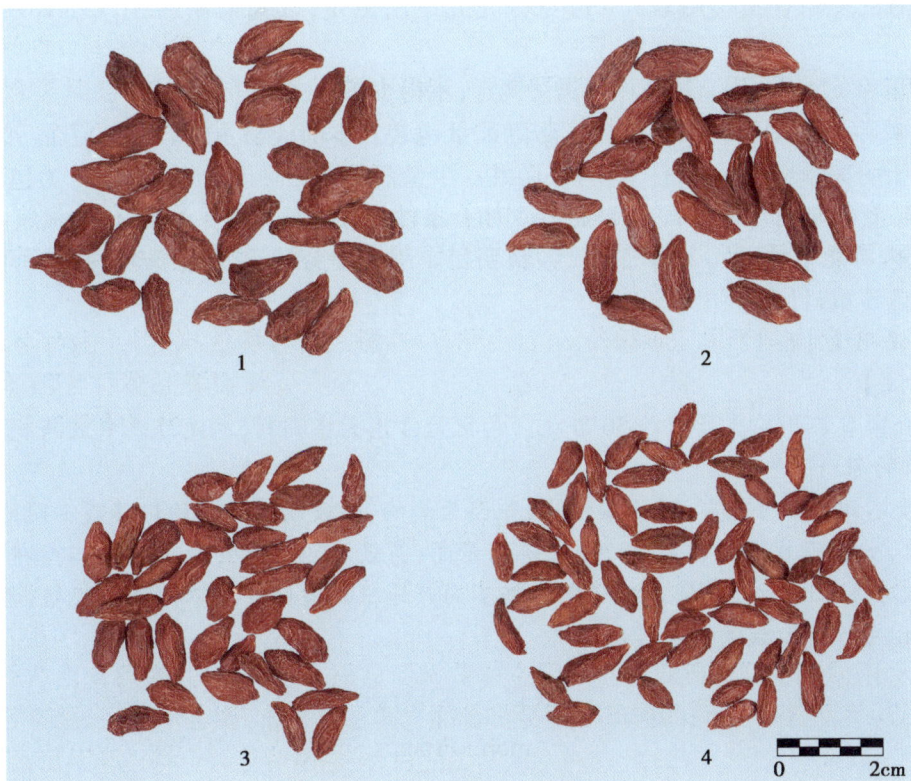

图7-118 宁夏枸杞等级

1. 一等品;2. 二等品;3. 三等品;4. 四等品。

图 7-119　不同产区枸杞示例图
1. 宁夏枸杞；2. 青海枸杞；3. 新疆枸杞。

【主要化学成分】主含甜菜碱（betaine），胡萝卜素，烟酸，维生素 B_1、B_2、C，玉蜀黍黄素（zeaxanthin）等。

【质量要求】

1. 性状评价　以色红、肉厚、质柔润、籽少、味甜者为佳。

2. 检查　水分不得过 13.0%；总灰分不得过 5.0%。

3. 重金属及有害元素　铅不得过 5mg/kg，镉不得过 1mg/kg，砷不得过 2mg/kg，汞不得过 0.2mg/kg，铜不得过 20mg/kg。

4. 水溶性浸出物　用热浸法测定，不得少于 55.0%。

5. 枸杞多糖含量　用紫外 - 可见分光光度法测定，以葡萄糖（$C_6H_{12}O_6$）计不得少于 1.8%。

6. 甜菜碱含量　用高效液相色谱法测定，不得少于 0.50%。

【贮藏养护】用箱或硬纸箱内衬防潮油纸包装。本品极易虫蛀、霉变、泛油、变色。应密封，置于阴凉干燥处保存，注意防热、防蛀。少量商品可在晒干后每 0.5~1kg 为包，贮于石灰缸内，或置于缸内再喷白酒，以防霉蛀。如有条件最好冷藏。在保管中，应防鼠害。

【性味功能】甘，平。滋补肝肾，益精明目。用于虚劳精亏，腰膝酸痛，眩晕耳鸣，内热消渴，血虚萎黄，目昏不明。

【用法用量】6~12g。

【附注】

1. 全国目前年均生产量约 50 万吨。枸杞为常用大宗药材，也是许多中成药、营养饮料不可缺少的原料。

2. 受不同地域生态环境、土壤、气候等因素影响，导致相同品种枸杞移栽不同地域出现性状变化，如青海栽培品粒大、肉厚、含单糖量高、易吸湿、易结块；甘肃瓜州、新疆精河等地栽培品较宁夏中宁所产偏圆。流通中根据不同产地性状差异分成不同产地规格，各产地规格下，多以每 50g 粒数做等级划分。

砂仁　Sharen

Amomi Fructus

【基源】姜科（Zingiberaceae）植物阳春砂 *Amomum villosum* Lour.、绿壳砂 *A. villosum* Lour. var. *xanthioides* T. L. Wu et Senjen 或海南砂 *A. longiligulare* T. L. Wu 的干燥成熟果实。

阳春砂主产于广东、广西、云南等地；绿壳砂主产于越南，以及我国云南、广西等地；海南砂主产于海南、广东等地。其中广东省阳春市被认为是阳春砂的道地产区。

8—9 月果实成熟时采收,将果穗放于筛中或竹席上用微火烘至半干时,"发汗"回潮,再缓慢烘干。也可将果实直接晒干或烘干。净砂为除去果皮的种子团。

【商品性状特征】

1. 阳春砂　呈椭圆形或卵圆形,有不明显的钝三棱,长 1.5~2cm,直径 1~1.5cm。外表黄棕至棕褐色,密生刺状突起,果皮薄而软。种子集结成团,具三钝棱,中有白色隔膜,将种子团分成 3 瓣,每瓣有种子 5~26 粒。种子为不规则多面体,直径 2~3mm;表面棕红色或暗褐色,有细皱纹,外被淡棕色膜质假种皮;质硬,胚乳灰白色。气芳香而浓烈,味辛凉、微苦(图 7-120)。

2. 绿壳砂　与阳春砂相似,仅表面浅棕黄色,偶见灰绿色,刺较疏短(图 7-120)。

3. 海南砂　呈长椭圆形或卵圆形,有明显的三棱,长 1.5~2cm,直径 0.8~1.2cm。表面被片状、分支状软刺。果皮厚而硬,种子团较小,每瓣有种子 3~24 粒,气味稍淡(图 7-120)。

图 7-120　砂仁
1. 阳春砂;2. 绿壳砂;3. 海南砂。

【规格等级】

1. 砂仁　按来源分为阳春砂、绿壳砂、海南砂 3 种规格,一般为统货,但果柄不得超过 2cm。阳春砂根据产地常分为春砂仁(产自广东阳春及周边地区)和其他产区阳春砂(图 7-121)。

图 7-121　阳春砂
1. 产地：广东阳春；2. 产地：云南。

（1）春砂仁：统货。发汗焙干。表面棕褐色或黑褐色，密生刺状突起。果皮与种子团紧贴无缝隙。具果柄，一般不超过 0.5cm。气芳香醇厚，味辛凉，微苦。炸裂果数 ≤ 10%。

（2）阳春砂（其他产区）：根据每 100g 果实数、种子饱满度及其他商品外观性状划分为 3 个等级。

一等品：果皮与种子团紧贴无缝隙，种子团大小和颜色较均匀；种子表面棕红色或棕褐色，无瘪瘦果，籽粒饱满；每 100g 果实数 ≤ 170 粒，炸裂果数 ≤ 5%。

二等品：果皮与种子团之间多少有缝隙；种子表面棕红色或红棕色，有少量瘪瘦果；每 100g 果实数 170~330 粒，炸裂果数 ≤ 10%。

三等品：果皮与种子团之间多少有缝隙；种子表面棕红色或红棕色、橙红色或橙黄色，瘪瘦果较多（占 25% 以内）；每 100g 果实数 330 粒，炸裂果数 ≤ 15%。

2. 净砂　分为 2 个等级。

一等品：为除去外果皮的种子团，呈钝三棱状的椭圆形或卵圆形，分成 3 瓣，每瓣有种子 10 数粒，子粒饱满。表面灰褐色，破开后，内部灰白色。味辛凉微辣。种子团完整。每 50g 150 粒以内。无糖子、果壳、杂质、霉变。

二等品：种子团较小而瘪，每 50g 150 粒以上，间有糖子，无果壳、杂质、霉变砂壳。余同一等品。

3. 砂壳　为砂仁的果皮。多呈 3 瓣裂开。外表面棕色或棕褐色，密生刺片状突起，内表面淡棕色，平滑。质轻而韧，易纵向撕破，气味较砂仁为淡。统货。

【主要化学成分】主要含挥发油类，其组成主要有乙酸龙脑酯（bornyl acetate）、龙脑、右旋樟脑、芳樟醇（linalool）、橙花叔醇（nerolidol）、柠檬烯、莰烯等。另外，还含有多糖类、黄酮苷类、皂苷类、有机酸类成分。

【质量要求】

1. 性状评价　不同品种砂仁，以阳春砂为优，其次是绿壳砂，海南砂最次。阳春砂以广东阳春产者为道地，品质最佳。以个大、坚实、饱满、种仁色红棕、气味浓厚者为佳。

212

2. 检查 水分不得过 15.0%。

3. 挥发油含量 阳春砂、绿壳砂种子团含挥发油不得少于 3.0%(ml/g);海南砂种子团含挥发油不得少于 1.0%(ml/g)。

4. 乙酸龙脑酯($C_{12}H_{20}O_2$)含量 用气相色谱法测定,含量不得少于 0.90%。

【贮藏养护】本品含挥发油,应贮藏于阴凉干燥处,防潮,防蛀。不宜贮存过久。

【性味功能】辛,温。化湿开胃,温脾止泻,理气安胎。用于湿浊中阻,脘痞不饥,脾胃虚寒,呕吐泄泻,妊娠恶阻,胎动不安。

【用法用量】3~6g,后下。

【附注】

1. 砂仁的原产地为广东阳春及周边,但因这些地区缺乏天然授粉昆虫,盛花期必须依靠人工授粉,种植成本高,产量低,该产区的砂仁基本都是自产自销,市场很少流通。阳春砂目前主要的产区在云南,因为云南引种区授粉昆虫较多,无须人工授粉,有利于种植生产。市场流通的砂仁,以云南引种阳春砂和广西引种品为主。

2. 目前市场销售的砂仁主要分为两大类,一类为国产货,一类为进口货。国产货气味浓,有效成分含量高,是药用首选,但产量低,年产量在 1 500 吨左右。进口货主要来自越南、缅甸和老挝一带,价格便宜,有效成分含量达不到《中国药典》规定标准,多数在调味品市场使用,年产量 3 000 吨左右。

使君子 Shijunzi

Quisqualis Fructus

【基源】使君子科(Combretaceae)植物使君子 *Quisqualis indica* L. 的干燥成熟果实。

主产于四川合川、铜梁、井研,广西阳朔、宁明、龙州,福建邵武、莆田,广东连州、罗定、信宜、阳春。以四川产量最大,销全国各地。

秋季果皮变紫黑色时采摘,除去杂质。采收的果实用慢火烘烤,至果实外壳坚硬,摇动有响声时,弃去空壳,即成。

【商品性状特征】呈椭圆形或卵圆形,具 5 条纵棱,偶有 4~9 棱,长 2.5~4cm,直径约 2cm;表面黑褐色至紫黑色,平滑,微具光泽;顶端狭尖,基部钝圆,有明显圆形果柄痕。质坚硬,横切面多呈五角星形,棱角处较厚,中间呈类圆形空腔。内有 1 粒长椭圆形或纺锤形种仁,长约 2cm,直径约 1cm;表面棕褐色或黑褐色,有多数纵皱纹;种皮薄,易剥离;子叶 2,黄白色,有油性,断面有裂隙。气微香,味微甜。

【规格等级】

1. 药材 根据市场流通情况,将使君子药材分为"选货"和"统货"两个等级(图 7-122)。

(1)选货:个大、颗粒饱满、均匀,无破碎粒,无杂质,无走油、虫蛀、霉变。

(2)统货:个头大小不等,破碎粒重量占比不超过 3.0%,杂质少于 2.0%。余同选货。

2. 饮片

(1)使君子:同药材。

(2)使君子仁:呈长椭圆形或纺锤形,长 2cm,直径约 1cm;表面棕褐色或黑褐色,有数条纵皱纹;种皮薄,易剥离子叶 2 枚,黄白色,有油性,断面有裂

图 7-122 使君子

纹；气微香，味微甜（图 7-123）。

图 7-123　使君子仁

（3）炒使君子仁：形如使君子仁，表面黄白色，有多数纵皱纹；有时可见残留有棕褐色种皮。气香，味微甜。

【主要化学成分】使君子氨酸（quisqualic acid）、胡芦巴碱（trigonelline）、苹果酸（malic acid）、柠檬酸（citric acid）、琥珀酸（succinic acid）、氨基酸类、脂肪油等。

【质量要求】

1. 性状评价　以个大、表面具有紫褐色光泽、颗粒饱满、种仁色黄者为佳。

2. 检查　水分不得过 13.0%。

3. 黄曲霉毒素　本品每 1 000g 含黄曲霉毒素 B_1 不得过 5μg，黄曲霉毒素 G_2、G_1、B_2、B_1 总量不得过 10μg。

4. 胡芦巴碱（$C_7H_7NO_2$）含量　用高效液相色谱法测定，不得少于 0.20%。

【贮藏养护】一般用袋包装，置通风干燥处，防霉，防蛀。适宜在 25℃以下、相对湿度 70%~75%、含水量 12%~14% 的条件下储存。本品易发霉、生虫、泛油，雨季应加强检查；发现虫蛀，可用磷化铝熏杀；发现轻度发霉应及时在太阳下晾晒或文火烘烤。

【性味功能】甘，温。杀虫消积。用于蛔虫病，蛲虫病，虫积腹痛，小儿疳积。

【用法用量】使君子 9~12g，捣碎入煎剂；使君子仁 6~9g，多入丸散或单用，1~2 次分服。小儿每岁 1~1.5 粒，炒香嚼服，1 日总量不超过 20 粒。

【注意】注意服药时忌饮浓茶。

（詹志来　马鸿雁　温秀萍）

复习思考题

1. 简述北五味子、南五味子的基源及商品性状特征鉴别要点。
2. 简述枳壳的基源、商品性状特征及规格等级划分情况。
3. 简述吴茱萸的基源、商品性状特征及规格等级划分情况。
4. 简述连翘的基源、商品性状特征及规格等级划分情况。
5. 简述枸杞子的基源、商品性状特征及规格等级划分情况。
6. 简述砂仁的基源及各基源的商品性状鉴别特征。

第九节　种子类中药

学习目标

1. 掌握酸枣仁、马钱子、槟榔的基源、商品性状特征、规格等级、质量要求。
2. 熟悉酸枣仁、马钱子、槟榔的性味功能、用法用量及贮藏养护。

以种子植物的成熟种子为药用部位的药材及饮片称为种子类中药。多数药材用完全成熟的种子,少数用种子的一部分,如假种皮(龙眼肉)、种皮(绿豆衣)、种仁(肉豆蔻)、去子叶胚(莲心)等。此外,还有用发了芽的种子(大豆卷)或种子发酵加工品。

商品性状特征:种子类中药形态多样,应注意种子的形状、大小、颜色、表面纹理、种脐、种脊、种阜、合点的位置,以及质地、纵横剖面、气味等。其中重点观察种子表面特征,如王不留行表面有颗粒状突起,蓖麻子表面有色泽鲜艳的花纹,马钱子表面密被毛茸。胚乳的形状或有无,如马钱子有具发达的胚乳、苦杏仁无胚乳;子叶的数目,如单子叶植物种子有子叶1枚、双子叶植物种子有子叶2枚、裸子植物种子有子叶2至多枚,松属植物种子有子叶5~18枚。

饮片鉴别:种子类饮片多数为原药材,少数较大的种子切成片块、去皮或制成粉、霜。炮制后的种子要注意其颜色和气味的变化,切片应注意切面的特征。

商品规格等级:种子类药材多为统货,少数按照大小、色泽、杂质和碎仁的比例、成熟程度、产地等划分等级。

检查:种子类中药通常需进行灰分和水分测定;含有黏液质的药材,可进行膨胀度的测定;富含蛋白质的药材,可采用电泳技术进行鉴别。种子与果实类中药的贮藏方法相同。

酸枣仁　Suanzaoren

Ziziphi Spinosae Semen

【基源】鼠李科(Rhamnaceae)植物酸枣 *Ziziphus jujuba* Mill. var. *spinosa*(Bunge)Hu ex H. F. Chou 的干燥成熟种子。

主产于河北邢台、石家庄、邯郸、承德及辽宁、内蒙古、山东、山西、河南、陕西、甘肃、宁夏、四川,以河北邢台产量最大。销全国各地及出口。

秋季果实变红时采下果实,沤烂果肉,用水淘净,将果核晒干,碾破种壳取出种子,晒干。

【商品性状特征】呈扁圆形或扁椭圆形,长5~9mm,宽5~7mm,厚约3mm。表面紫红或紫褐色,平滑有光泽,有的有裂纹。有的两面均呈圆隆状突起;有的一面较平坦,中间有1条隆起的纵线纹,另一面稍突起。一端凹陷,可见线形种脐;另一端有细小突起的合点。种皮较脆,胚乳白色,子叶2片,浅黄色,富油性。气微,味淡(图7-124)。

【规格等级】

1. 药材

一等品:饱满,表面深红色或紫褐色,有光泽。核壳不超过2%,碎仁不超过5%。

二等品：较瘦瘦，表面深红色或棕黄色。核壳不超过 5%，碎仁不超过 10%。

图 7-124　酸枣仁

2. 饮片

（1）酸枣仁：同酸枣仁药材。

（2）炒酸枣仁：本品形如酸枣仁。表面微隆起，微具焦斑。略有焦香气，味淡。

【主要化学成分】酸枣仁皂苷 A、B（jujuboside A，B），白桦脂酸（betulic acid），白桦脂醇（betulin），胡萝卜苷（daucosterol），当药素（swertisin），阿魏酸，植物甾醇，脂肪油，环磷酸腺苷，维生素 C 等。

【质量要求】

1. 性状评价　一般以粒大、饱满、外皮色紫红、光滑油润、种仁色黄白、无核壳者为佳。

2. 检查　药材，水分不得过 9.0%；总灰分不得过 7.0%；杂质（核壳等）不得过 5.0%。饮片，水分不得过 7.0%；总灰分不得过 4.0%。

3. 重金属及有害元素　铅不得过 5mg/kg；镉不得过 1mg/kg；砷不得过 2mg/kg；汞不得过 0.2mg/kg；铜不得过 20mg/kg。

4. 黄曲霉毒素　本品每 1 000g 含黄曲霉毒素 B_1 不得过 5μg，含黄曲霉毒素 G_2、G_1、B_2、B_1 的总量不得过 10μg。

5. 酸枣仁皂苷 A（$C_{58}H_{94}O_{26}$）、斯皮诺素（$C_{28}H_{32}O_{15}$）的含量　用高效液相色谱法测定，酸枣仁皂苷 A 不得少于 0.030%，斯皮诺素不得少于 0.080%。

【贮藏养护】置阴凉干燥处，防霉，防蛀。

【性味功能】甘、酸，平。养心补肝，宁心安神，敛汗，生津。用于虚烦不眠，惊悸多梦，体虚多汗，津伤口渴。

【用法用量】10~15g。

【附注】酸枣仁为我国传统常用药材。目前，酸枣仁商品主要依靠野生药材资源供应，家种很少，年产量极易受天气影响，属于可以基本满足需求的品种，目前酸枣仁抢青问题较为严重。河北省石家庄市赞皇县、邢台市内丘县及山东省济宁市汶上县是酸枣仁的主要产地与加工集散地。酸枣仁年产销量约 2 000 吨。其中河北省是我国最大的酸枣仁加工集散地，产出量占全国酸枣仁产量的 70%~80%；山东省的酸枣仁产出量占全国产量的 20% 左右；其他地区酸枣仁产出量仅占全国产量的 2% 左右。

马钱子 Maqianzi

Strychni Semen

【基源】马钱科(Loganiaceae)植物马钱 *Strychnos nux-vomica* L. 的干燥成熟种子。

主产于印度、越南、泰国、缅甸等国,我国云南、海南等地已有引种。

冬季采收成熟果实,取出种子,洗净附着的果肉,晒干。

【商品性状特征】呈纽扣状圆板形,常一面隆起,一面稍凹下,直径 1.5~3cm,厚 0.3~0.6cm。表面密被灰棕色或灰绿色绢状茸毛,自中央向四周呈辐射状排列,有丝状光泽。边缘稍隆起,较厚,有突起的珠孔,底面中心有突起的圆点状种脐。质坚硬,平行剖面可见淡黄白色胚乳,角质样,子叶心形,叶脉 5~7 条。气微,味极苦(图 7-125)。

图 7-125 生马钱子

【规格等级】

1. 药材 统货。

2. 饮片

(1)生马钱子:同药材。

(2)制马钱子:形如马钱子,两面均膨胀鼓起,边缘较厚。表面棕褐色或深棕色,质坚脆,平行剖面可见棕褐色或深棕色的胚乳。微有香气,味极苦(图 7-126)。

(3)马钱子粉:为黄褐色粉末。气微香,味极苦。

【主要化学成分】含吲哚类生物碱,主要为番木鳖碱(士的宁,strychnine)、马钱子碱(brucine),另含微量番木鳖次碱(vomicine)、伪番木鳖碱(pseudostrychnine)、伪马钱子碱(pseudobrucine)等。此外,尚含番木鳖苷(loganin)、绿原酸(chlorogenic acid)等。

【质量要求】

1. 性状评价 一般以个大、饱满、灰棕色微带绿色、有细密毛茸、质坚无破碎者为佳。

2. 检查 马钱子,水分不得过 13.0%;总灰分不得过 2.0%。马钱子粉,水分不得过 14.0%;总灰分不得过 1.6%。

图 7-126　制马钱子

3. 黄曲霉毒素　本品每 1 000g 含黄曲霉毒素 B_1 不得过 5μg,含黄曲霉毒素 G_2、G_1、B_2、B_1 的总量不得过 10μg。

4. 士的宁($C_{21}H_{22}N_2O_2$)与马钱子碱($C_{23}H_{26}N_2O_4$)含量　用高效液相色谱法测定,士的宁含量应为 1.20%~2.20%,马钱子碱含量不得少于 0.80%。马钱子粉士的宁含量应为 0.78%~0.82%,马钱子碱含量不得少于 0.50%。

【贮藏养护】置于干燥处。

【性味功能】苦,温;有大毒。通络止痛,散结消肿。用于跌打损伤,骨折肿痛,风湿顽痹,麻木瘫痪,痈疽疮毒,咽喉肿痛。

【用法用量】0.3~0.6g,炮制后入丸散用。

【注意】孕妇禁用。不宜多服久服及生用。运动员慎用。有毒成分能经皮肤吸收,外用不宜大面积涂敷。

【附注】马钱子主要依靠进口,我国云南、海南等地已有引种,但产量小,且品质不及进口马钱子。马钱子有大毒,市场管理严格,行情稳中有升,市场需求量较小。目前,国内年需要量约 50 吨。

槟榔　Binglang

Arecae Semen

【基源】棕榈科(Palmae)植物槟榔 *Areca catechu* L. 的干燥成熟种子。

主产于广东,云南元江、河口、金平,海南屯昌、定安、陵水、崖州、琼海等地。福建、台湾、广西等地亦产。均为栽培品。国外以菲律宾、印度尼西亚、印度、斯里兰卡产量最大。槟榔为著名的四大南药之一。

春末至秋初果实成熟时采收,用水煮后低温干燥,除去果皮,取出种子,干燥。

【商品性状特征】

1. 进口品(大白槟)　呈近圆锥形或扁圆形,高 1.5~3cm,基部直径 1.5~3cm。顶端钝圆,底部中央微凹陷,可见瘢痕状种脐。表面淡黄棕色或淡红棕色,略粗糙,有颜色较淡的网状沟纹。质坚硬,不易破碎,断面有白色(胚乳)、红棕色(外胚乳及种皮)交错相间的大理石纹理。气微,味涩而微苦。柬埔寨产槟榔表面及横切面均稍呈红色,其形状有似尖槟的,也有似大白槟的。

2. 国产品(尖槟)　形如鸡心,顶端略尖,横切面的大理石纹较不清晰,时有枯心。

【规格等级】

1. 药材　常按产地分为椰玉、台槟、吕宋槟等。一般分为2等或统货(图7-127)。

(1)椰玉(海南槟):产于海南省。平扁形,质松,外表多皱纹,故亦称"抗皱槟"。

(2)台槟:产于台湾省。形尖圆,颗粒小,质较差。

(3)吕宋槟:产于菲律宾。与台槟相仿,但质较坚实,多由吕宋输出。

(4)马来半岛产者形正圆,颗粒较大,质坚实。

一等品:呈扁圆形或圆锥形。表面淡黄色或棕黄色。质坚实。断面有灰白色与红棕色交错的大理石样花纹。味涩、微苦。每1kg 160个以内。

二等品:每1kg 160个以外。间有破碎、枯心不超过5%,轻度虫蛀不超过3%。其余同一等品。

图7-127　槟榔

2. 饮片(图7-128)

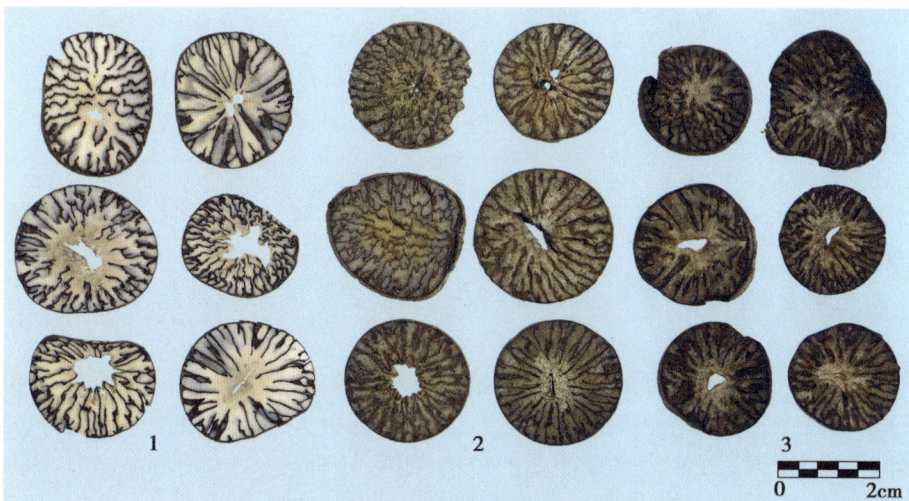

图7-128　槟榔饮片

1. 槟榔片;2. 炒槟榔;3. 焦槟榔。

（1）槟榔片：呈类圆形的薄片。切面可见棕色种皮与白色胚乳相间的大理石样花纹。气微，味涩、微苦。

（2）炒槟榔：形如槟榔片，表面微黄色，可见大理石样花纹。

（3）焦槟榔：呈类圆形薄片，直径 1.5~3cm，厚 1~2mm。表面焦黄色，可见大理石样花纹。质脆，易碎。气微，味涩、微苦。

【主要化学成分】槟榔碱（arecoline）、槟榔次碱（arecaidine）、去甲基槟榔碱（guvacoline）、去甲基槟榔次碱（guvacine）、异去甲基槟榔次碱（isoguvacine）、槟榔副碱（arecolidine）、高槟榔碱（homoarecoline）等，均以与鞣酸结合的形式存在。此外，含鞣质 13%~27%、脂肪油 14%~28%、槟榔红（areca red，红色素）、多种氨基酸等。

【质量要求】

1. 性状评价　一般以个大、体重、质坚、无破裂者为佳。

2. 检查　水分不得过 10.0%。

3. 黄曲霉毒素　本品每 1 000g 含黄曲霉毒素 B_1 不得过 5μg，含黄曲霉毒素 G_2、G_1、B_2、B_1 总量不得过 10μg。

4. 槟榔碱（$C_8H_{13}NO_2$）含量　用高效液相色谱法测定，槟榔药材、槟榔片、炒槟榔中槟榔碱含量均不得少于 0.20%；焦槟榔中槟榔碱含量不得少于 0.10%。

【贮藏养护】置阴凉干燥处。

【性味功能】苦、辛，温。杀虫消积，降气，行水，截疟。主要用于绦虫病、蛔虫病、姜片虫病、虫积腹痛、积滞泻痢、里急后重、水肿脚气、疟疾、痰癖、癥瘕等。

【用法用量】3~10g。驱绦虫、姜片虫 30~60g，煎水洗或研末调敷。

（景松松　吴　梅　杜　娟）

复习思考题

1. 论述马钱子的基源及商品性状特征。

2. 论述国产槟榔与进口槟榔的商品特征鉴别要点。

第十节　全草类中药

学习目标

1. 掌握麻黄、青蒿、广藿香、肉苁蓉和石斛的基源、道地产地、商品性状特征、规格等级、质量要求。

2. 熟悉麻黄、青蒿、广藿香、肉苁蓉和石斛的贮藏养护、性味功能、用法用量。

以草本植物的全体或一部分为药用部位的药材称为全草类药材。全草（herba）类药材又称草类药材，在中药商品中占有重要地位。全草类药材大多数为植物地上部分，亦有带有根及根茎的全株（全草），或小灌木草质茎的枝梢，如麻黄等。

商品性状特征：全草类药材鉴别应按所包括的器官，如根、茎、叶、花、果实、种子等分别进行观察。全草类药材是植物全株或地上的某些器官直接干燥而成，原植物的特征一般反映了药材性状特征，因此原植物分类鉴定尤为重要。

商品规格等级：全草类药材多为统货，少数依据来源、产地划分规格，或按大小分等。

组织鉴别：主要注意茎、叶的构造特点。

粉末鉴别：全草类药材的粉末鉴别一般应注意观察下列特征：茎、叶的表皮细胞，非腺毛，叶肉组织，草酸钙或碳酸钙晶体，花粉粒。带有根及根茎者应注意淀粉粒、导管和厚壁组织等。

检查：全草类药材常混有杂质、泥土，一般应进行灰分、水分、浸出物和挥发油的含量测定。

贮藏养护：全草类药材通常用袋、筐或箱装，较长大的全草类药材可打包。本类药材较易变色和散失气味，贮藏时应注意密封，置于阴凉、干燥、通风处保存。

麻黄 Mahuang

Ephedrae Herba

【基源】麻黄科（Ephedraceae）植物草麻黄 *Ephedra sinica* Stapf.、木贼麻黄 *E. equisetina* Bge. 及中麻黄 *E. intermedia* Schrenk et C. A. Mey. 的干燥草质茎。主产于山西大同、山阴，河北蔚县、怀安、围场，内蒙古，辽宁，山西，甘肃，陕西，宁夏，新疆等地；销全国各地，并出口。习惯以山西产者质量为最佳。

秋季割取绿色的草质茎，去净杂质，晾干，或晾至六成干时，再晒至足干即可。切勿受霜打，以免影响疗效。

【商品性状特征】

1. 草麻黄　呈细长圆柱形，少分枝，直径 1~2mm。有的带少量棕色木质茎。表面淡绿色至黄绿色，有细纵脊线，触之有粗糙感。节明显，节间长 2~6cm。节上有膜质鳞叶，长 3~4mm；裂片 2 个（稀 3 个），锐三角形，先端灰白色，反曲，基部联合成筒状，红棕色。体轻，质脆，易折断，断面略成纤维性，周边绿黄色，髓部红棕色，近圆形。气微香，味涩、微苦（图 7-129）。

图 7-129　麻黄
1. 草麻黄；2. 木贼麻黄。

2. 中麻黄　多分枝,直径 1.5~3mm,无粗糙感。节间长 2~6cm,膜质鳞叶长 2~3mm;裂片 3 个(稀 2 个),先端锐尖。断面髓部呈三角状圆形。

3. 木贼麻黄　分枝较多,直径 1~1.5mm,无粗糙感。节间长 1.5~3cm。膜质鳞叶长 1~2mm;裂片 2 个(稀 3 个),上部短三角形,灰白色,先端多不反曲,基部棕红色至棕黑色(图 7-129)。

【规格等级】

1. 药材　分为草麻黄、中麻黄、木贼麻黄 3 种规格,一般为统货。

2. 饮片

(1)麻黄:呈圆柱形的段。表面淡黄绿色至黄绿色,粗糙,有细纵脊线,节上有细小鳞叶。切面中心显红黄色。气微香,味涩、微苦。

(2)蜜麻黄:形如麻黄段。表面深黄色,微有光泽,略具黏性。有蜜香气,味甜。

【主要化学成分】l-麻黄碱(l-ephedrine)、d-伪麻黄碱(d-pseudoephedrine)、微量的 l-n-甲基伪麻黄碱(l-n-methyl-ephedrine)、d-n-甲基伪麻黄碱(d-n-methyl-pseudoephedrine)、l-去甲基麻黄碱(l-norephedrine)、右旋去甲基伪麻黄碱(d-norpseudoephedrine)、苄甲胺(benzymethylamine)、l-松油醇(l-a-terpineol)、麻黄噁唑酮(ephedroxane)等。总生物碱的含量草麻黄约 1.3%,中麻黄约 1.1%,木贼麻黄约 1.7%。其中 l-麻黄碱在草麻黄和木贼麻黄中的含量均占总生物碱的 80% 以上,中麻黄中的含量较少,占 30%~40%。

【质量要求】

1. 性状评价　一般以干燥、茎粗、淡绿色、内心充实、味苦涩者为佳。色变黄,手拉脱节者不可药用。

2. 检查　水分不得过 9.0%;总灰分不得过 10.0%;杂质不得过 5%。

3. 荧光检查　药材纵剖面置紫外线灯下观察,边缘显亮白色荧光,中心显亮棕色荧光。

4. 盐酸麻黄碱($C_{10}H_{15}NO \cdot HCl$)和盐酸伪麻黄碱($C_{10}H_{15}NO \cdot HCl$)的总量　用高效液相色谱法测定,不得少于 0.8%。

【贮藏养护】置阴凉干燥处。

【性味功能】辛、微苦,温。发汗散寒、宣肺平喘、利水消肿。用于风寒感冒、胸闷喘咳、风水浮肿、支气管哮喘等。

【用法用量】2~10g。

青蒿　Qinghao

Artemisiae Annuae Herba

【基源】菊科(Compositae)植物黄花蒿 *Artemisia annua* L. 的干燥地上部分。全国各地均产。湖北、浙江、江苏、安徽等省为主产区。

秋季花盛开时采割,除去老茎,阴干。

【商品性状特征】茎呈圆柱形,上部多分枝,长 30~80cm,直径 0.2~0.6cm;表面黄绿色或棕黄色,具纵棱线;质略硬,易折断,断面中部有髓。叶互生,暗绿色或棕绿色,卷缩易碎,完整者展平后为三回羽状深裂,裂片及小裂片矩圆形或长椭圆形,两面被短毛。花黄色。气香特异,味微苦(图 7-130)。

【规格等级】

1. 药材　一般为统货。

2. 饮片　为不规则的小段,长 0.5~1.5cm。茎、叶、花混合,性状同药材。

【主要化学成分】含多种倍半萜内酯,如青蒿素(artemisinin)、青蒿乙素(arteannuin B)、青蒿酸(artemisic acid)、青蒿醇(artemisinol)等。另含挥发油、香豆素和黄酮类成分。

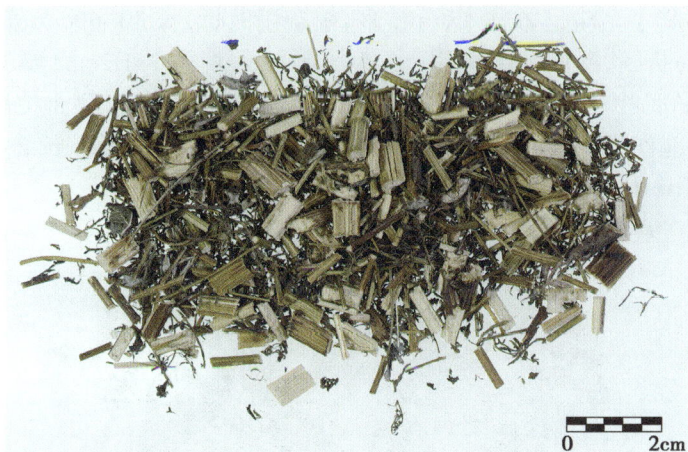

图 7-130 青蒿

【质量要求】

1. 性状评价 以色绿、叶多、香气浓郁者为佳。

2. 检查 水分不得过 14.0%；总灰分不得过 8.0%。

3. 醇溶性浸出物 用冷浸法测定，以无水乙醇为溶剂，不得少于 1.9%。

4. 鉴别 用薄层色谱法，以青蒿素为对照品，以 2% 香草醛的 10% 硫酸乙醇液为显色剂，105℃加热至斑点清晰，置紫外线灯（365nm）下观察。供试品在与对照品色谱相应位置上，显相同颜色的荧光斑点。

【贮藏养护】置阴凉干燥处。

【性味功能】苦、辛，寒。清虚热，除骨蒸，解暑热，截疟，退黄。主要用于温邪伤阴，夜热早凉，阴虚发热，骨蒸劳热，暑邪发热，疟疾寒热，湿热黄疸。

【用法用量】6~12g，后下。

【附注】市场上已没有原临床上使用的"炒青蒿""鳖血青蒿"和"醋青蒿"。

课堂互动

屠呦呦研究员发现青蒿素而获得我国在自然科学领域的第一个诺贝尔奖，请谈一谈屠呦呦的哪些品质是值得我们学习的？

广藿香 Guanghuoxiang

Pogostemonis Herba

【基源】唇形科（Labiatae）植物广藿香 *Pogostemon cablin* (Blanco) Benth. 的干燥地上部分。

主产于广东湛江、肇庆、广州市郊，海南万宁；此外，广西、台湾、云南亦产。多为栽培品。商品以海南广藿香（包括湛江地区）为大宗，销全国各地。石牌广藿香销广州市及省外部分地区。高要广藿香销广东，少量销往外地。

本品因产地不同，采收季节及方法有所不同。广州市郊 6 月采收；肇庆地区 12 月采收；海南 7 月、11 月各采收 1 次。枝叶茂盛时采收，将全株拔起，除去根，日晒 2d，堆起，用草席覆盖 2d，摊开再晒，反复至干，或晒至半干时捆成把，再晾至全干即可。

【商品性状特征】茎略呈方柱形,分枝多,枝条稍曲折,长 30~60cm,直径 0.2~0.7cm;表面被柔毛;质脆,易折断,断面中部有髓;老茎类圆柱形,直径 1~1.2cm,被灰褐色栓皮。叶对生,皱缩成团,展平后叶片呈卵形或椭圆形,长 4~9cm,宽 3~7cm;两面均被灰白色绒毛;先端短尖或钝圆,基部楔形或钝圆,边缘具大小不规则的钝齿;叶柄细,长 2~5cm,被柔毛。气香特异,味微苦(图 7-131)。

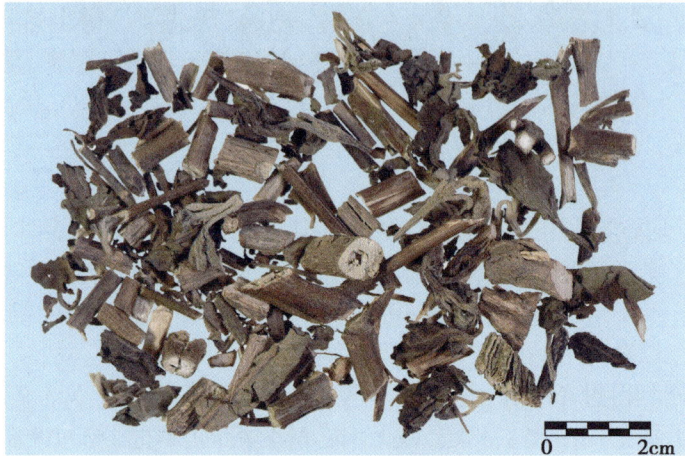

图 7-131 广藿香

1. 石牌广藿香 枝条较瘦小,表面较皱缩,灰黄色或灰褐色,节间 3~7cm,叶痕较大而凸出,中部以下被栓皮,纵皱较深,断面渐呈类圆形,髓部较小。叶片较小而厚,暗绿褐色或灰棕色。

2. 海南广藿香 枝条较粗壮,表面较平坦,灰棕色至浅紫棕色。节间长 5~13cm,叶痕较小,不明显凸出,枝条近下部始有栓皮,纵皱较浅,断面呈钝方形。叶片较大而薄,浅棕褐色或浅黄棕色。

【规格等级】

1. 药材 商品按产地分为石牌香、海南香等规格,一般为统货(图 7-131)。

(1)石牌香:枝叶相连。老茎多呈圆形,茎节较密;嫩茎略呈方形,密被毛茸。断面白色,髓心较小,叶面灰黄色,叶背灰绿色。气纯香,味微苦而凉。散叶不超过 10%。无死香、杂质、霉变、虫蛀。

(2)海南香:枝叶相连。枝干粗大,呈方形,有稀毛茸。断面白色,髓心较大。叶片灰绿色。气香浓,味微苦而凉。散叶不超过 20%。余同石牌香。

2. 饮片 呈不规则的段。茎略呈方柱形,表面灰褐色、灰黄色或带红棕色,被柔毛。切面有白色髓。叶破碎或皱缩成团,完整者展平后呈卵形或椭圆形,两面均被灰白色绒毛;基部楔形或钝圆,边缘具大小不规则的钝齿;叶柄细,被柔毛。气香特异,味微苦。

【主要化学成分】含挥发油,油中主要成分为百秋李醇(即广藿香醇,patchouli alcohol)、广藿香酮(pogostone),尚含苯甲醛(benzaldehyde)、丁香酚、桂皮醛(cinnamaldehyde)、广藿香奠醇(pogostol),生物碱类有广藿香吡啶(patchoulipyridine)、表愈创吡啶(epiguaipyridine)、迪尔万京(dhelwangin)等。

【质量要求】

1. 性状评价 一般以叶多、香气浓者为佳。叶不少于 20%。

2. 检查 杂质不得过 2.0%;水分不得过 14.0%;总灰分不得过 11.0%;酸不溶性灰分不得过 4.0%。

3. 醇溶性浸出物 以乙醇作溶剂,用冷浸法测定,不得少于 2.5%。

4. 百秋李醇(C₁₅H₂₆O)含量 用气相色谱法测定,不得少于 0.10%。

【贮藏养护】按不同规格捆压成把,用竹席或阜席封装,贮存于阴凉、避风、避光、干燥处,防潮。

【性味功能】辛,微温。芳香化浊,和中止呕,发表解暑。用于湿浊中阻,脘痞呕吐,暑湿表证,湿温初起,发热倦怠,胸闷不舒,寒湿闭暑,腹痛吐泻,鼻渊头痛。

【用法用量】3~10g。

肉苁蓉 Roucongrong
Cistanches Herba

【基源】列当科(Orobanchaceae)植物肉苁蓉 *Cistanche deserticola* Y. C. Ma 或管花肉苁蓉 *C.tuhulosa*(Schenk) Wight 的干燥带鳞叶的肉质茎。别名寸芸、苁蓉、查干告亚(蒙语)、甜苁蓉、淡大芸、盐大芸、咸苁蓉。

肉苁蓉主产于内蒙古(阿拉善左旗)、新疆、陕西、甘肃(昌马)等。以内蒙古产量最大。管花肉苁蓉主产于新疆。

春季苗刚出土时或秋季冻土之前采挖,除去茎尖。切段,晒干。

每年 4—6 月,当肉苁蓉出土应及时采挖,采挖时尽量保证肉苁蓉的完整。为减少寄主植物损伤,在采挖时应选择肉苁蓉与寄主相连的外围挖坑至肉苁蓉底部,在不断开肉苁蓉与寄主的连接点的前提下,从连接点向上 5~8cm 截取上部,然后回填土,稍加踩实。这样可保证肉苁蓉接种 1 次,稳产期达 5~7 年。通常将鲜品置沙土中半埋半露,较全部暴晒干得快,干后即为甜苁蓉(淡大芸),质佳。秋季采收者因水分大,不易干燥,故将肥大者投入盐湖中腌 1~3 年,即为盐大芸(咸苁蓉),质量较次,药用时须洗去盐分。

【商品性状特征】

1. 肉苁蓉 呈扁圆柱形,稍弯曲,长 3~15cm,直径 2~8cm。表面棕褐色或灰棕色,密被覆瓦状排列的肉质鳞叶,通常鳞叶先端已断。体重,质硬,微有柔性,不易折断,断面棕褐色,有淡棕色点状维管束,排列成波状环纹。气微,味甜、微苦(图 7-132)。

2. 管花肉苁蓉 呈类纺锤形、扁纺锤形或扁柱形,稍弯曲,长 5~25cm,直径 2.5~9cm。表面棕褐色至黑褐色。断面颗粒状,灰棕色至灰褐色,散生点状维管束(图 7-132)。

【规格等级】

1. 药材 商品分为甜苁蓉和咸苁蓉 2 个规格。

(1)甜苁蓉:呈圆柱形略扁,微弯曲,表面赤褐色或暗褐色。有多数鳞片覆瓦状排列,体重,质坚硬或柔韧。断面棕褐色,有淡棕色斑点组成波状环纹。气微,味微甜。枯心不超过10%,去净芦头,无干梢、霉蛀。

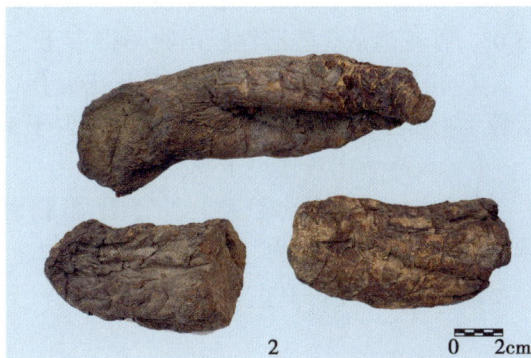

1　　0 2cm　　　2　　0 2cm

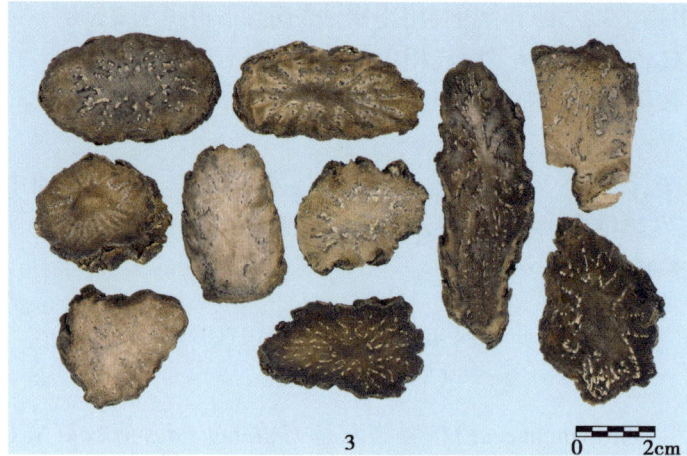

图 7-132　肉苁蓉
1. 肉苁蓉；2. 管花肉苁蓉；3. 肉苁蓉片。

(2)咸苁蓉：呈圆柱形或扁长条形,表面黑褐色,有多数鳞片呈覆瓦状排列,附有盐霜。质柔软,断面黑色或黑绿色,有光泽,味咸。枯心不超过 10%,无干梢、霉蛀。

2. 饮片

(1)肉苁蓉片：呈不规则形的厚片。表面棕褐色或灰棕色。有的可见肉质鳞叶。切面有淡棕色或棕黄色点状维管束,排列成波状环纹。气微,味甜、微苦(图 7-132)。

(2)管花肉苁蓉片：切面散生点状维管束。

(3)酒苁蓉：形如肉苁蓉片。表面黑棕色,切面点状维管束,排列成波状环纹。质柔润。略有酒香气,味甜,微苦。

【主要化学成分】含肉苁蓉苷(cistanoside)A、B、C、H,洋丁香酚苷(acteoside),2- 乙酰基洋丁香酚苷(2-acetylacteoside),松果菊苷(echinacoside)七种苯乙醇苷成分,还含鹅掌楸苷(liriodendrin),8- 表马钱子苷酸(8-epi-loganic acid),胡萝卜苷(daucosterol),甜菜碱(betaine),β- 谷甾醇(β-sitosterol),甘露醇(mannitol),N,N- 二甲基甘氨酸甲酯(N,N-dimethylglycine methyl ester) 和苯丙氨酸(phenylalanine)、缬氨酸(valine)、亮氨酸(leucine)、异亮氨酸(isoleucine)、赖氨酸(lysine)、苏氨酸(serine) 等 15 种氨基酸及琥珀酸(succinic acid),三十烷醇(triacontanol),多糖类。

【质量要求】

1. 性状评价　以条粗壮、密被鳞片、鳞细、内外均为棕褐色、质柔润、切面油性大有光泽、味甜微苦者为佳。

2. 检查　水分不得过 10.0%；总灰分不得过 8.0%。

3. 醇溶性浸出物　用冷浸法测定,稀乙醇作溶剂,肉苁蓉醇溶性浸出物不得少于35.0%,管花肉苁蓉醇溶性浸出物不得少于 25.0%。

4. 松果菊苷($C_{35}H_{46}O_{20}$)和毛蕊花糖苷($C_{29}H_{36}O_{15}$)的总量　用高效液相色谱法测定,肉苁蓉不得少于 0.30%；管花肉苁蓉不得少于 1.5%。

【贮藏养护】置通风干燥处,防蛀。

【性味功能】甘、咸,温。补肾阳,益精血,润肠通便。用于肾阳不足,精血亏虚,阳痿不孕,腰膝酸软,筋骨无力,肠燥便秘。

【用法用量】6~10g,煎服或冲服。

石斛　Shihu

Dendrobii Caulis

【基源】兰科（Orchidaceae）植物金钗石斛 *Dendrobium nobile* Lindl.、霍山石斛 *D. huoshanense* C. Z. Tang et S. J. Cheng、鼓槌石斛 *D. chrysotoxum* Lindl. 或流苏石斛 *D. fimbriatum* Hook. 的栽培品及其同属植物近似种的新鲜或干燥茎。

全年均可采收。鲜石斛以春末夏初和秋季采者为佳，除去须根、叶和泥沙。干石斛采收后，除去杂质，用开水略烫或烘软，再边搓边烘晒，至叶鞘搓净，干燥。霍山石斛 11 月至翌年 3 月采收，除去叶、根须及泥沙等杂质，洗净，鲜用，或加热除去叶鞘制成干条；或边加热边扭成螺旋状或弹簧状，干燥，称霍山石斛枫斗。

主产于四川凉山、甘孜、雅安，贵州罗甸、兴仁、安顺、都匀，广西靖西、凌云、田林、睦边，安徽霍山，云南砚山、师宗，湖北等地。江南诸省均有分布。销全国。习惯认为金钗石斛主产于广西靖西者为最佳。

【商品性状特征】

1. 鲜石斛　呈圆柱形或扁圆柱形，长约 30cm，直径 0.4~1.2cm。表面黄绿色，光滑或有纵纹，节明显，色较深，节上有膜质叶鞘。肉质多汁，易折断。气微，味微苦而回甜，嚼之有黏性。

2. 金钗石斛　呈扁圆柱形，长 20~40cm，直径 0.4~0.6cm，节间长 2.5~3cm。表面金黄色或黄中带绿色，有深纵沟。质硬而脆，断面较平坦而疏松。气微，味苦（图 7-133）。

图 7-133　金钗石斛

3. 霍山石斛　干条呈直条状或不规则弯曲形，长 2~8cm，直径 1~4mm。表面淡黄绿色至黄绿色，偶有黄褐色斑块，有细纵纹，节明显，节上有的可见残留的灰白色膜质叶鞘；一端可见茎基部残留的短须根或须根痕，另一端为茎尖，较细。质硬而脆，易折断，断面平坦，灰黄色至灰绿色，略呈角质状。气微，味淡，嚼之有黏性。鲜品稍肥大。肉质，易折断，断面淡黄绿色至深绿色。气微，味淡，嚼之有黏性且少有渣。枫斗呈螺旋形或弹簧状，通常为 2~5 个旋纹，茎拉直后性状同干条。

4. 鼓槌石斛　呈粗纺锤形，中部直径 1~3cm，具 3~7 节。表面光滑，金黄色，有明显凸起的棱。质轻而松脆，断面海绵状。气微，味淡，嚼之有黏性。

5. 流苏石斛　呈长圆柱形，长 20~150cm，直径 0.4~1.2cm，节明显，节间长 2~6cm。表面黄色至暗黄色，有深纵槽。质疏松，断面平坦或呈纤维性。味淡或微苦，嚼之有黏性。

【规格等级】商品因品种及加工方法的不同，规格较为复杂，按其来源分为鲜石斛、金钗石斛、霍山石斛、鼓槌石斛、流苏石斛等 5 种,均为统货。

【主要化学成分】石斛茎含生物碱 0.3%~0.8%,主要为石斛碱(dendrobine)、石斛次碱(nobilonine)、6- 羟基石斛碱(6-hydroxydendrobine)、石斛醚碱(dendroxine)、4- 羟基石斛醚碱、石斛酯碱(dendrine)、n- 甲基石斛季铵碱碘化物(n-methyldendrobiniumiodide)、n- 异戊烯基石斛季铵碱溴化物(n-isopentenyldendrobinium bromide)。

【质量要求】

1. 性状评价　鲜石斛以青绿色、肥满多叶、嚼之发黏者为佳。干品以色金黄、有光泽、质柔韧者为佳。

2. 检查　干石斛水分不得过 12.0%;总灰分不得过 5.0%。霍山石斛总灰分不得过 7.0%。

3. 含量测定　金钗石斛,用气相色谱法,含石斛碱($C_{16}H_{25}NO_2$)不得少于 0.40%。霍山石斛,用紫外 - 分光光度法,含多糖以无水葡萄糖($C_6H_{12}O_6$)计,不得少于 17.0%。鼓槌石斛,用高效液相色谱法测定,含毛兰素($C_{18}H_{22}O_5$)不得少于 0.030%。

【贮藏养护】干品贮干燥容器内,置于干燥通风处,防潮;鲜品置阴凉湿沙中,防冻。

【性味功能】甘,微寒。益胃生津,滋阴清热。用于热病津伤,口干烦渴,胃阴不足,食少干呕,病后虚热不退,阴虚火旺,骨蒸劳热,目暗不明,筋骨痿软。

【用法用量】6~12g;鲜品 15~30g。

【附注】铁皮石斛　《中国药典》中将其单列,为同属植物铁皮石斛 Dendrobium officinale Kimura et Migo 的干燥茎。以主产于湖北老河口者为最佳。11 月至翌年 3 月采收,除去杂质,剪去部分须根,边加热边扭成螺旋形或弹簧状,烘干;或切成段,干燥或低温烘干。前者习称"铁皮枫斗"(耳环石斛);后者习称"铁皮石斛"。

1. 性状特征

(1)铁皮枫斗:呈螺旋形或弹簧状,通常为 2~6 个旋纹,茎拉直后长 3.5~8cm,直径 0.2~0.4cm。表面黄绿色或略带金黄色,有细纵皱纹,节明显,节上有时可见残留的灰白色叶鞘;一端可见茎基部留下的短须根。质坚实,易折断,断面平坦,灰白色至灰绿色,略呈角质状。气微,味淡,嚼之有黏性。

(2)铁皮石斛:呈圆柱形的段,长短不等。

2. 规格等级　根据不同加工方式,分为"铁皮枫斗"和"铁皮石斛"两个规格。

(1)铁皮枫斗:根据形状、旋纹、单重、表面特征等,将铁皮枫斗选货规格分为 4 个等级。

特级:螺旋形,一般 2~4 个旋纹,平均单位重 ≤ 0.5g,色暗绿色或黄绿色,表面略具角质样光泽,有细纵皱纹。质坚实,易折断,断面平坦,略呈角质状。气微味淡,嚼之有黏性,久嚼有浓厚的黏滞感,残渣极少。

优级:螺旋形,一般 4~6 个旋纹,平均单位重在 0.5g 以上。余同特级。

一级:螺旋形或弹簧状,一般 2~4 个旋纹,平均单位重 ≤ 0.5g,色黄绿色或略金黄色,有细纵皱纹。质坚实,易折断。断面平坦,略呈角质状。气微味淡,嚼之有黏性,久嚼有浓厚的黏滞感,略有残渣。

二级:螺旋形或弹簧状,一般 4~6 个旋纹,平均单位重在 0.5g 以上。久嚼有浓厚的黏滞感,有少量纤维性残渣。余同一级。

(2)铁皮石斛:根据形状等特点,将铁皮石斛选货规格分为 2 个等级。

一级:呈圆柱形的段,长短均匀,直径 0.2~0.4cm,色黄绿色或略带金黄色,两端不得发霉。质坚实,易折断,断面平坦,略呈角质状。气微味淡,嚼之有黏性,久嚼有浓厚的黏滞感,略有残渣。

二级:呈圆柱形的段,大小不一,直径 0.2~0.4cm,久嚼有浓厚的黏滞感,有少量纤维性残渣。其余同一级。

（杜　娟　周小江　温秀萍　何文静　谢军丽）

复习思考题

简述广藿香商品特征、质量评价及性味功能。

第十一节　藻菌类中药

> **学习目标**
>
> 1. 掌握冬虫夏草、茯苓的基源、道地产区、商品性状特征、规格等级、质量要求。
> 2. 熟悉冬虫夏草、茯苓的贮藏养护、性味功能、用法用量。

藻、菌及地衣类中药是指来源于藻类（algae）、菌类（fungi）和地衣类（lichen）等3大类低等植物的中药，以真菌类中药资源最为丰富。药用部位包括干燥的藻体、子实体、菌丝体、菌核和地衣体。

商品性状特征：藻、菌及地衣类中药的鉴别主要应注意其形状、大小、颜色、表面特征、质地、折断面、气味等；重点注意形状、颜色、表面特征和气味。藻类药材主要来源于褐藻、红藻和绿藻门的干燥植物体，多为叶状体或枝状体，常含有色素和各种不同的副色素。因此，商品特征主要注意其形状和颜色。菌类药材主要来源于真菌门。本类药材一般不含叶绿素和任何质体，药用部位主要有菌丝体、子实体或菌核体，应重点观察中药的形状和表面特征。地衣类是真菌和藻类共生的复合体，药用种类很少，药用部位根据形状主要为叶状地衣、壳状地衣和丝状地衣。

商品规格等级：多数藻、菌及地衣类中药为统货，部分商品常常根据产地、品种、加工方法划分规格，并以大小分等。

粉末鉴别：藻、菌及地衣类中药的显微鉴别应根据来源进行。藻类中药应注意细胞和孢子体的形状、藻淀粉及色素颗粒等。真菌类中药的鉴别主要注意孢子、子囊壳、菌丝、有无草酸钙晶体等特征。地衣类中药常可见藻类和真菌菌类共同特征。

检查：藻、菌及地衣类中药应进行灰分和水分测定，部分品种应测定其碘的含量。

贮藏：藻、菌及地衣类中药通常采用袋装或箱装，贵重药可密封保存。藻类药材由于附有一定的盐分，极易吸潮变软。本类药一般应置于干燥、阴凉、通风处保存，部分药要防虫蛀。

化学成分：藻类中药常含多聚糖，糖醇，糖醛酸，氨基酸及其衍生物，胆碱，蛋白质，甾醇，碘、溴、钾等无机元素，胡萝卜素，叶黄素，叶绿素等。菌类中药常含多糖、氨基酸、蛋白质、生物碱、蛋白酶、甾醇等。地衣类中药常含地衣酸、地衣色素、地衣聚糖等。

冬虫夏草　Dongchongxiacao

Cordyceps

【基源】麦角菌科（Clavicipitaceae）真菌冬虫夏草菌 *Cordyceps sinensis*（Berk.）Sacc. 寄

229

生在蝙蝠蛾科昆虫幼虫上的干燥子座及幼虫尸体的复合体。即蝙蝠蛾的幼虫在土中生活,有的幼虫感染冬虫夏草菌孢子,孢子在虫体内生长至幼虫死亡,并形成菌核,至第2年夏季,从虫体头部长出似草的子实体,虫体和子座合称为"冬虫夏草"。

主产于西藏、青海、四川、甘肃、云南、贵州等。销全国各地,并出口。

夏初子实体出土、孢子未发散时采集,晒至六七成干,除去似纤维状附着物及杂质,晒干或低温烘干。

【商品性状特征】药材分虫体和子座两部分。虫体长3~5cm,直径0.3~0.8cm;表面深黄色至黄棕色,背面有20~30个环纹,近头部的胸节颜色较浅,环纹较细,腹节的环纹呈现3窄1宽(3个窄环纹挨着1个宽环纹)的特征;头部红棕色;足8对,近头部3对,中部4对,尾部1对,中部4对较明显;质脆,易折断,断面略平坦,淡黄白色,有的虫体中央可见点状、"一"字形或"V"字形等不规则形状的残留消化腺痕迹。子座细长圆柱形,长4~7cm;表面深棕色至棕褐色,有细纵皱纹,上部稍膨大;质柔韧,断面类白色;气微腥,味微苦(图7-134)。

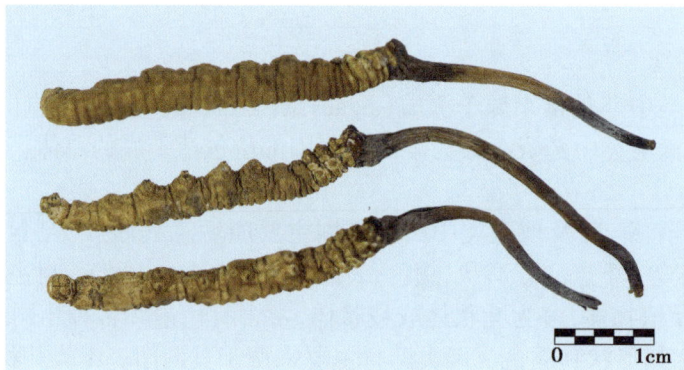

图7-134 冬虫夏草

【规格等级】按产地分为西藏虫草、青海虫草和四川虫草3种规格。

1. 西藏虫草 虫体粗肥匀称,表面色泽金黄或棕黄色,头部棕黄色。

2. 青海虫草 表面色泽深黄色至黄棕色,头部黄棕色。

3. 四川虫草 虫体较细,表面色泽较暗,暗黄色或暗棕色,虫头红棕色。

将完整虫草(无断草、无穿条)按单位重量内的条数并结合含瘪草、死草、黑草等情况进行分级,如按每1kg的条数分为2 000条、3 000条、4 000条、5 000条等若干个等级,条数越少且无瘪草、死草、黑草,等级越高。

【主要化学成分】d-甘露醇(又名虫草酸,cordycepic acid),腺嘌呤(adenine),腺嘌呤核苷,腺苷,尿嘧啶,胸腺嘧啶,次黄嘌呤核苷酸,多糖类,氨基酸类,甾醇类,蛋白质(25%~30%),脂肪等。

【质量要求】

1. 性状评价 一般以完整、虫体饱满肥大、色泽黄亮,断面类白色而充实、子座短壮、气香浓者为佳。通常认为西藏那曲虫草和青海玉树虫草质优。

2. 重金属及有害元素 铅不得过5mg/kg;镉不得过1mg/kg;汞不得过0.2mg/kg;铜不得过20mg/kg。

3. 腺苷($C_{10}H_{13}N_5O_4$)的含量 用高效液相色谱法测定,不得少于0.010%。

【贮藏养护】应贮藏于阴凉、干燥处;防潮,防蛀;定期检查。

【性味功能】甘,平。补肺益肾,止血化痰。用于肾虚精亏,阳痿遗精,腰膝酸痛,久咳虚喘,劳嗽咯血。

【用法用量】3~9g。

【附注】

1. 市场上的冬虫夏草以野生品为主,但已有人工培植虫草销售。

2. 冬虫夏草按采收期还可分为头期草、中期草和尾期草,以头期草品优。

3. 断草与完整的虫草价格差距较大,需注意将断草拼接冒充的情况。

4. 因市场价格高,掺伪、增重等质量问题时有出现。

茯苓　Fuling

Poria

【基源】多孔菌科(Polyporaceae)真菌茯苓 *Poria cocos* (Schw.) Wolf 的干燥菌核。主产于云南丽江、大理、普洱、楚雄,湖北罗田、英山、麻城与安徽金寨、霍山、岳西等大别山山区,贵州黔东南,湖南靖州等地。

茯苓接种后,经10~12个月的生长(不同地区稍有差别),木营养基本耗尽,材质呈腐朽状,菌核皮色开始变深,表面裂纹渐渐愈合(俗称"封顶"),呈淡棕色。可选晴天采挖。传统加工中一般将采集的菌核先堆放在不通风的室内,使水分慢慢蒸发逸出(俗称"发汗"),现多采用蒸汽蒸制,然后削去外皮,切成块、片或骰状,经反复翻晒,干燥后即成商品。切制余留下的碎屑、外皮,干燥后即为碎苓和茯苓皮。发汗后不切制的菌核,干燥后即为个苓。近皮部的淡棕色茯苓肉经加工即为赤茯苓。产于云南野生的传统称为"云苓",现亦多为人工栽培。

【商品性状特征】

1. 茯苓个　呈类球形、椭圆形、扁圆形或不规则团块,大小不一。外皮薄而粗糙,棕褐色至黑褐色,有明显的皱缩纹理。体重,质坚实,断面颗粒性,有的具裂隙,外层淡棕色,内部白色,少数淡红色,有的中间抱有松根。无臭,味淡,嚼之粘牙(图7-135)。

2. 茯苓块　为去皮后切制的茯苓,呈块片状,大小不一。目前商品多切成长宽5~6cm、厚0.8cm左右的方块。白色、淡红色或淡棕色(图7-135)。

3. 茯苓片　为茯苓去净外皮,切成的薄片。

4. 茯苓丁　呈骰方状,为茯苓去净外皮,机切成立方形的块。白色。质坚实。长、宽、厚在1cm以内,均匀整齐(图7-135)。

5. 茯苓卷　为茯苓去净外皮,切薄片而呈卷筒状者。

6. 茯苓皮　为削下的茯苓外皮,形状大小不一。外面棕褐色至黑褐色,内面白色或淡棕色。质较松软,略具弹性(图7-135)。

231

图 7-135　茯苓
1. 茯苓个;2. 茯苓皮;3. 茯苓块;4. 茯神。

7. 茯神　椭圆形,表面与茯苓个相同,中央有一条 1~2cm 粗的松根贯穿,松根常已为茯苓菌丝所侵入,因而不同程度嵌有茯苓肉在内而呈花白色斑块(图 7-135)。

【规格等级】商品根据不用部位、不同切制形态分为茯苓个、茯苓皮、茯苓块、茯苓卷、茯苓片、茯苓丁等规格,多为统货。饮片为去皮后切的块或厚片。

【主要化学成分】β-茯苓聚糖(β-pachyman,含量约占干重的 93%)、茯苓酸(pachymic acid)、16-α-羟基齿孔酸、齿孔酸(ebricoic acid)、去氢齿孔酸、松苓酸(pinicolic acid)、土莫酸(tumulosic acid)、松苓新酸、麦角甾醇、腺嘌呤等。

【质量要求】

1. 性状评价　一般以色白(赤茯苓以色绯红)、质坚实、无砂粒嵌入、嚼之黏性强者为佳。

2. 检查　茯苓,水分不得过 18.0%;总灰分不得过 2.0%。茯苓皮,水分不得过 15.0%;总灰分不得过 5.5%;酸不溶性灰分不得过 4.0%。

3. 醇溶性浸出物　以稀乙醇作溶剂,用热浸法测定,茯苓醇溶性浸出物不得少于 2.5%;茯苓皮醇溶性浸出物不得少于 6.0%。

【贮藏养护】置干燥处,防潮。

【性味功能】甘、淡,平。利水渗湿,健脾,宁心。用于水肿尿少,痰饮眩悸,脾虚食少,便溏泄泻,心神不安,惊悸失眠。

【用法用量】10~15g。

【附注】

1. 朱茯苓　与一定量朱砂细末拌匀,为"朱茯苓"。性状同茯苓。甘、淡,平。归心、脾、肺、肾经。利水渗湿,健脾,化痰,宁心,镇静安神。用于惊悸,烦躁,失眠等。用量 9~15g。

2. 赤茯苓　为茯苓菌核的外层部分。呈片或块状,大小不一,红色或淡红色。甘、淡,平。归心、脾、膀胱经。行水,利湿热,益心润肺。用于小便不利,淋浊,泻痢,心阴不足,肺燥,消渴。用量 6~12g。

3. 茯苓皮　甘、淡,平。归肺、脾、肾经。利水消肿。用于水肿,小便不利。用量 15~30g。

4. 茯苓个　通常用麻袋包装,每袋 30kg;茯苓块片用木箱或纸箱内衬防潮纸包装,每件 20kg。置阴凉干燥处,温度在 30℃以下,相对湿度 70%~75%;或密封抽氧充氮加以养护。贮藏期间,高温高湿季节要勤检查,发现虫蛀霉变应及时暴晒或烘干,除去霉迹或虫尸。

5. 茯苓年销量 5 万吨左右,销全国各地,出口日本、韩国以及东南业等地区。

(马鸿雁　詹志来)

复习思考题

1. 简述冬虫夏草的基源、产地、商品特征及治疗评价方法。
2. 简述茯苓的主要商品规格。

第十二节　树脂类中药

学习目标

1. 掌握血竭的基源、道地产区、商品性状特征、规格等级、质量要求。
2. 熟悉血竭的贮藏养护、性味功能、用法用量。

树脂类(resina)中药是指来源于种子植物组织的一类正常代谢产物或分泌物的药材。树脂类药材一般为固体或半固体,无定形,少数为液体。该类药材的药用部位根据其化学组成分为:树脂(单树脂 resina,包括酸树脂、酯树脂、混合树脂)、油胶树脂(oleo-gummi-resina)、香树脂(balsamum)、胶树脂(gummi-resina)和油树脂(oleo-resina)。

商品性状特征:树脂类药材商品鉴别应主要注意其形状、大小、颜色、表面特征、质地、断面、气味、水试和火试等现象。本类药材一般常呈泪滴状、颗粒状、不规则块状、流体状态或加工成特定的形状;久置则颜色变深;表面光滑、粉尘状、多皱或有裂纹;断面或破碎面呈贝壳状、玻璃状、颗粒状等;有蜡样光泽、玻璃样光泽或不同的颜色等。本类药材通常不溶于水或吸水膨胀,易溶于大多数有机溶剂,加热至一定温度则软化而后熔融,燃烧时常发生浓烟,并有特殊的香气或臭气,将其乙醇溶液蒸干后则成薄膜状物质(可区别水浸膏和树胶类)。

商品规格等级:树脂类药材通常为统货,少数依据来源、形状、加工方法等划分规格。

粉末鉴别:利用显微镜可以检查树脂类药材中混有的杂质,如树皮、泥沙等,以确定其品质。粉末性树脂在显微镜下常呈黄棕色或暗棕色的不规则颗粒状或团块状,且能被苏丹Ⅲ或紫草试液染成红色。

化学成分:树脂类药材的化学成分主要有树脂酸类(resin acids)、树脂醇类(resin alcohols)、树脂酯类(resin esters)、树脂烃类(resenes)、树脂苷类(gluco-resins)。

检查:树脂类药材由于常混有杂质,通常进行灰分、浸出物、溶解度、干燥后减失重量的检查,测定树脂的酸价、皂化价、碘价和醇不溶物,测定总香脂酸或挥发油的含量,用于品种和纯度的鉴别。

贮藏养护:树脂类药材通常袋包后入木箱、木盒、金属盒、瓶等容器包装。本类药一般均有特殊的气味,同时含有丰富的树脂酸、树脂醇和树脂酯等,容易散失气味和氧化,应密封,置于阴凉干燥处储存。

血竭 Xuejie

Draconis Sanguis

【基源】棕榈科（Palmae）植物麒麟竭 *Daemonorops draco* Bl. 果实渗出的树脂经加工制成。习称"进口血竭"，通常分为原装血竭和加工血竭。

麒麟血竭主要产于印度尼西亚及马来西亚等国，销世界各地。

采收麒麟竭成熟果实，充分晒干，加贝壳同入笼中强力振摇，松脆的红色树脂即脱落，筛去果实、鳞片等杂质，用布包起树脂，入热水中使软化成团，取出放冷即可。加工血竭多从印度尼西亚输入血竭原料，经新加坡掺入辅料而成。

【商品性状特征】

1. 加工血竭　呈扁圆四方形，直径 6~8cm，厚约 4cm，重 250~280g，表面暗红色或黑红色，有光泽，常有因摩擦而掉落的红粉。底部平圆，顶端有包扎成形时遗留的纵褶皱纹，一般呈四棱形。表面印有金印牌号。体坚，质脆易碎。比重 1.2。破碎面黑红，光亮，粉末则为血红色。气无，味淡。嚼之有砂粒感。以外黑红似铁，断面黑亮，研粉鲜红色者为佳（图 7-136）。

图 7-136　血竭

2. 原装血竭　呈扁圆形、圆形或不规则块状。表面红褐色、红色、砖红色，体轻重不一，断面有光泽或无光泽而粗糙。因品质不一，常含有多少不等的花序、果实及鳞片等杂质。无臭，味淡。以表面黑红色、不粘手、粉末血红色、燃烧呛鼻、无松香气、无杂质者为佳。

【规格等级】

1. 药材　进口血竭有血竭花、加工血竭（五星牌、手牌、皇冠牌等）等，再分等及块装。

2. 饮片　呈碎粒状或细末状，砖红色，气微，味淡。在水中不溶。

【主要化学成分】麒麟竭含红色树脂约 57%，从中分离出结晶形红色素：血竭素（dracorhodin）、血竭红素（dracorubin）、去甲基血竭红素（nordracorubin）、去甲基血竭素（nordracorhodin）等。另含 (2*S*)-5-甲氧基-6-甲基黄烷-7-醇（黄烷醇）、(2*S*)-5-甲氧基黄烷-7-醇、2,4-二羟基-5-甲基-6-甲氧基查耳酮、2,4-二羟基-6-甲氧基查耳酮、血竭树脂鞣醇（dracoresino tannol）、苯甲酸、松脂酸（pimaric acid）、异松脂酸（isopimaric acid）、松香酸

（abietic acid）、去氢松香酸（dchydroabictic acid）、黄色血竭树脂烃（dracoresene）等。国产血竭含红色树脂90%以上。

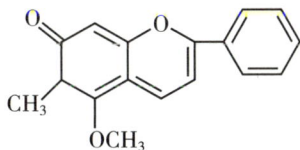

血竭素（dracorhodin）

【质量要求】

1. 性状评价　一般以表面黑红色、不粘手、粉末鲜红色、燃烧呛鼻、无松香气、无杂质者为佳。

2. 检查　总灰分不得过 6.0%。

3. 醇不溶物　不得过 25%。

4. 血竭素（$C_{17}H_{14}O_3$）的含量　用高效液相色谱法测定，不得少于 1.0%。

【贮藏养护】木箱装。置于干燥处。

【性味功能】甘、咸，平。活血定痛，化瘀止血，生肌敛疮。用于跌打损伤，心腹瘀痛，外伤出血，疮疡不敛。

【用法用量】研末，1~2g，或入丸剂。外用研末撒或入膏药用。

【附注】国内市场销售的通常为进口加工血竭与国产血竭，二者来源与加工方法不同。国产血竭未被《中国药典》收载。

国产血竭：从百合科（Liliaceae）植物海南龙血树 *Dracaena cambodiana* Pierre ex Gagnep 含脂木质部中提取而得的树脂。主产于广东、海南等地。国产血竭采用植物木质部含紫红色树脂部分，粉碎后分别用乙醇和乙醚进行提取，浓缩后即得血红色的血竭粗制品和精制品。呈不规则块状，大小不一，精制品呈片状。表面黑紫色，有光泽，局部有红色粉末黏附。质硬，易碎。断面平滑，有玻璃样光泽。气无，味微涩，嚼之有粘牙感。以表面色黑似铁，研粉红如血，火燃呛鼻而有苯甲酸样香气者为佳。国产血竭有广西产剑牌，云南产版纳牌等，一般为统货。通常认为进口血竭质优。

复习思考题

简述优质血竭的商品特征。

（龚力民）

第十三节　其他类中药

学习目标

1. 掌握青黛的基源、主要产区、商品性状特征和质量要求。
2. 了解天然冰片的基源、主要成分和性味功能。

其他类中药是指以上未能收载的药材及其炮制品，均直接或间接来源于植物。包括加工品、叶汁液的干燥物、蕨类植物的孢子、虫瘿等。

　　商品性状特征：其他类中药商品鉴别应注意其形状、大小、颜色、表面特征、质地、断面、气味、水试和火试现象等特征。

　　商品规格等级：其他类中药常依据来源、形状等划分规格，多为统货。少数以颜色划分等级。

　　粉末鉴别：可根据该药的性质而定，如为蕨类植物的成熟孢子，应注意其形状、大小、颜色、裂隙和外壁特征等；如为蒸馏提炼物，可注意观察其升华物的形状、颜色等；如为水浸出物，可将其粉末制成乙醇制片观察，注意其块状物的形状及颜色等；如为虫瘿，亦可观察其横切面的组织构造特点。总之，由于其他类药材包括的范围比较广，应该根据具体药材而采用各种方法进行鉴定。

　　检查：其他类药往往外部形态特征不典型，有相当数量为加工品，一般可进行水分、灰分测定，有的应检查重金属、砷或不挥发物质的含量，测定 pH 和水溶性色素等，以控制其质量。

　　贮藏养护：其他类中药由于来源较为复杂，包装常依药材的性质而定，加工品常采用塑料袋、纸袋、玻璃瓶、金属盒、塑料盒等密封，一般药材可采用袋或箱装。置于阴凉干燥处贮存。

青黛　Qingdai

Indigo Naturalis

【基源】爵床科（Acanthaceae）植物马蓝 *Baphicacanthus cusia*（Nees）Bremek.、蓼科（Polygonaceae）植物蓼蓝 *Polygonum tinctorium* Ait. 或十字花科（Cruciferae）植物菘蓝 *Isatis indigotica* Fort. 的叶或茎叶经加工制得的干燥粉末、团块或颗粒。

　　本品因原植物不同，产地各异。建青黛，主产于福建仙游，用马蓝叶制成，历史悠久，一般认为质量较好，常供不应求。由菘蓝制成的青黛，主产于江苏武进、如皋、江阴等地。由蓼蓝制成的青黛，主产于河北安国、天津蓟县等地。

　　夏、秋二季采收茎叶，置缸内，倒入清水，浸渍 2~3d，至叶能自枝条上脱落，捞出枝条，每 5kg 叶加入 0.5kg 石灰，充分搅拌，至浸液由乌绿色变为深紫红色时，捞出液面蓝色泡沫，晒干即为青黛，质量最好。当泡沫减少时，停止搅拌，使其沉淀 2~3h，放出上清液，将沉淀物过筛除去碎渣，此沉淀物为靛蓝。然后再倒入上清液，再搅拌，又会产生泡沫，捞出晒干，仍为青黛，但质量较次。制作时，掌握茎叶浸泡时间及加入石灰量很重要，它影响青黛和靛蓝的产量及质量。原药材用时研成细末即可。

　　【商品性状特征】为灰蓝色至深蓝色粉末，体轻，易飞扬；或呈不规则多孔性团块，用手搓捻即成细末；微有草腥气，味淡（图 7-137）。

　　【规格等级】商品一般均为统货。

　　【主要化学成分】靛玉红（indirubin）、靛蓝（indigo）、靛棕（indobrown）、靛黄（indoyellow）等。

　　【质量要求】

　　1. 性状评价　一般以体质轻松、色深蓝、粉末较细、能浮于水面、燃烧产生紫红色火焰者为佳。质重而坚实、多呈团块状、有白色小点、置水中有颗粒状下沉、使水变蓝色者有掺假或染色物者，质次。

　　2. 检查　水分不得过 7.0%。

　　3. 水溶性色素　取本品 0.5g，加水 10ml，振摇后放置片刻，水层不得显深蓝色。

　　4. 靛蓝（$C_{16}H_{10}N_2O_2$）与靛玉红（$C_{16}H_{10}N_2O_2$）的含量　用高效液相色谱法测定，含靛蓝不得少于 2.0%；靛玉红不得少于 0.13%。

图 7-137　青黛

【贮藏养护】装入塑料袋内密封,置于干燥处,防潮,防霉,防灰尘。

【性味功能】咸,寒。清热解毒,凉血消斑,泻火定惊。用于温毒发斑、血热吐衄、胸痛咳血、口疮、痄腮、喉痹、小儿惊痫。

【用法用量】1~3g,宜入丸散用。外用适量。

天然冰片（右旋龙脑）　Tianranbingpian

Borneolum

【基源】樟科(Lauraceae)植物樟 *Cinnamomum camphora* (L.) Presl 的新鲜枝、叶经提取加工制成。主产于江西、湖南。

【商品性状特征】为白色结晶性粉末或片状结晶。气清香,味辛、凉。具挥发性,点燃时有浓烟,火焰呈黄色(图 7-138)。

图 7-138　冰片

本品在乙醇、三氯甲烷或乙醚中易溶,在水中几乎不溶。

熔点:应为 204~209℃。

比旋度:取本品适量,精密称定,加乙醇制成每 1ml 含 0.1g 的溶液,依旋光度测定法测定(通则 0612),比旋度应为 +34°~+38°。

【规格等级】统货。

【主要化学成分】主含右旋龙脑(d-borneol)。

【质量要求】

1. 性状评价 一般以片大、菲薄、色洁白、表面无光泽,有裂纹、质松脆、气清香、凉气大者为佳。

2. 异龙脑检查 用薄层色谱法测定,以异龙脑为对照品,供试品在相应位置上不得显斑点。

3. 樟脑检查 用气相色谱法,含樟脑($C_{10}H_{16}O$)不得过 3.0%。

4. 右旋龙脑($C_{10}H_{18}O$)的含量 用气相色谱法,不得少于 96.0%。

【贮藏养护】置于阴凉干燥处,密封保存。

【性味功能】辛、苦,凉。开窍醒神,清热止痛。用于热病神昏、惊厥、中风痰厥、气郁暴厥、中恶昏迷、目赤、口疮、咽喉肿痛、耳道流脓。

【用法用量】0.3~0.9g,入丸散服。外用适量,研粉点敷患处。孕妇慎用。

【附注】冰片(合成龙脑)Bingpian Borneolum Syntheticum

以松节油、樟脑为原料,经化学反应合成的制成品,称为"机制冰片""机片""人工合成冰片""合成龙脑"。主产于广州、株洲、南京、天津等地的香料厂或制药厂。合成龙脑为无色透明或白色半透明的片状松脆结晶;气清香,味辛、凉;具挥发性,点燃发生浓烟,并有带光的火焰。熔点应为 205~210℃。含龙脑($C_{10}H_{18}O$)不得少于 55.0%。

(何文静)

复习思考题

简述青黛的基源、主要产区和商品特征。

第八章

动物类中药

学习目标

1. 掌握地龙、水蛭、珍珠、僵蚕、哈蟆油、蛤蚧、蕲蛇、麝香、鹿茸、牛黄和羚羊角的基源、道地产地、商品性状特征、规格等级、质量要求。

2. 熟悉地龙、水蛭、珍珠、僵蚕、哈蟆油、蛤蚧、蕲蛇、麝香、鹿茸、牛黄和羚羊角的贮藏养护、性味功能、用法用量。

3. 了解蜂蜜、海马、熊胆的基源、产地、商品性状特征。

第一节　概　　述

动物类中药是指以动物的全体或某一部分为药用部位的中药。包括动物的全体,如土鳖虫、蜈蚣等;除去内脏的干燥全体,如地龙、蛤蚧等;动物体的某一部分,包括角、茸、骨骼、皮甲、贝壳、内脏器官,如鹿茸、豹骨、龟甲、石决明、熊胆、哈蟆油等;生理产物,如麝香、蟾酥、蝉蜕等;病理产物,如牛黄、马宝等;排泄物,如蚕沙、黑冰片等;加工品,如阿胶等。

一、动物类中药的分类

古代动物类中药的分类是根据动物的表面特征、习性的某些特点或药用部位进行分类,如《新修本草》将动物药分为人、兽、禽、虫、鱼 5 部;《本草纲目》将动物药由虫到兽,从无脊椎到有脊椎,由低等动物到高等动物再到人类,分为虫、鳞、介、禽、兽、人 6 部,部下又分条目。这种排列次序和分类方法,体现了当时动物药分类已有了进化论思想。后来逐渐使用了自然分类法。在自然界的分类地位中,药用动物的类群被分为原生动物门、多孔动物门、腔肠动物门、扁形动物门、线形动物门、环节动物门、软体动物门、节肢动物门、棘皮动物门和脊索动物门 10 个门,门以下又细分成不同的纲、目、科、属、种各级。一般将动物类中药按照纲的等级分为无脊椎类动物药、昆虫类动物药、鱼类动物药、两栖类动物药、爬行类动物药、鸟类动物药、哺乳类动物药 7 大类。

二、动物类中药的鉴别

商品性状特征:动物类中药的鉴别,一般应注意形态、大小、颜色、表面特征、质地、断面、气味、水试和火试现象等。其中,完整的动物体(主要为昆虫、蛇类及鱼类等),应侧重以其形态特征进行动物分类学鉴定,确定其品种;蛇类要注意鳞片的特征;角类应注意其类型,角质角还是骨质角,洞角还是实角,有无骨环等;骨类应注意骨的解剖面特点;分泌物类应注意气味、颜色等；贝壳类应注意形状、大小、外表面的纹理颜色。

商品规格等级：动物类中药常依据来源、加工方法等划分规格，从形状、颜色、长度、重量等划分等级。质量相似的中药为统货。

显微鉴别：动物类中药在显微镜下可以观察细胞形态、组织构造和细胞后含物等，如麝香、牛黄粉末；羚羊角、鹿角组织；蛇类中药的鳞片；贝壳类的组织粉末；珍珠的磨片等。进行动物类中药的显微磨片、切片观察时，应注意动物的组织结构、器官特点等的解剖学特征。

检查：动物类中药一般应进行水分、灰分测定和杂质检查，部分药材可进行还原糖含量测定和膨胀度测定等。还可利用现代理化或仪器分析方法，分析动物药材中的信息物质组分，对部分动物药如蜂蜡、虫白蜡，还应测定其熔点、溶解度、酸值、皂化值等，用于控制该药的内在质量。

动物类中药含有大量蛋白质及其水解产物，可采用聚丙烯酰胺凝胶电泳（polyacrylamide gel electrophoresis，PAGE）法、蛋白质等电点检测法或蛋白质运动黏度法进行鉴别。聚合酶链反应（polymerase chain reaction，PCR）技术目前已广泛应用于生命科学的各领域。《中国药典》将聚合酶链反应 - 限制性内切酶长度多态性方法，用于乌梢蛇、蕲蛇的鉴别。由于该项技术以作为遗传信息直接载体的 DNA 分子为鉴定依据，为更深入和客观地进行中药品种鉴定研究提供了技术支持。

贮藏养护：动物类中药由于富含蛋白质和脂肪，极易虫蛀和霉变，通常采用木箱或硬纸箱包装，内衬防潮油纸，密封。有的需用金属盒包装；易虫蛀的中药可置石灰缸内，30℃以下保存；贝壳类常用袋装；贵重药如牛黄应置玻璃瓶内密封；珍珠用软纸包好，放玻璃瓶或瓷瓶内。动物类中药一般应置阴凉干燥处，防蛀、防霉、防变色；数量少时，可与花椒等辛辣的中药共贮藏。

第二节 各 论

地龙 Dilong

Pheretima

【基源】钜蚓科（Megascolecidae）动物参环毛蚓 *Pheretima aspergillum*（E. Perrier）、通俗环毛蚓 *P. vulgaris* Chen、威廉环毛蚓 *P. guillelmi*（Michaelsen）或栉盲环毛蚓 *P. pectinifera* Michaelsen 野生及养殖品的干燥体。前一种习称"广地龙"，后 3 种习称"沪地龙"。

主产于广东、广西、海南等地，以广东产最好，为道地药材；沪地龙主产于上海、江苏及安徽等地。

捕捉后及时剖开腹部，除去内脏及泥沙，洗净，晒干或低温干燥。

【商品性状特征】

1. 广地龙 呈长条状薄片，弯曲，边缘略卷，长 15~20cm。全体具环节，背部棕褐色至紫灰色，腹部浅黄棕色；第 14~16 环节为灰白色生殖带，习称"白颈"，较光亮。体前端稍尖，尾端钝圆，刚毛圈粗糙而硬，色稍浅，雄生殖孔在第 18 环节腹侧刚毛圈一小孔突上，外缘有数个环绕的浅皮褶，内侧刚毛圈隆起，前面两边有横排（1 排或 2 排）小乳突，每边 10~20 个。受精囊孔 2 对，位于 7/8 至 8/9 环节间一椭圆形突起上，约占节周 5/11，体轻，略呈革质，不易折断。气腥，味微咸（图 8-1）。

2. 沪地龙 呈条状薄片，长 8~15cm，全体有环节，背部棕褐色至黄褐色，腹部浅黄棕色;受精囊孔 3 对,在 6、7 至 8、9 环节间,第 14~16 环节为生殖带,不明显,第 18 环节有 1 对雄生殖孔,通俗环毛蚓的雄交配腔能全部翻出,呈花菜状或阴茎状;威廉环毛蚓的雄交配腔孔呈纵向裂缝状;栉盲环毛蚓的雄生殖孔内侧有 1 个或多个小乳突(图 8-1)。

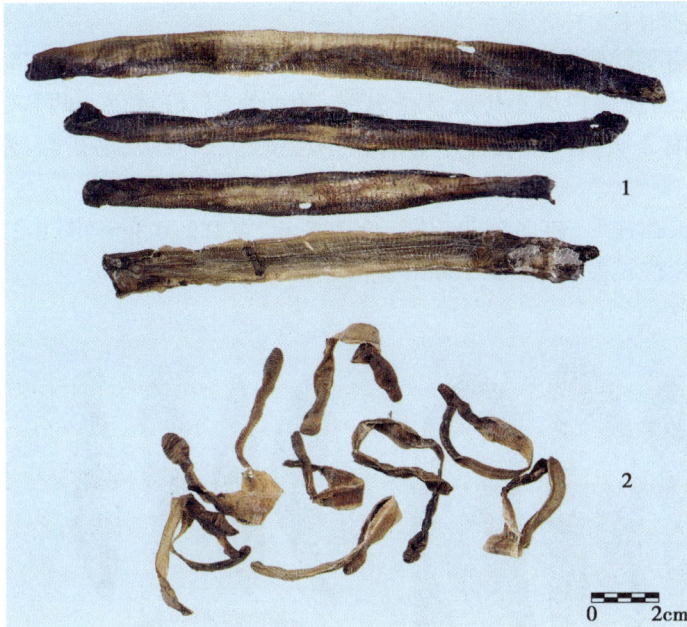

图 8-1　地龙
1. 广地龙;2. 沪地龙。

【规格等级】一般为统货。广东产的体积肥大,去内脏,做成片状,近方形,背部色黑,两侧色黄,横纹清楚,质量最佳,为出口药材。

【主要化学成分】主要含蚯蚓解热碱(lumbrofebrine)、蚯蚓素(lumbitin)、蚯蚓毒素(terrestro lumbrilysin)、嘌呤类、多种氨基酸、维生素类及无机盐等。

【质量要求】

1. 性状评价　一般以条大、肉厚、干燥、剖开、摊平成卷、无泥杂、色棕褐、无臭味者为佳。

2. 检查　杂质不得过 6.0%;水分不得过 12.0%;总灰分不得过 10.0%;酸不溶性灰分不得过 5.0%。

3. 重金属检查　不得过 30mg/kg。

4. 黄曲霉毒素　本品每 1 000g 含黄曲霉毒素 B_1 不得过 5μg,黄曲霉毒素 G_2、G_1、B_2、B_1 的总量不得过 10μg。

5. 水溶性浸出物测定　用热浸法测定,不得少于 16.0%。

【贮藏养护】袋装或桶贮,置干燥通风处,防霉,防蛀。

【性味功能】咸,寒。清热定惊,通络,平喘,利尿。主要用于高热神昏、惊痫抽搐、关节痹痛,肢体麻木,半身不遂,肺热喘咳,水肿尿少。

【用法用量】煎服,5~10g。鲜品 10~20g。研末吞服,每次 1~2g。

水蛭　Shuizhi

Hirudo

【基源】水蛭科(Hirudinidae)动物蚂蟥 *Whitmania pigra* Whitman、水蛭 *Hirudo nipponica*

Whitman 或柳叶蚂蟥 *Whitmania acranulata* Whitman 的干燥全体。

蚂蟥主产于河北、山东、安徽、江苏等地；水蛭主产于山东、江苏、湖北、四川等地；柳叶蚂蟥主产于河北、安徽、江苏、福建等地。

夏、秋二季捕捉，用沸水烫死，晒干或低温干燥。

【商品性状特征】

1. 蚂蟥　呈扁平纺锤形，有多数环节，长 4~10cm，宽 0.5~2cm。背部黑褐色或黑棕色，稍隆起，用水浸后，可见黑色斑点排成 5 条纵纹；腹面平坦，棕黄色。两侧棕黄色，前端略尖，后端钝圆，两端各有 1 吸盘。前吸盘不显著，后吸盘较大。质脆，易折断，断面胶质状。气微腥（图 8-2）。

2. 水蛭　扁长圆柱形，体多弯曲扭转，长 2~5cm，宽 0.2~0.3cm（图 8-2）。

3. 柳叶蚂蟥　狭长而扁，长 5~12cm，宽 0.1~0.5cm（图 8-2）。

图 8-2　水蛭
1. 蚂蟥；2. 水蛭（吸饱血）；3. 柳叶蚂蟥。

【规格等级】

1. 药材　一般为统货。

2. 饮片　呈不规则段状、扁块状或扁圆柱状，略鼓起，背部黑褐色，腹面棕黄色至棕褐色，附有少量白色滑石粉。断面松泡，灰白色至焦黄色。气微腥。

【主要化学成分】蛋白质。活水蛭唾液腺中含有抗凝血物质水蛭素（hirudin），在 70℃以下可保持活性。此外，尚含肝素（heparin）、抗凝血素（antithrombin）等其他抗凝血物质。

【质量要求】

1. 性状评价　一般以身干、条整齐、无杂质者为佳。

2. 检查　水分不得过 18.0%；总灰分不得过 8.0%；酸不溶性灰分不得过 2.0%。

3. **酸碱度**　pH 应为 5.0~7.5。

4. **重金属及有害元素**　铅不得过 10mg/kg,镉不得过 1mg/kg,砷不得过 5mg/kg,汞不得过 1mg/kg。

5. **黄曲霉毒素**　本品每 1 000g 含黄曲霉毒素 B_1 不得过 5μg,黄曲霉毒素 G_2、G_1、B_2、B_1 的总量不得过 10μg。

6. **抗凝血酶活性测定**　每 1g 含抗凝血酶活性,水蛭应不低于 16.0U;蚂蟥、柳叶蚂蟥应不低于 3.0U。

【贮藏养护】袋装或桶贮,置干燥通风处,防霉,防蛀。

【性味功能】咸、苦,平;有小毒。破血通经,逐瘀消癥。用于血瘀经闭,癥瘕痞块,中风偏瘫,跌扑损伤。

【用法用量】1~3g。

珍珠　Zhenzhu

Margarita

【基源】珍珠贝科(Pteriidae)动物马氏珍珠贝 *Pteria martensii*(Dunker)、蚌科(Unionidae)动物三角帆蚌 *Hyriopsis cumingii*(Lea)或褶纹冠蚌 *Cristaria plicata*(Leach)等双壳类动物受刺激形成的珍珠。马氏珍珠贝所产珍珠称"海珠",天然和人工培养均有。后 2 种双壳类动物所产珍珠习称"淡水珍珠",以养殖为主。马氏珍珠贝分布于广东、广西沿海。三角帆蚌分布于浙江、江西、湖北、湖南、江苏等地,是我国主要的淡水育珠蚌。褶纹冠蚌分布于全国各地湖泊、江河和池塘。海水珍珠以广西合浦所产量大质优,以"南珠"名扬海内外,称道地药材;淡水珍珠主产于浙江、江苏、江西、湖南等地。国外多产于日本、印度、斯里兰卡、墨西哥等地。

每年晚秋或初冬,选取培育 1~3 年的育珠蚌(3 年左右为好),分离出珍珠。采收后的珍珠及时放在饱和食盐水中浸泡 5~15min,用清水洗去黏液和珍珠囊碎片,再放到饱和的温香皂水中浸泡 30min,洗净,干燥。

【商品性状特征】形状各异,以类球形、长圆形、卵圆形和棒形为主。表面类白色、浅粉红色、浅黄绿色或浅蓝色,半透明,光滑或微有凹凸,具特有的彩色光泽。质坚硬,破碎面现层纹。气微,味淡(图 8-3)。

图 8-3　珍珠(淡水)

【规格等级】

1. 药材 药用主要为淡水珍珠,通常分为 5 等。

一等品:圆球形或近圆球形,重量在 0.05g 以上,表面自然玉白色(或彩色),全身细腻光滑,显闪耀珠光。

二等品:类球形,长圆形、卵圆形、半圆形,大小不分,色较次于一等品,表面自然玉白色(或彩色),全身细腻光滑,显闪耀珠光。

三等品:类球形,长圆形、卵圆形、半圆形,馒头形,腰箍形(腰鼓形),大小不分,表面玉白色,浅粉红色,浅黄色,浅橙色,浅紫色,全身光滑,有皱纹,显珠光。

四等品:长圆形、卵圆形、半圆形、长形、腰箍形、馒头形、棒形,大小不分,全身基本光滑,显有珠光,表面色不分,有细皱纹或微沟纹。

五等品:不规则形,大小不分,珠身有明显皱纹或沟纹,全身有珠光。

2. 饮片 珍珠粉:类白色极细粉末。

【主要化学成分】主要含碳酸钙(calcium carbonate)、壳角蛋白、多种无机元素、少量的卟啉和色素。壳角蛋白水解后得多种氨基酸。

【质量要求】

1. 性状评价 以纯净、质坚、有彩光者为佳。

2. 检查 酸不溶性灰分不得过 4.0%。

3. 重金属及有害元素 铅不得过 5mg/kg;镉不得过 0.3mg/kg;砷不得过 2mg/kg;汞不得过 0.2mg/kg;铜不得过 20mg/kg。

【贮藏养护】密闭保存。软纸包好,置玻璃瓶或瓷瓶内;或以绸布包好,置木盒或铁盒内。

【性味功能】甘、咸,寒。安神定惊,明目消翳,解毒生肌,润肤祛斑。用于惊悸失眠,惊风癫痫,目赤翳障,疮疡不敛,皮肤色斑。

【用法用量】0.1~0.3g,多入丸散用。外用适量。

【附注】人工养殖珍珠技术成熟后,珍珠的市场供应平稳,属于可满足市场需求品种。珍珠药用价值和经济价值显著,广泛用于临床配方、中成药原料及开发化妆品。

僵蚕 Jiangcan
Bombyx Batryticatus

【基源】蚕蛾科(Bombycidae)昆虫家蚕 *Bombyx mori* Linnaeus 4~5 龄的幼虫感染(或人工接种)白僵菌 *Beauveria bassiana* (Bals.) Vuillant 而致死的干燥体。

主产于江苏、浙江、四川、广东等地。

多于春、秋季生产,将感染白僵菌病死的蚕干燥。

【商品性状特征】略呈圆柱形,多弯曲皱缩。长 2~5cm,直径 0.5~0.7cm。表面灰黄色,被有白色粉霜状的气生菌丝和分生孢子。头部较圆,足 8 对,体节明显,尾部略呈二分歧状。质硬而脆,易折断,断面平坦,外层白色,中间有亮棕色或亮黑色的丝腺环 4 个。气微腥,味微咸(图 8-4)。

【规格等级】

1. 药材 统货。

2. 饮片

(1)僵蚕:同药材。

(2)炒僵蚕:形如药材。表面黄棕色或黄白色,偶有焦黄斑。气微腥,有焦麸气,味微咸。

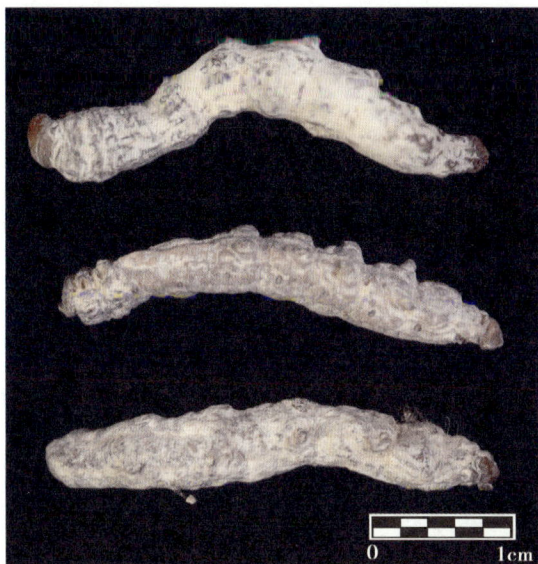

图 8-4 僵蚕

【主要化学成分】含蛋白质、脂肪。僵蚕体表的白粉中含草酸铵,从白僵菌中分离得到白僵菌黄色素及高分子昆虫毒素、环脂肽类白僵菌素等。

【质量要求】

1. 性状评价 以条粗、质硬、色白、断面光亮者为佳。表面无白色粉霜,中空者不可入药。

2. 检查 水分不得过 13.0%;总灰分不得过 7.0%;酸不溶性灰分不得过 2.0%;杂质不得过 3.0%。

3. 黄曲霉毒素检测 本品每 1 000g 含黄曲霉毒素 B_1 不得过 5μg,含黄曲霉毒素 G_2、G_1、B_2、B_1 的总量不得过 10μg。

4. 醇溶性浸出物 以稀乙醇作溶剂,用热浸法测定,不得少于 20.0%。

【贮藏养护】软纸包好,置玻璃瓶或瓷瓶内;或以绸布包好,置木盒或铁盒内。

【性味功能】咸、辛,平。息风止痉,祛风止痛,化痰散结。用于肝风夹痰,惊痫抽搐,小儿急惊风、破伤风,中风口呙,风热头痛,目赤咽痛,风疹瘙痒,发颐疖腮。

【用法用量】5~10g。

(杜 娟 龚力民 罗 容)

蜂蜜 Fengmi

Mel

【基源】蜜蜂科(Apidae)昆虫中华蜜蜂 *Apis cerana* Fabricius 或意大利蜂 *A. mellifera* Linnaeus 所酿的蜜。

全国各地均有生产,以湖北、广东、河南、云南、江苏盛产。

多在春、夏、秋三季采收,采收时,先将蜂巢割下,置于布袋中,将蜜挤出。新法将人工蜂巢置离心机内把蜜摇出,滤过,除去蜂蜡的碎片及其他杂质即得。

【商品性状特征】呈黏稠性透明或半透明液体。白色至淡黄色或橘黄色至黄褐色,微有光泽,放久或遇冷有白色颗粒结晶析出。气芳香,味极甜。

【规格等级】蜂蜜品质因蜜源植物不同而差别较大。各地划分等级的方法也不相同,有的按花种分等;有的按上市季节分等;有的按颜色分等;有的按浓度(含水量的多少)分等;有的按统货处理分等级。主要的分类方法如下:

1. 按蜜源植物分等

一等品:龙眼、荔枝、枇杷、荆条、椴树、洋槐、枣树等花种蜜及相当于以上的花种蜜。

二等品:棉花、瓜花、芝麻、葵花、油菜、紫云英等花种蜜及相当以上的花种蜜。

三等品:荞麦、乌桕、皂角、水莲、大葱等花种蜜及相当于以上的花种蜜。

2. 按浓度分级　通常用波美比重计测定浓度:45°为一级;44°为二级;以下每低1°下降一级;37°为九级;36°及36°以下为等外级。

3. 按采收季节和颜色分等

(1)春蜜(多为洋槐、橙花、梨花、油菜、紫云英等花蜜):白色至淡黄色,黏度大,气清香,味甜,质量较好。

(2)伏蜜(多为枣树、椴树、葵花、瓜花等花蜜):色泽多为淡黄色,深黄色至琥珀色,黏稠度大,细腻,气清香,味甜,质量较次。

(3)秋蜜(多为棉花、荞麦等花蜜):深琥珀色至暗棕色,气微臭,味稍酸,质粗,不透明,质量最次。

(4)冬蜜(多为桂树、龙眼等花蜜):水白色或白色,质量最佳。

【主要化学成分】葡萄糖和果糖70%~80%(二者含量近相等),蔗糖1%~3%,水分14%~23%。

【质量要求】

1. 性状评价　以含水分少、有油性、稠如凝脂、用木棒挑起时蜜丝下流不断成叠状、味甜不酸、气芳香、无异臭杂质者为佳。

2. 检查　水分,用折光率测定法,不得过24.0%。

3. 酸度检查　取本品适量,加新沸过的冷水,加酚酞指示液与氢氧化钠滴定液(0.1mol/L),应显粉红色,10s内不消失。

4. 淀粉和糊精检查　取本品适量,加水煮沸,其冷滤液中加碘试液1滴,不得显蓝色、绿色或红褐色。

5. 寡糖检查　用薄层色谱法,麦芽五糖做对照品,供试品在相应位置不得显斑点。

6. 5-羟甲基糠醛检查　用高效液相色谱法测定,不得过0.004%。

7. 含蔗糖和麦芽糖检查　分别不得过5.0%。

8. 果糖($C_6H_{12}O_6$)和葡萄糖($C_6H_{12}O_6$)的总量与含量比值　用高效液相色谱法测定,含果糖和葡萄糖的总量不得少于60.0%,果糖与葡萄糖含量比值不得小于1.0。

【贮藏养护】置罐内盖紧,置阴凉干燥处,宜在10℃以下保存。

【性味功能】甘,平。补中,润燥,止痛,解毒。用于脾气虚弱,脘腹挛急疼痛,肺燥干咳,肠燥便秘,解乌头类药毒;外治疮疡不敛,水火烫伤。

【用法用量】煎服或则冲服,15~30g,大剂量30~60g,外用适量。

海马　Haima

Hippocampus

【基源】海龙科(Syngnathidae)动物线纹海马 *Hippocampus kelloggi* Jordan et Snyder、刺海马 *H. histrix* Kaup、大海马 *H. kuda* Bleeker、三斑海马 *H. trimaculatus* Leach 或小海马(海蛆)*H. japonicus* Kaup 的干燥体。

主产于广东沿海、海南、福建、山东、青岛等地。国外主产于新加坡、日本等国。

夏、秋二季捕捞,洗净,晒干;或除去皮膜和内脏,晒干。

【商品性状特征】

1. 线纹海马　呈扁长形而弯曲,体长约30cm。表面黄白色。头略似马头,有冠状突起,有管状长吻,口小,无牙,两眼深陷。躯干部七棱形,尾部四棱形,渐细卷曲,体上有瓦楞形的节纹并有短棘。体轻,骨质,坚硬。气微腥,味微咸(图8-5)。

2. 刺海马　体长15~20cm。头部及体上环节间的棘细而尖(图8-5)。

3. 大海马　体长20~30cm。黑褐色(图8-5)。

4. 三斑海马　体侧背部第1、4、7节的短棘基部各有1黑斑(图8-5)。

5. 小海马(海蛆)　体形小,长7~10cm。黑褐色。节纹和短棘均较细小(图8-5)。

图8-5　海马

1. 大海马;2. 三斑海马;3. 线纹海马;4. 刺海马;5. 小海马。

【规格等级】海马根据大小分成3等。

一等品(大条):体弯曲、头尾齐全。体长16~30cm,黄白色或黑褐色。

二等品(中条):头尾齐全,体长8~15cm,黄白色。

三等品(小条):头尾齐全,体长8cm以下者,黄白色或暗褐色。

【主要化学成分】主含蛋白质和酶,如乙酰胆碱酯酶、胆碱酯酶和蛋白酶等。

【质量要求】性状评价　以体大、坚实、头尾齐全、色白、尾卷曲者为佳。

【贮藏养护】用纸包好,放入木箱或纸箱内保存。本品易虫蛀、变色,应置阴凉干燥处保存。包装内可放花椒以防虫。

【性味功能】甘、咸,温。温肾壮阳,散结消肿。用于阳痿,遗尿,肾虚作喘,癥瘕积聚,跌扑损伤;外治痈肿疔疮。

【用法用量】3~9g。外用适量,研末敷患处。

【附注】商品流通规格划分上,由于不同来源海马各自的体形、外观差异较大,因此大多是根据不同来源分类处理,部分体形相近的,单独或混合归为一类,大条多为线纹海马或大海马,中条主要有刺海马、三斑海马等;小条多来自几个种体形较小者或小海马。此外市场尚有十几种非《中国药典》品种商品。

哈蟆油　Hamayou

Ranae Oviductus

【基源】蛙科(Ranidae)动物中国林蛙 *Rana temporaria chensinensis* David 雌蛙的干燥输卵管。

主产于吉林省桦甸、舒兰、蛟河、白山、敦化等地;黑龙江省尚志、五常等地;辽宁省桓仁、新宾、清源等地。

每年9—10月,以霜降期捕捉最好,选肥大雌蛙,用绳从双目穿过,悬挂风干。剥取前首先将蛙干放入温水(50~70℃)中浸泡10min左右,不要将口腔部浸入水中,将浸泡好的蛙取出后,装入盆里和其他容器里,用润湿、干净的厚布覆盖在容器上,闷润12h左右。然后用刀剖开腹部,轻轻取出输卵管,去尽卵子及其他内脏,通风处阴干。

【商品性状特征】呈不规则块状,弯曲而重叠,长1.5~2cm,厚0.15~0.5cm。表面黄白色,呈脂肪样光泽,摸之有滑腻感,在温水中浸泡体积可膨胀,气腥,味微甘,嚼之有黏滑感(图8-6)。

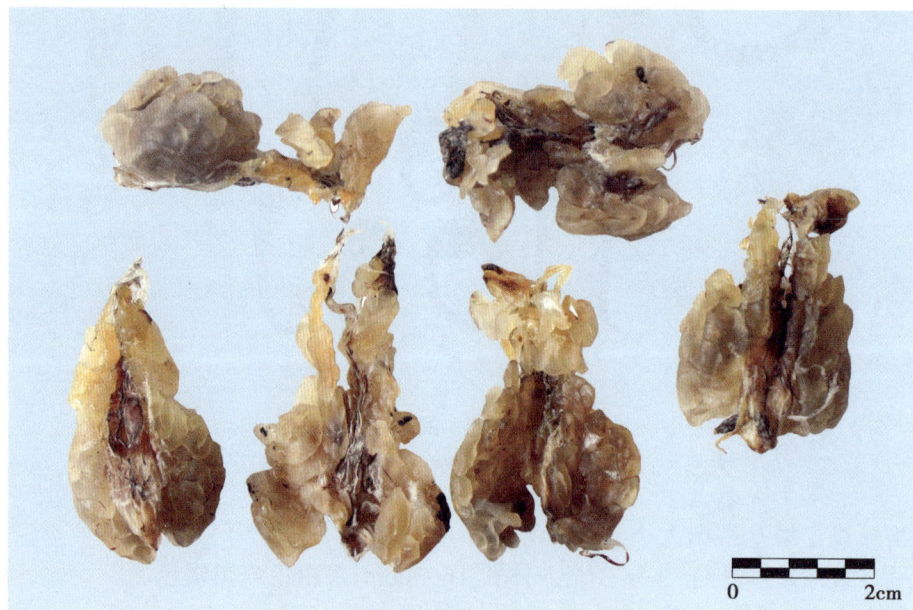

图8-6　哈蟆油

【规格等级】一般分为4等。

一等品:油呈金黄色或黄白色,块大而整齐,有光泽、透明,干净无血筋、卵、肉等其他杂物,干而不潮者。

二等品:油呈淡黄色,干而纯净,肌膜、皮、卵籽及碎块等杂物不超过1%,无碎末,干而不潮者。

三等品:油色不纯白,不变质,油块较小,碎块和卵、皮、肉等杂物不超过5%,干而不潮者。

四等品：油色较杂,带有红色、黑色等颜色,有少量皮、卵、肉及其他杂物,但不超过10%,干而不潮者。

【主要化学成分】睾酮、雌二醇、黄体酮、18 种氨基酸、磷脂类、维生素等成分。

【质量要求】

1. 性状评价　以块大、肥厚、质干、色白、有光泽、无皮膜者为佳。

2. 膨胀度　不得低于 55。

【贮藏养护】置阴凉干燥处,密闭。

【性味功能】甘、咸,平。补肾益精,养阴润肺。用于病后体弱,神疲乏力,心悸失眠,盗汗,劳嗽咳血。

【用法用量】5~15g。用水浸泡,炖服,或作丸剂服。

【附注】哈蟆油为我国名贵动物药,历史悠久,主产于东北地区,主要销往南方沿海各省、香港及东南亚一带,而北方销售和使用者很少。目前根据质量不同,哈蟆油的市场价格为 4 000~7 000 元 /kg,价格随含水量的多少有所变化。

蛤蚧　Gejie

Gecko

【基源】壁虎科(Gekkonidae)动物蛤蚧 *Gekko gecko* Linnaeus 的干燥体。

主产于广西,云南、广东、福建等地亦产。进口蛤蚧产于越南、泰国、柬埔寨、印度尼西亚。

通常于 5—9 月捕捉,剖开腹部,取出内脏,用布抹净血液,再以竹片撑开身体使扁平,四肢顺直并用纱布条把尾系在竹条上,以防断尾,以微火焙干,将 2 只以腹面相对合成 1 对,扎好。然后每 10 对交接相连扎成一排。

【商品性状特征】呈扁片状,头颈部约占 1/3；头略呈扁三角状,两眼多凹陷成窟窿,口内有细齿,生于颚的边缘,无异形大齿。吻部半圆形,吻鳞不切鼻孔,与鼻鳞相连,上鼻鳞左右各 1 片,上唇鳞12~14 对,下唇鳞(包括颏鳞)21 片；背部呈灰黑色或银灰色,有黄白色或灰绿色斑点散在或密集成不显著的斑纹,脊椎骨及两侧肋骨突起,四足均有 5 趾；趾间仅具蹼迹,足趾底有吸盘；尾细而坚实,微现骨节,与背部颜色相同,有 6~7 个明显的银灰色环带,全身密被圆形或多角形微有光泽的细鳞；气腥,味微咸(图 8-7)。

图 8-7　蛤蚧

【规格等级】根据大小分等。

特装品：横腰执中横量 8.6cm 以上。

五装品：横腰执中横量 7.7~8.5cm。

十装品：横腰执中横量 7.2~7.6cm。

二十装品：横腰执中横量 6.8~7.1cm。

三十装品：横腰执中横量 6.0~6.7cm。

断尾蛤蚧：再生尾不足 6.0cm 均作下一等级处理。

除此之外，蛤蚧又分广西全尾特装、全尾 20 对装、全尾 30 对装等规格。商品以"对"为单位，原以雌雄为对，现常以 1 只长尾、1 只短尾搭配出售。

【主要化学成分】主要含氨基酸、溶血磷脂酰胆碱（lysophosphatidylcholine）、磷脂酸（phosphatidic acid）、神经鞘磷脂（sphingomyelin）、磷脂酰胆碱（phosphatidylcholine）、磷脂酰乙醇胺（phosephatidylethanolamine）、豆蔻酸等成分。

【质量要求】

1. 性状评价　以体大，肥壮，尾粗、长且全者为佳。

2. 醇溶性浸出物　以稀乙醇作溶剂，用冷浸法测定，不得少于 8.0%。

【贮藏养护】用铁盒或木箱严密封装，常用花椒拌存，置阴凉干燥处，防虫、防霉、防蛀。

【性味功能】咸，平。补肺益肾，纳气定喘，助阳益精。用于肺肾不足，虚喘气促，劳嗽咳血，阳痿，遗精。

【用法用量】3~6g，多入丸散或酒剂。

（何文静　詹志来　肖井雷　王柳萍）

蕲蛇　Qishe

Agkistrodon

【基源】蝰科（Viperidae）动物五步蛇 *Agkistrodon acutus*（Güenther）的干燥体。

主产于浙江、广东、广西等地。

多于夏、秋二季捕捉，剖开蛇腹，除去内脏，洗净，用竹片撑开腹部，盘成圆盘状，干燥后拆除竹片。

【商品性状特征】呈圆盘状，盘径 17~34cm，体长可达 2m。头在中间稍向上，呈三角形而扁平，吻端向上，习称"翘鼻头"。上腭有管状毒牙，中空尖锐。背部两侧各有黑褐色与浅棕色组成的 V 形斑纹 17~25 个，其"V"形的两上端在背中线上相接，习称"方胜纹"，有的左右不相接，呈交错排列。腹部撑开或不撑开，灰白色，鳞片较大，有黑色类圆形的斑点，习称"连珠斑"；腹内壁黄白色，脊椎骨的棘突较高，呈刀片状上突，前后椎体下突基本同形，多为弯刀状，向后倾斜，尖端明显超过椎体后隆面。尾部骤细，末端有三角形深灰色的角质鳞片 1 枚。气腥，味微咸（图 8-8）。

【规格等级】

1. 药材　统货。

2. 饮片

（1）蕲蛇段：呈段状，长 2~4cm，背部呈黑褐色，表皮光滑，有明显的鳞斑，可见不完整的方胜纹。腹部可见白色的肋骨，呈黄白色、淡黄色或黄色。断面中间可见白色菱形的脊椎骨，脊椎骨的棘突较高，棘突两侧可见淡黄色的肉块，棘突呈刀片状上突，前后椎体下突基本同形，多为弯刀状。肉质松散，轻捏易碎。气腥，味微咸。

（2）酒蕲蛇：形如蕲蛇段，表面棕褐色或黑色，略有酒气。气腥，味微咸。

【主要化学成分】主含蛇肉碱、蛋白质、脂肪、氨基酸及多种无机元素。

图 8-8 蕲蛇

【质量要求】

1. 性状评价 以头尾齐全、条大、花纹明显、内壁洁净者为佳。

2. 醇溶性浸出物 用热浸法测定,药材不得少于 10.0%;饮片不得少于 12.0%。

【贮藏养护】用塑料袋装。本品易虫蛀、霉变,应密封贮存于阴凉干燥处。

【性味功能】甘、咸,温;有毒。祛风,通络,止痉。用于风湿顽痹,麻木拘挛,中风口眼喎斜,半身不遂,抽搐痉挛,破伤风,麻风,疥癣。

【用法用量】3~9g;研末吞服,一次 1~1.5g,一日 2~3 次。

熊胆 Xiongdan

Ursi Fel

【基源】熊科(Ursidae)动物黑熊 *Selenarctos thibetanus* Cuvier 或棕熊 *Ursus arctos* L. 养殖品的干燥胆。

主产于黑龙江、吉林、云南、贵州等地。为传统贵重中药。

【商品性状特征】呈囊状,上部狭细中空而皱缩,下部膨大。表面灰褐色、黑褐色或棕黄色,常有皱褶,囊皮纤维性。干燥胆汁称"胆仁",呈不规则的块状或硬膏状,色泽深浅不一;金黄色,有光泽,半透明,质松脆者,习称"铜胆"或"金胆"。黑褐色或墨绿色,质硬脆或呈硬膏状者,习称"铁胆"或"墨胆";黄绿色,质硬脆者,习称"菜花胆"。气清香,微腥,味苦回甜,有钻舌感(图 8-9)。

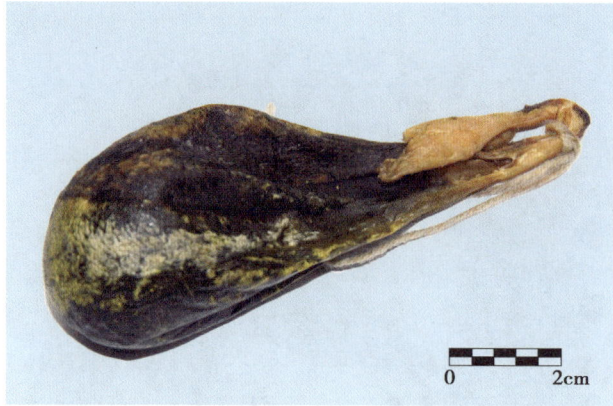

图 8-9　熊胆（标本）

云胆胆仁多黄绿色，松脆，颗粒状，透明，有玻璃样光泽。

东胆胆仁多黑色、绿黑色，光亮，松脆，亦有稠膏状。

【规格等级】传统分黑龙江 1~3 等及统货、云南毛金胆、毛菜胆、毛墨胆、净胆等规格。

【主要化学成分】熊去氧胆酸（ursodeoxycholic acid）、鹅去氧胆酸（chenodeoxycholic acid）、胆酸（cholic acid）等化学成分。

【质量要求】

1. 性状评价　以个大、胆仁多、质松脆、色金黄、半透明、味苦回甜、无腥气者为佳。

2. 荧光检查　取胆仁在紫外线灯（365nm）下观察，显黄白色荧光。

【贮藏养护】瓶装式盒装，放石灰缸内或置于阴凉干燥处。

【性味功能】苦，寒。清热，平肝，明目。用于惊风抽搐；外治目赤肿痛，咽喉肿痛。

【用法用量】0.3~1g。多入丸散服；外用适量，研末或水调涂敷患处。

【附注】名贵动物药熊胆入药已有千年历史，被列为"四大名贵"中药之首，享有"药中黄金"的美称。近些年，将黑熊（*Selenarctos thibetanus* Cuvier）胆汁通过引流的方式得到后，经过干燥得到的成品称之为熊胆粉。熊胆粉及其中药制剂在我国及东南亚部分地区有广泛应用。现《中国药典》已不再收载该中药。

麝香　Shexiang

Moschus

【基源】鹿科（Cervidae）动物林麝 *Moschus berezovskii* Flerov、马麝 *M. sifanicus* Przewalski 或原麝 *M. moschiferus* Linnaeus 成熟雄体香囊中的干燥分泌物。

主产于四川、西藏、云南、青海、陕西、甘肃、新疆、内蒙古、湖北等地。

野麝于冬季至次春猎取，猎捕雄麝割取香囊，阴干，习称"毛壳麝香"；剖开香囊，除去囊壳，习称"麝香仁"。家麝于冬季或春季从 3 岁以上的雄麝香囊中取香 1 次，或春季和秋季 2 次取香，阴干或放置干燥器内密闭干燥。

【商品性状特征】

1. 毛壳麝香　呈扁球形或类球形囊状体，直径 3~7cm，厚 2~4cm。开口面皮革质，棕褐色，略平，密生白色或灰棕色短毛，从两侧围绕中心排列，中间有 1 小囊孔。另一面为棕褐色略带紫色的皮膜，微皱缩，偶显肌肉纤维，略有弹性，剖开后可见中层皮膜呈棕褐色或灰褐色，半透明，内层皮膜呈棕色，内含颗粒状、粉末状的麝香仁和少量细毛及脱落的内层皮膜（习称"银皮"）（图 8-10）。

图 8-10　麝香

2. 麝香仁

(1)野生品：呈不规则圆球形或颗粒状，表面多呈紫黑色，油润光亮，微有麻纹，断面深棕色或黄棕色，习称"当门子"。粉末状者多呈棕褐色或黄棕色，并有少量脱落的内层皮膜和细毛。气香浓烈而特异，味微辣、微苦带咸(图 8-11)。

图 8-11　麝香仁

(2)饲养品：呈颗粒状、短条形或不规则团块；表面不平，紫黑色或深棕色，显油性，微有光泽，并有少量毛和内层皮膜。

【规格等级】分毛壳麝香、净香(麝香仁)2 种规格，一般为统货。

【主要化学成分】麝香酮(muscone)。

【质量要求】

1. 性状评价　以当门子多、质柔润、香气浓烈者为佳。

2. 本品不得检出动物组织、植物组织、矿物和其他掺伪物。不得有霉变。

3. 干燥失重　不得过 35.0%。

4. 总灰分　不得过 6.5%。

5. 麝香酮($C_{16}H_{30}O$)含量　用气相色谱法测定，不得少于 2.0%。

【贮藏养护】毛壳麝香与当归共贮藏较好,最佳方法是冷藏。

【性味功能】辛,温。开窍醒神,活血通经,消肿止痛。用于热病神昏,中风痰厥,气郁暴厥,中恶昏迷,经闭,癥瘕,难产死胎,胸痹心痛,心腹暴痛,跌扑伤痛,痹痛麻木,痈肿瘰疬,咽喉肿痛。

【用法用量】0.03~0.1g,多入丸散用。外用适量。

（龚力民　肖井雷　吴军凯）

鹿茸　Lurong

Cervi Cornu Pantotrichum

【基源】鹿科(Cervidae)动物梅花鹿 *Cervus nippon* Temminck 或马鹿 *C. elaphus* Linnaeus 雄鹿未骨化密生茸毛的幼角。前者习称"花鹿茸",后者习称"马鹿茸"。

鹿茸主产于吉林、辽宁等省,黑龙江、河北、北京、天津等省市亦产。马鹿茸主产于黑龙江、内蒙古、吉林等省,习称"东马鹿茸",质优;主产于新疆、青海、甘肃、四川等省,习称"西马鹿茸"。

鹿茸分锯茸和砍茸两种采收方法,以锯茸为主。育成公鹿第一次长出的圆柱形茸,锯下称"初生茸"或"初角茸"。锯茸一般从3岁开始锯取,多于夏秋两季采收。其中二杠茸每年可采收2次,第一次多在清明前后,称为"头茬茸",采后50~60d锯第2次,称为"二茬茸";三岔茸每年只锯1次,在6月下旬—7月下旬。锯下的鹿茸用钉将锯口的茸皮扎紧,可加工成排血茸和带血茸,排血茸需经过洗茸、排血、煮烫和干燥等工序,干燥方法有阴干、烘干、风干和冷冻真空干燥等;带血茸则不需排血,在洗茸之前需采用面粉或鹿血与面粉调成的面糊涂在锯口上,用烧红的烙铁烫封锯口,使茸血不流出,再进行洗茸、煮烫和烘干等工序。砍茸一般用于老鹿、病鹿、伤残鹿,将带脑骨和皮的鹿茸砍下,刮净残肉,绷紧脑皮,进行排血、煮烫、干燥等加工。

【商品性状特征】

1. 花鹿茸

(1)锯茸:呈圆柱状分枝,有1个分枝者习称"二杠"茸,主枝习称"大挺",长17~20cm,锯口直径4~5cm,离锯口约1cm处分出侧枝,习称"门庄"或"眉枝",长9~15cm,直径较大挺细。外皮红棕色或棕色,多光润,表面密生红黄色或棕黄色细茸毛,上端较密,下端较疏;分岔间有1条灰黑色筋脉,皮茸紧贴。锯口黄白色,外围无骨质,中部密布细孔。体轻,气微腥,味微咸。有2个分枝者,习称"三岔茸",大挺长23~33cm,直径较二杠茸细,略呈弓形,微扁,枝端略尖,下部多有纵棱筋及突起疙瘩,习称"起筋"或"骨钉",皮红黄色,茸毛较稀而粗。体轻。气微腥,味微咸(图8-12)。

二茬茸与头茬茸相似,但挺长而不圆或下粗上细,下部有纵棱筋。皮灰黄色,茸毛较粗糙,锯口外围多已骨化。体较重。无腥气。

(2)砍茸:茸形与锯茸同,二茸相距约7cm,脑骨前端平齐,后端有1对弧形骨分列两旁,习称"虎牙"。外附脑皮,皮上密生毛。

2. 马鹿茸　较花鹿茸粗大,分枝较多,有1个分枝者习称"单门",2个分枝者习称"莲花",3个分枝者习称"三岔",4个分枝者习称"四岔"或更多。其中以莲花、三岔为主(图8-13)。

(1)东马鹿茸:"单门"的大挺长25~27cm,直径约3cm。外皮灰黑色,茸毛灰褐色或灰黄色,锯口面外皮较厚,灰黑色,中部密布蜂窝状细孔,质嫩;莲花的大挺长可达33cm,下部有棱筋,锯口面蜂窝状小孔稍大;三岔皮色深,质较老;四岔茸毛粗而稀,大挺下部有棱筋及疙瘩,分枝顶端多无毛,习称"捻头"。

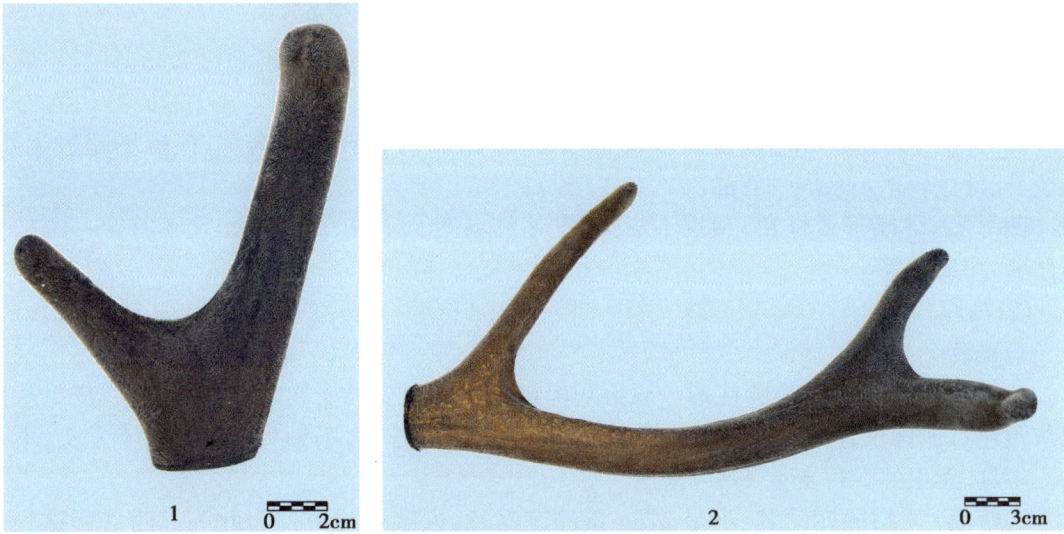

图 8-12　花鹿茸(锯茸)
1. 二杠;2. 三岔。

图 8-13　马鹿茸

　　(2)西马鹿茸:大挺多不圆,顶端圆扁不一,长 30~100cm。表面有棱,多抽缩干瘪,分枝较长且弯曲,茸毛粗长,灰色或黑灰色。锯口色较深,常见骨质。气腥臭,味咸。

　　【规格等级】

　　1. 药材　目前,药材市场上分为花鹿茸和马鹿茸两大类,花鹿茸以二杠锯茸和三岔锯茸两种规格为主,马鹿茸以锯茸和锯血茸两种规格为主。

　　(1)花鹿茸

　　1)二杠锯茸

　　一等品:体呈圆柱形,具有八字分岔一个,大挺、门庄相称,短粗嫩壮,顶头钝圆。皮毛红棕或棕黄色。锯口黄白色,有蜂窝状细孔,无骨化圈。每支重 85g 以上。不拧嘴,不抽沟,不破皮、不悬皮、不乌皮,不存折,不臭,无虫蛀。

　　二等品:每支重 65g 以上。存折不超过 1 处,虎口以下稍显棱纹。余同一等品。

　　三等品:每支重 45g 以上。枝杆较瘦。兼有悬皮、乌皮、破皮不露茸,存折不超过 2 处,虎口以下有棱纹。余同一等品。

　　四等品:不符合一、二、三等品者,均属此等。兼有独挺、怪角。

　　2)三岔锯茸

　　一等品:体呈圆柱形,具分岔 2 个。挺圆,茸质松嫩,嘴头饱满。皮毛红棕色或棕黄色。每支重 250g 以上。不乌皮(黑皮茸除外),不抽沟,不拧嘴,不破皮、不悬皮,不存折,不怪角。

下部稍有纵棱筋,骨豆不超过茸长的 30%。不臭,无虫蛀。

二等品:每支重 200g 以上。存折不超过 1 处。突起纵棱筋长不超过 2cm,骨豆不超过茸长的 40%。余同一等品。

三等品:每支重 150g 以上。条杆稍瘦,茸质嫩。稍有破皮不露茸,存折不超过 1 处。纵棱筋、骨豆较多。余同一等品。

四等品:体畸形或怪角,顶端不窜尖,皮毛红乌暗。不臭,无虫蛀。凡不符合一、二、三等品者,均属此等。

(2)马鹿茸

1)锯茸

一等品:体呈枝岔,类圆柱形。皮毛灰黑色或灰黄色。枝干粗壮,嘴头饱满。皮毛灰黑或灰黄色。质嫩的莲花、三岔茸、人字茸等。无骨豆,不拧嘴,不偏头,不破皮,不发头,不骨折。不臭,无虫蛀。每支重 275~450g。

二等品:质嫩的四岔茸、不足 275g 重的三岔茸、人字茸均可列为此等。四岔茸嘴头不超过 13cm,骨豆不超过主干长度的 50%,破皮长度不超过 3.3cm。余同一等品。

三等品:嫩五岔和三岔老茸。骨豆不超过主干长度的 60%,破皮长度不超过 4cm,不窜尖。余同一等品。

四等品:体呈枝岔,圆柱形或畸形。老五岔、老毛杠和嫩再生茸。破皮长度不超过 4cm。余同一等品。

五等品:体呈枝岔,圆柱形或畸形。皮毛灰黑或灰黄色。茸皮不全的老五岔、老毛杠、老再生茸。不臭,无虫蛀。

2)锯血茸

一等品:不臭,无虫蛀。不骨化,茸内充分含血,分布均匀。肥嫩上冲的莲花、三岔茸。不偏头,不抽沟,不破皮,不畸形。主枝及嘴头无折伤,茸头饱满,不空、不瘪。每支重不低于 500g。

二等品:不足一等的莲花、三岔茸及肥嫩的四岔茸、人字茸。不破皮、不畸形。每支重 300g 以上。余同一等品。

三等品:茸内充分含血。不足一、二等的莲花、三岔茸、四岔茸及肥嫩的畸形茸。每支重不低于 250g。余同一等品。

2. 饮片

(1)花鹿茸片:角尖部切片习称"嘴片"或"蜡片",为圆形薄片,表面浅棕色或黄白色,半透明,微显光泽,外围无骨质,红棕色或棕色,质坚韧。中上部切片习称"粉片",下部切片习称"老角片"或"骨片"。为圆形或类圆形厚片,表面粉白色或浅棕色,中间有蜂窝状细孔,外围无骨质或略具骨质,周边粗糙,红棕色或棕色,质坚脆。气微腥,味微咸(图 8-14)。

(2)马鹿茸片:蜡片为圆形薄片,表面灰黑色,中央米黄色,半透明,微显光泽,外围皮较厚,无骨质,周边灰黑色,质坚韧。粉片、老角片为圆形或类圆形厚片,表面灰黑色,中央米黄色,有细蜂窝状小孔,外皮较厚,无骨质或略具骨质。周边灰黑色,质坚脆。气微腥,味微咸。

(3)鹿茸粉:淡黄棕色或黄棕色细粉。气微腥,味微咸。

【主要化学成分】含雌二醇(estradiol)、雌酮(oestrone)、睾酮(testosterone)、神经酰胺(ceramine)、多种氨基酸等成分。

【质量要求】性状评价　花鹿茸以茸粗壮、主枝圆、顶端丰满、质嫩、毛细、皮色红棕、有油润光泽者为佳。马鹿茸以饱满、体轻、毛色灰褐、下部无棱线者为佳。

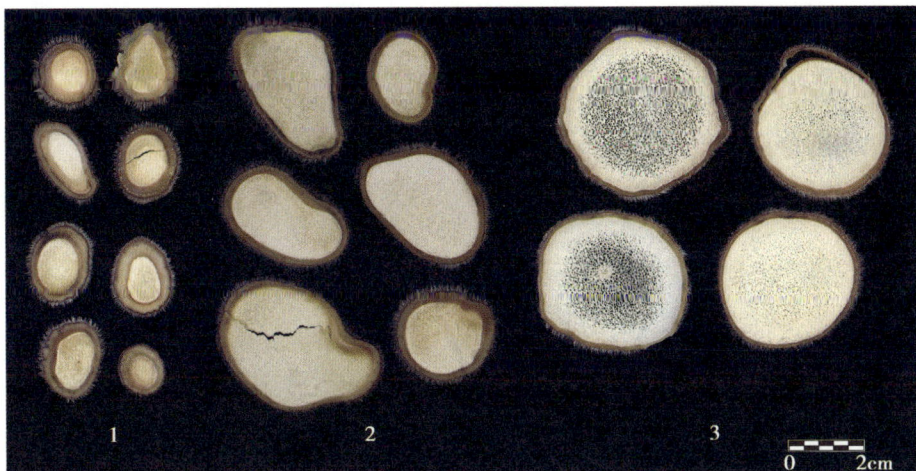

图 8-14　花鹿茸片
1. 蜡片；2. 粉片；3. 砂片。

【贮藏养护】装入撒有樟脑粉的木箱内（樟脑用纸包好），放于干燥处密封，防潮、防虫蛀。

【性味功能】甘、咸，温。壮肾阳，益精血，强筋骨，调冲任，托疮毒。用于肾阳不足，精血亏虚，阳痿滑精，宫冷不孕，羸瘦，神疲，畏寒，眩晕，耳鸣，耳聋，腰脊冷痛，筋骨痿软，崩漏带下，阴疽不敛。

【用法用量】1~2g，研末冲服。

【附注】我国野生梅花鹿资源濒临灭绝，已列为国家一级保护动物。现商品主要来源于人工饲养的加工品。鹿茸人工养殖历史已有 60 余年，年产量经历了由低到高又逐渐下降趋于平稳的过程。近年来，鹿茸年产量为 200~300 吨，但国内市场年销售量 600 余吨，据分析，其中有部分国外廉价马鹿茸和驯鹿茸进入市场冒充鹿茸销售。

鹿茸商品规格等级标准中主要鉴别术语解释如下：

拧嘴：指鹿茸大挺初分岔时，顶端嘴头扭曲不正者。

抽沟：鹿茸大挺不饱满，抽缩成沟形者。

悬皮：虎口处皮茸分离，用手敲击有空洞感。

乌皮：花鹿茸因受加工影响，部分皮变成乌黑色。

存折：鹿茸内部已折断，而表皮未开裂，但有痕迹。

独挺：即未分岔的独角鹿茸，多为二年幼鹿的"初生茸"。

怪角：是指一切违背本种鹿茸的固有形态，呈现不规则形状的鹿茸。

窜尖：鹿茸渐老时，大挺顶端破皮窜出瘦小的角尖。

牛黄　Niuhuang

Bovis Calculus

【基源】牛科（Bovidae）动物牛 *Bos taurus domesticus* Gmelin 的干燥胆结石，习称"天然牛黄"。取自胆囊的习称"胆黄"或"蛋黄"；取自胆管及肝管的习称"管黄"或"肝黄"。

主产于北京，内蒙古包头、呼和浩特（商品称"京牛黄"），河北，天津，新疆，青海，西藏，河南，广西，甘肃，陕西，江苏等地。以西北（商品称"西牛黄"），西南、东北（商品称"东牛黄"）等地产量较大。国外主产于印度（商品称"印度牛黄"）、加拿大和阿根廷（商品称"金山牛黄"）、乌拉圭等地。

宰牛时,如发现有牛黄,即滤去胆汁,将牛黄取出,除去外部薄膜,阴干。

【商品性状特征】

1. 胆黄 呈卵形、类球形、三角形或四方形,大小不一,直径 0.6~3(4.5)cm。表面黄红色至棕黄色,有的表面挂有一层黑色光亮的薄膜,习称"乌金衣",有的粗糙,具疣状突起,有的具龟裂纹。体轻,质酥脆,易分层剥落,断面金黄色,可见细密的同心层纹,有的夹有白心。气清香,味苦而后甘,有清凉感,嚼之易碎,不粘牙(图 8-15)。

2. 管黄 呈管状,表面不平或有横曲纹,或为破碎小片,长约 3cm,直径 1~1.5cm。表面红棕色或棕褐色,有裂纹及小突起,断面有较少的层纹,有时中空,色较深(图 8-15)。

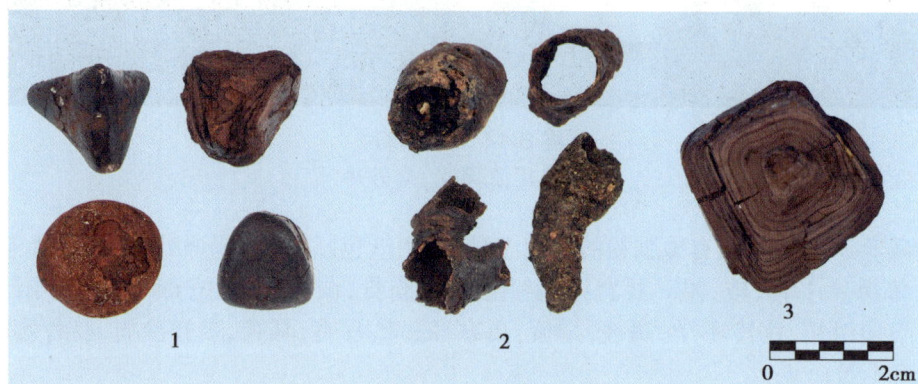

图 8-15 牛黄
1. 胆黄;2. 管黄;3. 胆黄断面。

【规格等级】按产地不同分京牛黄、东牛黄、西牛黄、金山牛黄、印度牛黄。按其出处和形状不同又分胆黄和管黄 2 种,以胆黄质量为佳。

一等品:胆黄呈卵形、类球形或三角形,大小块不分,间有碎块,表面、断面金黄色。

二等品:呈管状或胆汁渗入的各种黄块,表面黄褐色或棕褐色,断面棕褐色。

【主要化学成分】胆酸(cholic acid)、胆红素(bilirubin)。

【质量要求】

1. 性状评价 以完整、表面金黄色或棕黄色、有光泽、质松脆、断面棕黄色或金黄色、有自然形成层、气清香、味微苦后甘者为佳。

2. 检查 水分不得过 9.0%;总灰分不得过 10.0%。

3. 游离胆红素 用高效液相色谱法测定,供试品色谱中,在与对照品色谱峰保留时间相对应的位置上出现的色谱峰面积应小于对照品色谱峰面积或不出现色谱峰。

4. 胆酸($C_{24}H_{40}O_5$)含量 用薄层色谱法测定,不得少于 4.0%。

5. 胆红素($C_{33}H_{36}N_4O_6$)含量 用高效液相色谱法测定,不得少于 25.0%。

【贮藏养护】用玻璃纸包好,或装入干燥的玻璃瓶中,置阴凉干燥处,遮光、密闭、防潮、防压。

【性味功能】甘,凉。清心,豁痰,开窍,凉肝,息风,解毒。用于热病神昏,中风痰迷,惊痫抽搐,癫痫发狂,咽喉肿痛,口舌生疮,痈肿疔疮。

【用法用量】0.15~0.35g,多入丸散用。外用适量,研末敷患处。

【附注】由于天然牛黄货少,价格昂贵,从猪胆汁中提取出相关物质配制成的人工牛黄,已经大大弥补天然牛黄的不足。

羚羊角　Lingyangjiao

Saigae Tataricae Cornu

【基源】牛科(Bovidae)动物赛加羚羊 *Saiga tatarica* Linnaeus 的角。

主产于新疆天山北麓伊犁、博尔塔拉河流,中俄交界处一带,甘肃、青海、西藏北部,内蒙古大兴安岭一带。

猎取后锯取其角,晒干。

【商品性状特征】呈长圆锥形,略呈弓形弯曲,长 15~33cm。类白色或黄白色,基部稍呈青灰色,嫩枝对光透视有"血丝"或紫黑色斑纹,光润如玉,无裂纹;老枝则有细纵裂纹,除尖端部分外,有 10~16 个隆起环脊,间距约 2cm,用手握之,四指正好嵌入凹处,习称"握把";角的基部横截面圆形,直径 3~4cm,内有坚硬质重的角柱,习称"骨塞"或"羚羊塞";骨塞长约占全角的 1/2 或 1/3,表面有突起的纵棱与其外面角鞘内的凹沟紧密嵌合,从横切面观,其结合部呈锯齿状。除去"骨塞"后,角的下半段成空洞,全角呈半透明,对光透视,上半段中央有一条隐约可见的细孔道直通角尖,习称"通天眼"。质坚硬。气微,味淡(图 8-16)。

图 8-16　羚羊角

【规格等级】

1. 药材　分大枝羚羊角、小枝羚羊角、老角、羚羊角尖等规格。

2. 饮片　分羚羊角镑片与羚羊角粉。

【主要化学成分】角蛋白(keratin)、甾体化合物、多种氨基酸。

【质量要求】性状评价　以质嫩、色白、光润、内含红色斑纹、无裂纹者为佳。

【贮藏养护】以纸包好,置木箱内或纸箱内,置干燥处,密闭保存。

【性味功能】性寒,味咸。平肝息风,清肝明目,散血解毒。用于肝风内动,惊痫抽搐;肝阳上亢,头晕目眩;肝火上炎,目赤头痛;温热病壮热神昏,热毒发斑。

【用法用量】1~3g,宜另煎 2h 以上;磨汁或研粉服,每次 0.3~0.6g。

【附注】羚羊角主要从中俄边贸城市如满洲里、黑河、绥芬河等口岸进口。因赛加羚羊被滥捕乱杀,来货逐年减少。

阿胶 Ejiao

Asini Corii Colla

【基源】马科动物驴 *Equus asinus* L. 的干燥皮或鲜皮经煎煮、浓缩制成的固体胶。

【商品性状特征】胶剂。呈长方形块、方形块或丁状。棕色至黑褐色,有光泽。质硬而脆,断面光亮,碎片对光照视呈棕色半透明状。气微,味微甘(图 8-17)。

图 8-17 阿胶

【规格】250g/ 盒,500g/ 盒。

【主要化学成分】L- 羟脯氨酸(L-hydroxyproline)、甘氨酸(glycin)、丙氨酸(alanine)、L-脯氨酸(L-proline)等。

【质量要求】

1. 性状评价 应为色泽均匀,无异常臭味的半透明固体。

2. 鉴别 用高效液相色谱 - 质谱测定,以质荷比(m/z)539.8(双电荷)→ 612.4 和 m/z 539.8(双电荷)→ 923.8 离子对提取的供试品离子流色谱中,应同时呈现与阿胶对照药材色谱保留时间一致的色谱峰。

3. 水分测定 不得过 15.0%。

4. 重金属有害元素 铅不得过 5mg/kg,镉不得过 0.3mg/kg,砷不得过 2mg/kg,汞不得过 0.2mg/kg,铜不得过 20mg/kg。

5. 水不溶物检查 不得过 2.0%。

6. 氨基酸含量 用高效液相色谱法测定,按干燥品计算,含 L- 羟脯氨酸不得少于 8.0%,甘氨酸不得少于 18.0%,丙氨酸不得少于 7.0%,L- 脯氨酸不得少于 10.0%。

【贮藏养护】密闭。

【性味功能】甘,平。补血滋阴,润燥,止血。用于血虚萎黄,眩晕心悸,肌痿无力,心烦不眠,虚风内动,肺燥咳嗽,劳嗽咯血,吐血尿血,便血崩漏,妊娠胎漏。

【用法用量】3~9g。烊化兑服。

龟甲胶　Guijiajiao

Testudinis Carapacis et Plastri Colla

【基源】龟甲经水煎煮、浓缩制成的固体胶。

【商品性状特征】胶剂。呈长方形或方形的扁块。深褐色。质硬而脆,断面光亮,对光照视时呈半透明状。气微腥,味淡(图 8-18)。

图 8-18　龟甲胶

【规格】250g/ 盒,500g/ 盒。

【主要化学成分】蛋白质(protein)、氨基酸(amino acid)、微量元素(trace element)等。

【质量要求】

1. 性状评价　应为色泽均匀,无异常臭味的半透明固体。

2. 显色反应　取本品粉末 2g,加水 10ml 使溶解,滤过。取滤液 1ml,加茚三酮试液 0.5ml,置水浴上加热 15min,溶液显蓝紫色。取滤液 1ml,加新制的 1% 硫酸铜溶液和 40% 氢氧化钠溶液(1:1)混合溶液数滴,振摇,溶液显紫红色。

3. 鉴别　用高效液相色谱 - 质谱测定,以质荷比(m/z)631.3(双电荷)→ 546.4 和 m/z 631.3(双电荷)→ 921.4 离子对提取的供试品离子流色谱中,应同时呈现与对照药材色谱保留时间一致的色谱峰。

4. 检查　水分不得过 15.0%;总灰分不得过 2.0%。

5. 水不溶物检查　不得过 2.0%。

6. 重金属检查　不得过 30mg/kg。

7. 氨基酸含量　用高效液相色谱法测定,按干燥品计算,含 L- 羟脯氨酸不得少于 5.4%,甘氨酸不得少于 12.4%,丙氨酸不得少于 5.2%,L- 脯氨酸不得少于 6.2%。

【贮藏养护】密闭。

【性味功能】咸、甘、凉。滋阴,养血,止血。用于阴虚潮热,骨蒸盗汗,腰膝酸软,血虚萎黄,崩漏带下。

【用法用量】3~9g,烊化兑服。

鹿角胶　Lujiaojiao

Cervi Cornus Colla

【基源】鹿角经水煎煮、浓缩制成的固体胶。

【商品性状特征】胶剂。呈扁方形块。黄棕色或红棕色,半透明,有的上部有黄白色泡沫层。质脆,易碎,断面光亮。气微,味微甜(图8-19)。

图8-19　鹿角胶

【规格】6g/块。

【主要化学成分】胶质(colloidal material)、磷酸钙(calcium phosphate)、碳酸钙(calcium carbonate)、氮化物(nitride)等。

【质量要求】

1. 性状评价　应为色泽均匀,无异常臭味的半透明固体。

2. 鉴别　用高效液相色谱-质谱测定,以质荷比(m/z)765.4(双电荷)→554.0 和 m/z 765.4 (双电荷)→733.0 离子对提取的供试品离子流色谱中,应同时呈现与对照药材色谱保留时间一致的色谱峰。

3. 检查　水分不得过 15.0%;总灰分不得过 3.0%。

4. 重金属检查　不得过 30mg/kg。

5. 砷盐检查　不得过 2mg/kg。

6. 水不溶物检查　不得过 2.0%。

7. 氨基酸含量　用高效液相色谱法测定,本品按干燥品计算,含 L-羟脯氨酸不得少于 6.6%,甘氨酸不得少于 13.3%,丙氨酸不得少于 5.2%,L-脯氨酸不得少于 7.5%。

【贮藏养护】密闭。

【性味功能】甘、咸,温。温补肝肾,益精养血。用于肝肾不足所致的腰膝酸冷,阳痿遗精,虚劳羸瘦,崩漏下血,便血尿血,阴疽肿痛。

【用法用量】3~6g,烊化兑服。

（肖井雷　姜丹　何文静　曲中原）

复习思考题

1. 商品毛壳麝香的性状特征有哪些?
2. 简述鹿茸的采收加工方法。
3. 简述二杠锯茸商品的等级划分标准。
4. 简述哈蟆油的主要商品特征及质量评价标准。
5. 简述熊胆的基源及主要商品特征。

PPT 课件

◆◆◆ **第九章** ◆◆◆

矿物类中药

📏 **学习目标**

　　1. 掌握朱砂、雄黄、芒硝、自然铜和赭石的来源、道地产地、商品性状特征、规格等级、质量要求。

　　2. 熟悉朱砂、雄黄、芒硝、自然铜和赭石的贮藏养护、性味功能、用法用量。

　　3. 了解龙骨的来源、产地、商品特征、规格等级、质量要求、贮藏养护、性味功能、用法用量。

　　矿物类中药是指可供药用的天然矿物（mineral）、矿物的加工品、人造矿物（artificial mineral，synthetic mineral）或动物骨骼化石（animal fossils）等药材。

第一节　矿物的性质

　　矿物是地壳部分的自然元素或各种化学元素在不同的物理、化学条件下发生自然的化学反应所形成的产物。

　　除少数是自然元素外，绝大多数矿物是化合物。大部分是固体，少数是液体或气体。药用矿物以固体为主，每一种固体矿物都有一定的物理、化学性质，这些性质取决于它们的结晶构造和化学成分。人们常利用这些性质的不同，来鉴别和认识不同种类的矿物。

　　1. 结晶形状　自然界中的绝大多数矿物都是由结晶质组成。凡是质点呈有规律排列者称为晶体（结晶质，crystal），反之为非晶体（非结晶质）。组成晶体的质点在三维空间内以固定距离作有规律的格子状排列，这种构造称为空间格子。组成空间格子的基本单位——平行六面体，称为晶胞（unit cell）。晶胞（平行六面体）由棱长和棱间夹角组成。不同晶体晶胞的棱长和棱间夹角不同，同一晶体晶胞的棱长和棱间夹角相同。晶胞的棱长和棱间夹角称为晶体常数。根据晶体常数的特点，一般将晶体分为七大晶系：等轴晶系（isometric system）、四方晶系（tetragonal system）、三方晶系（trigonal system）、六方晶系（hexagonal system）、斜方晶系（又称"正交晶系"，orthorhombic system）、单斜晶系（monoclinic system）、三斜晶系（triclinic system）。

　　由于不同晶系的晶体内部质点排列不同，故它们所表现出的几何外形特征也不同。除等轴晶系的晶体呈立方体或近于圆形外，其他 6 个晶系的晶体都是伸长成柱状、针状，或压扁成板状、片状。

　　矿物除了单体的形态以外，常以许多单体聚集出现，这种聚集的整体称为集合体。集合体的形态多样，呈粒状、晶簇状、放射状、结核体状等。

2. 结晶习性 一般指晶体的外观形态。多数固体矿物为含水矿物,有一系列特征,如比重小、硬度低等。水在矿物中的存在形式,直接影响矿物的性质。按其存在形式,矿物中的水可分为两大类:一是不加入晶格(lattice)中的吸附水(自由水);另一是加入晶格中的结晶水和结构水。以分子形式加入晶格中的水称为结晶水,如芒硝($Na_2SO_4 \cdot 10H_2O$);以离子形式加入晶格中的水称为结构水,如滑石[$Mg_3Si_4O_{10}(OH)_2/3MgO \cdot 4SiO_2 \cdot H_2O$]。

3. 透明度 矿物透光能力的大小称为透明度。按矿物磨至 0.03mm 标准厚度时比较其透明度,分为 3 类:①透明矿物,能通过绝大部分光线,隔着它可以清晰地透视另一物体;②半透明矿物,能通过一部分光线,隔着它不能看清另一物体;③不透明矿物,光线几乎不能通过,即使是薄片或在边缘部分,也不透光。

4. 颜色 矿物对光线中不同波长的光波均匀吸收或选择吸收所表现出的性质称为颜色。一般分为 3 类:

(1)本色:矿物的成分和内部构造所决定的颜色称为本色。

(2)外色:矿物的外色是由外来的带色杂质、气泡等包裹体所引起的,与矿物本身的成分和构造无关。外色的深浅与外来物的量及其分散程度有关。

(3)假色:某些矿物有时可见变彩现象,这是由于投射光受晶体内部裂缝面、解理面及表面氧化膜的反射所引起光波干涉作用而产生的颜色。

5. 条痕及条痕色 矿物在白色毛瓷板上刻划后所留下的粉末痕迹称为"条痕"(wale),粉末痕迹的颜色称为条痕色。

6. 光泽 矿物表面对于投射光的反射能力称为光泽。矿物单体光滑平面的光泽由强至弱分为:金属光泽、半金属光泽、金刚光泽、玻璃光泽;矿物断口或集合体表面不平滑,并有细微的裂缝、小孔等,使一部分反射光发生散射或相互干扰,而形成一些特殊的光泽:主要有油脂光泽、丝绢光泽、珍珠光泽、土状光泽等。

7. 密度 各种矿物的比重在一定条件下为一常数,密度是鉴定矿物重要的物理常数。

8. 硬度 矿物抵抗外来机械作用(刻划、挤压、研磨等)能力的大小称为硬度。

9. 解理和断口 矿物受力后沿一定结晶方向裂开成光滑平面的性质称为解理,所裂成的平面称为解理面。解理是结晶物质特有的性质,其形成与晶体构造类型有关。矿物受力后不沿一定结晶方向裂开,断裂面不规则和不平整,这种断裂面称为断口。结晶质矿物和非结晶质矿物均可产生断口。断口的形态有平坦状、贝壳状、参差状和锯齿状。

10. 矿物的力学性质 矿物受压轧、锤击、弯曲或拉引等力的作用所呈现的力学性质有脆性、延展性、挠性、弹性、柔性、磁性等。

此外,矿物类药材有的具有特殊的气味;有的有吸湿性。

第二节 矿物类中药的分类与鉴别

一、矿物类中药的分类

矿物类中药的分类是以矿物中所含主要的或含量最多的某种化合物为依据。矿物在矿物学上的分类,通常是根据其阴离子的种类,但从药学的观点来看,因为阳离子通常起主要的药效作用,则根据阳离子种类来分类较为恰当。现根据阳离子的种类将常见矿物分类如下:汞化合物类如朱砂、轻粉、红粉;铁化合物类如自然铜、赭石、禹余粮、磁石;铅化合物类如铅丹、密陀僧;铜化合物类如胆矾、铜绿;铝化合物类如白矾、云母(硅酸钾铝);砷化合物类如雄黄、雌黄、信石；镁化合物类如滑石；钙化合物类如石膏；钠化合物类如芒硝；其他类如炉甘石、硫黄、硝石。

二、矿物类中药的鉴别

矿物类中药绝大部分属于晶质矿物，有一定的化学组成、内部结构、形态和物理性质。通常采用形态和化学的方法进行鉴定。

1. 性状鉴别　矿物类中药的商品鉴别应注意形状、颜色、条痕、透明度、光泽、硬度等。颜色一般以新鲜面为准，应注意本色、外色与假色的区别。矿物的条痕色比矿物表面的颜色更稳定，往往反映矿物的本色，因而更具有鉴定意义。但应注意，有的条痕色与矿物表面的颜色不同，如赭石、自然铜。此外，还应注意密度、解理、断口、气味、磁性、吸湿性、触感特点等。

矿物类中药的饮片一般为打碎的小块，如龙骨等；有的需水飞成细粉或极细粉，如雄黄、朱砂。鉴别一般应注意表面、颜色、气味等。

矿物类中药一般依据来源、产地、形状、颜色等划分不同的规格，如朱砂、龙骨；一般不分等级。多数矿物类中药为统货。

2. 显微鉴别　矿物类中药的显微鉴别主要是借助偏光显微镜（polarizing microscope）和普通生物显微镜，观察矿物药的磨片或粉末特征。偏光显微镜主要观察形态、解理、透明度、边缘、断面及光学性质等；普通生物显微镜主要观察粉末的颗粒形状、颜色、透明度及光泽等特征。偏光显微镜只适合透明矿物的显微鉴别，其中均质矿物只能在单偏光镜下鉴定；非均质矿物可在正交偏光镜或锥光镜下鉴定。

3. 理化鉴别　主要包括化学定性鉴别、氯化物检查、铁盐检查、砷盐检查、差热分析、热重分析、X 射线衍射分析和红外光谱法等。

(1) 汞盐：①取供试品溶液，加氢氧化钠试液，即生成黄色沉淀。②取供试品的中性溶液，加碘化钾试液，即生成猩红色沉淀，能在过量的碘化钾试液中溶解；再以氢氧化钠试液碱化，加铵盐即生成红棕色沉淀。③取不含过量硝酸的供试品溶液，涂于光亮的铜箔表面，擦拭后即生成一层光亮似银的沉积物。

(2) 钙盐：①取铂丝，用盐酸湿润后，蘸取供试品，在无色火焰中燃烧，火焰即显砖红色。②取供试品溶液（1→20），加甲基红指示液 2 滴，用氨试液中和，再滴加盐酸至恰呈酸性，加草酸铵试液，即生成白色沉淀；分离，沉淀不溶于醋酸，但可溶于盐酸。

(3) 钠盐：①取铂丝，用盐酸湿润后，蘸取供试品，在无色火焰中燃烧，火焰即显鲜黄色。②取供试品的中性溶液，加醋酸氧铀锌试液，即生成黄色沉淀。

(4) 钾盐：①取铂丝，用盐酸湿润后，蘸取供试品，在无色火焰中燃烧，火焰即显紫色；但有少量钠盐混存时，须隔蓝色玻璃透视，方能辨认。②取供试品，加热炽灼除去可能杂有的铵盐，放冷后，加水溶解，再加 0.1% 四苯硼酸钠溶液与醋酸，即生成白色沉淀。

(5) 铁盐：①取供试品溶液，加亚铁氰化钾试液，即生成深蓝色沉淀；分离，沉淀在稀盐酸中不溶，但加氢氧化钠试液，即分解成棕色沉淀。②取供试品溶液，加硫氰酸铵试液，即显血红色。

(6) 锌盐：①取供试品溶液，加亚铁氰化钾试液，即生成白色沉淀；分离，沉淀在稀盐酸中不溶解。②取供试品溶液，加稀盐酸酸化，加 0.1% 硫酸铜溶液 1 滴及硫氰酸汞铵试液数滴，即生成紫色沉淀。

(7) 硫酸盐：①取供试品溶液，加氯化钡试液，即生成白色沉淀；分离，沉淀在盐酸或硝酸中均不溶解。②取供试品溶液，加醋酸铅试液，即生成白色沉淀；分离，沉淀在醋酸铵试液或氢氧化钠试液中溶解。

(8) 氯化物：①取供试品溶液，加硝酸使成酸性后，加硝酸银试液，即生成白色凝乳状沉淀；分离，沉淀加氨试液即溶解，再加硝酸，沉淀又生成。②取供试品少量，置试管中，加等量的二氧化锰，混匀，加硫酸湿润，缓缓加热，即发生氯气，能使湿润的碘化钾淀粉试纸显蓝色。

(9) 磷酸盐：①取供试品的中性溶液，加硝酸银试液，即生成浅黄色沉淀；分离，沉淀在氨试液或稀硝酸中易溶解。②取供试品溶液，加氯化铵镁试液，即生成白色结晶性沉淀。③取供试品溶液，加钼酸铵试液与硝酸后，加热即生成黄色沉淀；分离，沉淀能在氨试液溶解。

矿物类中药多用木箱、缸、瓷罐包装，也有用铝皮箱或袋装的。矿物类中药极易风化、吸湿、变色、潮解，有的易燃，要注意密封，置于阴凉干燥处，防尘、避风、防热、防火。毒性矿物类中药应专柜专人管理，如信石、雄黄等。

第三节 各 论

朱砂 Zhusha

Cinnabaris

【基源】硫化物类矿物辰砂族辰砂，主含硫化汞（HgS）。

主产于湖南（新晃、凤凰等地）、贵州、四川、广西、云南等省区。天然朱砂，以湖南辰州（今沅陵）产质量为好，故有"辰砂"之称。

采挖后，选取纯净者，用磁铁吸净含铁的杂质，再用水淘去杂石和泥沙。根据临床要求需将朱砂用磁铁吸去铁屑，用水飞法制成极细的粉末，晾干或40℃以下干燥，作朱砂粉使用。

【商品性状特征】朱砂呈粒状或块状集合体，颗粒状或块片状。鲜红色或暗红色，条痕红色至褐红色，有光泽，体重，质脆，片状者易破碎，粉末状者有闪烁的光泽。气微，味淡（图9-1）。

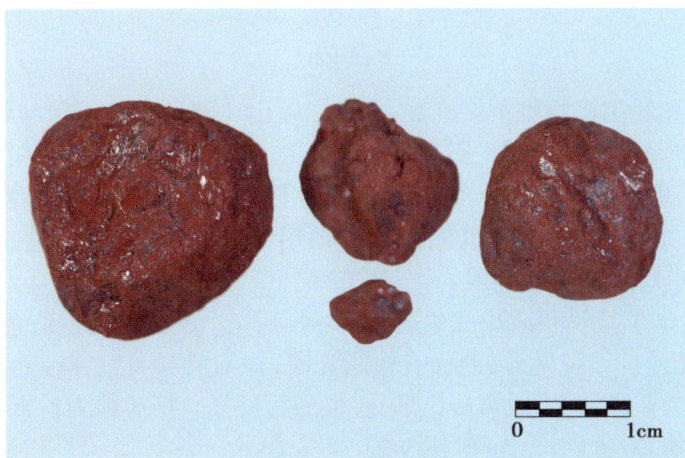

图9-1 朱砂

【规格等级】

1. 药材 分镜面砂、豆瓣砂、朱宝砂3种规格。

(1) 镜面砂：又名劈砂、片砂。片大如瓜仁、薄而颜色鲜明透亮者称"大片王"；片稍小而略薄者称"大片";片小而薄,色泽较差者称"中片"。

（2）豆瓣砂:又名豆砂、个砂。颗粒状而无光泽。

（3）朱宝砂:又名洋尖砂。色红鲜亮者为一等品,稍次者为二等品,再次者为"魁砂"。

2. 饮片　朱砂粉:为极细粉末,体轻,以手撮之无粒状物,以磁铁吸之,无铁末,气微,味淡。

【主要化学成分】硫化汞(HgS)。

【质量要求】

1. 性状评价　以色鲜红、有光泽、质脆体重者为佳。搓时不染色,研细不见白点者为真;有白点则夹有砂石,质不纯。

2. 铁检查　药材中铁与标准铁溶液的对照液比较,不得更深（0.1%）。

3. 二价汞检查　药材中含二价汞以汞（Hg）计,不得过 0.10%,饮片朱砂粉可溶性汞盐检查不得显汞盐的鉴别反应。

4. 硫化汞（HgS）含量　采用硫氰酸铵滴定法测定,药材不得少于 96.0%;饮片不得少于 98.0%。

【贮藏养护】有毒,用纸或塑料袋包装,拆装或炮制后置密闭容器内,贴上标签,要有明显的干燥、低温、避光储藏标志。

【性味功能】甘,微寒;有毒。清心镇惊,安神,明目,解毒。用于心悸易惊,失眠多梦,癫痫发狂,小儿惊风,视物昏花,口疮,喉痹,疮疡肿毒。

【用法用量】0.1~0.5g,多入丸散服,不宜入煎剂。外用适量。

【注意】本品有毒,不宜大量服用,也不宜少量久服;孕妇及肝、肾功能不全者禁用。

【附注】目前商品中所称的"辰砂"是以水银和硫黄为原料加热升华而合成的加工品,又称"平口砂"或"灵砂"。多为大小不等的碎块,完整者呈盆状;全体暗红色,质松脆易碎;断面呈纤维柱状（习称"马牙柱"）,有宝石样或金属样光泽;无臭,味淡。朱砂商品的历史规格分为箭镞砂、肺砂和末砂,其中色紫不染纸者称"旧坑砂",为上品;色鲜染纸者称"新坑砂",质次之。

雄黄　Xionghuang

Realgar

【基源】为硫化物类矿物雄黄族雄黄,主含二硫化二砷（As_2S_2）。常与雌黄共生。

主产于湖南慈利、石门、浏阳、邵阳;贵州印江、铜仁、惠水、三都、凤冈等地。此外,湖北、甘肃、云南及四川等地有少量分布。以湖南石门贮量大、品质高,最为著名。

本品在矿中质软如泥,见空气即变坚硬,一般用竹刀剔取其熟透部分,除去杂质泥土,研成细粉或经水飞制成极细粉后,备用。

【商品性状特征】呈块状或块状集合体,大小不一。深红色或橙红色,条痕淡橘红色,晶面有金刚石样光泽。质脆易碎;断面有树脂光泽;微有特异臭气,味淡。燃烧时易熔融成红紫色液体,火焰为蓝色,并生成黄白色烟,有强烈蒜臭气。精矿粉为粉末状或粉末集合体,质松脆,手捏成细粉,橙黄色,无光泽（图 9-2）。

【规格等级】

1. 药材　分雄黄、腰黄 2 种规格。雄黄分为天、地、元、黄 4 个等级。腰黄按大小、色泽分为 1~3 等。目前市售商品多已不分规格,均为统货。

（1）天字雄黄:为不规则块状物,长至 6cm,厚至 3cm,外表橙红色间夹暗红色,有玻璃闪光,质酥脆。

图 9-2　雄黄

（2）地字雄黄：为块状或较小粒状，色红、熟透。

（3）元字雄黄：为 2~3cm 的不规则小块状，外表与天字雄黄相似，但质较坚。

（4）黄字雄黄：为前述品种的粉末或碎片。腰黄又称雄精或明雄，颜色鲜艳，光亮透明如琥珀，可随身佩戴作装饰品。

2. 饮片　雄黄粉：为橙黄色或橙红色极细粉末，易粘手，气特异。

【主要化学成分】二硫化二砷（As_2S_2）。

【质量要求】

1. 性状评价　以色红、块大、质松脆、有光泽者为佳。

2. 三价砷和五价砷的总量　用砷形态及其价态测定法，以砷（As）计，不得过 7.0%。

3. 二硫化二砷（As_2S_2）含量　采用滴定法测定，含砷量以二硫化二砷计，不得少于 90.0%。

【贮藏养护】毒性药材，置于密闭容器中，贴上标签，放置干燥处贮藏。本品遇火易燃烧，应单独存放，注意防火。

【性味功能】辛，温；有毒。解毒杀虫，燥湿祛痰，截疟。用于痈肿疔疮，蛇虫咬伤，虫积腹痛，惊痫，疟疾。

【用法用量】0.05~0.1g，入丸散用。外用适量，熏涂患处。

【注意】内服宜慎；不可久用；孕妇忌用。

【附注】雄黄为常用的矿物类药材，主要在中成药牛黄解毒丸（片）中使用，牛黄解毒丸销售量与雄黄药材用量有较大关系。湖南石门雄黄矿至今开采 1 400 余年，是我国最大的雄黄矿床。现因雄黄中砷的毒性，药用量逐渐减少。

芒硝　Mangxiao

Natrii Sulfas

【基源】硫酸盐类矿物芒硝族芒硝，经加工精制而成结晶体。主含含水硫酸钠（$Na_2SO_4 \cdot 10H_2O$）。

主产于河北、天津、山东、河南、江苏、安徽、山西。

冬季取天然的不纯芒硝（土硝），加水溶解，滤过，滤液浓缩，放冷析出结晶，如结晶不纯，可重复处理，得较洁净的芒硝结晶。或将天然土硝溶于水中，加萝卜片共煮、滤过，滤液静置冷却析出结晶即得芒硝。

【商品性状特征】呈棱柱状、长方形或不规则块状及粒状。无色透明或类白色半透明。质脆,易碎,断面呈玻璃样光泽。气微,味咸(图9-3)。

图9-3 芒硝

【规格等级】商品一般为统货。

【主要化学成分】含水硫酸钠($Na_2SO_4 \cdot 10H_2O$)。

【质量要求】

1. 性状评价 以结晶体呈冰条状、色莹白、透明、洁净者为佳;色暗含泥者质次。

2. 铁盐与锌盐 滴加氢氧化钠试液中和,加稀盐酸、亚铁氰化钾试液与适量的水,不得发生浑浊或显蓝色。

3. 镁盐 加氨试液与磷酸氢二钠试液,不得发生浑浊。

4. 氯化物 用氯化物检查法,不得比对照液更浓(0.035%)。

5. 干燥失重 取本品,在105℃干燥至恒重,减失重量应为51.0%~57.0%。

6. 重金属 用重金属检查法测定,不得过10mg/kg。

7. 含砷量 用砷盐检查法测定,不得过10mg/kg。

8. 硫酸钠(Na_2SO_4)含量 按照《中国药典》方法测定,不得少于99.0%。

【贮藏养护】本品是含10个水结晶分子的硫酸钠,易风化失去结晶水成粉状(习称风化硝),受潮易溶解,受热易熔化,贮藏于罐内或木箱,密闭;在30℃以下,阴凉干燥处保存,防潮、防风吹日晒。本品有腐蚀性,存放应注意其对贮藏器具的腐蚀损坏。

【性味功能】咸、苦,寒。泻下通便,润燥软坚,清火消肿。用于实热积滞,腹满胀痛,大便燥结,肠痈肿痛;外治乳痈,痔疮肿痛。

【用法用量】6~12g,一般不入煎剂,待汤剂煎得后,溶入汤液中服用。外用适量。

【注意】孕妇慎用;不宜与硫黄、三棱同用。

【附注】玄明粉为芒硝经干燥制得。主含硫酸钠(Na_2SO_4)。呈白色粉末状,无臭、味咸,有引湿性。外用治目赤、咽肿、口疮。

自然铜 Zirantong

Pyritum

【基源】为硫化物类矿物黄铁矿族黄铁矿。

主产于四川、山东、湖南、湖北、云南、广东及东北等省,销全国各地。

全年可采,去净杂石、沙土及黑锈后,敲成小块。根据临床要求需将自然铜除去杂质,洗净,干燥,用时砸碎。煅自然铜需反复醋淬数次,至黑褐色,表面光泽消失并酥松,取出,摊晾凉后使用。每100kg自然铜,用醋30kg。

【商品性状特征】

1. 药材　晶形多为立方体,集合体呈致密块状。直径0.2~2.5cm。表面亮淡黄色,有金属光泽;有的黄棕色或棕褐色,无金属光泽。相邻晶面(crystal face)上具纵直条纹,条痕绿黑色或棕红色。体重,质坚硬或稍脆,易砸碎。断面黄白色,有金属光泽,不平坦,锯齿状;或断面棕褐色,可见银白色亮星。燃之有硫黄气(图9-4)。

图9-4　自然铜

2. 饮片

(1)自然铜:同药材。

(2)煅自然铜:为不规则的碎粒,灰黑色或黑褐色,质酥脆,无金属光泽,带醋气。

【规格等级】统货。分四川、广东、云南原装等。

【主要化学成分】主含二硫化铁(FeS_2)。并常含镍、砷、锑、铜、钴等杂质。

【质量要求】

1. 性状评价　一般以块整齐、深赤黄色、质较坚、断面有金属光泽者为佳;黄绿色、质较松脆者次之。

2. 铁(Fe)含量　用重铬酸钾滴定法测定,含铁(Fe)应为40.0%~55.0%。

【贮藏养护】放罐内或木箱内盖好,置干燥处,防灰尘、防潮湿。

【性味功能】辛,平。散瘀止痛,续筋接骨。用于跌打损伤,筋骨折伤,瘀肿疼痛。

【用法用量】3~9g。多入丸散服,若入煎剂宜先煎。外用适量。

【附注】自然铜的品种来源,历代一直有争论。一般认为自然铜来源于黄铁矿或褐铁矿,另一种观点认为其来源于黄铜矿,但它们在自然界常共存于同一矿石中。目前甘肃、湖南株洲、广西柳州等地市售品多为黄铁矿,长春、哈尔滨、杭州等地市售品多为褐铁矿化黄铁矿。

赭石 Zheshi

Haematitum

【基源】为氧化物类矿物刚玉族赤铁矿。主产于山西雁门山、代县、五谷、宁武、交城等地,河北宣华、龙关、邢台、邯郸等地,山东诸城,湖南宁乡,四川、江苏、广东等地。

采挖后,除去杂石。用前敲碎。煅赭石需砸碎后,煅至红透,醋淬,碾成粗粉使用。

【商品性状特征】

1. 赭石 多呈扁平状,大小不一;全体棕红色或铁青色,表面附有少量棕红色粉末,有的有金属光泽;一面有圆形乳头状突起,习称"钉头",另一面与突起相对应处有同样大小的凹窝;质坚硬,硬度 5.5~6,相对密度 4~5.3;不易砸碎,砸碎面显层叠状,每层均依"钉头"而呈波浪状弯曲,用手抚摩,则有红棕色粉末粘手;条痕樱桃红色;气微,味淡(图 9-5)。

图 9-5 赭石

2. 煅赭石 呈不规则碎粒及粗粉,表面黑灰色,断面显层叠状或波浪状弯曲,质松脆,微有醋气。

【规格等级】商品规格分为赭石和煅赭石 2 类,均为统货。

【主要化学成分】主要含三氧化二铁(Fe_2O_3),其次为中等量的硅酸、铝化合物及少量的镁、锰、碳酸钙、黏土等。

【质量要求】

1. 性状评价 一般以表面色棕红、钉断面层次明显、松脆易剥下、无杂石者为佳。

2. 铁(Fe)的含量 用重铬酸钾滴定法测定,含铁不得少于 45.0%。

【贮藏养护】置竹篓或木箱内,干燥、防尘。

【性味功能】苦,寒。平肝潜阳,重镇降逆,凉血止血。用于眩晕耳鸣,呕吐,噫气,呃逆,喘息,吐血,衄血,崩漏下血。

【用法用量】9~30g,先煎。

【注意】孕妇慎用。

【附注】本品市场供需平衡,价格为 1.5~2.5 元 /kg。

龙骨 Longgu

Os Draconis

【基源】古代哺乳类动物如象类或三趾马、恐龙、牛类、鹿类等的骨骼化石。前者习称"五花龙骨",后者习称"龙骨"。

主产于河南、河北、陕西、内蒙古、湖北、四川等地。

全年可采,挖出后除去泥土及杂质。五花龙骨见风极易破碎,故常用毛边纸包裹,只露出一二处花色较好的部分,供鉴别用。

【商品性状特征】

1. 五花龙骨　呈不规则块状,大小不一;全体淡黄白色,夹有蓝灰色花纹,深浅不一;表面平滑,时有小裂隙;断面多粗糙,质硬而脆,易片片剥落而散碎;吸湿性强,以舌舔之有吸力。无臭,无味(图9-6)。

图9-6　五花龙骨

2. 龙骨　呈不规则块状,大小不一;表面白色,较光滑,有的有纹理与裂隙,或有棕色条纹和斑点;质硬,断面不平坦,色白,细腻如粉质;吸湿性亦强(图9-7)。

图9-7　龙骨

【规格等级】分为五花龙骨和龙骨等,均为统货。

【主要化学成分】羟基磷酸钙[$Ca_5(PO_4)_3(OH)$]、碳酸钙($CaCO_3$)。

【质量要求】性状评价　五花龙骨以色白、有各种花纹、松脆易碎、舔之粘舌者为佳;龙骨质坚硬、不易破碎,一般认为质较次。

【贮藏养护】置干燥处,防潮。龙骨可装袋,五花龙骨宜装木箱,密闭、避风保存。

【性味功能】涩、甘、平。镇心安神,平肝潜阳,收敛固涩。用于心悸怔忡,失眠健忘,惊痫癫狂,头晕目眩,自汗盗汗,遗精遗尿,崩漏带下,久泻久痢,溃疡久不收口及湿疮。

【用法用量】9~15g,应打碎先煎。

【附注】龙齿(Dens Draconis)为古代哺乳动物象、犀牛、三趾马等牙齿的化石。呈圆锥形、圆柱形或不规则块状,多少弯曲,形似牙齿。表面类白色、青灰色、黑褐色或红白色,粗糙或有时微显珐琅质。断面常常分为2层,外层微显纤维状层纹,内层为类白色、淡黄色或淡棕色,有蓝青色或棕色的条纹或斑点。根据形状和颜色,商品分为青龙齿、白龙齿和龙齿墩等。多煅后敲碎用。功能镇惊安神,除烦热。

（裴香萍　张　虹　温秀萍　周　婧）

复习思考题

1. 朱砂采用水飞加工的目的是什么?
2. 简述芒硝道地基源及商品性状特征。
3. 赭石的主要成分有哪些?

下篇

中药材提取物与
中成药商品

PPT 课件

第十章

中药材提取物

学习目标

1. 掌握中药材提取物的基本概念与内容，中药材提取物的基源与商品性状特征。
2. 熟悉中药材提取物的质量要求。
3. 了解中药材提取物的贮藏要求。

第一节　概　述

中药材提取物系指从植、动物药材中制得的挥发油、油脂、有效部位和有效成分。中药材提取物包括以水或醇为溶剂经提取制成的流浸膏、浸膏或干浸膏，含有一类或数类有效成分的有效部位和含量达到90%以上的单一有效成分。按照提取药材的成分不同，可分为苷、酸、多酚、多糖、萜类、黄酮、生物碱等；按照最终产品的性状不同，可分为植物油、浸膏、粉、晶状体等。

商品性状特征：包括药材提取物的形态、颜色、澄明度、气味等。

商品规格等级：统货，不分等级。

质量要求：一般进行中药材提取物中主要单一成分的含量测定以及水分、炽灼残渣、重金属、总灰分、粒度、干燥失重、有机氯农药残留等指标的检查。

贮藏养护：中药材提取物通常要遮光，密闭，置阴凉干燥处。

第二节　各　论

黄芩提取物　Huangqin Tiquwu

Scutellaria Extract

【基源】唇形科（Labiatae）植物黄芩 *Scutellaria baicalensis* Georgi 的干燥根经加工制成的提取物。

【商品性状特征】呈淡黄色至棕黄色粉末；味淡、微苦（图 10-1）。

【规格等级】统货。

【主要化学成分】黄芩苷（baicalin）。

图 10-1 黄芩提取物

【质量要求】

1. 水分 不得过 5.0%。

2. 炽灼残渣 不得过 0.8%。

3. 重金属 不得过 20mg/kg。

4. 黄芩苷（$C_{21}H_{18}O_{11}$）含量 用高效液相色谱法测定,不得少于 85.0%。

【贮藏养护】密封,置阴凉干燥处。

丹参提取物 Danshen Tiquwu

Salvia Extract

（一）丹参水提物（丹参总酚酸提取物）（Water Extractum Salvia Miltiorrhiza Siccus）

【基源】唇形科（Labiatae）植物丹参 *Salvia miltiorrhiza* Bge. 的干燥根及根茎经加工制成的水提取物。

【商品性状特征】本品为黄褐色粉末。

【规格等级】统货。

【主要化学成分】迷迭香酸、丹酚酸 B。

【质量要求】

1. 水分测定 水分不得过 5.0%。

2. 炽灼残渣 不得过 12.0%。

3. 重金属 不得过 10mg/kg。

4. 含量测定 用高效液相色谱法测定,含迷迭香酸（$C_{18}H_{16}O_8$）不得少于 0.50%,含丹酚酸 B（$C_{36}H_{30}O_{16}$）不得少于 5.0%。

【贮藏养护】遮光,密闭,置阴凉干燥处。

（二）丹参酮提取物（Tanshinones）

【基源】唇形科（Labiatae）植物丹参 *Salvia miltiorrhiza* Bge. 的干燥根及根茎经加工制成的醇提取物。

【商品性状特征】本品为棕红色粉末;有特殊气味,不具引湿性。

本品易溶于三氯甲烷、二氯甲烷,溶解于丙酮,微溶于甲醇、乙醇、乙酸乙酯（图 10-2）。

【规格等级】统货。

【主要化学成分】隐丹参酮、丹参酮 II_A。

图 10-2　丹参酮提取物

【质量要求】

1. 水分　不得过 5.0%。

2. 炽灼残渣　不得过 3.0%。

3. 重金属　不得过 10mg/kg。

4. 含量测定　用高效液相色谱法测定,含隐丹参酮($C_{19}H_{20}O_3$)不得少于 2.1%,丹参酮 II_A($C_{19}H_{18}O_3$)不得少于 9.8%。

5. 指纹图谱　用高效液相色谱法测定,理论板数按隐丹参酮峰计算应不低于 20 000。供试品指纹图谱中应分别呈现与参照物色谱峰保留时间相同的色谱峰。按中药色谱指纹图谱相似度评价系统计算,供试品指纹图谱与对照指纹图谱的相似度不得低于 0.90;隐丹参酮的峰高值不得低于丹参酮 I 的峰高值。

【贮藏养护】遮光,密闭,置阴凉干燥处。

人参提取物　Renshen Tiquwu

Ginseng Extract

(一) 人参总皂苷(Total Ginsenoside Ginseng Root)

【基源】为五加科(Araliaceae)植物人参 *Panax ginseng* C. A. Mey. 的干燥根及根茎经加工制成的总皂苷。

【商品性状特征】为黄白色或淡黄色的粉末;微臭,味苦;具吸湿性。

本品在甲醇或乙醇中易溶,在水中溶解,在乙醚或石油醚中几乎不溶(图 10-3)。

【规格等级】统货。

【主要化学成分】人参总皂苷(ginsengoside)、人参皂苷 Rg_1、Re、Rd。

【质量要求】

1. 粒度　能通过 120 目筛的粉末不少于 95%。

2. 干燥失重　取本品,在 105℃干燥至恒重,减失重量不得过 5.0%。

3. 总灰分　不得过 6.0%。

4. 炽灼残渣　不得过 6.0%。

5. 重金属及有害元素　铅不得过 3mg/kg;镉不得过 0.2mg/kg;砷不得过 2mg/kg;汞不得过 0.2mg/kg;铜不得过 20mg/kg。

6. 有机氯农药残留量　六六六(总 BHC)不得过 0.1mg/kg;滴滴涕(总 DDT)不得过

图 10-3　人参总皂苷提取物

1mg/kg；五氯硝基苯不得过 0.1mg/kg。

7. 特征图谱　用高效液相色谱法测定。理论板数按人参皂苷 Re 峰计算应不低于 6 000，按人参皂苷 Rd 峰计算应不低于 200 000。供试品特征图谱中应呈现 7 个特征峰，其中 3 个峰应分别与相应的参照物峰保留时间相同；与人参皂苷 Rd 参照物峰相应的峰为 S 峰，计算特征峰 3~7 的相对保留时间，其相对保留时间应在规定值的 ±5% 之内，规定值为：0.84（峰 3）、0.91（峰 4）、0.93（峰 5）、0.95（峰 6）、1.00（峰 7）。

8. 含量测定　用分光光度法测定，人参总皂苷以人参皂苷 Re（$C_{48}H_{82}O_{18}$）计，应为 65%~85%。用高效液相色谱法测定，含人参皂苷 Rg_1（$C_{42}H_{72}O_{14}$）、人参皂苷 Re（$C_{48}H_{82}O_{18}$）和人参皂苷 Rd（$C_{48}H_{82}O_{18}$）的总量计，应为 15%~25%。

【贮藏养护】密闭，置干燥处。

（二）人参茎叶总皂苷（Total Ginsenoside of Ginseng Stems and Leaves）

【基源】为五加科（Araliaceae）植物人参 *Panax ginseng* C. A. Mey. 的干燥茎叶经加工制成的总皂苷。

【商品性状特征】本品为黄白色或淡黄色的粉末；微臭，味苦；具吸湿性。

本品在甲醇或乙醇中易溶，在水中溶解，在乙醚或石油醚中几乎不溶。

【规格等级】统货。

【主要化学成分】含人参皂苷 Rg_1（$C_{42}H_{72}O_{14}$）、人参皂苷 Re（$C_{48}H_{82}O_{18}$）和人参皂苷 Rd（$C_{48}H_{82}O_{18}$）。

【质量要求】

1. 粒度　能通过 120 目筛的粉末不少于 95%。

2. 干燥失重　取本品，在 105℃干燥至恒重，减失重量不得过 5.0%。

3. 总灰分　不得过 1.5%。

4. 炽灼残渣　不得过 1.5%。

5. 重金属及有害元素　铅不得过 2mg/kg；镉不得过 0.2mg/kg；砷不得过 2mg/kg；汞不得过 0.2mg/kg；铜不得过 20mg/kg。

6. 有机氯农药残留量　六六六（总 BHC）不得过 0.1mg/kg；滴滴涕（总 DDT）不得过 1mg/kg；五氯硝基苯不得过 0.1mg/kg。

7. 特征图谱　理论板数按人参皂苷 Re 峰计算应不低于 6 000，按人参皂苷 Rd 峰计算应不低于 200 000。供试品特征图谱中应有 6 个特征峰，其中 3 个峰应分别与相应的参照物峰保留时间相同，与人参皂苷 Rd 参照物峰相应的峰为 S 峰，计算特征峰 3~6 的相对保留时间，其相对保留时间应在规定值的 ±5% 之内。规定值为：0.93（峰 3）、0.95（峰 4）、

0.97（峰 5）、1.00（峰 6）。

8. 含量测定　用紫外-可见分光光度法测定，人参总皂苷以人参皂苷 Re（$C_{48}H_{82}O_{18}$）计，应为 75%~95%。用高效液相色谱法测定，含人参皂苷 Rg_1（$C_{42}H_{72}O_{14}$）、人参皂苷 Re（$C_{48}H_{82}O_{18}$）和人参皂苷 Rd（$C_{48}H_{82}O_{18}$）的总量应为 30%~45%。

【贮藏养护】密闭，置干燥处。

大黄流浸膏　Dahuang Liujingao
Rhubarb Liquid Extract

【基源】大黄经加工制成的流浸膏。

【商品性状特征】流浸膏剂。为棕色的液体；味苦而涩。

【规格】500ml/ 瓶。

【主要化学成分】大黄酸（rhein）、大黄素（emodin）、大黄酚（chrysophanol）、芦荟大黄素（aloe emodin）、大黄素甲醚（physcion），番泻苷 A、B、C、D、E、F（sennoside A，B，C，D，E，F）等。

【质量要求】

1. 性状评价　应澄清、封口严密；无酸败、异臭、产生气体或其他变质现象。

2. 薄层鉴别　取本品与大黄对照药材和大黄素对照品进行薄层色谱鉴别，在与对照药材色谱和对照品色谱相应的位置上，显相同颜色的斑点。

3. 土大黄苷　取本品 0.2ml，加甲醇 2ml，温浸 10min，放冷，取上清液 10μl，点于滤纸上，以 45% 乙醇展开，取出，晾干，放置 10min，置紫外线灯（365nm）下观察，不得显持久的亮紫色荧光。

4. 大黄素（$C_{15}H_{10}O_5$）和大黄酚（$C_{15}H_{10}O_4$）的总量　用高效液相色谱法测定，不得少于 0.45%。

5. 乙醇量　应为 40%~50%。

6. 总固体　取本品约 1g，置已干燥至恒重的蒸发皿中，精密称定，置水浴上蒸干后，在 105℃干燥 3h，移置干燥器中，冷却 30min，迅速称定重量，遗留残渣不得少于 30.0%。

【贮藏养护】密封。

薄荷油　Boheyou
Peppermint Oil

（一）薄荷素油（Peppermint Oil）

【基源】为唇形科（Labiatae）植物薄荷 *Mentha haplocalyx* Briq. 的新鲜茎和叶经水蒸气蒸馏、冷冻、部分脱脑加工提取的挥发油。

【商品性状特征】

1. 为无色或淡黄色的澄清液体；有特殊清凉香气，味初辛、后凉。存放日久，色渐变深。

2. 本品与乙醇、三氯甲烷或乙醚能任意混溶。

3. 相对密度　应为 0.888~0.908。

4. 旋光度　取本品，依法测定，旋光度应为 −17°~−24°。

5. 折光率　应为 1.456~1.466。

【规格等级】统货。

【主要化学成分】薄荷脑（menthol）。

【质量要求】

1. 颜色　取本品与同体积的黄色 6 号标准比色液比较，不得更深。

2. 乙醇中不溶物　取本品 1ml，加 70% 乙醇 3.5ml，溶液应澄清。

3. 酸值 应不大于1.5。

4. 指纹图谱 用气相色谱法测定,供试品指纹图谱中应分别呈现与参照物色谱峰保留时间相同的色谱峰,按中药色谱指纹图谱相似度评价系统计算,供试品指纹图谱与对照指纹图谱的相似度不得低于0.90。

5. 薄荷脑($C_{10}H_{20}O$)含量 用气相色谱法测定,应为28.0%~40.0%。

【贮藏养护】避光,密封,置阴凉处。

(二) 薄荷脑(*l*-Menthol)

【基源】为唇形科(Labiatae)植物薄荷 *Mentha haplocalyx* Briq. 的新鲜茎和叶经水蒸气蒸馏、冷冻、重结晶得到的一种饱和的环状醇,为*l*-1-甲基-4-异丙基环己醇-3。

【商品性状特征】

1. 为无色针状或棱柱状结晶或白色结晶性粉末;有薄荷的特殊香气,味初灼热后清凉。乙醇溶液显中性反应。

2. 本品在乙醇、三氯甲烷、乙醚中极易溶解,在水中极微溶解。

3. 熔点 应为42~44℃。

4. 比旋度 应为 -49°~-50°。

【规格等级】统货。

【主要化学成分】薄荷脑(menthol)。

【质量要求】

1. 有关物质 用气相色谱法测定,以薄荷脑为对照品。供试品色谱图中如有杂质峰,各杂质峰面积的和不得大于对照品溶液的主峰面积(1.0%)。

2. 不挥发物 取本品2g,置已干燥至恒重的蒸发皿中,在水浴上加热,使缓缓挥散后,在105℃干燥至恒重,遗留残渣不得过1mg。

3. 重金属及有害元素 铅不得过5mg/kg;镉不得过0.3mg/kg;砷不得过2mg/kg;汞不得过0.2mg/kg;铜不得过20mg/kg。

4. 薄荷脑($C_{10}H_{20}O$)含量 用气相色谱法测定,应为95.0%~105.0%。

【贮藏养护】密封,置阴凉处。

(叶耀辉 姜 丹)

复习思考题

1. 丹参水提物和丹参酮提取物分别需要做哪些质量检查?

2. 人参总皂苷分别需要做哪些质量检查?

3. 薄荷脑的质量要求有哪些?

第十一章

中成药商品

学习目标

1. 掌握中成药的含义。
2. 熟悉 17 种剂型的代表中成药品种及其商品性状特征。
3. 了解代表中成药的质量要求。

第一节 概　　述

　　中成药是根据传统中医药学的理论体系,以中药饮片为基本原料,按照规定的处方,采用相应的工艺流程和加工方法,依据病情需要制备的中药剂型。中成药是我国传统的特有药品,在组成上讲究中药的配伍,在剂型上注重疾病的类型,在应用上重视辨证用药,在生产和经营管理上与中药材不同,因此中成药具有其独特的性质。中成药的制剂处方符合传统中医药的组方原则,应用广泛、疗效确切;有上级药品监督部门批准的生产文号;生产工业化和机械化;产品具有规定的质量标准和准确的质量检测方法;制剂便于贮运、携带和服用;部分中成药不仅可以作为医生处方用药,患者也可依据个人的用药常识自行购买服用。

　　中成药包括许多剂型,传统的有丸剂、散剂、膏剂、丹剂、露剂、胶剂、酒剂、酊剂等,现代的有片剂、颗粒剂、糖浆剂、注射剂、滴丸、软胶囊和缓控释制剂等多种新剂型。

第二节 中成药各论

一、丸剂

二妙丸　Ermiao Wan
Ermiao Pills

【处方】炒苍术 500g,炒黄柏 500g。水丸。

【商品性状特征】为黄棕色的水丸;气微香,味苦涩。

【规格】100 粒 /6g;6g/ 袋(或瓶)。

【主要化学成分】苍术素(atractylodin)、小檗碱(berberine)、黄柏碱(phellodendrine)等。

【质量要求】

1. 性状评价 外观应圆整均匀、色泽一致,无粘连现象。

2. 薄层鉴别 取本品分别与苍术对照药材、黄柏对照药材和盐酸小檗碱对照品进行薄层色谱鉴别,在与对照药材色谱和对照品色谱相应的位置上,显相同颜色的斑点。

3. 盐酸小檗碱含量 用高效液相色谱法测定,本品每 1g 含黄柏以盐酸小檗碱($C_{20}H_{17}NO_4 \cdot HCl$)计,不得少于 3.0mg。

【贮藏养护】密封、防潮。置阴凉干燥处。

【功能主治】燥湿清热。用于湿热下注、足膝红肿热痛、下肢丹毒、白带、阴囊湿痒。

【用法用量】口服,1 次 6~9g,1 日 2 次。

六味地黄丸 Liuwei Dihuang Wan
Liuwei Dihuang Pills

【处方】熟地黄 160g,酒萸肉 80g,牡丹皮 60g,山药 80g,茯苓 60g,泽泻 60g。

【商品性状特征】为棕黑色的水丸、水蜜丸,棕褐色至黑褐色的小蜜丸或大蜜丸;味甜而酸。

【规格】水丸,5g/ 袋。水蜜丸 6g/ 袋、小蜜丸 9g/ 袋;或 36g/ 瓶、60g/ 瓶、120g/ 瓶。大蜜丸 9g/ 丸,10 丸 / 盒。

【主要化学成分】毛蕊花糖苷(verbascoside)、莫诺苷(morroniside)、马钱苷(loganin)、丹皮酚(paeonol)、23- 乙酰泽泻醇 B(alisol B 23-acetate)等。

【质量要求】

1. 性状评价 外观应圆整均匀、色泽一致,无粘连现象。

2. 薄层鉴别 取本品分别与莫诺苷对照品、马钱苷对照品、丹皮酚对照品和泽泻对照药材进行薄层色谱鉴别,在与对照品色谱和对照药材色谱相应的位置上,显相同颜色的斑点。

3. 莫诺苷($C_{17}H_{26}O_{11}$)、马钱苷($C_{17}H_{26}O_{10}$)和丹皮酚($C_9H_{10}O_3$)含量 用高效液相色谱法测定,本品含酒萸肉以莫诺苷和马钱苷的总量计,水丸每 1g 不得少于 0.9mg;水蜜丸每 1g 不得少于 0.75mg;小蜜丸每 1g 不得少于 0.50mg;大蜜丸每丸不得少于 4.5mg。含牡丹皮以丹皮酚计,水丸每 1g 不得少于 1.3mg;水蜜丸每 1g 不得少于 1.05mg;小蜜丸每 1g 不得少于 0.70mg;大蜜丸每丸不得少于 6.3mg。

【贮藏养护】密封。置阴凉干燥处。

【功能主治】滋阴补肾。用于肾阴亏损,头晕耳鸣,腰膝酸软,骨蒸潮热,盗汗遗精,消渴。

【用法用量】口服。水丸 1 次 5g,水蜜丸 1 次 6g,小蜜丸 1 次 9g,大蜜丸 1 次 1 丸,1 日 2 次。

【附注】除蜜丸外,剂型还有浓缩丸(每 8 丸重 1.44g,相当于饮片 3g),口服,1 次 8 丸,1 日 3 次。此外还有片剂、硬胶囊剂、软胶囊剂、颗粒剂等产品。

复方丹参滴丸 Fufang Danshen Diwan
Compound Danshen Dripping Pills

【处方】丹参 90g,三七 17.6g,冰片 1g。

【商品性状特征】为棕色的滴丸,或为薄膜衣滴丸,除去包衣后显黄棕色至棕色;气香,味微苦。

【规格】25mg/ 丸；薄膜衣滴丸 27mg/ 丸。

【主要化学成分】丹参酮(tanshinone) Ⅰ、Ⅱ$_A$，隐丹参酮(cryptotanshione)，丹酚酸 (salvianolic acid)，人参皂苷(ginsenoside)Re、Rg$_1$、Rb$_1$，三七皂苷 R$_1$(notoginsenoside R$_1$)，龙脑 (borneol)等。

【质量要求】

1. 性状评价　外观应圆整均匀、色泽一致，无粘连现象。

2. 薄层鉴别　取本品分别与冰片对照品、丹参素钠对照品、三七对照药材、三七皂苷 R$_1$、人参皂苷 Rb$_1$、人参皂苷 Rg$_1$ 和人参皂苷 Re 的混合对照品溶液进行薄层色谱鉴别，在与 对照品色谱和对照药材色谱相应的位置上，显相同颜色的斑点。

3. 丹参素(C$_9$H$_{10}$O$_5$)含量　用高效液相色谱法测定，本品每丸含丹参以丹参素计，不得 少于 0.10mg。

4. 指纹图谱　用高效液相色谱法测定，图谱应呈现 8 个与对照指纹图谱相对应的特征 峰，按中药色谱指纹图谱相似度评价系统计算，供试品指纹图谱与对照指纹图谱的相似度不 得低于 0.90。

【贮藏养护】密封。置阴凉干燥处。

【功能主治】活血化瘀，理气止痛。用于气滞血瘀所致的胸痹，症见胸闷、心前区刺痛； 冠心病心绞痛见上述证候者。

【用法用量】吞服或舌下含服。1 次 10 丸，1 日 3 次。28d 为 1 个疗程；或遵医嘱。

【注意】孕妇慎用。

【附注】除滴丸外，丸剂剂型还有浓缩水丸(规格①：每 1g 相当于生药量 1.80g；规格 ②：每 1g 相当于生药量 2.57g)。口服，1 次 1g(规格①)或 1 次 0.7g(规格②)，1 日 3 次。此 外，还有片剂、胶囊剂、喷雾剂、颗粒剂等产品。

二、片剂

牛黄解毒片　Niuhuang Jiedu Pian
Niuhuang Jiedu Tablets

【处方】人工牛黄 5g,雄黄 50g,石膏 200g,大黄 200g,黄芩 150g,桔梗 100g,冰片 25g, 甘草 50g。

【商品性状特征】片剂。为素片、糖衣片或薄膜衣片，素片或包衣片除去包衣后显棕黄 色；有冰片香气，味微苦、辛。

【规格】0.25g/ 片(小片),0.3g/ 片(大片)。

【主要化学成分】胆酸(cholic acid)、胆红素(bilirubin)、牛磺酸(taurine)、含水硫 酸钙(alabaster)、芦荟大黄素(aloe-emodin)、大黄酸(rhein)、大黄素(emodin)、大黄酚 (chrysophanol)、大黄素甲醚(physcion)、黄芩苷(baicalin)、黄芩素(baicalein)、汉黄芩素 (wogonin)、桔梗皂苷(kikyosaponin)、甘草苷(liquiritin)、甘草酸(glycyrrhizic acid)、龙脑 (borneol)、二硫化二砷(arsenic disulfide)等。

【质量要求】

1. 性状评价　外观应完整光洁，色泽均匀，有适宜的硬度和耐磨性。

2. 薄层鉴别　取本品分别与冰片对照品、胆酸对照品、大黄素对照品、大黄对照药材、 黄芩苷对照品、人工牛黄对照药材进行薄层色谱鉴别，在与对照品色谱和对照药材色谱相应 的位置上，显相同颜色的斑点。

3. 三氧化二砷检查　照砷盐检查法检查,本品应符合限量规定。

4. 黄芩苷($C_{21}H_{18}O_{11}$)含量　用高效液相色谱法测定,每片含黄芩以黄芩苷计,小片不得少于 3.0mg;大片不得少于 4.5mg。

【贮藏养护】密封。置阴凉干燥处。

【功能主治】清热解毒。用于火热内盛,咽喉肿痛,牙龈肿痛,口舌生疮,目赤肿痛。

【用法用量】口服。小片 1 次 3 片,大片 1 次 2 片,1 日 2~3 次。

【注意】孕妇禁用。

【附注】此外,还有丸剂(水蜜丸、大蜜丸)、硬胶囊剂、软胶囊剂、颗粒剂等产品。

穿心莲片　Chuanxinlian Pian
Chuanxinlian Tablets

【处方】穿心莲 1 000g。

【商品性状特征】片剂。为糖衣片或薄膜衣片,除去包衣后显灰褐色至棕褐色;味苦。

【规格】1g/ 片(小片),2g/ 片(大片)。

【主要化学成分】穿心莲内酯(andrographolide)、脱水穿心莲内酯(dehydroandrographolide)等。

【质量要求】

1. 性状评价　外观应完整光洁,色泽均匀,有适宜的硬度和耐磨性。

2. 薄层鉴别　取本品与穿心莲对照药材、脱水穿心莲内酯对照品进行薄层色谱鉴别,在与对照药材色谱和对照品色谱相应的位置上,显相同颜色的斑点。

3. 脱水穿心莲内酯($C_{20}H_{28}O_4$)含量　用高效液相色谱法测定,每片含脱水穿心莲内酯,小片不得少于 4.0mg,大片不得少于 8.0mg。

【贮藏养护】密封。置阴凉干燥处。

【功能主治】清热解毒,凉血消肿。用于邪毒内盛,感冒发热,咽喉肿痛,口舌生疮,顿咳劳嗽,泄泻痢疾,热淋涩痛,痈肿疮疡,毒蛇咬伤。

【用法用量】口服。1 次 2~3 片(小片),1 日 3~4 次;或 1 次 1~2 片(大片),1 日 3 次。

【附注】本品还有硬胶囊剂。

三、散剂

七厘散　Qili San
Qili Powder

【处方】血竭 500g,乳香(制)75g,没药(制)75g,红花 75g,儿茶 120g,冰片 6g,人工麝香 6g,朱砂 60g。

【商品性状特征】散剂。为朱红色至紫红色的粉末或易松散的块;气香,味辛、苦,有清凉感。

【规格】1.5g/ 瓶,3g/ 瓶。

【主要化学成分】血竭素(dracorhodin)、羟基红花黄色素 A(hydroxysafflor yellow A)、山奈素(kaempferide)、儿茶素(catechin)、表儿茶素(epicatechin)、龙脑(borneol)、麝香酮(muscone)、硫化汞(mercuric sulfide)、挥发油等。

【质量要求】

1. 性状评价　应为细粉,干燥、疏松、混合均匀、色泽一致。

2. 化学定性　本品乙醇提取液在盐酸存在条件下与 0.5% 对二甲氨基苯甲醛的乙醇溶

液发生颜色反应。

3. 薄层鉴别　取本品与血竭对照药材进行薄层色谱鉴别,在与对照药材色谱相应的位置上,显相同颜色的斑点。

4. 醇溶性浸出物含量　用热浸法测定,不得少于 60.0%。

5. 血竭素($C_{17}H_{14}O_3$)含量　用高效液相色谱法测定,每 1g 含血竭以血竭素计,不得少于 5.5mg。

【贮藏养护】密封。置阴凉干燥处。

【功能主治】化瘀消肿,止痛止血。用于跌扑损伤,血瘀疼痛,外伤出血。

【用法用量】口服。1 次 1~1.5g,1 日 1~3 次;外用,调敷患处。

【注意】孕妇禁用。

【附注】此外,还有硬胶囊剂。

云南白药　Yunnan Baiyao

Yunnan Baiyao Powder

【处方】略。

【商品性状特征】散剂。为灰黄色至浅棕黄色的粉末;具特异香气;味略感清凉,并有麻舌感。保险子为红色的球形或类球形水丸,剖面呈棕色或棕褐色;气微,味微苦。

【规格】4g/ 瓶(含保险子 1 粒)。

【主要化学成分】人参皂苷 Rg_1(ginsenoside Rg_1)、三七皂苷 R_1(notoginsenoside R_1)等。

【质量要求】

1. 性状评价　应为细粉,干燥、疏松、混合均匀、色泽一致。

2. 薄层鉴别　取本品与云南白药对照提取物、人参皂苷 Rg_1 对照品、三七皂苷 R_1 对照品进行薄层色谱鉴别,在与对照品色谱和对照提取物色谱相应的位置上,显相同颜色的斑点。

3. 人参皂苷 Rg_1($C_{42}H_{72}O_{14}$)含量　用高效液相色谱法测定,每 1g 含人参皂苷 Rg_1 不得少于 3.0mg。

【贮藏养护】密封。置阴凉干燥处。

【功能主治】化瘀止血,活血止痛,解毒消肿。用于跌打损伤,瘀血肿痛,吐血、咳血、便血、痔血、崩漏下血,手术出血,疮疡肿毒及软组织挫伤,闭合性骨折,支气管扩张及肺结核咳血,溃疡病出血,以及皮肤感染性疾病。

【用法用量】刀、枪、跌打诸伤,无论轻重,出血者用温开水送服;瘀血肿痛与未流血者用酒送服;妇科各症,用酒送服;但月经过多、红崩,用温水送服。毒疮初起,服 0.25g,另取药粉,用酒调匀,敷患处,如已化脓,只需内服。其他内出血各症均可内服。

口服。1 次 0.25~0.5g,1 日 4 次(2~5 岁按 1/4 剂量服用;6~12 岁按 1/2 剂量服用)。

【注意】孕妇忌用;服药 1 日内,忌食蚕豆、鱼类及酸冷食物。

【附注】此外,还有胶囊剂、贴膏剂、酊剂、气雾剂等。

四味土木香散　Siwei Tumuxiang San

Siwei Tumuxiang Powder

【处方】土木香 200g,苦参 200g,悬钩子木(去粗皮、心)100g,山柰 50g。

【商品性状特征】散剂。为黄白色的粉末;气香,味极苦、微辛。

【规格】20g/ 袋。

【主要化学成分】土木香内酯(alantolactone)、异土木香内酯(isoalantolactone)、

白术内酯 I(atractylenolide I)、苦参碱(matrine)、氧化苦参碱(ammothamnine)、槐定碱(sophoridine)、毛蕊异黄酮(calycosin)、槲皮素(quercetin)、山奈酚(kaempferol)、对甲氧基肉桂酸乙酯(4-methoxycinnamic acid ethyl ester)等。

【质量要求】

1. 性状评价 应为细粉,干燥、疏松、混合均匀、色泽一致。

2. 薄层鉴别 取本品与土木香内酯对照品、异土木香内酯对照品、苦参碱对照品、槐定碱对照品、对甲氧基肉桂酸乙酯对照品进行薄层色谱鉴别,在与对照品色谱相应的位置上,显相同颜色的斑点。

3. 异土木香内酯($C_{15}H_{20}O_2$)含量 用高效液相色谱法测定,每 1g 含异土木香内酯不得少于 4.0mg。

【贮藏养护】密封,防潮。置阴凉干燥处。

【功能主治】清瘟解表。用于瘟病初期,发冷发热,头痛咳嗽,咽喉肿痛,胸胁作痛。

【用法用量】水煎服。1 次 2.5~3.6g,1 日 2~3 次。

四、合剂

清喉咽合剂 Qinghouyan Heji

Qinghouyan Mistura

【处方】地黄 180g,麦冬 160g,玄参 260g,连翘 315g,黄芩 315g。

【商品性状特征】合剂。为棕褐色的澄清液体;味苦。

【规格】100ml/瓶,150ml/瓶。

【主要化学成分】梓醇(catalpol)、毛蕊花糖苷(verbascoside)、哈巴苷(harpagide)、哈巴俄苷(harpagoside)、连翘苷(phillyrin)、连翘酯苷(forsythiaside)、黄芩苷(baicalin)、麦冬皂苷(ophiopogonin)等。

【质量要求】

1. 性状评价 外观应澄清。贮存期间无发霉、酸败、异物、变色、产生气体或其他变质现象,允许有少量摇之易散的沉淀。

2. 薄层鉴别 取本品分别与黄芩苷对照品、连翘苷对照品、玄参对照药材进行薄层色谱鉴别,在与对照品色谱和对照药材色谱相应的位置上,显相同颜色的斑点。

3. 相对密度 应为 1.02~1.10。

4. pH 应为 4.0~6.0。

5. 黄芩苷($C_{21}H_{18}O_{11}$)含量 用高效液相色谱法测定,每 1ml 含黄芩以黄芩苷计,不得少于 14mg。

【贮藏养护】密封。置阴凉处。

【功能主治】养阴清肺,利咽解毒。用于阴虚燥热、火毒内蕴所致的咽部肿痛、咽干少津、咽部白腐有苔膜、喉核肿大;局限性的咽白喉、轻度中毒型白喉、急性扁桃体炎、咽峡炎见上述证候者。

【用法用量】口服。第 1 次 20ml,以后每次 10~15ml,1 日 4 次;小儿酌减。

鼻窦炎口服液 Bidouyan Koufuye

Bidouyan Oral Liquor

【处方】辛夷 148g,荆芥 148g,薄荷 148g,桔梗 148g,竹叶柴胡 126g,苍耳子 126g,白

芷 126g,川芎 126g,黄芩 112g,栀子 112g,茯苓 186g,川木通 126g,黄芪 304g,龙胆 34g。

【商品性状特征】合剂(口服液)。为深棕黄色至深棕褐色的液体;气芳香,味苦。

【规格】10ml/ 支。

【主要化学成分】木兰脂素(magnelin)、胡薄荷酮(pulegone)、薄荷脑(menthol)、桔梗皂苷(kikyosaponin)、绿原酸(chlorogenic acid)、欧前胡素(imperatorin)、阿魏酸(ferulic acid)、黄芩苷(baicalin)、栀子苷(gardenin)、黄芪甲苷(astragaloside Ⅳ)、挥发油等。

【质量要求】

1. 性状评价　外观应澄清。贮存期间无发霉、酸败、异物、变色、产生气体或其他变质现象,允许有少量摇之易散的沉淀。

2. 薄层鉴别　取本品分别与白芷对照药材、黄芩苷对照品、黄芪甲苷对照品进行薄层色谱鉴别,在与对照药材色谱和对照品色谱相应的位置上,显相同颜色的斑点。

3. 相对密度　应不低于 1.03。

4. pH　应为 4.5~6.8。

5. 黄芩苷($C_{21}H_{18}O_{11}$)含量　用高效液相色谱法测定,每 1ml 含黄芩以黄芩苷计,不得少于 1.0mg。

【贮藏养护】密封。遮光,置阴凉处。

【功能主治】疏散风热,清热利湿,宣通鼻窍。用于风热犯肺、湿热内蕴所致的鼻塞不通、流黄稠涕;急慢性鼻炎、鼻窦炎见上述证候者。

【用法用量】口服。1 次 10ml,1 日 3 次;20d 为一疗程。

五、酒剂

国公酒　Guogong Jiu
Guogong Wine

【处方】当归,羌活,牛膝,防风,独活,牡丹皮,广藿香,槟榔,麦冬,陈皮,五加皮,姜厚朴,红花,制天南星,枸杞子,白芷,白芍,紫草,盐补骨脂,醋青皮,炒白术,川芎,木瓜,栀子,麸炒苍术,麸炒枳壳,乌药,佛手,玉竹,红曲。

【商品性状特征】酒剂。为深红色的澄清液体;气清香,味辛、甜、微苦。

【规格】328ml/ 瓶。

【主要化学成分】阿魏酸(ferulic acid)、羌活醇(notopterol)、异欧前胡素(isoimperatorin)、β- 蜕皮甾酮(β-ecdysterone)、升麻素苷(prim-O-glucosylcimifugin)、5-O- 甲基维斯阿米醇苷(5-O-methylvisammioside)、蛇床子素(osthole)、二氢欧山芹醇当归酸酯(columbianadin)、丹皮酚(paeonol)、百秋李醇(patchouli alcohol)、厚朴酚(magnolol)、和厚朴酚(honokiol)、橙皮苷(hesperidin)、辛弗林(synephrine)、丹皮酚苷(paeonoside)、挥发油等。

【质量要求】

1. 性状评价　应澄清、外观清洁、封口严密;无药液渗漏、大量沉淀、结晶、变色等现象。

2. 薄层鉴别　取本品与橙皮苷、辛弗林对照品进行薄层色谱鉴别,在与对照品色谱相应的位置上,显相同颜色的斑点。

3. 乙醇量　应为 55%~60%。

4. 总固体　取本品,依法(《中国药典》四部通则 0185 第一法)检查,遗留残渣不得少于 0.6%。

【贮藏养护】密封、防晒。

【功能主治】散风祛湿,舒筋活络。用于风寒湿邪闭阻所致的痹病,症见关节疼痛、沉重、屈伸不利、手足麻木、腰腿疼痛;也用于经络不和所致的半身不遂、口眼㖞斜、下肢痿软、行走无力。

【用法用量】口服。一次 10ml,一日 2 次。

寄生追风酒　Jisheng Zhuifeng Jiu

Jisheng Zhuifeng Wine

【处方】独活 108g,白芍 92g,槲寄生 108g,熟地黄 92g,杜仲(炒)108g,牛膝 92g,秦艽 92g,桂枝 77g,防风 92g,细辛 46g,党参 92g,甘草 46g,当归 92g,川芎 46g,茯苓 92g。

【商品性状特征】酒剂。为棕色或黄棕色的澄清液体;味甜、微苦。

【规格】120ml/瓶,180ml/瓶。

【主要化学成分】蛇床子素(osthole)、二氢欧山片醇当归酸酯(columbianadin)、桂皮醛(cinnamaldehyde)、齐墩果酸(oleanolic acid)、芍药苷(paeoniflorin)、龙胆碱(erythricine)、龙胆次碱(gentianidine)、升麻素苷(prim-O-glucosylcimifugin)、5-O- 甲基维斯阿米醇苷(5-O-methylvisammioside)等。

【质量要求】

1. 性状评价　应澄清、外观清洁、封口严密;无药液渗漏、大量沉淀、结晶、变色等现象。

2. 薄层鉴别　取本品与独活、甘草对照药材、桂皮醛、齐墩果酸、芍药苷对照品进行薄层色谱鉴别,在与对照药材色谱和对照品色谱相应的位置上,显相同颜色的斑点。

3. 蛇床子素($C_{15}H_{16}O_3$)含量　用高效液相色谱法测定,每 1ml 含独活以蛇床子素计,不得少于 20μg。

4. 乙醇量　应为 28%~33%。

5. 总固体　精密量取本品 50ml,依法(《中国药典》四部通则 0185 第一法)检查,含总固体不得少于 2.0%(g/ml)。

【贮藏养护】密封,置阴凉处。

【功能主治】补肝肾,祛风湿,止痹痛。用于肝肾两亏,风寒湿痹,腰膝冷痛,屈伸不利;风湿性关节炎、腰肌劳损、跌打损伤后期见上述证候者。

【用法用量】口服。一次 20~30ml,一日 2~3 次。

舒筋活络酒　Shujin Huoluo Jiu

Shujin Huoluo Wine

【处方】木瓜 45g,桑寄生 75g,玉竹 240g,续断 30g,川牛膝 90g,当归 45g,川芎 60g,红花 45g,独活 30g,羌活 30g,防风 60g,白术 90g,蚕沙 60g,红曲 180g,甘草 30g。

【商品性状特征】酒剂。为棕红色的澄清液体;气香,味微甜、略苦。

【规格】250ml/瓶。

【主要化学成分】杯苋甾酮(cyasterone)、升麻素苷(prim-O-glucosylcimifugin)、5-O- 甲基维斯阿米醇苷(5-O-methylvisammioside)、齐墩果酸(oleanolic acid)、玉竹黏多糖(odoratan)、川续断皂苷Ⅵ(asperosaponin Ⅵ)、挥发油等。

【质量要求】

1. 性状评价　应澄清、外观清洁、封口严密;无药液渗漏、大量沉淀、结晶、变色等现象。

2. 薄层鉴别　取本品与当归、川芎、甘草对照药材进行薄层色谱鉴别,在与对照药材色谱和对照品色谱相应的位置上,显相同颜色的斑点。

3. 升麻素苷（$C_{22}H_{28}O_{11}$）和 5-*O*-甲基维斯阿米醇苷（$C_{22}H_{28}O_{10}$）的总量　用高效液相色谱法测定，每 1ml 含防风以升麻素苷和 5-*O*-甲基维斯阿米醇苷的总量计，不得少于 20μg。

4. 乙醇量　应为 50%~57%。

5. 总固体　取本品，依法（《中国药典》四部通则 0185 第一法）检查，遗留残渣不得少于 1.1%（g/ml）。

【贮藏养护】密封，置阴凉处。

【功能主治】祛风除湿，活血通络，养阴生津。用于风湿阻络、血脉瘀阻兼有阴虚所致的痹病，症见关节疼痛、屈伸不利、四肢麻木。

【用法用量】口服。一次 20~30ml，一日 2 次。

六、酊剂

烧伤灵酊　Shaoshangling Ding
Shaoshangling Tincture

【处方】虎杖 200g，黄柏 50g，冰片 10g。

【商品性状特征】酊剂。为红棕色或深棕色的澄清液体。

【规格】50ml/瓶，100ml/瓶。

【主要化学成分】大黄素（emodin）、虎杖苷（polydatin）、小檗碱（berberine）、黄柏碱（phellodendrine）、龙脑（borneol）等。

【质量要求】

1. 性状评价　应澄清、外观清洁、封口严密；无药液渗漏、变色、沉淀等现象。

2. 薄层鉴别　取本品与黄柏、虎杖对照药材和盐酸小檗碱对照品进行薄层色谱鉴别，在与对照药材色谱和对照品色谱相应的位置上，显相同颜色的斑点。

3. 大黄素（$C_{15}H_{10}O_5$）含量　用高效液相色谱法测定，每 1ml 含虎杖以大黄素计，不得少于 0.35mg。

4. 相对密度　应为 0.84~0.90。

5. 乙醇量　应为 70%~75%。

【贮藏养护】遮光，密封，置阴凉处。

【功能主治】清热燥湿，解毒消肿，收敛止痛。用于各种原因引起的 Ⅰ、Ⅱ 度烧伤。

【用法用量】外用。喷洒于洁净的创面，不需包扎。一日 3~4 次。

藿香正气水　Huoxiang Zhengqi Shui
Huoxiang Zhengqi Tincture

【处方】苍术 160g，陈皮 160g，姜制厚朴 160g，白芷 240g，茯苓 240g，大腹皮 240g，生半夏 160g，甘草浸膏 20g，广藿香油 1.6ml，紫苏叶油 0.8ml。

【商品性状特征】酊剂。为深棕色的澄清液体（贮存略有沉淀）；味辛、苦。

【规格】10ml/支。

【主要化学成分】紫苏醛（perillaldehyde）、紫苏烯（perillene）、百秋李醇（patchouli alcohol）、甘草酸铵（ammonium glycyrrhetate）、异欧前胡素（isoimperatorin）、厚朴酚（magnolol）、和厚朴酚（honokiol）、橙皮苷（hesperidin）、多糖等。

【质量要求】

1. 性状评价　应澄清、外观清洁、封口严密；无药液渗漏、变色、沉淀等现象。

2. 薄层鉴别　取本品与苍术、陈皮、白芷、甘草对照药材进行薄层色谱鉴别,在与对照药材色谱相应的位置上,显相同颜色的斑点。取本品与橙皮苷、厚朴酚、和厚朴酚、百秋李醇、欧前胡素、异欧前胡素、甘草酸铵对照品进行薄层色谱鉴别,在与对照品色谱相应的位置上,显相同颜色的斑点。

3. 厚朴酚($C_{18}H_{18}O_2$)及和厚朴酚($C_{18}H_{18}O_2$)的总量　用高效液相色谱法测定,每 1ml 含厚朴以厚朴酚及和厚朴酚总量计,不得少于 0.58mg。

4. 橙皮苷($C_{28}H_{34}O_{15}$)含量　用高效液相色谱法测定,每 1ml 含陈皮以橙皮苷计,不得少于 0.18mg。

5. 乙醇量　应为 40%~50%。

6. 装量　取供试品 5 支,将内容物分别倒入经校正的干燥量筒内,在室温下检视,每支装量与标示装量相比较,少于标示装量的不得多于 1 支,并不得少于标示装量的 95%。

【贮藏养护】密封。

【功能主治】解表化湿,理气和中。用于外感风寒、内伤湿滞或夏伤暑湿所致的感冒,症见头痛昏重、胸膈痞闷、脘腹胀痛、呕吐泄泻;胃肠型感冒见上述证候者。

【用法用量】口服。一次 5~10ml,一日 2 次,用时摇匀。

【附注】此外,还有口服液、软胶囊、滴丸等产品。

七、糖浆剂

川贝枇杷糖浆　Chuanbei Pipa Tangjiang
Chuanbei Pipa Syrup

【处方】川贝母流浸膏 45ml,桔梗 45g,枇杷叶 300g,薄荷脑 0.34g。

【商品性状特征】糖浆剂。为棕红色的黏稠液体;气香,味甜、微苦、凉。

【规格】10ml/ 支。

【主要化学成分】西贝母碱(sipeimine)、齐墩果酸(oleanolic acid)、熊果酸(ursolic acid)等。

【质量要求】

1. 性状评价　应封口严密;无酸败、异臭、产生气体或其他变质现象。

2. 薄层鉴别　取本品与枇杷叶对照药材进行薄层色谱鉴别,在与对照药材色谱相应的位置上,显相同颜色的斑点。

3. 薄荷脑($C_{10}H_{20}O$)含量　用气相色谱法,本品每 1ml 含薄荷脑应不得少于 0.20mg。

4. 相对密度　应不低于 1.13。

【贮藏养护】密封,置阴凉处。

【功能主治】清热宣肺,化痰止咳。用于风热犯肺、痰热内阻所致的咳嗽痰黄或咳痰不爽、咽喉肿痛、胸闷胀痛;感冒、支气管炎见上述证候者。

【用法用量】口服。一次 10ml,一日 3 次。

五味子糖浆　Wuweizi Tangjiang
Wuweizi Syrup

【处方】五味子 100g。

【商品性状特征】流浸膏剂。为黄棕色至红棕色的黏稠液体;味甜、微酸。

【规格】10ml/ 瓶,100ml/ 瓶。

【主要化学成分】五味子醇甲(schizandrin)等。

【质量要求】

1. 性状评价　应封口严密；无酸败、异臭、产生气体或其他变质现象。

2. 薄层鉴别　取本品与五味子对照药材、五味子醇甲对照品进行薄层色谱鉴别，在与对照药材色谱和对照品色谱相应的位置上，显相同颜色的斑点。

3. 五味子醇甲（$C_{24}H_{32}O_7$）含量　用高效液相色谱法测定，每 1ml 含五味子以五味子醇甲计，不得少于 0.12mg。

4. 相对密度　应为 1.21~1.25。

【贮藏养护】密封，置阴凉干燥处。

【功能主治】益气生津，补肾宁心。用于心肾不足所致的失眠、多梦、头晕；神经衰弱见上述证候者。

【用法用量】口服。一次 5~10ml，一日 3 次。

【附注】此外，还有颗粒剂等产品。

复方阿胶浆　Fufang Ejiao Jiang
Fufang Ejiao Syrup

【处方】阿胶，红参，熟地黄，党参，山楂。

【商品性状特征】糖浆剂。为棕褐色至黑褐色的液体；味甜。

【规格】20ml/ 瓶，200ml/ 瓶，250ml/ 瓶，20ml/ 瓶（无蔗糖）。

【主要化学成分】L- 羟脯氨酸（L-hydroxyproline），甘氨酸（glycine），丙氨酸（alanine），L-脯氨酸（L-proline），人参皂苷（ginsenoside）Rg_1、Re、Rb_1 等。

【质量要求】

1. 性状评价　应澄清、封口严密；无酸败、异臭、产生气体或其他变质现象。

2. 薄层鉴别　取本品与党参、山楂对照药材、甘氨酸、L- 羟脯氨酸、人参三醇对照品进行薄层色谱鉴别，在与对照药材色谱和对照品色谱相应的位置上，显相同颜色的斑点。

3. 检测离子对　按照高效液相色谱法 - 质谱法测定，以阿胶为对照药材，以质荷比（m/z）539.8（双电荷）→ 612.4 和（m/z）539.8（双电荷）→ 923.8 离子对提取的供试品离子流色谱中，应同时呈现对照药材色谱保留时间一致的色谱峰。

4. 正丁醇提取物　含正丁醇提取物不得少于 0.80%。

5. 相对密度　应不低于 1.08 或 1.06（无蔗糖）。

6. pH　应为 4.5~6.5。

7. 总氮量　精密量取本品 2ml，照氮测定法（《中国药典》四部通则 0704 第一法）测定，每 1ml 含总氮（N）不得少于 5.5mg。

【贮藏养护】密封。

【功能主治】补气养血。用于气血两虚，头晕目眩，心悸失眠，食欲缺乏及白细胞减少症和贫血。

【用法用量】口服。一次 20ml，一日 3 次。

八、注射剂

注射用双黄连（冻干）　Zhusheyong Shuanghuanglian
Shuanghuanglian for Injection

【处方】连翘，金银花，黄芩。

【商品性状特征】注射剂(冻干)。为黄棕色无定形粉末或疏松固体状物;味苦、涩;有引湿性。

【规格】600mg/支。

【主要化学成分】连翘酯苷A(forsythoside A)、连翘苷(phillyrin)、连翘脂素(phillygenol)、木犀草素(luteolin)、绿原酸(chlorogenic acid)、黄芩苷(baicalin)等。

【质量要求】

1. 性状评价　应为无菌粉末。其药液应无菌、无热原,草酸盐、钾离子、不溶性微粒检查和溶血试验等应符合规定。标签上应有用前配制方法说明。

2. 薄层鉴别　取本品与连翘对照药材、黄芩苷对照品、绿原酸对照品进行薄层色谱鉴别,在与对照药材色谱和对照品色谱相应的位置上,显相同颜色的斑点。

3. pH　取本品,加水制成每1ml含25mg的溶液,依法测定。应为5.7~6.7。

4. 水分测定　不得过5.0%。

5. 蛋白质　取本品0.6g,用水10ml溶解,取2ml,滴加鞣酸试液1~3滴,不得出现浑浊。

6. 鞣质　取本品0.6g,加水10ml使溶解,取1ml,依法检查。应符合规定。

7. 树脂　取本品0.6g,加水10ml使溶解,取5ml,置分液漏斗中,用三氯甲烷10ml振摇提取,分取三氯甲烷液,依法检查。应符合规定。

8. 草酸盐　取本品0.6g,加水10ml使溶解,用稀盐酸调节pH至1~2,保温滤去沉淀,调节pH至5~6,取2ml,加3%氯化钙溶液2~3滴,放置10min,不得出现浑浊或沉淀。

9. 钾离子　取本品0.12g,称定,自"先用小火炽灼至炭化"起,依法检查。应符合规定。

10. 重金属　不得过10mg/kg。

11. 砷盐　含砷不得过2mg/kg。

12. 无菌　取本品0.6g,加灭菌注射用水制成每1ml含60mg的溶液,依法检查。应符合规定。

13. 溶血与凝聚检测　取本品600mg,用生理盐水溶液溶解并稀释成20ml,摇匀,作为供试品溶液,依法检查,本品在2h内不得出现溶血和红细胞凝聚。

14. 热原　取本品0.6g,用灭菌注射用水10ml溶解,依法(《中国药典》四部通则1142)检查,剂量按家兔体重每1kg注射3ml。应符合规定。

15. 指纹图谱　用高效液相色谱法测定,按中药色谱指纹图谱相似度评价系统,除溶剂峰和7号峰外,供试品指纹图谱与对照指纹图谱经相似度计算,相似度不得低于0.90。

16. 绿原酸($C_{16}H_{18}O_9$)含量　用高效液相色谱法测定,每支含金银花以绿原酸计,应为8.5~11.5mg。

17. 黄芩苷($C_{21}H_{18}O_{11}$)含量　用高效液相色谱法测定,每支含黄芩按黄芩苷计,应为128~173mg。

18. 连翘苷($C_{27}H_{34}O_{11}$)含量　用高效液相色谱法测定,每支含连翘按连翘苷计,应为1.4~2.1mg。

【贮藏养护】遮光,密封,置阴凉处。

【功能主治】清热解毒,疏风解表。用于外感风热所致的发热、咳嗽、咽痛;上呼吸道感染、轻型肺炎、扁桃体炎见上述证候者。

【用法用量】静脉滴注。每次60mg/kg,1日1次;或遵医嘱。临用前,先以适量灭菌注射用水充分溶解,再用氯化钠注射液或5%葡萄糖注射液500ml稀释。

【附注】此外,还有口服液、片剂、栓剂、胶囊剂、颗粒剂、滴眼剂等产品。

灯盏细辛注射液　Dengzhanxixin Zhusheye
Dengzhanxixin Injection

【处方】灯盏细辛800g。

【商品性状特征】注射剂。为棕色的澄明液体。

【规格】2ml/支,10ml/支。

【主要化学成分】野黄芩苷(scutellarin)、1,3-*O*-二咖啡酰奎宁酸(1,3-*O*-dicaffeoylqunic acid)、咖啡酸(caffeic acid)等。

【质量要求】

1. 性状评价　应无菌、无热原;无渗漏、封口漏气、瓶口松动、冷爆裂瓶、结晶析出、浑浊沉淀等现象。

2. 薄层鉴别　取本品与野黄芩苷、1,3-*O*-二咖啡酰奎宁酸、咖啡酸对照品进行薄层色谱鉴别,在与对照品色谱相应的位置上,显相同颜色的斑点。

3. pH　应为5.5~7.5。

4. 蛋白质　取本品1ml,加鞣酸试液1~3滴,不得出现浑浊。

5. 鞣质　取本品1ml,加新配制的含1%鸡蛋清的生理盐水溶液(必要时,用0.45μm微孔滤膜滤过),放置10min,不得出现浑浊或沉淀。

6. 树脂　取本品5ml,用三氯甲烷10ml振摇提取,分取三氯甲烷液,置水浴上蒸干,残渣用冰醋酸2ml溶解,置具塞试管中,加水3ml,混匀,放置30min,不得出现沉淀。

7. 草酸盐　取本品10ml,用稀盐酸调节pH至1~2,滤过,滤液通过聚酰胺柱(100~200目,1g,内径为1cm,干法装柱),收集初流出液2ml,调节pH至5~6,加3%氯化钙溶液2~3滴,放置10min,不得出现浑浊或沉淀。

8. 钾离子　应符合规定。

9. 异常毒性　应符合规定。

10. 溶血与凝聚　取本品,依法检查,在3h内不得出现溶血和红细胞凝聚。

11. 热原　取本品,依法检查,剂量按家兔体重每1kg注射1.6ml,应符合规定。

12. 野黄芩苷($C_{21}H_{18}O_{12}$)含量　用高效液相色谱法测定,每1ml含黄酮以野黄芩苷计,应为0.40~0.60mg。

13. 总咖啡酸酯含量　用紫外-可见分光光度法测定,每1ml含总咖啡酸酯以1,3-*O*-二咖啡酰奎宁酸($C_{25}H_{24}O_{12}$)计,应为2.0~3.0mg。

【贮藏养护】密封。

【功能主治】活血祛瘀,通络止痛。用于瘀血阻滞,中风偏瘫,肢体麻木,口眼㖞斜,言语謇涩及胸痹心痛;缺血性中风、冠心病心绞痛见上述证候者。

【用法用量】肌内注射,1次4ml,1日2~3次。

穴位注射,每穴0.5~1.0ml,多穴总量6~10ml。

静脉注射,1次20~40ml,1日1~2次,用0.9%氯化钠注射液250~500ml稀释后缓慢滴注。

本品在酸性条件下,其酚酸类成分可能游离析出,故静脉滴注时不宜和其他酸性较强的药物配伍。如药液出现浑浊或沉淀,请勿继续使用。

【附注】本品还有颗粒剂等产品。

清开灵注射液　Qingkailing Zhusheye

Qingkailing Injection

【处方】胆酸 3.25g,珍珠母粉 50.0g,猪去氧胆酸 3.75g,栀子 25.0g,水牛角粉 25.0g,板蓝根 200.0g,黄芩苷 5.0g,金银花 60.0g。

【商品性状特征】注射剂。为棕黄色或棕红色的澄明液体。

【规格】2ml/支,10ml/支。

【主要化学成分】栀子苷(geniposide)、胆酸(cholic acid)、猪去氧胆酸(hyodeoxycholic acid)、黄芩苷(baicalin)、绿原酸(chlorogenic acid)、异绿原酸(isochlorogenic acid)等。

【质量要求】

1. 性状评价　应无菌、无热原;无渗漏、封口漏气、瓶口松动、冷爆裂瓶、结晶析出、浑浊沉淀等现象。

2. 薄层鉴别　取本品与栀子苷、胆酸、猪去氧胆酸、黄芩苷对照品进行薄层色谱鉴别,在与对照品色谱相应的位置上,显相同颜色的斑点。

3. 溶液颜色　精密量取本品 1ml,置 50ml 量瓶中,加水稀释至刻度,摇匀,与黄色 10 号标准比色液比较,应不得更深。

4. pH　应为 6.8~7.5。

5. 炽灼残渣　精密量取本品 5ml,依法测定,每 1ml 应为 3.0~8.5mg。

6. 总固体　精密量取本品 2ml,依法测定,每 1ml 遗留残渣应为 30~60mg。

7. 有关物质检查　除蛋白质、树脂、草酸盐外,照注射剂有关物质检查法检查,应符合规定。

8. 蛋白质　取本品 1ml,加鞣酸试液 1~3 滴,不得出现浑浊。

9. 树脂　取本品 5ml,加三氯甲烷 10ml,振摇提取,分取三氯甲烷液,置水浴上蒸干,残渣加冰醋酸 2ml 使溶解,置具塞试管中,加水 3ml,混匀,放置 30min,可有轻微浑浊,不得出现絮状物或沉淀。

10. 草酸盐　取本品 5ml,置离心管中,滴加 6mol/L 盐酸溶液 5 滴,搅匀,离心,吸取上清液,滤过,取滤液 2ml,调节 pH 至 5~6,加 3% 氯化钙溶液 2~3 滴,放置 10min,不得出现沉淀。

11. 重金属　精密量取本品 1ml,置坩埚中,蒸干,再缓缓炽灼至完全灰化,放冷,照重金属检查法检查,含重金属不得过 10mg/kg。

12. 异常毒性检测　取本品,依法检查,静脉注射给药,剂量按每只小鼠注射 0.5ml,应符合规定。

13. 过敏反应　应符合规定。

14. 热原　取本品,依法检查,剂量按家兔体重每 1kg 注射 5ml,应符合规定。

15. 溶血与凝聚检测　应符合规定。

16. 胆酸、猪去氧胆酸含量　用高效液相色谱法测定,每 1ml 含胆酸($C_{24}H_{40}O_5$)应为 1.50~3.25mg;含猪去氧胆酸($C_{24}H_{40}O_4$)应为 1.00~3.20mg。

17. 栀子苷($C_{17}H_{24}O_{10}$)含量　用高效液相色谱法测定,每 1ml 含栀子以栀子苷计,不得少于 0.10mg。

18. 黄芩苷($C_{21}H_{18}O_{11}$)含量　用高效液相色谱法测定,每 1ml 含黄芩苷应为 3.5~5.5mg。

19. 总氮(N)量　用氮测定法,精密量取本品 0.5ml,每 1ml 含总氮(N)应为 2.2~3.0mg。

【贮藏养护】密闭。

【功能主治】清热解毒,化痰通络,醒神开窍。用于热病,神昏,中风偏瘫,神志不清;急性肝炎、上呼吸道感染、肺炎、脑血栓形成、脑出血见上述证候者。

【用法用量】肌内注射,1日2~4ml。重症患者静脉滴注,1日20~40ml,以10%葡萄糖注射液200ml或氯化钠注射液100ml稀释后使用。

【附注】此外,还有口服液、片剂、软胶囊、泡腾片、胶囊剂、颗粒剂等产品。

九、颗粒剂

银翘解毒颗粒　Yinqiao Jiedu Keli
Yinqiao Jiedu Granules

【处方】金银花200g,连翘200g,薄荷120g,荆芥80g,淡豆豉100g,牛蒡子(炒)120g,桔梗120g,淡竹叶80g,甘草100g。

【商品性状特征】颗粒剂。为浅棕色的颗粒;味甜、微苦,或味淡、微苦(含乳糖)。

【规格】15g/袋;2.5g(含乳糖)/袋。

【主要化学成分】绿原酸(chlorogenic acid)、牛蒡苷(arctiin)、连翘苷(phillyrin)、薄荷醇(menthol)、薄荷酮(menthone)、挥发油等。

【质量要求】

1. 性状评价　应干燥、颗粒均匀、色泽一致;无吸潮、软化、结块、潮解等现象。

2. 薄层鉴别　取本品与荆芥、连翘、牛蒡子、甘草对照药材,薄荷脑对照品进行薄层色谱鉴别,在与对照药材、对照品色谱相应的位置上,显相同颜色的斑点。

3. 水分　含乳糖颗粒应不得过7.0%。

4. 绿原酸($C_{16}H_{18}O_9$)含量　用高效液相色谱法测定,本品每袋含金银花以绿原酸计,不得少于6.0mg(含乳糖颗粒不得少于3.0mg)。

【贮藏养护】密封。

【功能主治】疏风解表,清热解毒。用于风热感冒,症见发热头痛、咳嗽口干、咽喉疼痛。

【用法用量】开水冲服。一次15g或5g(含乳糖),一日3次;重症者加服1次。

【附注】此外,还有蜜丸、水丸、浓缩丸、片剂、散剂等产品。

川芎茶调颗粒　Chuanxiong Chatiao Keli
Chuanxiong Chatiao Granules

【处方】川芎153.8g,白芷76.9g,羌活76.9g,细辛38.5g,防风57.7g,荆芥153.8g,薄荷307.7g,甘草76.9g。

【商品性状特征】颗粒剂。为棕色至棕褐色的颗粒,气香,味甜或微苦。

【规格】7.8g/袋;4g/袋(无蔗糖)。

【主要化学成分】阿魏酸(ferulic acid)、胡薄荷酮(pulegone)、羌活醇(notopterol)、升麻素苷(prim-*O*-glucosylcimifugin)、5-*O*-甲基维斯阿米醇苷(5-*O*-methylvisammioside)、挥发油等。

【质量要求】

1. 性状评价　应干燥、颗粒均匀、色泽一致;无吸潮、软化、结块、潮解等现象。

2. 薄层鉴别　取本品与川芎、羌活、防风、甘草、白芷对照药材,与薄荷脑、升麻素苷、5-*O*-甲基维斯阿米醇苷对照品进行薄层色谱鉴别,在与对照药材、对照品色谱相应的位置上,显相同颜色的斑点。

3. 阿魏酸（$C_{10}H_{10}O_4$）含量　用高效液相色谱法测定,每袋含川芎和羌活以阿魏酸计,不得少于 0.39mg。

4. 甘草酸（$C_{42}H_{62}O_{16}$）含量　用高效液相色谱法测定,每袋含甘草以甘草酸计,不得少于 4.0mg。

【贮藏养护】密封。

【功能主治】疏风止痛。用于外感风邪所致的头痛,或有恶寒、发热、鼻塞。

【用法用量】饭后用温开水或浓茶冲服。1 次 1 袋,1 日 2 次;儿童酌减。

【附注】此外,还有水丸、浓缩丸、片剂、茶调袋泡茶（袋泡剂）、散剂等产品。

感冒清热颗粒　Ganmao Qingre Keli
Ganmao Qingre Granules

【处方】荆芥穗 200g,薄荷 60g,防风 100g,柴胡 100g,紫苏叶 60g,葛根 100g,桔梗 60g,苦杏仁 80g,白芷 60g,苦地丁 200g,芦根 160g。

【商品性状特征】颗粒剂。为棕黄色的颗粒,味甜、微苦;或为棕褐色的颗粒,味微苦（无蔗糖或含乳糖）。

【规格】每袋装 12g;6g（无蔗糖）;4g（无蔗糖）;3g（含乳糖）。

【主要化学成分】胡薄荷酮（pulegone）、葛根素（puerarin）、紫苏醛（perillaldehyde）、薄荷醇（menthol）、薄荷酮（menthone）、挥发油等。

【质量要求】

1. 性状评价　应干燥、颗粒均匀、色泽一致;无吸潮、软化、结块、潮解等现象。

2. 薄层鉴别　取本品与荆芥穗、白芷、防风、柴胡、桔梗、苦地丁对照药材,胡薄荷酮、葛根素对照品进行薄层色谱鉴别,在与对照药材、对照品色谱相应的位置上,显相同颜色的斑点。

3. 水分　含乳糖颗粒应不得过 7.0%。

4. 葛根素（$C_{21}H_{20}O_9$）含量　用高效液相色谱法测定,本品每袋含葛根以葛根素计,不得少于 10.0mg。

【贮藏养护】密封。

【功能主治】疏风散寒,解表清热。用于风寒感冒,头痛发热,恶寒身痛,鼻流清涕,咳嗽咽干。

【用法用量】开水冲服。一次 1 袋,一日 2 次。

【附注】此外,还有胶囊、口服液、咀嚼片、软胶囊等产品。

十、栓剂

化痔栓　Huazhi Shuan
Huazhi Suppositories

【处方】次没食子酸铋 200g,苦参 370g,黄柏 92.5g,洋金花 55.5g,冰片 30g。

【商品性状特征】为暗黄褐色的栓剂。

【规格】1.7g/ 粒。

【主要化学成分】次没食子酸铋（bismuth subgallate）、苦参碱（matrine）、氧化苦参碱（oxymatrine）、小檗碱（berberine）、黄柏碱（phellodendrine）、龙脑（borneol）等。

【质量要求】

1. 性状评价　应完整光滑、硬度韧性适宜,内外色泽一致;无软化变形、变硬、发霉变质等现象。

2. 化学定性 取本品 5 粒,切碎,缓缓炽灼至完全灰化,放冷,滴加硝酸使溶解,溶液显铋盐的鉴别反应。

3. 薄层鉴别 取本品与苦参碱对照品进行薄层色谱鉴别,在与对照品色谱相应的位置上,显相同颜色的斑点。

4. 次没食子酸铋含量 用滴定法测定,每粒含次没食子酸铋以三氧化铋(Bi_2O_3)计,应为 94~114mg。

5. 冰片含量 用气相色谱法测定,每粒含冰片以龙脑($C_{10}H_{18}O$)计,不得少于 12.6mg。

【贮藏养护】30℃以下密闭贮存。

【功能主治】清热燥湿,收涩止血。用于大肠湿热所致的内外痔、混合痔。

【用法用量】患者取侧卧位,置入肛门 2~2.5cm 深处。1 次 1 粒,1 日 1~2 次。

消糜栓 Xiaomi Shuan
Xiaomi Suppositories

【处方】人参茎叶皂苷 25g,紫草 500g,黄柏 500g,苦参 500g,枯矾 400g,冰片 200g,儿茶 500g。

【商品性状特征】为褐色至棕褐色的栓剂;气特异。

【规格】3g/ 粒。

【主要化学成分】人参皂苷 Re(ginsenoside Re)、小檗碱(berberine)、黄柏碱(phellodendrine)、龙脑(borneol)、苦参碱(matrine)、氧化苦参碱(oxymatrine)、儿茶素(catechin)、表儿茶素(epicatechin)、紫草素(shikonin)等。

【质量要求】

1. 性状评价 应完整光滑、硬度韧性适宜,内外色泽一致;无软化变形、变硬、发霉变质等现象。

2. 薄层鉴别 取本品与儿茶对照药材、冰片对照品进行薄层色谱鉴别,在与对照药材和对照品色谱相应的位置上,显相同颜色的斑点。

3. 人参皂苷 Re($C_{48}H_{82}O_{18}$)含量 用高效液相色谱法测定,每粒含人参茎叶皂苷以人参皂苷 Re 计,不得少于 2.4mg。

【贮藏养护】30℃以下密闭贮存。

【功能主治】清热解毒,燥湿杀虫,祛腐生肌。用于湿热下注所致的带下病,症见带下量多、色黄、质稠、腥臭、阴部瘙痒;滴虫性阴道炎、真菌性阴道炎、非特异性阴道炎、宫颈糜烂见上述证候者。

【用法用量】阴道给药。1 次 1 粒,1 日 1 次。

十一、锭剂

紫金锭 Zijin Ding
Zijin Pastilles

【处方】山慈菇 200g,红大戟 150g,千金子霜 100g,五倍子 100g,人工麝香 30g,朱砂 40g,雄黄 20g。

【商品性状特征】锭剂。为暗棕色至褐色的长方形或棍状的块体;气特异,味辛而苦。

【规格】0.3g/ 锭,3g/ 锭。

【主要化学成分】脂肪油、鞣质（tannin）、没食子酸（gallic acid）、麝香酮（muscone）、硫化汞（mercuric sulfide）、二硫化二砷（arsenic disulfide）等。

【质量要求】

性状评价　应平整光滑、色泽一致，无皱缩、飞边、裂隙、变形及空心。

【贮藏养护】密闭，防潮。

【功能主治】辟瘟解毒，消肿止痛。用于中暑，脘腹胀痛，恶心呕吐，痢疾泄泻，小儿痰厥；外治疔疮疖肿，痄腮，丹毒，喉风。

【用法用量】口服，1次0.6~1.5g，1日2次。外用，醋磨调敷患处。

片仔癀　Pianzaihuang
Pien Tze Huang Pastilles

【处方】牛黄，麝香，三七，蛇胆等。

【商品性状特征】锭剂。为类扁椭圆形块状，块上有一椭圆环。表面棕黄色或灰褐色，有密细纹，可见霉斑。质坚硬，难折断。折断面微粗糙，呈棕褐色，色泽均匀，偶见少量菌丝体。粉末呈棕黄色或淡棕黄色，气微香，味苦、微甘。

【规格】3g/锭。

【主要化学成分】胆红素（bilirubin）、麝香酮（muscone）、人参皂苷Rg_1（ginsenoside Rg_1）、人参皂苷Rb_1、三七皂苷R_1（notoginsenoside R_1）等。

【质量要求】

1. 性状评价　应平整光滑、色泽一致，无皱缩、飞边、裂隙、变形及空心。

2. 干燥失重　取本品约1g，精密称定，在105℃干燥至恒重，减失重量不得过13.0%。

3. 麝香酮（$C_{16}H_{30}O$）含量　用气相色谱法测定，每1g含麝香以麝香酮计，不得少于0.27mg。

【贮藏养护】密封，置干燥处。

【功能主治】清热解毒，凉血化瘀，消肿止痛。用于热毒血瘀所致急慢性病毒性肝炎，痈疽疔疮，无名肿毒，跌打损伤及各种炎症。

【用法用量】口服。1次0.6g，8岁以下儿童每次0.15~0.3g，1日2~3次；外用研末用冷开水或食醋少许调匀涂在患处（溃疡者可在患处周围涂敷之）。1日数次，常保持湿润，或遵医嘱。

【附注】本品还有胶囊剂等产品。

万应锭　Wanying Ding
Wanying Pastilles

【处方】胡黄连100g，黄连100g，儿茶100g，冰片6g，香墨200g，熊胆粉20g，人工麝香5g，牛黄5g，牛胆汁160g。

【商品性状特征】锭剂。为黑色光亮的球形小锭；气芳香，味苦，有清凉感。

【规格】1.5g/10锭。

【主要化学成分】胡黄连苷（picroside）、小檗碱（berberine）、黄连碱（coptisine）、儿茶素（catechin）、去氧胆酸（deoxycholic acid）、胆红素（bilirubin）等。

【质量要求】

1. 性状评价　应平整光滑、色泽一致，无皱缩、飞边、裂隙、变形及空心。

2. 微量升华　取本品0.15g，研细，进行微量升华，升华物置显微镜下观察，呈不定形的无色片状结晶,加新配制的 1% 香草醛硫酸溶液 1 滴,渐显紫红色。

3. 薄层色谱　取本品与黄连对照药材,盐酸小檗碱、熊去氧胆酸、胆酸、去氧胆酸对照品进行薄层色谱鉴别,在与对照药材色谱和对照品色谱相应的位置上,显相同颜色的斑点。

【贮藏养护】密封。

【功能主治】清热,解毒,镇惊。用于邪毒内蕴所致的口舌生疮、牙龈咽喉肿痛、小儿高热、烦躁易惊。

【用法用量】口服,1 次 2~4 锭,1 日 2 次;3 岁以内小儿酌减。

【附注】本品还有胶囊剂等产品。

十二、胶囊剂

人参首乌胶囊　Renshen Shouwu Jiaonang
Renshen Shouwu Capsules

【处方】红参 400g,制何首乌 600g。

【商品性状特征】为硬胶囊,内容物为黄棕色至棕褐色的粉末;味微苦。

【规格】0.3g/ 粒。

【主要化学成分】人参皂苷 Rb$_1$(ginsenoside Rb$_1$)、人参皂苷 Re(ginsenoside Re)、人参皂苷 Rg$_1$(ginsenoside Rg$_1$)、2,3,5,4'- 四羟基二苯乙烯 -2-O-β-D- 葡萄糖苷(2,3,5,4'-tetrahydroxystilbene-2-O-β-D-glucoside)等。

【质量要求】

1. 性状评价　应整洁;无破裂、变形、黏结、异臭、霉变等现象。

2. 薄层鉴别　取本品与红参、制何首乌对照药材,人参皂苷 Rb$_1$、人参皂苷 Re、人参皂苷 Rg$_1$、2,3,5,4'- 四羟基二苯乙烯 -2-O-β-D- 葡萄糖苷对照品进行薄层色谱鉴别,在与对照药材色谱和对照品色谱相应的位置上,显相同颜色的斑点。

3. 2,3,5,4'- 四羟基二苯乙烯 -2-O-β-D- 葡萄糖苷($C_{20}H_{22}O_9$)含量　用高效液相色谱法测定,每粒含制何首乌以 2,3,5,4'- 四羟基二苯乙烯 -2-O-β-D- 葡萄糖苷计,不得少于 2.0mg。

【贮藏养护】密封。

【功能主治】益气养血。用于气血两虚所致的须发早白、健忘失眠、食欲缺乏、体疲乏力;神经衰弱见上述证候者。

【用法用量】口服。1 次 1~2 粒,1 日 3 次。饭前服用。

连花清瘟胶囊　Lianhua Qingwen Jiaonang
Lianhua Qingwen Capsules

【处方】连翘 255g,金银花 255g,炙麻黄 85g,炒苦杏仁 85g,石膏 255g,板蓝根 255g,绵马贯众 255g,鱼腥草 255g,广藿香 85g,大黄 51g,红景天 85g,薄荷脑 7.5g,甘草 85g。

【商品性状特征】为硬胶囊,内容物为棕黄色至黄褐色的颗粒和粉末;气微香,味微苦。

【规格】0.35g/ 粒。

【主要化学成分】连翘苷(phillyrin)、绿原酸(chlorogenic acid)、盐酸麻黄碱(ephedrine hydrochloride)、薄荷脑(menthol)等。

【质量要求】

1. 性状评价　应整洁;无破裂、变形、黏结、异臭、霉变等现象。

2. 薄层鉴别　取本品与金银花、甘草、大黄、鱼腥草对照药材,绿原酸、盐酸麻黄碱、薄荷脑对照品进行薄层色谱鉴别,在与对照药材色谱和对照品色谱相应的位置上,显相同颜色的斑点。

3. 检查　取本品与灰毡毛忍冬皂苷乙对照品进行薄层色谱鉴别,在与对照品色谱相应的位置上,不得显相同颜色的斑点。

4. 连翘苷($C_{27}H_{34}O_{11}$)含量　用高效液相色谱法测定,每粒含连翘以连翘苷计,不得少于 0.17mg。

【贮藏养护】密封,置阴凉处。

【功能主治】清瘟解毒,宣肺泻热。用于治疗流行性感冒属热毒袭肺证,症见发热,恶寒,肌肉酸痛,鼻塞流涕,咳嗽,头痛,咽干咽痛,舌偏红,苔黄或黄腻。

【用法用量】口服。1 次 4 粒,1 日 3 次。

思政元素

　　2020 年抗击新冠肺炎疫情期间,中医药发挥了重要作用,并通过临床验证筛选出有效的方剂"三药三方"。"三药"指金花清感颗粒、连花清瘟颗粒和胶囊、血必净注射液。金花清感颗粒是 2009 年抗击甲型 H_1N_1 流感中研发出的中药。连花清瘟胶囊由汉代张仲景的"麻杏石甘汤"、清代吴鞠通的"银翘散"、金代刘完素的"防风通圣散"组方而成,用于新冠肺炎,能够减少轻型、普通型转重症的发生,促进核酸转阴。血必清注射液是 2003 年非典期间研发上市的中成药,与西医药联合使用可提高治愈出院率,减少重症、危重症。国家药品监督管理局已经批准将治疗新冠肺炎纳入"三药"新的药品适应证中。"三方"指清肺排毒汤、化湿败毒方、宣肺败毒方 3 个方剂,其中清肺排毒汤是由源自《伤寒论》的 5 个经典方剂融合组成的。"三方三药"在阻断病情发展、改善症状,特别是在缩短病程方面有着良好的疗效。

　　请以连花清瘟胶囊为例,谈谈中医药在抗击新冠疫情中发挥的重要作用。

桂枝茯苓胶囊　Guizhi Fuling Jiaonang

Guizhi Fuling Capsules

【处方】桂枝 240g,茯苓 240g,牡丹皮 240g,桃仁 240g,白芍 240g。

【商品性状特征】为硬胶囊,内容物为棕黄色至棕褐色的颗粒和粉末;气微香,味微苦。

【规格】0.31g/ 粒。

【主要化学成分】桂皮醛(cinnamaldehyde)、肉桂酸(cinnamic acid)、芍药苷(paeoniflorin)、丹皮酚(paeonol)、苦杏仁苷(amygdalin)等。

【质量要求】

1. 性状评价　应整洁;无破裂、变形、黏结、异臭、霉变等现象。

2. 显微鉴别　取本品内容物,置显微镜下观察,不规则分枝状团块无色,遇水合氯醛试液溶化;菌丝无色或淡棕色,直径 4~6μm。

3. 薄层鉴别　取本品与牡丹皮对照药材、白芍对照药材进行薄层色谱鉴别,在与对照药材色谱相应的位置上,显相同颜色的斑点。

4. 桂皮醛检查　用气相色谱法测定,供试品色谱中应呈现与桂皮醛对照品色谱保留时间相对应的色谱峰。

5. 丹皮酚（$C_9H_{10}O_3$）含量　用高效液相色谱法测定,每粒含牡丹皮以丹皮酚计,不得少于 1.8mg。

6. 芍药苷（$C_{23}H_{28}O_{11}$）含量　用高效液相色谱法测定,每粒含白芍和牡丹皮以芍药苷计,不得少于 3.0mg。

7. 苦杏仁苷（$C_{20}H_{27}NO_{11}$）含量　用高效液相色谱法测定,每粒含桃仁以苦杏仁苷计,不得少于 0.90mg。

【贮藏养护】密封。

【功能主治】活血,化瘀,消癥。用于妇人瘀血阻络所致癥块、经闭、痛经、产后恶露不尽;子宫肌瘤,慢性盆腔炎包块,子宫内膜异位症,卵巢囊肿见上述证候者;也可用于女性乳腺囊性增生病属瘀血阻络证,症见乳房疼痛、乳房肿块、胸胁胀闷;或用于前列腺增生属瘀阻膀胱证,症见小便不爽、尿细如线,或点滴而下、小腹胀痛者。

【用法用量】口服。1 次 3 粒,1 日 3 次。饭后服。用于前列腺增生,疗程为 8 周;其余适应证疗程为 12 周,或遵医嘱。

十三、口服液剂

生脉饮　Shengmaiyin
Shengmaiyin Oral Liquor

【处方】红参 100g,麦冬 200g,五味子 100g。

【商品性状特征】口服液。为黄棕色至红棕色的澄清液体;气香,味酸甜、微苦。

【规格】10ml/ 支。

【主要化学成分】人参皂苷（ginsenoside）Rg_1、Re、Rb_1,五味子醇甲（schizandrin）,麦冬皂苷（ophiopogonin）等。

【质量要求】

1. 性状评价　外观应澄清。贮存期间无发霉、酸败、异物、变色、产生气体或其他变质现象,允许有少量摇之易散的沉淀。

2. 薄层鉴别　取本品分别与麦冬、五味子对照药材,人参二醇、人参三醇、五味子醇甲对照品进行薄层色谱鉴别,在与对照药材色谱和对照品色谱相应的位置上,显相同颜色的斑点。

3. 相对密度　应不低于 1.08。

4. pH　应为 4.5~7.0。

5. 五味子醇甲（$C_{22}H_{32}O_7$）含量　用高效液相色谱法测定,每支含五味子以五味子醇甲计,不得少于 0.25mg。

【贮藏养护】密封。置阴凉处。

【功能主治】益气复脉,养阴生津。用于气阴两亏,心悸气短,脉微自汗。

【用法用量】口服。1 次 10ml,1 日 3 次。

蓝芩口服液　Lanqin Koufuye
Lanqin Oral Liquor

【处方】板蓝根,黄芩,栀子,黄柏,胖大海。

【商品性状特征】口服液。为棕红色的澄清液体;味甜、微苦。

【规格】10ml/ 支。

【主要化学成分】黄芩苷（baicalin）、栀子苷（gcniposide）、盐酸小檗碱（berberine hydrochloride）等。

【质量要求】

1. 性状评价　外观应澄清。贮存期间无发霉、酸败、异物、变色、产生气体或其他变质现象，允许有少量摇之易散的沉淀。

2. 薄层鉴别　取本品分别与黄芩苷、栀子苷、盐酸小檗碱对照品进行薄层色谱鉴别，在与对照品色谱和对照药材色谱相应的位置上，显相同颜色的斑点。

3. 相对密度　应不低于1.10。

4. pH　应为4.0~5.5。

5. 栀子苷（$C_{17}H_{24}O_{10}$）含量　用高效液相色谱法测定，每支含栀子以栀子苷计，不得少于25mg。

【贮藏养护】密封。置阴凉处。

【功能主治】清热解毒，利咽消肿。用于急性咽炎、肺胃实热证所致的咽痛、咽干、咽部灼热等症。

【用法用量】口服。1次20ml，1日3次。

十四、外用膏剂

狗皮膏　Goupi Gao
Goupi Transdermal

【处方】生川乌80g，生草乌40g，羌活20g，独活20g，青风藤30g，香加皮30g，防风30g，铁丝威灵仙30g，苍术20g，蛇床子20g，麻黄30g，高良姜9g，小茴香20g，官桂10g，当归20g，赤芍30g，木瓜30g，苏木30g，大黄30g，油松节30g，续断40g，川芎30g，白芷30g，乳香34g，没药34g，冰片17g，樟脑34g，丁香17g，肉桂11g。

【商品性状特征】硬膏剂。为摊于兽皮或布上的黑膏药。

【规格】12g/张，15g/张，24g/张，30g/张。

【主要化学成分】乌头碱（aconitine）、次乌头碱（hypaconitine）、新乌头碱（mesaconine）、挥发油、羌活醇（notopterol）、欧前胡素（imperatorin）、蛇床子素（osthole）、二氢欧山芹醇当归酸酯（columbianadin）、青藤碱（sinomenine）、4-甲氧基水杨醛（4-methoxysalicylaldehyde）、苍术素（atractylodin）等。

【质量要求】

1. 性状评价　膏料应涂布均匀，膏面光洁、色泽一致，无脱膏、失黏现象，背衬面平整。

2. 软化点　应为45~65℃。

【贮藏养护】密封，置阴凉干燥处。

【功能主治】祛风散寒，活血止痛。用于风寒湿邪、气血瘀滞所致的痹病，症见四肢麻木、腰腿疼痛、筋脉拘挛，或跌打损伤、闪腰岔气、局部肿痛；或寒湿瘀滞所致的脘腹冷痛、行经腹痛、寒湿带下、积聚痞块。

【用法用量】外用。用生姜擦净患处皮肤，将膏药加温软化，贴于患处或穴位。

京万红软膏　Jingwanhong Ruangao
Jingwanhong Ointment

【处方】地榆，地黄，当归，桃仁，黄连，木鳖子，罂粟壳，血余炭，棕榈，半边莲，土鳖虫，白蔹,黄柏,紫草,金银花,红花,大黄,苦参,五倍子,槐米,木瓜,苍术,白芷,赤芍,黄芩,胡黄连,川芎,栀子,乌梅,冰片,血竭,乳香,没药。

【商品性状特征】软膏剂。为深棕红色的软膏,具特殊的油腻气。

【规格】10g/支,20g/支,30g/支,50g/支。

【主要化学成分】没食子酸(gallic acid)、挥发油、阿魏酸(ferulic acid)、苦杏仁苷(amygdalin)、β,β'-二甲基丙烯酰阿卡宁、绿原酸(chlorogenic acid)、木犀草苷(galuteolin)、鞣质(tannin)、欧前胡素(imperatorin)、血竭素(dracorhodin)、合成龙脑(borneol)、吗啡(morphine)、梓醇(catalpol)、毛蕊花糖苷(verbascoside)、小檗碱(berberine)等。

【质量要求】

1. 性状评价　应均匀、细腻、具有适当的黏稠性。

2. 薄层鉴别　取本品与乳香、血竭对照药材,没食子酸对照品进行薄层色谱鉴别,在与对照药材色谱和对照品色谱相应的位置上,显相同颜色的斑点。

3. 粒度　取本品,依法(《中国药典》四部通则0109)测定,平均每张载玻片上检出超过180μm的粒子不得多于8粒,并不得有1粒超过600μm。

4. 龙脑($C_{10}H_{18}O$)含量　用气相色谱法测定,每1g含冰片以龙脑计,应为4.1~8.2mg。

5. 血竭素($C_{17}H_{14}O_3$)含量　用高效液相色谱法测定,每1g含血竭以血竭素计,不得少于40μg。

【贮藏养护】密封,遮光,置阴凉干燥处。

【功能主治】活血解毒,消肿止痛,去腐生肌。用于轻度水、火烫伤,疮疡肿痛,创面溃烂。

【用法用量】用生理盐水清理创面,涂敷本品或将本品涂于消毒纱布上,敷盖创面,用消毒纱布包扎,1日1次。

消痔软膏　Xiaozhi Ruangao
Xiaozhi Ointment

【处方】熊胆粉18g,地榆250g,冰片25g。

【商品性状特征】为棕褐色的软膏。

【规格】2.5g/支,5g/支。

【主要化学成分】牛磺熊去氧胆酸(tauroursodeoxycholic acid)、没食子酸(gallic acid)、合成龙脑(borneol)等。

【质量要求】

1. 性状评价　应均匀、细腻、具有适当的黏稠性。

2. 薄层色谱　取本品与地榆对照药材,冰片、没食子酸对照品进行薄层色谱鉴别,在与对照药材色谱和对照品色谱相应的位置上,显相同颜色的斑点。

3. 没食子酸($C_7H_6O_5$)含量　用高效液相色谱法测定,每1g含地榆以没食子酸计,不得少于0.6mg。

4. 牛磺熊去氧胆酸($C_{26}H_{45}NO_6S$)含量　用高效液相色谱法测定,每1g含熊胆粉以牛磺熊去氧胆酸计,不得少于2.8mg。

【贮藏养护】密闭,置干燥处。

【功能主治】凉血止血,消肿止痛。用于炎性、血栓性外痔及Ⅰ、Ⅱ期内痔属风热瘀阻或湿热壅滞证。

【用法用量】外用。用药前用温水清洗局部,治疗内痔:将注入头轻轻插入肛内,把药膏推入肛内；治疗外痔：将药膏均匀涂敷患处，外用清洁纱布覆盖。1 次 2~3g，1 日 2 次。

十五、茶剂

板蓝根茶　Banlangen Cha
Banlangen Medicinal Teas

【处方】板蓝根。

【商品性状特征】茶剂。为棕色至棕褐色的块状物；味甜、微苦。

【规格】10g/ 块，15g/ 块。

【主要化学成分】(R,S)- 告依春 $[(R,S)\text{-epigoitrin}]$ 等。

【质量要求】薄层鉴别　取本品与板蓝根对照药材，亮氨酸、精氨酸对照品进行薄层色谱鉴别，在与对照药材色谱和对照品色谱相应的位置上，显相同颜色的斑点。

【贮藏养护】密封。

【功能主治】清热解毒，凉血利咽。用于肺胃热盛所致的咽喉肿痛、口咽干燥、腮部肿胀；急性扁桃体炎、腮腺炎见上述证候者。

【用法用量】开水冲服。1 次 1 块，1 日 3 次。

罗布麻茶　Luobuma Cha
Luobuma Medicinal Teas

【处方】罗布麻叶。

【商品性状特征】为袋装茶剂。内容物为绿色至绿褐色的叶，多破碎；气微，味淡。

【规格】3g/ 袋。

【主要化学成分】金丝桃苷（hyperin）等。

【质量要求】

1. 薄层鉴别　取本品与罗布麻叶对照药材，槲皮素、山奈酚对照品进行薄层色谱鉴别，在与对照药材色谱和对照品色谱相应的位置上，显相同颜色的斑点。

2. 水溶性浸出物含量　用热浸法测定，不得少于 26.0%。

3. 金丝桃苷（$C_{21}H_{20}O_{12}$）含量　用高效液相色谱法测定，每袋含罗布麻叶以金丝桃苷计，不得少于 6.0mg。

【贮藏养护】密封，置阴凉干燥处。

【功能主治】平肝安神，清热利水。用于肝阳眩晕，心悸失眠，浮肿尿少；高血压，神经衰弱，肾炎浮肿。

【用法用量】开水冲泡代茶饮。1 次 1~2 袋，1 日 2~3 次。

（胡　静　景松松　吴军凯　曲中原）

索 引

中药中文名称索引

中药拼音名索引

中药拉丁及英文名索引

复习思考题
答案要点

模拟试卷